A.A.バーリ・G.C.ミーンズ

# 現代株式会社と私有財産

森 杲✽訳

The Modern Corporation
& Private Property

Adolf A. Berle
& Gardiner C. Means

北海道大学出版会

# THE MODERN CORPORATION AND PRIVATE PROPERTY

by Adolf A. Berle and Gardiner C. Means

New material this edition copyright © 1991 by Transaction Publishers, New Brunswick, New Jersey. Originally published in 1932 by Harcourt, Brace & World, Inc. Copyright © 1968 by Adolf A. Berle.
This edition is an authorized translation from the English language edition published by Transaction Publishers,
10 Corporate Place South, Suite 102, Piscataway, N.J. 08854. All rights reserved.
Japanese translation rights arranged with Transaction Publishers through Japan UNI Agency, Inc., Tokyo.

#  序　言

　この序言を私が書くことになったのは，アメリカ社会科学研究振興会が資金を提供し，コロンビア大学の社会科学分野の研究評議会の管轄下で進められた研究プロジェクトで，私が肩書き上，代表者を任ぜられたからである。プロジェクトは，今日の株式会社の発展傾向を検証する課題を掲げた。この検証に活用さるべきものとして，いくたの方針が持ち寄られた。アメリカの株式会社がビジネスの私的な装置であることをやめ，ひとつの社会制度になってしまっていることは，すでに見識ある観察者の誰にも明らかだった。プロジェクトが出帆した1928年には，金融の仕組みの急速な発展から，少なくとも産業の経済的な使途に適用される私有財産の制度に，革命の胎動が覚えられるまでになっていた。著者はそれまで，会社証券にかんする一連の専門研究に挑んできたが，考究のすべてが，アメリカ産業の財産が株式会社の装置を通じて集荷ホッパーに投げ込まれ，そのなかで個人的な所有者が一連の巨大な産業寡頭制の創出を通じて刻々消えつつあるという，結論を導出した。さらにこの発展は多くの面で十分に筋が通り理にかなった趨勢であって，進行はもはや後戻りしがたいものと思われた。同時にまた，そこに進化とともに危険も充満しているように思われた。

　このプロジェクトは，ひとりの経済学者に協力を求めた。ガーディナー・C.ミーンズ氏は，事態の綿密な統計的，経済的分析を担当した。法学者と経済学者とが一緒に作業することが，どちらかひとりで行うより豊富な収穫を得られるかもしれないとの発想によっている。アメリカ社会科学研究振興会と，なかんずくハーバード大学のエドウィン・F.ゲイ教授によって支持されたこの作業仮説は，私が思うに，われわれは必ずしも共働の真の成果をすべて文章化することに成功してはいないものの，立派に証明された。そのような共働の困難は際立っている。異なる分野に属する専門技術者は，まず言語の共通化に合意

しなければならず，その上で互いに異なっている方法の短所と長所を念頭におきつつ互いのアプローチの手法の適用に努め，ようやく最後に，共同署名できるほどの結論に到達するのである。法学者は主として個々の事例の正当性に深くかかわり，そして何がなされなければならないかという問題から離れることができない。経済学者は主として写実的であり分析的である。両者の懸隔に架橋するのは，容易なことでない。私はミーンズ氏が，氏自身のものでない言語と研究の観点に適合すべく橋を半分以上渡ってくれたことに，深い敬意を表する。そして私もまた，そうしようと努めた。

比類なき自由の気風をもって鳴るコロンビア・ロー・スクールが，この研究の責務の矢面に立つのを引き受けてくれた。ヤング・B. スミス法学部長のご好意によって，われわれは数々の便宜と機会を与えられたが，本書はそれにごくわずか報いることができたにすぎない。

本書は，結論を導き出すまでの手法の明示というより，むしろ結論そのものを文章化したものである。このほかのやり方ではどれも，特別な専門家以外には，量ばかりかさばった，読みにくい，興味のもてない一冊になったろう。

本書第 I 編における統計調査は，*American Economic Review* および *Quarterly Journal of Economics* の両誌に，ミーンズ氏の名前で，より全面的な調査のかたちで掲載された。氏はほかにも統計的に処理した大量の資料を持っており，それらのあるものはこれから印刷紹介され，あるものは紹介されないままとなるのであろう。法的な側面にかんしては，私は関連したテーマの専門的な研究に努めてきたし，コロンビア・ロー・スクールの助手諸君や博士論文に邁進する折々の学生諸君にも，この問題への取組みを督励してきた。成果のうちのかなり多くが，すでに全国のさまざまな法学専門誌に掲載されたし，また教科書の類いにも引用されて，すべての事例・法文・判決の入念な分析を扱っている専門論文に，読者を近づける役目を果たしている。主要な判例と制定法は，それだけを集め，『会社金融にかんする法律のケースと資料』という標題を付して刊行(West Publishing Company, St. Paul, 1930)された。これは上述の研究プロジェクトの一環として集めた資料集であるが，法律問題を主として扱う本書の各章節に大まかに並行するかたちで構成している。この仕方によってわれわれは，本書がむやみに脚注の多い書物になるのを避けるべく努めた。脚

注はしばしば，読者を啓発するためよりも，著者の博識を誇示するために使われがちである。

　本書の最後の四つの章で著者たちは，財産の利害と金融との分野における会社活動に関連して，記録されたデータに基づく将来への推察を，率直に試みた。そこでの展望は，それ以前の章での検証に含まれていたデータからは，区別されなければならない。いかなる場合にも個々人は与えられた資料の総体からおのれの結論を導かなければならないが，その結論は研究者個々人の心情と同じほど多様なものとなりうる。資料に埋もれ格闘する学徒から生まれた推量や展望は，つかみ取った事実への彼らの見解に沿って記載されるのが妥当だと考えるがゆえに，著者たち自身がここでそれを行った。ある意味では，著者は自分たちのバイアスを示すことによって事実データをあえて相対化し，自分たちの事実発見にたいする判定のほうを，より真実らしくみせようとしている。しかしもっと大きな意味では，学徒は与えられた資料から引き出した立言や予見を，拒む権利を持たないのである。そうした結論の提示が，知的にも学究の上でも危険を冒すことであるのは，よく知られたところである。われわれは，ここで検証した発展が社会組織の潮流の大変化のひとつの現れであり，これから迎える歴史においてさらに大きく成長すると感ずるがゆえに，この趨勢が向かう先をわれわれのみるままに描出することを，正当としているのである。

　革命といっても，それがずっと進行するまで認識されないのが，多くの静かな革命の本性である。いわゆる「産業革命」がまさにそれであるが，われわれがいま経過しつつある会社革命もそのひとつにほかならない。

　わが国産業の富のおそらく3分の2が，個人による所有から，巨大なそして広く人々の資金を集めてなった株式会社による所有に移ったことは，財産所有者の生活，労働者の生活，財産保有の諸方策を，根底的に変えている。この過程の結果である支配からの所有権の離脱は，ほとんど必然的に，社会の経済組織の新しい形態を伴う。

　事態は，言をまたず一連の問いをつきつける。この組織は永続的なものか。それは深化するのか解体に向かうのか。ブランダイス氏は，時計の針を1915年に戻そうとして苦闘した。フェリックス・フランクフルター教授は，いまなおそれが持続しえないとする信念にしがみついている。われわれには，この過

程が，ここまでの達成よりはるかにもっと先まで進むであろうと示唆する，多くのものがある。

　大株式会社を制度として受け入れ（なければならず），それを人間社会の制度のひとつとして研究する以上，われわれはそれの財産への影響，労働者への影響，株式会社が生産し供給する財とサービスを消費・使用する個人への影響に，考察をめぐらす必要がある。これは空前絶後の仕事である。いま供する一冊は，主にそのうちから，株式会社が財産にたいして及ぼす関係に手をつけようとしたものである。

　このテーマを煎じ詰めるには，株式会社が最終的に国家とどういう関係を取り結ぶかという問題が，まだ残っている。株式会社は国家をやがて支配するのか，それとも国家によって規制されるのか。あるいは両者は相対的に関係を薄めつつ共存することになるのか。いい換えると，社会の政治的な組織と社会の経済的な組織とは，どちらが優勢な形態となるか。この問いにたいしては，ずっと先まで答えを保留しなければならない。

　株式会社制度が，わが国産業組織の精髄になりつつあるとするなら，同時にそこから，経済的な福祉の責任を株式会社に負わすべしとの国民感情が，これから刻々昂ずることも明らかであろう。この制度の分析がかかる面からも求められているのは，弁明を要しない。著者たちはただ，時間と能力と意志力の欠如から，分析の手がかりを作る以上のことをなしえないのを，遺憾とするのみである。

　この研究が今日あるのは，ハーバード大学エドウィン・F.ゲイ教授に負うところが大である。教授は，この分野で仕事がなされなければならないという提言を練り上げて，はっきりしたかたちにしてくださった。次いでここに特別の謝意を表明しなければならないのは，コロンビア大学スクール・オブ・ビジネスのジェームズ・C.ボンブライト教授による辛抱強い補正と絶えざる助力にたいして，またプライス・ウォーターハウス社の長でありアメリカ経済協会の副会長であるジョージ・メイ氏による鋭いコメント，広い経験，親切なウィット，それらが思索のための多くのドアを開き脈絡をつけてくださったことにたいして，さらにコロンビア・ロー・スクールのスミス学部長による法学と経済学相乗りの未知の旅路に学部ごと喜んで同乗してくださったことにたい

して，そして最後になるが，アブラム・ヒューイット氏，ブラックウェル・スミス氏始めわれわれの助手を務めてくれた諸氏——基礎作業の多くは彼らによってなされた。著述のなかにはあまり登場しないが，本書の結論の多くに到達するのに不可欠な作業であった——にたいして，である。

われわれを含めて，この問題および関連する問題にかかわるすべての学徒は，ハーバード大学のウィリアム・Z. リプリー教授からの恩沢にあずかっている。リプリー教授こそ，この分野のパイオニアたることが，知られなければならない。

ニューヨーク市，1932年7月<br>
A. A. バーリ，Jr.

バーリ=ミーンズ
## 現代株式会社と私有財産

目　次

序　言

# 第 I 編　変転する財産 ...........................1
## ──株式会社制度下における所有権の諸属性の分離

### 第1章　過渡期の財産　3
### 第2章　株式会社制度の出現　12
### 第3章　経済力の集中　20
### 第4章　株式所有権の分散　47
### 第5章　支配の進化　66
ほぼ完全な所有権を通じての支配　67／多数持株支配　67／
法律的手段を用いた支配　69／少数持株支配　76／経営者支配　79／
アメリカ最大200社の所有権と支配の分離　85

### 第6章　所有権と支配との利害の乖離　105

# 第 II 編　諸権利の再構成 ...........................111
## ──所有権と「支配」との相対的な法律上の地位

### 第1章　現代株式会社構造の進化　113
事業活動の指揮・管理にかんする株主支配力の弱体化　124／
資本の拠出にたいする州政府の監督の排除　127／
事業活動に追加的な貨幣を投ずる権利の減退　130／配当制限の修正　132／
資本構成の確定とそのなかでの位置づけにかんする権利の排除　133／
事業活動の将来にかんする権利の制限　136

### 第2章　株券に付与されたさまざまな参加の権限　138
1. 希薄化された参加権　140

額面株式　140／無額面株式　143／「寄生的」株式　144／
会社内における集団から集団への資産の移転─払込剰余金　147／
参加権の移転─吸収合併　156／
参加権のバリエーション─株式会社による自社株の購入　157／
株主保護の撤去─新株引受権の削除　159

2. 不確定化された参加権　163

株式購入権証書　164／「白地」株式　168／
株式会社のオプションで転換しうる証券　170

第 3 章　株式のどれに収益を配分するかにかんする権限　172
　　収益配分の時期の決定を通じての制御　172／非累積的な優先株配当　173／
　　参加的優先株　175／寄生的株式　177／株券配当　180／
　　株式購入権証書　181／会計処理にかんする支配　184／
　　ピラミッド型の会社構成を通しての支配　185

第 4 章　証券所有者の当初契約権を変更する権限　189
　　会社定款の修正　190／契約変更の権能　190／契約権変更の合法性　193／
　　事業の活動範囲の変更　194／株主に求める拠出額の変更　194／
　　企業参加者間の相対的な地位およびリスクの変更　195／
　　参加権における変更　196

第 5 章　経営者の法的地位　201

第 6 章　「支配者」の法的地位　214

第 7 章　信託された権力としての会社権力　228

第 8 章　結果としての株主の地位　257

# 第 III 編　株式市場における財産
## ——評価および換金のための証券取引　267

第 1 章　公開市場の機能　269

第 2 章　新規証券の募集と銀行家の情報開示　280

第 3 章　市場にたいする会社の情報開示　296

第 4 章　市場における経営者　305
　　株式の買い手および売り手としての取締役および会社役員　306

# 第 IV 編　事業体の新しい方向づけ
## ——株式会社制度が基本的な経済概念に及ぼす影響　311

第 1 章　財産の伝統的な論理　313

第 2 章　利潤の伝統的な論理　319

第 3 章　伝統的な理論の不備　324
　　私有財産　325／富　327／私企業　327／個人的主体性　328／
　　利潤動機　328／競争　329

第 4 章　株式会社の新概念　331

付　　表　　*337*

訳者あとがき　　*359*

株式会社研究史におけるバーリ=ミーンズ――訳者解説　　*363*

訴訟例一覧　　*387*

企業名一覧　　*391*

事 項 索 引　　*397*

# 図表目次

## 本　文

第1表　合衆国における最大200株式会社　*22*
第2表　1919年，1928年双方の200大株式会社リストに登場する150社の総資産　*36*
第3表　全株式会社の成長と大株式会社の成長の比較　*37*
第4表　税法上の純所得でみる全株式会社と大株式会社の成長度の比較　*39*
第5表　最大200社中の144社にかんする株主数での分類　*49*
第6表　経営者による株式保有　*50*
第7表　アメリカ3大株式会社の株主数　*53*
第8表　アメリカの全株式会社における名簿上の推定株主数(1900-1928年)　*55*
第9表　株主名簿から推計した産業別株主数(1922年)　*56*
第10表　ペンシルヴェニア鉄道会社の20大株主(1929年12月31日)　*80*
第11表　U.S.スチール・コーポレーションの取締役会による株式所有　*82*
第12表　最大200社の支配　*87*
　A．私的な所有と支配―公開された重要な株式所有のないもの　*87*
　B．多数持株による支配―公開市場における所有　*88*
　C．法律的手段による支配―株式の大半が公開市場で所有　*89*
　D．少数持株支配―持分の数値は低いが重要な持株のブロック，他の株式は広範に分散　*90*
　E．二つ以上の少数持株利権による共同支配―他方での株式の広範な分散　*92*
　F．少数持株と経営者による共同支配―他方での株式の広範な分散　*92*
　G．経営者支配―単独の有力株主利権の存在なし　*93*
　H．特殊な状況下にある会社　*95*
　I．他企業による共同支配―実質的に非公開　*95*
　J．おそらくは少数持株支配―株式は広範に分散，経営者支配の可能性あり　*96*
　K．おそらくは経営者支配―株式は広範に分散，少数持株支配の可能性あり　*97*
第13表　200大会社の究極的支配形態別の集計　*99*
第14表　200大会社の直接的支配形態別の集計　*99*
第1図　帳簿上の株主数の増勢　*54*
第2図　会社株式所有権の分布―所得層による配当受取額の区分　*60*
第3図　鉄道のヴァン・スウェリンゲン(V.S.)システムの主要支配系図　*71*

## 付　表

付表A　株式がニューヨーク証券取引所に上場され取引されている会社の規模　*339*
付表B　大株式会社と全株式会社の企業内留保の比較　*340*

付表 C　新発行の会社証券のうち200大株式会社とその子会社が発行した割合　*340*
付表 D　大企業同士の合同，1922-1929年　*341*
付表 E　200大企業に含まれる産業企業のうちの1社が，リストにはないが大企業である他社を合併した部分事例(1928-1929年)　*342*
付表 F　1919年の200大会社リストに載りながら1928年の200大会社リストから姿を消した企業　*343*
付表 G　200大企業に含まれない44企業の株主数事例―資産規模順(1928年)　*345*
付表 H　巨大株式会社31社の株主数　*346*
付表 I　公益事業各社が顧客向けに販売した株式(1914-1929年)　*347*
付表 J　合衆国における従業員持株制の増加　*348*
付表(論) K　合衆国における個人株主数の測定(1927年末)　*349*
付表 L　財産中の会社証券の割合―遺産税(estate tax)報告に基づいた算定　*353*
付表 M　投資の主要分野　*354*
付表 N　所有財産からあがった所得　*355*
付表 O　アメリカ電話電信会社の20大株主(1928年)　*357*
付表 P　U.S.スチール会社の20大株主(1928年)　*358*

## 凡　例

1. 原書にあるラテン語あるいは外国語由来の法律用語(*prima facie, in pais, pro rata* 等)とイタリック体で書かれている箇所は傍点(・・・)を付したが，一部太字にした所もある。また，クォーテーション・マーク(" ")はカギ括弧(「　」)に置き換えた。
2. 引用文献(著書・論文・掲載雑誌・年報等)の表記は今日の標準的な形式に改めた。
3. 企業名の原語表記(書体と略記［Co.と Company 等］)は，原書では必ずしも統一されていない。訳書では企業名はローマン体とし，略記は原則として原書に準じた。なお，固有名詞のカタカナ表記は通行と思われる表記によった。
4. 訳注はキッコウ(〔　〕)で示した。
5. 原書の本文および表の数値には明らかに計算や転記の誤りと思われるものが散見される。その場合は訳注で正しいと思われる数値を付記した。
6. 同じ原語(用語)に異なる訳語をあてている場合もある。例えば頻繁に出てくる"equity"を「衡平」「公正」の意味と，英米法の一分野たる「エクイティ」とのどちらを優位において訳すかは，しばしば悩ましい。本訳書では多くの場合に「エクイティ」を採り，これと対をなす"common law"も「普通法」より，多くは「コモン・ロー」と訳出している。また，「定款」「特許状」，「株式」「証券」「証書」等も，同じ原語を状況に合わせて適宜訳し分けた。
7. 図版は原書改訂版を参照して，見やすいように一部改変したものがある。

# 第Ⅰ編　変転する財産
——株式会社制度下における所有権の諸属性の分離——

# 第1章　過渡期の財産

　株式会社(コーポレーション)はもはや，単に個人が私的な事業取引を営むための法的な装置ではなくなった。いまなお多くがそうした目的に用いられているとはいえ，株式会社という形態は，それを上回る重要性を獲得している。今日の株式会社はじっさい，資産を保有する方法であるとともに，経済生活を組織する手段ともなっている。止め処なき成長をへて，いまや「株式会社制度(コーポレート・システム)」を——かつて封建制度があったと同じように——生み出すに至ったともいえよう。つまり株式会社は，諸々の属性と権力をその内に合体させ，ひとつの主要な社会制度(インスティテューション)として扱われるべき資格を具備したのである。

　われわれが考察しようとしているこの社会制度は，おそらくまだ極点に達していない。その興隆は目覚しいものではあるが，どの指標をとっても，制度がこれから今日の感覚を大きく超えて進展していくであろうことを予期させる。それはちょうど，現在の株式会社制度が今世紀初頭の大部分の政治家や実業家が持った感覚を超えたものであるのと同じである。いま生きている人々に現在の状況を夢にも考えなかった時代があったのを思い起こしてもらえば，この新秩序がわれわれの子供の代を通じて，容易に完全に支配的なものとなるだろうといい切るのも，そう押しつけにはなるまい。ほかに何もなくてもこの理由だけで，株式会社制度は研究に値するのである。研究は，国家の帰趨と個々人の生活にたいするこの制度の影響が間違いなく甚大だということ，それがこの制度のもとで生活するほとんどの人の行動の大きな部分を決定しさえすることを，念頭において行われる。

　財産を組織する仕方は，あらゆる時代の生活を作り上げることになる諸勢力の力関係のなかで，いつも一定の役割を演じてきた。財産上の利害がつねに決

め手であったかどうかといった議論に，ここで裁断をくだす必要はない。少なからぬ歴史家のシニカルな見地では，どんな時代であれ，また顕然か隠然かにかかわらず，財産上の利害が支配的な動力であったと説かれる。この断定を受け継いだ分析で株式会社の台頭に言及したひとりの論者は，それが「文明の主要な装置〔マスター・インスツルメント〕」になったと看取した[1]。別の論者は，この制度がついに文明を明らかな金権支配の法則にゆだねる事態にまで及んだ事実に，落胆を表明した[2]。さらには，この制度のなかに，最後は社会主義や共産主義に行きつく移行局面をみた論者もいる。そうした諸々の信念のどれを受け入れるかは，後回しにしてよいだろう。いずれにせよ，こうした見方のすべてに通底する考えは，株式会社制度がその財産利害の動員をもって，経済組織における基本的な要素になったということである。

　新しい見地からの株式会社は，無数の個人の富を巨大な集合体にまとめあげてきた手段であり，かつまた，この富にたいする支配〔コントロール〕を統一された指揮に委託させてきた手段である。かかる集中に伴う権力は，産業界に君臨する巨頭を生み出したが，社会における彼らの地位はまだはっきりしていない。投資家による富への支配の明け渡しは，旧来の財産関係を事実上破壊し，したがってこれらの諸関係を新しく規定する問題を惹起した。すなわち，産業の指揮を自分の富に賭ける人々以外の者が行うということが，ではその指揮を動機づけ後押しする力は何か，また事業活動から生ずる利益を有効に配分する仕方は何か，という問いを提起したのである。

　独立して互いに競争する無数の私的〔プライベート〕な事業体が，現代の半ば公的な〔クワジ・パブリック〕会社の数少ない巨大グループに道をゆずるという過程を通じて，このような株式会社が各分野に次々と姿を現した。19世紀の典型的な事業体は，個人または少人数の集団によって所有され，彼ら自身か彼らが任命した者によって運営され，主としては彼らが掌握する個人的な富の大きさによって規模が限られていた。そうした諸単位が，かつてなかった勢いで大集合体に取って代わられたのである。その大集合体では，数万ときには数十万人の労働者と，数万あるいは数十万人の個人に帰属する数億ドルの財産とが，株式会社の仕組みを通じて，統一

---

1) Thorstein Veblen, *Absentee Ownership and Business Enterprise*, N.Y., 1923.
2) Walter Rathenau, *Die Neue Wirtschaft,* Berlin, 1918.

された支配と経営のもとにある単一の生産組織体に結合される。そうした株式会社制度から生まれた，おそらくもっとも高度な単一事業体が，アメリカ電話電信会社（AT&T）である。50億ドルにのぼる資産，45万4000人の従業員[3]，56万7694人の株主[4]を擁するこの企業は，まさにひとつの経済帝国——地理的境界に拘束されず，集中化された支配によってまとめあげられたもの——と呼ぶにふさわしい。これほどの規模を持った企業が100もあれば，それでアメリカの富のすべてを支配しているとか，営利体に雇われるすべての人を抱えているとか，もし株主の重複がないとすれば実質的に国中のすべての家庭によって所有されている，とさえいってよさそうである。

　こうした経済活動の組織は，二面からの発展の帰結である。そのどちらもが，統一した支配領域の拡張を可能にした。ひとつは産業革命の基底をなす工場制度の発展で，時とともにいっそう大量の労働者が，直接に単一の管理下に統合されることになった。もうひとつは，その影響の度合いからして同じく革命というにふさわしい現代株式会社の発展であって，無数の個人の富がやはり同じ集中的な支配のもとに配された。この変化のどちらからも支配する者の権力はいちじるしく強まり，これに関与する労働者や財産所有者のステータスが根本的に変わった。工場に入ったかつての自立的な労働者は，雇主に仕事の指図を委ねる賃労働者となった。一方，現代の株式会社に投資した財産所有者は，彼の富を会社支配者に委ねるかぎりにおいて，自立的な所有者たる地位を，いわば単に資本に支払われる賃金の受取人たる地位に移しかえられたのである。

　株式会社の仕組みが，それ自身で必然的にこの変化をもたらすのではない。たとえ個人が自分で資金を出し，自分の裁量で活動し，自分の事業を営んでいるというような場合でも，その事業を会社という法人組織にすることは，ずっと以前から可能であった。それを行ったところで，彼は事実上，名目的手段としての株式会社を設立することによって法律上の分身を創り出したにすぎない。もし株式会社という形態がそれ以上の何事もなさぬものであったら，われわれ

---

3) *Annual Report of the American Telephone and Telegraph Company*, N.Y., 1930, pp. 20 and 26. これは1929年12月31日時点の従業員数であり，1930年12月31日には正常値を下回る状況と思われる39万4000人にまで落ちている。

4) *Standard Corporation Records*, 1930.12.31.

は特定の法律的衣服をまとわせる目的を適用して個人が事業を進めているという，興味ある慣習だけを取り上げればよいことになる。そのような会社は，財産保有ならびに経済活動の組織における根本的な移行を内に抱えていない。だから封建時代の社会制度にも比すべき「制度」の始まりだとは，とてもいえないのである。

　株式会社制度は，株式会社のこの私的あるいは「閉鎖的」な形状から，本質的に異なる半ば公的な会社形態に乗り移ったときにのみ，出現する。それは，所有者の累増を通じて所有権と支配とが大きく分離した株式会社である。

　このような分離は，さまざまな程度で存在しうる。会社の運営に最終責任を持っている人々が議決権の多くを所有し，しかも残りの株式が広範に分散しているような場合には，彼らが支配と部分的な所有権とを握っている。そこでは彼ら以外の所有者にとってのみ，所有が支配から分離されている。しかしながら多くの場合は，所有権がきわめて広範に分散しているために，少数の持株でも有効な支配を維持することができる。例えばロックフェラー家は，多くのスタンダード系石油会社の少数利権を，直接ないし間接に所有していると報告されている。そのうちのインディアナ・スタンダード社の場合でいうと，同家の利権は14.5％にすぎないが[5]，それが株主としての戦略的な地位に結びついて，同社の支配に十分なことが証明されている。このような事例では，所有権のはるかに大きな部分がじっさい上，支配と無縁なのである。そこからさらに，はっきりした少数利権の存在すら認められないほどになったとき，所有権と支配との分離はほぼ完成する。アメリカ電話電信会社の例では，最大株主でさえ同社の株式の1％未満しか所有していない。そうした状況のもとでは，支配は取締役あるいは経営者の肩書きを持つ人々——彼らの持株は全部集めても発行株の小片にすぎないが，委任状機構を用いることによって永続的な実体を保持しえている——によって行使されうる。多数持株支配，少数持株支配，経営者支配といったそれぞれのタイプで，所有権の支配からの分離がその実効性を高めてきている。つまり，証券所有者の大集団が，彼らあるいは彼以前の株主が企業に提供した富にたいして，事実上まったく支配力を行使しない人々によっ

---

[5] 第12表(91頁)参照。

て構成されている。経営者支配の場合には，会社を支配するグループが保持する所有面の利権は，株式所有全体のなかのごく小片にすぎない。いずれにせよ分離が重要な要素となっている会社は，私的に所有されている株式会社，あるいはまだ所有権と支配との重要な分離が行われていない閉鎖的な株式会社との対比で，半ば公的な性格を持つ株式会社として分類することができよう。

　この分離から二つの特質が前面に出てくる。それは，分離それ自体とともに半ば公的な会社に典型的である，規模が大きいということと，その証券が公開市場(パブリック・マーケット)を持っていることとである。財産のとてつもない寄せ集めを可能にするのは，まさに所有権からの支配のこの分離である。巨大な事業の資金需要を個人的な富でまかなえるフォードやメロンのような家族もあるにせよ，それがきわめて少ないという事実からかえって，大企業がおしなべて，支配の座につく個人または個人グループ以外の人々の富に頼っていることが強調される。半ば公的な会社は，「投資家大衆」としばしば呼ばれる投資家集団から資本の供給を受ける。それは，個人が貯蓄をもって株式や社債を買う直接的な道筋と，個人が保険会社や銀行や投資信託に貯蓄の運用を委ね，それらの諸機関が会社証券に投ずる間接的な道筋との，両方をたどって行われる。資金導入を確保するために，会社は通常，その証券の開かれた市場(オープン・マーケット)を――ふつう証券市場に株式を上場する仕方で，あるいは重要度は落ちるが私的な市場または「非上場」市場を保持することによって――利用しなければならない。じっさい，半ば公的な会社にとって証券の開かれた市場は必須のものであるから，その利用は，支配からの所有権の分離および富の大統合と同じく，ほとんどこの種の株式会社の特質だと考えられる。

　これらの諸特質に変異がないわけではない。私的な株式会社でも，なかにはひじょうに大きな会社もありうるし，少数ながら現にある。フォードと彼の親密な仲間によって所有され運営されているフォード自動車会社が，そのひとつである。私的あるいは「閉鎖的(クローズ)」な会社でも，自社株式のために公開市場を利用することはありえ，またときどきそうしている。アメリカ・アルミニウム社は，大部分の株式が内部者によって保有されているにもかかわらず，証券をニューヨーク・カーブ取引所に上場しており，若干の株式がそこで売買されている。だがこんなケースはあくまで例外であって，一般原則を示すものではな

い。圧倒的に多数の事例では，会社が富の大統合を遂げ，かつその証券が開かれた市場に列したときをもって，半ば公的という範疇にクラス分けされることになっている。というのは，そのような会社でこそ，所有者の一部あるいは大部分がほぼ決まって支配を放棄してきたからである。

　アメリカの法律は，私的な株式会社と半ば公的な株式会社との間に区別を設けないが，経済学では両者は本質的に違う。所有権の支配からの分離は，所有者と究極の管理者との利害が異なりうると思わせじっさいにしばしば異なるような状況を生み，またかつては権力の行使を制限するために働いた多くの制約がなくなるという事態を生み出す。規模の点だけでいっても，総じて小規模な私的な企業にはない社会的な重要性が，巨大株式会社に付与される。開かれた証券市場の利用によって，これら株式会社のそれぞれが投資大衆に対する義務を負う。その義務のために株式会社は，少数の個人の規範を表現する法的手段であったものから，少なくとも名目上は企業に資金を提供した投資家に奉仕する社会制度へと転化する。所有者，労働者，消費者，国家にたいする新しい責任が，かくして会社支配者の双肩にかかってくる。このような新しい関係の創造において，半ば公的な株式会社はまさにひとつの革命を成し遂げたといえるのである。それは，われわれが通常，財産と呼ぶ本体を破壊し，所有権を名目上の所有権と，かつてそれと一体だった権力(パワー)とに分割した。それによって株式会社は，利益追求企業の本性を変えたのである。この革命が，本研究の主題となる。

――――――

　もたらされた変化の検証は，一方における所有者たちと他方における支配との，新しい関係をめぐって始めることが適当であろう。本書が取り上げようとしているのは，まさにそうした諸関係である。これには，大まかに「株式会社金融」(コーポレーション・ファイナンス)と呼ばれる分野，すなわち支配を掌握した一団によって運営される会社と，会社に対する諸々の参加権を有する人々――株主，社債所有者，さらにある程度までは会社への他の債権者――との諸関係が含まれる。内部組織のほうの変化，すなわち会社と労働者との関係，工場の生産組織，生産上の技術問題などを，この時点で考察することはできない。のみならず，会社の対外関係，すなわち一方では顧客との関係――製品やサービスを消費者に提

供する諸条件——，他方では政治的国家との関係——ある程度まで会社がそれによって統治され，またある程度は逆にそれに権勢を及ぼすこともある政府の存在——も，ここで扱うことができない。われわれが取り上げるのは，財産の形態およびそれにつながる経済的な諸関係に生じた，根本的な変化だけである。

　一見してこの変化はまったく単純である。人々が，生産の物的な手段の所有から次第に遠ざかり，公開市場の仕組みを通じて流通する株式，社債その他証券として知られる紙片を所有するようになるということである。しかしながら，このことの基底には，より根本的な移行が潜んでいる。生産手段にたいする物質的な支配は，大量の財産を必然的とまでいえないにしても建前として証券所有者の利益のために運用するところの，凝集した一団の手に，ますます大きな度合いで引き渡されてきている。産業の財産に及ぼす権力は，この財産の受益的所有権から——専門用語を用いずにいうと財産の果実を受け取る法的権利から——切り離されてきている。物的資産の支配は，個人的な所有者から半ば公的な社会制度を取り仕切る人々に移され，他方で所有者は，その資産が生み出すもの，増やすものに関する権益を保持している。じっさいのところわれわれは，所有権というものの現れの解体と再編成をみているのである。かつてそれは，物的資産の使用，果実，収益を享受する完全な権利を伴った現実的裁量権の，全面的な権力を包含したものだった。いま起こっているのは，所有権の古い原子が，それを構成する支配と受益的所有権とに分解されたということである。

（ルビ：受益的所有権 = ベネフィシャル・オーナーシップ）

　財産という原子の分解は，過去 3 世紀にわたって経済秩序が依拠してきた基礎そのものを破壊する。中世末以来，経済生活の有り様を規定してきた私的企業は，私有財産の社会制度に根付いたものであった。それに先立つ封建制度のもとでは，経済組織は，誰も所有していない財産に対するさまざまな個人の関係に由来する，それぞれの責任と特権とから形成された。私的企業はこれと違い，生産手段への完全な財産権を具有している，単一の生産手段所有者を想定した。封建制下における経済生活の組織が人々を拘束する慣習の精巧な制度に依存したのにたいして，私的企業制度下の組織は，財産所有者の利己主義——競争と，需要と供給の諸条件によってのみ抑制される利己主義——に依存してきた。そのような利己主義こそ経済効率を高める最高の保証だと，長い間みら

れてきた。つまり，個人が自分の財産を思うように行使する権利と，その行使から得られるすべての果実を受け取る権利との両方が適切に守られていれば，個人の私的な利得，利潤への欲望が，自分の所有する全産業財産を効率的に利用しようとする有効な動因になりうるのだと，想定されてきたのだった。

　半ば公的な株式会社のもとでは，こうした想定はもはや成り立たない。上にみたように，個人の富を利用するのは彼自身ではない。その富を支配している人々，したがって産業の効率を守り利潤を生むべき地位にいる人々は，もはや利潤の大部分にたいして所有者としての権利を持たないのである。典型的な現代株式会社の運命を左右する人々が会社株式の持分ではまったく重要な存在でないために，会社運営から挙がる利益に応じて彼らの手に入るのは，きわめてわずかな範囲でしかない。他方，会社利潤の配分を受け取る株主は，財産を動かす裁量を企業の支配に携わる者に引き渡してしまっているから，財産のより効果的な使用によって受け取る利益をもっと多くしようというふうには，動機付けられない。財産という原子の分裂は，利潤追求が産業財産の所有者に財産の効率的な利用をするための刺激になるという，古い仮説の基礎を破壊する。結果として，産業企業における個人の主体的行動を説明してきた経済原則の根本的な部分に，見直しがせまられる。そこからさらに，産業を押し動かす原動力や，現代株式会社を運営しあるいはこれから運営するさいの目的にかんする問題をも，再検討する必要が生まれる。

　株式会社制度は，その諸特徴が刻々顕著になり，また新しい分野がひとつひとつこの制度の下に収められるというように，いままさに発展途上にあるため，注目度をいよいよ増しつつある。物的資産に対する支配という意味での経済的な権力は，少数者からなる会社経営陣の手にいっそう集中していくかたちで，明らかに求心力に従って動いている。同時に，受益的所有権の方は，分割からさらに再分割されて小単位の片々となり，人々の手から手へと自由に移っていくことで，遠心力に従っている。換言すれば，所有権は持続的に分散され，かつてその所有に結びついていた権力のほうはますます集中される。そしてそれによって，株式会社制度がより確固たるものとなるのである。

　この制度は，かつての封建制度がそうであったように，あらゆるものを包含することになりそうである。したがって，将来の経済秩序の根底となるであろ

う構造を理解するために，この制度の現状と趨勢の両方を検証することが求められる。

# 第2章　株式会社制度の出現

　株式会社という企業の仕組みは，新しいものでない。17世紀にイギリスとオランダの商人帝国を築いた合本貿易商社（joint stock trading company）の時代から，半ば公的な性格を持った株式会社(コーポレーション)はよく知られていた。しかしながらそれが産業の分野に入ってきたのは19世紀初期からである。1800年に株式会社形態は，アメリカでは主として直接に公共の利益に関係する諸事業，例えばターンパイク・橋梁・運河の建設や銀行・保険事業の運営で，あるいは消防隊の結成などに際して，用いられた。同年までに合衆国で設立されたとみられる利潤追求型の株式会社は335にすぎないが，そのほぼすべてが18世紀最後の10年間に株式会社化されたものである。うち219がターンパイク・橋梁・運河の企業，36が水害と火災への防護設備と波止場の施設だった。このころ株式会社形態を採り始めたばかりだった銀行と保険事業は，19世紀を迎えた時点で67を数えるに至っている。製造工業はほぼまったく株式会社という世界の外におり，この形態を採ったのは6社にすぎない[1]。

　初期の公益性を持った株式会社のうちには，公企業に準ずる性格からして，その株式が当時としては多数の株主によって所有されたものもあったが，製造工業分野で初めて重要な企業がそういう仕方で組織されるのは，1813年である。この年，ニューイングランド初の大紡績企業であるボストン・マニュファクチャリング・カンパニーがマサチューセッツ州ウォルサムに設立され，多くの点でのちの株式会社の原型となった。今日の巨大会社に比べればとるに足らないちっぽけなものだったとはいえ，この企業は大会社に不可欠のあらゆる特

---

[1] Joseph S. Davis, *Essays in the Earlier History of American Corporations*, Cambridge, 1917, Vol. II, p. 24.

性を備えていた。当初 11 人の株主によって所有された同社株式は，創業から 10 年のうちにいくぶん，分散された。1830 年には，株主数は 76 人となっており，全株式の 8.5% 以上を所有する個人株主はおらず，多数持株支配が成立するためには 12 人が必要だった。会社経営は，株式の合わせて 22% を所有するにすぎない取締役会メンバーに委ねられた。20 年後，株主は 123 人に増えたが，最大株主はなお全株式の 8.5% を所有していた。株式の 51% は 17 人の個人に分散されており，一方，経営陣の持分は 11% にすぎなかった[2]。

　こうした数字は，今日のアメリカ電話電信会社の何十万もの株主数に比べればいかにも小さいが，といって重要性もそれだけ小さいわけでない。1 株の額面が 1000 ドルで，入手可能な株式の総数が少なかったのだから，株式所有者の数はかなりの分散を意味したのである。30 万ドルの払込済資本——20 年後までに 100 万ドルに増加する——は，当時の産業企業としてはひじょうに大きな額だった。それに対応して同社の工場規模も競争相手より相当に大きく，そして綿花の梱包を解くのから完成した布地を積み出すまでの紡織全工程が，初めて単一の指揮下で行われた。またここに，今日の株式会社制度できわめて重要な人物である「発起人(プロモーター)」が明白に姿を現した。現在の言葉でいう「公衆への売出し」によって，最初の組織者は，彼ら自身と彼らの資本の大きな部分が最初に投資した財産から解き放たれ，別の同じような株式会社の組織に向かうことが可能になった。彼らは，次々と同様の大規模紡績企業を設立し，どの企業にも株式会社の形態をとらせ，すべて組織してから数年以内に 100 万ドルかそれ以上の資本金を持ち繊維の全工程にわたる大規模な大量生産の装備で固めた会社に仕立て，すべて株式を公開する，という仕方でそのことを行った[3]。ど

---

2) Boston Manufacturing Company の *Stock and Dividend Books* による。Harvard Business School 所蔵。

3) メリマック社 (Merrimack Co.) は 1822 年に設立された。以降，ハミルトン社 (Hamilton Co.) が 1825 年，アップルトン社 (Appleton Co.) とロウエル社 (Lowell Co.) が 1828 年，ミドルセックス社 (Middlesex Co.) 1830 年，トレモント社 (Tremont Co.) とサフォーク社 (Suffolk Co.) 1831 年，ブート社 (Boott Co.) 1835 年，マサチューセッツ社 (Massachusetts Co.) 1839 年と続いた。これらすべてがロウエルという単一の都市内で設立されたのである。それと同じ発起人たちが，ニューイングランドの他の町や 1846 年に創設され新しい紡績センターとなったロウレンスにも，同様の事業体を立ち上げた。C. F. Ware, *Early New England Cotton Manufacture*, Boston, 1931. Appendix A.

の企業においても所有権は公衆の手のうちにあり，そして企業の指揮は株式の相対的に小部分しか持たない経営者が担った。そのひとつであるメリマック社の株式は，1842年に390人によって保有されていたが，内訳は次のようである[4]。

| 会社の管理者あるいは受託者(トラスティー) | 80人 |
| 女　　性 | 68 |
| 引退した実業家 | 52 |
| 商　　人 | 46 |
| 製造業者および親方職人 | 45 |
| 事務員，学生その他 | 40 |
| 弁　護　士 | 23 |
| 医　　者 | 18 |
| 農場経営者 | 15 |
| 機　　関 | 3 |

規模が大きく所有権が広く分散しているということで，この種の企業はニューイングランドでは常に「ザ・コーポレーションズ」として，小規模個人企業——それとてしばしば株式会社の形態をとっていたのであるが——の対極におかれた。

1860年以前に工業の分野で株式会社が発展したのは，紡績業におけるこの部分だけである。さらにいうと，紡績業では他の産業分野に株式会社制度が広がる南北戦争後にかえってその成長が止まってしまい，今日では逆に紡績業は，半ば公的な大株式会社に支配されない数少ない主要産業のひとつとなっている。

南北戦争前の時代に，より一般的かつ将来の発展にとって重要だったのが，鉄道業への株式会社制度の導入である。巨額の初期資本支出を伴う鉄道建設には，株式会社形態への依存がほとんど不可欠だった。いったん最初の短い路線が敷設されると，株式会社形態が，より大規模なシステムに統合する次の段階を可能にした。1853年，主要な企業統合の第一号として生まれたニューヨーク・セントラル鉄道は，株式会社が提供する諸手段によってそれが達成された。すなわち，オールバニー——バッファロー間を走る10の小鉄道の資産が株式との交換によって新設の株式会社に移転され，統合された財産に対して発行され

―――――――――――――
4) *Ibid.*, p. 150.

た 3400 万ドルの証券が，オールバニーならびにニューヨーク州の他都市に住む 2445 人の投資家の間に分散された。新設された会社には，支配可能なほどの株式を持つ個人も団体も存在しなかった[5]。この寄せ集め鉄道の株式はみる間に公開取引所に浸透し，1860 年代までには，鉄道資産の支配をめぐる争いが，証券市場における争いと，より敵対的な法廷闘争との両方で展開されるようになっていた[6]。

　南北戦争後には，半ば公的な株式会社が鉄道部門をほぼ完全に掌握するに至った。企業統合の利益と競争がもたらす悲惨な結果とが，不断に各社をより大きな統一体へと駆り立て，1930 年までには，14 の巨大鉄道システムが第 1 級路線の 86.6%，米国鉄道総延長の 81.7% の運行を担うようになる[7]。

　鉄道が先駆けとなり，19 世紀最後の時期から 20 世紀初頭にかけては，経済生活の諸側面がひとつまたひとつと，株式会社の翼下に収められる観があった。銀行と保険の企業は，今世紀に入る前からずっとこの制度を活用した。公益事業も同じで，そこでは株式会社が事実上，業界すべてに行き渡っている[8]。公益事業に続くのが鉱業と採石業で，1902 年に 86.3%，1919 年に 93.6% が株式会社であった[9]。1919 年の場合，銅山企業で働く賃労働者の 99%，鉄鉱山では 98%，鉛・亜鉛鉱山では 97%，石油・天然ガスの採掘部門では 89% が，株式会社に雇われていた[10]。もちろん，ひとつの産業分野がどれだけ株式会社

---

5) F. W. Stevens, *The Beginnings of the New York Central Railroad*, N. Y., 1926, pp. 352, 382.

6) C. F. Adams, *Chapters of Erie*, Boston, 1871, pp. 11, 13.

7) House Committee on Interstate and Foreign Commerce の報告 "Regulation of Stock Ownership in the Railroad" から引用 (71st Congress, 3rd Session, House Report No. 2789, Feb. 21, 1931, pp. LII, LIV.).

8) 1922 年に電気鉄道では 28 マイルだけが個人あるいはパートナーシップの手中にあった (Census of Elec. Ind., Elec. R. R., 1922, p. 9)。電信会社の場合は 1917 年までにすべてが株式会社化された (Census of Elec. Ind., Telegraphs, 1917, p. 9)。電話会社では，1922 年に資本 500 万ドル分以外が株式会社資本である (Census of Telephone, 1922, p. 1)。非公営の電力会社の 1917 年の総所得中 520 万ドルを除く部分 (99%) が株式会社によって得られた (Census of Elec. Ind., Cent. Elec. Lt. & Pr. Sta., 1917, p. 25)。これらセンサスの数値にはおそらくマサチューセッツ・トラストも株式会社として，そのなかに入れられている。

9) *Statistical Abstract of the United States*, 1925, p. 703.

10) *Abstract of 14th Census of the United States*, 1920, p. 1278.

化されているかという上のような数値は，この総計に私的な株式会社も含まれているのだから，半ば公的な株式会社あるいは株式会社制度の存在の程度をそのまま示すものではないことに，留意しなければならない。とはいえ，私的な株式会社はほとんどの場合，富と活動の相対的に小さな部分をなすにすぎず，したがって上の数字を半ば公的な株式会社がどれだけ普及しているかの指標に用いても，それほど不当ではないだろう。

先に述べた紡績会社を除いて，製造工業の分野における株式会社制度の進行はもっと遅い。その成長はまず，南北戦争にすぐ続いた時期に，各産業の規模拡大と大量生産の広がりによって促された。そして19世紀の最後の10年，当時のトラスト運動からさらに強い刺激を受けた。センサスでは，1899年までに製造工業における全製品の66.7%が株式会社によって生産されるようになったと報告されている[11]。20世紀への転換とともに株式会社の増勢は最高潮に達し，1919年までに商品の87%が株式会社によって生産されるようになった[12]。そして今日では，製造活動の少なくとも94%が株式会社によっていると考えてよい[13]。これによって，全製造業で働く賃金取得者のうち株式会社に雇われている比率は1899年の65%から，1929年には92%（推定）まで上昇した[14]。製造工業では鉱業や公益部門に比べて私的な株式会社がより重要な役割を果たしてはいるが，株式会社化の総計数字のこれほどの増大は，やはり半ば公的な株式会社の成長を示す指標であろう。

若干の製造工業分野では株式会社形態への転換は遅れているが，そういう分野でさえ，今日の移行は顕著である。1920年，年産10億ドルを超える紳士服産業では，生産価値の54.6%が株式会社によって占められたにすぎなかった。同じくパン・ケーキ製造業では51.7%，婦人用服飾・レース産業46.9%，自動車修理業39.1%，婦人服製造32.9%，毛皮製品30.1%，チーズ製造業20.7%，といった具合であった[15]。これらは株式会社形態が未だ圧倒的な支配に至っ

---

11) 13th Census of the United States, 1910, Vol. VIII, p. 135.
12) 14th Census of the United States, 1920, Vol. VIII, pp. 14, 108.
13) この概算は，1899，1909，1919年のセンサスで，株式会社によらない製造業生産高の割合のグラフを今日まで延長して得たものである。
14) 1899年については *Abstract of 14th Census of the United States,* 1920, p. 1021. 1929年については注13)と同じ手法で推定した。

ていない製造工業のなかでのもっとも重要な業種であるが[16]，それでも，すべてのケースで 1920 年の株式会社生産の比率は前回センサスのそれを上回っている。最近のセンサスが，これら産業について 1920 年の数値をさらに大きく上回る株式会社活動の比率を示すであろうと信ずるには，相当の理由がある。

商業部門においては，株式会社が本領を発揮し始めたのはほんの最近のことである。正確な数字は得られないが，大まかな推定で，1909 年に株式会社による卸売額が全卸売額に占めた比率はほぼ 30％，それが 1925 年に 40％程度となっている。同じこの 16 年間に，株式会社による小売の比率は，全小売額の 15％から 30％に増加した[17]。小売を行う株式会社が同時に卸売機能も遂行しているケースが少なくないので，株式会社による小売比率の上昇は，卸売比率の若干の追加的上昇を含んでいる。これらの数字はあくまで概算であって，1930 年のセンサスが商業部門について初めてその全容を公表するときに誤りがみつかるかもしれないが，いずれにせよこの分野における株式会社の急速な普及が疑問とされることはありえない。

ここでの株式会社の広がりは，チェーン・ストアの発展とほとんど同義である。1919 年から 1927 年の間に，食料品店チェーンの売上げは 287％増加し，一方，廉売店（ファイブ・アンド・テン・セント・ストア）チェーンの売上げは 160％増えた[18]。全小売額の成長をはるかに超えるこれらチェーン・ストアの成長率は，流通において株式会社が個人企業の領域を大幅に取り込んだことをも示している。

建設業およびセンサスが「その他産業」と呼ぶ部門——人的サービス，娯楽，貸ビル，医者・弁護士などの専門的活動等——にかんして，正確な数字は得られない。だが建設全体のうち株式会社によって施行された割合は 40〜60％の範囲内にあると思われる[19]。分類されていないその他産業の場合は，15〜25％といったところであろう[20]。これらの部門で成長の度合いを見きわめ

---

15) *Abstract of 14th Census of the United States*, 1920, pp. 1022-1029.
16) センサスで年産 1 億 4000 万ドル以上と報告された産業全体では，生産の 55％以下が株式会社によっていた。
17) National Bureau of Economic Research (NBER) によって提供された数値に基づく。
18) NBER, *Recent Economic Changes in the United States*, N.Y., 1930, p. 362.
19) NBER 提供の数値に基づく。
20) Income Tax のデータに基づくラフな推定である。

ることは不可能である。たしかに株式会社形態で多数の映画館を持った大チェーンが顕著に増えているし，理髪店・美容院がまだ程度は小さいながらチェーン化と株式会社化を進め，レストラン・チェーンもここ20年増え続けて，事業財産を所有するための株式会社が活動の手を広げてきた，といったことがある。しかしながら，そうした発展がこれら諸分野の事業全体の成長を超える速度でなされたかどうかは，測るすべがない。

　株式会社の活動から取り残された領域の最後のひとつである不動産部門からも，最近，株式会社の境域に参入しようとする兆しがある。多くの不動産は私的な株式会社によって保有されているが，エクィタブル・オフィスビルディング社など，株式が取引所で活発に売買されている企業も生まれている。また近年ニューヨークには，不動産を買い取るために組織される株式会社の証券を単独で扱う，不動産取引所(リアル・エステート・イクスチェンジズ)が設置された。

　農業で，株式会社はしんがりを歩んでいる。1920年，生産額で測って全農場の61.1％が土地所有者により，34.9％が小作人により営まれ，経営者によって運営されたのは4.0％にすぎなかった[21]。第2グループの小作農業のなかには，株式会社が土地を持つが自分で運営せず小作人まかせにしているようなケースも含まれるだろうが，とはいえおそらく，株式会社農業といってよいのは，この最後のグループだけである。

　政府の諸事業が，まだ考察されていない唯一の経済活動分野として残っている。もちろんこの領域では，所有権が広範囲に分散した株式会社制度は見当たらない。しかしながら，その政府部門においてさえ，株式会社の装置の利用が始まりつつあることに——証拠としてニューヨーク港湾管理公社を挙げておこう——，留意しなければならない。ここでさえ，国民大衆に究極の所有権と，民主主義の機構が働く範囲内での究極の支配とを付与する仕方として，株式会社が由緒正しい形態となる可能性があろう。

　かくのごとく，株式会社はさまざまな分野に次々と進入し，そこで成長し，その分野を完全または部分的に支配するようになってきた。姿を現した時期とそこを支配した程度とは，一般に二つの要素，すなわち当該事業活動の公的な

---

[21] 14th Census of the United States, 1920, Vol. V, p. 130.

性格と，事業の運営に必要な固定資本の量によって異なっている。最初に公益事業，運送業，銀行と保険会社（1840年代になってなお公的な機能を果たすものと認知されていた）[22]から始まって，最後に人的サービスや農業にまで及んだのであるし，初期に鉄道，鉱山など大量の固定資本を要する部門に現れて，のちに大部分の資本が手持ち商品からなる商業部門に至ったのだった。過去における発展を土台にして，われわれはじっさいにすべての経済活動が株式会社形態をもって行われるであろう時代を，展望することができる。株式会社が支配的となったところは押しなべて，それが私的な役割でなく半ば公的な役割を担うというなかで，そうなった。株式会社は個々人が行う私的な企業にただ法律の衣を装わせるにとどまらない。それは企業にたいして新しい質，すなわち複合的所有権(マルティプル・オーナーシップ)という質を付加するのである。

---

[22] ニューイングランドの指導的な繊維製造業者だった Nathan Appleton による。Ware, *op.cit.*, p. 290.

# 第3章　経済力の集中

　株式会社制度はこれまで，事業が行われる標準を高めるという以上のことを遂げてきた。この制度には，富を絶えずより大きな規模の集合体にまとめ上げ，そして同時に支配をますます少数者の手に委ねるような，求心力が存在する。その趨勢は明白であり，そしていままでのところ限界はみえていない。もしも，これまでは何か特別の事情から集中が実現したが，これからもその過程が続くと判断を下す根拠はないといえるのだとすれば，問題の全体はかえって単純かもしれない。だがこれは本当でない。見通しうるかぎりでは，集中を促進したすべての要素がなお存在しており，この傾向に終止符を打ちうる要因として考えられるのは，支配を委ねられた財産の集合体を有効に運用する少数の人間の，能力における限界だけなのである。

　現代の巨大株式会社の規模を正しくつかむのは容易でない。多くの人は，資産が100万ドルとか所得が5万ドルとかいう株式会社を，大きいと思うだろう。たしかに株式会社の平均と較べれば，その感覚はそれなりにあたっている。1927年に純利益を計上した全株式会社の3分の2は，利益が5000ドル以下であった[1]。同年の非金融株式会社の平均をとると，所得は2万2000ドル[2]，総資産は57万ドルとなる[3]。こんな平均的株式会社と較べれば，100万ドルの会社はたしかに大きい。しかし現代の巨大株式会社と較べれば，どちらも小人でしかない。資産でいうと，アメリカ電話電信会社は平均規模の株式会社の

---

[1] *Statistics of Income*, 1927, p. 19.
[2] *Ibid.*, pp. 16, 17. ここで「非金融」(non-banking)とは，銀行，保険会社，投資信託を除くという意味である。
[3] *Ibid.*, pp. 371, 372.

8000倍以上，U. S. スチールとペンシルヴェニア鉄道の2社は4000倍以上に相当する。資産1億ドルの会社でも，平均的株式会社を200社近く集めたものだということになる。これほど巨大な組織体を，平均的会社と同じ次元で考えられないのは明白である。アメリカ電話電信会社はすでに，わが国の21の州が域内に保有しているよりも多い富を支配している。

こうした大事業体によって今日営まれている経済活動の広がりがどれほど大きいかということは，1930年1月1日現在の非金融株式会社最大200社[4]の以下(第1表)のリストによって，はっきりと示される。そのほぼすべてが1億ドル以上の資産を擁し，うち15社の資産は10億ドルを超える。200社の資産の合計は810億ドルとなり，後にみるように，合衆国の全株式会社の富の半分近くを占める。

これらの巨大企業はアメリカ産業の骨格そのものである。個々人はほとんど不断にこれらと接触せざるをえない。一つあるいはそれ以上の会社に利権を持つ者，そのどれかに雇われて働く者もあろうが，つまるところ誰もがこれら大企業のサービスを絶えず享受しているのである。どこか遠くに旅行するとなれば，だいたい必ず大鉄道システムのひとつを利用しなければならない。彼を運んでくれる機関車は，アメリカン・ロコモティヴ社あるいはボールドウィン・ロコモティヴ工場製の機関車であり，彼が乗る客車は，プルマン社の寝台でないとすれば，おそらくアメリカン・カー・アンド・ファウンドリ社かその子会社の製品ということになる。レールは，第1表のリストにある11鉄鋼企業のどれかから供給されたに違いない。燃料の石炭は，その鉄道自身が持つ炭鉱からでないとすれば，四つの炭鉱会社のどれかからきたものである。あるいは乗用車で私的な旅をするというのであれば，その車はフォード，ゼネラル・モー

---

[4] 最大200社の序列は，*Moody's Railroad, Public Utility, Industrial Manuals* に報じられている，総資産から減価償却を差し引いた資産額によっている。この *Moody's* で連結貸借対照表が与えられていなかった企業については，子会社(subsidiaries)の資産と，親会社の資産から関連会社(affiliated companies)への投資分を引いた額を基礎にして推定した。そのような推定は完全に正確とはいえないまでも，当面の目的には十分である。親会社の貸借対照表が得られなかった二つのケースでは，親会社の株式・社債発行額と入手しえた子会社資産額とをもとに，支配下にある資産の大まかな推定を行った。この200社には，議決権株の過半数が別の株式会社によって所有されていることが知られている会社は，1社も含まれていない。

第1表　合衆国における最大200株式会社

（銀行・保険・投資信託を除く）

| 会　社　名 | 総　資　産<br>(1930年1月1日あるいはその前後。単位：100万ドル) |
|---|---|
| **娯　楽** | |
| 　Eastman Kodak Co. | 163.4 |
| 　General Theatre Equipment, Inc. (Fox Theatres) | 360.0 |
| 　Loew's, Inc. | 124.2 |
| 　Paramount Publix Corp. | 236.7 |
| 　Radio Corp. of America | 280.0(推定) |
| 　Warner Bros. Pictures, Inc. | 167.1 |
| **化　学** | |
| 　石　油 | |
| 　　Atlantic Refining Co. | 167.2 |
| 　　Continental Oil Co. | 198.0 |
| 　　Gulf Oil Corp. | 430.9 |
| 　　Ohio Oil Co. | 110.6 |
| 　　Philips Petroleum Co. | 145.3 |
| 　　Prairie Oil & Gas Co. | 209.8 |
| 　　Prairie Pipe Line Co. | 140.5 |
| 　　Pure Oil Co. | 215.4 |
| 　　Richfield Oil Co. of California | 131.9 |
| 　　Shell Union Oil Corp. | 486.4 |
| 　　Sinclair Consolidated Oil Corp. | 400.6 |
| 　　Sinclair Crude Oil Purchasing Co. | 111.9 |
| 　　Standard Oil Co. of California | 604.7 |
| 　　Standard Oil Co. of Indiana | 850.0(推定) |
| 　　Standard Oil Co. of New Jersey | 1767.3 |
| 　　Standard Oil Co. of New York | 708.4 |
| 　　Texas Corp. | 609.8 |
| 　　Tide Water Associated Oil Co. | 251.4 |
| 　　Union Oil Associates | 240.0(推定) |
| 　　Vacuum Oil Co. | 205.7 |
| 　その他化学製品・石鹸等 | |
| 　　Allied Chemical & Dye Corp. | 277.2 |
| 　　Corn Products Refining Co. | 126.7 |
| 　　Du Pont de Nemours & Co. | 497.3 |
| 　　International Match Corp. | 217.6 |
| 　　Kopper Co. | 250.0 |
| 　　Procter & Gamble Co. | 109.4 |
| 　　Union Carbide & Carbon Corp. | 306.8 |
| **石　炭** | |
| 　Consolidated Coal Co. | 94.0 |

| 会　社　名 | 総　資　産<br>(1930年1月1日あるいはその<br>前後。単位：100万ドル) |
|---|---|
| Gren Alden Coal Co. | 300.0(推定) |
| Philadelphia & Reading Coal & Iron Corp. | 129.0 |
| Pittsburgh Coal Co. | 171.5 |

**食品・薬品・煙草等**

乳製品

| Borden Co. | 174.0 |
|---|---|
| National Dairy Products Co. | 224.5 |

果　実

| United Fruit Co. | 226.0 |
|---|---|

食　肉

| Armour & Co. | 452.3 |
|---|---|
| Swift & Co. | 351.2 |
| Wilson & Co. | 98.0 |

砂　糖

| American Sugar Refining Co. | 157.1 |
|---|---|
| Cuban Cane Prod. Co. | 101.3 |

煙　草

| American Tobacco Co. | 265.4 |
|---|---|
| Liggett & Myers Tobacco Co. | 150.3 |
| Lorillard (P.) Co. | 110.0 |
| Reynolds Tobacco Co. | 163.1 |

その他

| National Biscuit Co. | 133.2 |
|---|---|

**ガラス**

| Pittsburgh Plate Glass Co. | 101.6 |
|---|---|

**皮　革**

| International Shoe Co. | 111.3 |
|---|---|

**木　材**

| Long-Bell Lumber Corp. | 116.1 |
|---|---|

**商　業**

| Drug, Inc. (United Drug Co.) | 158.0 |
|---|---|
| Great Atlantic & Pacific Tea Co. | 147.3 |
| Kresge Co. | 109.5 |
| Macy (R. H.) & Co. | 97.0(推定) |
| Marshall Field & Co. | 137.2 |
| Montgomery Ward & Co. | 187.5 |
| Sears, Roebuck & Co. | 251.8 |
| United Stores Corp. (United Cigar Stores) | 161.5 |
| Woolworth & Co. | 165.4 |

| 会 社 名 | 総 資 産 |
|---|---|
| | (1930年1月1日あるいはその前後。単位：100万ドル) |
| **金属製品** | |
| 　自 動 車 | |
| 　　Chrysler Corp. | 209.7 |
| 　　Ford Motor Co. | 761.0 |
| 　　General Motors Corp. | 1400.0(推定) |
| 　　Studebaker Corp. | 134.2 |
| 　電　　機 | |
| 　　General Electric Co. | 515.7 |
| 　　Westinghouse Electric & Manufacturing Co. | 253.9 |
| 　機　　械 | |
| 　　Deere & Co. | 94.6 |
| 　　International Harvester Co. | 384.0 |
| 　　Singer Manufacturing Co. | 210.0(推定) |
| 　　United Shoe Machinery Corp. | 94.1 |
| 　そ の 他 | |
| 　　American Can Co. | 191.3 |
| 　　American Car & Foundry Co. | 119.5 |
| 　　American Locomotive Co. | 106.2 |
| 　　American Radiator & Standard Sanitary Corp. | 199.4 |
| 　　Baldwin Locomotive Works | 98.8 |
| 　　Crane Co. | 115.9 |
| **金　　属** | |
| 　アルミニウム | |
| 　　Aluminum Co. of America | 300.0 |
| 　銅 ・ 鉛 | |
| 　　American Smelting & Refining Co. | 241.0 |
| 　　Anaconda Copper Mining Co. | 680.6 |
| 　　Kennecott Copper Corp. | 337.8 |
| 　　National Lead Co. | 108.4 |
| 　　Phelps Dodge Corp. | 124.7 |
| 　鉄　　鋼 | |
| 　　American Rolling Mill Co. | 104.3 |
| 　　Bethlehem Steel Corp. | 801.6 |
| 　　Cllifs Corp. | 98.0 |
| 　　Crucible Steel Corp. of America | 124.3 |
| 　　Inland Steel Corp. | 103.0 |
| 　　Jones & Laughlin Steel Corp. | 222.0 |
| 　　National Steel Corp. | 120.8 |
| 　　Republic Steel & Iron Co. | 331.7 |
| 　　United States Steel Corp. | 2286.1 |
| 　　Wheeling Steel Corp. | 128.3 |

| 会　社　名 | 総　資　産<br>(1930年1月1日あるいはその<br>前後。単位：100万ドル) |
|---|---|
| Youngstown Steel & Tube Co. | 235.7 |
| **製　紙** | |
| Crown Zellerbach Corp. | 117.7 |
| International Paper & Power Co. | 686.5 |
| Minnesota & Ontario Paper Co. | 90.3 |
| **公益事業**(提携関係によりグループ化) | |
| 通　信 | |
| American Telephone & Telegraph Co. | 4228.4 |
| Associated Telephone Utilities Co. | 95.9 |
| International Telephone & Telegraph Co. | 521.2 |
| Western Union Telegraph Co. | 332.2 |
| 電力・ガス | |
| American Commonwealth Power Corp. | 184.4 |
| American Water Works & Elec. Co. | 378.5 |
| Associated Gas & Electric Co. | 900.4 |
| 　　New England Gas and Electric Association | 108.7 |
| 　　Railway and Bus Associates | 112.2 |
| Central Public Service Co. | 199.5 |
| Cities Service Co. | 989.6 |
| Consolidated Gas Co. of New York | 1171.5 |
| Consolidated Gas, Elec. Lt. & Power Company of Baltimore | 135.9 |
| Detroit Edison Co. | 296.1 |
| Duke Power Co. | 212.1 |
| Edison Electric Ill. Co. of Boston | 156.3 |
| Electric Bond & Share Co. | 756.0 |
| 　　American Gas & Electric Co. | 431.0 |
| 　　American Power & Light Co. | 754.1 |
| 　　Electric Power & Light Corp. | 560.0(推定) |
| 　　National Power & Light Co. | 500.0(推定) |
| 〈Insull グループ〉 | |
| 　　Commonwealth Edison Co. | 440.0(推定) |
| 　　Middle West Utilities Co. | 1120.0(推定) |
| 　　Midland United Co. | 298.1 |
| 　　North American Light & Power Co. | 308.4 |
| 　　Peoples Gas, Light & Coke Co. | 192.1 |
| 　　Public Service Co. of Northern Illinois | 190.0 |
| 〈Koppers Co. グループ〉 | |
| 　　Brooklyn Union Gas Co. | 123.7 |
| 　　Eastern Gas & Fuel Associates | 158.7 |
| Lone Star Gas Corp. | 109.0 |

| 会　社　名 | 総　資　産<br>(1930年1月1日あるいはその<br>前後。単位：100万ドル) |
|---|---|
| North American Co. | 810.3 |
| 　　Pacific Gas & Elec. Co. | 428.2 |
| Pacific Lighting Corp. | 203.4 |
| So. California Edison Co., Ltd. | 340.6 |
| Stone & Webster, Inc. | 400.0(推定) |
| Tri-Utilities Corp. | 346.0 |
| 〈United Corporation グループ〉 | |
| 　　Columbia Gas & Electric Corp. | 529.2 |
| 　　Commonwealth and Southern Corp. | 1133.7 |
| 　　Niagara Hudson Power Corp. | 756.9 |
| 　　Public Service Corp. of New Jersey | 634.6 |
| 　　United Gas Improvement Co. | 802.0 |
| United Light & Power Co. | 520.1 |
| United States Electric Power Corp. | 1125.8 |
| Utilities Power & Light Corp. | 373.1 |

鉄　道(提携関係によりグループ化)

| | |
|---|---|
| Alleghany Corp. | 1600.0(推定) |
| 　　Erie Rd. Co. | 560.9 |
| 　　Kansas City Southern Ry. Co. | 146.1 |
| 　　New York, Chicago & St. Louis R. Co. | 350.0(推定) |
| 　　Wheeling & Lake Erie Ry. Co. | 104.1 |
| Atchison, Topeka & Santa Fe Ry. Co. | 1135.4 |
| Atlantic Coast Line R. Co. | 840.0(推定) |
| Baltimore & Ohio Rd. Co. | 1040.8 |
| 　　Chicago & Alton Rd. Co. | 161.8 |
| 　　Reading Co. | 565.0(推定) |
| 　　Western Maryland Ry. Co. | 168.2 |
| Chicago & Eastern Illinois Ry. Co. | 97.4 |
| Chicago Great Western Rd. Co. | 149.2 |
| Chicago, Milwaukee, St. Paul & Pacific Rd. Co. | 776.1 |
| Chicago & North Western Ry. Co. | 641.0 |
| Chicago, Rock Island & Pacific Ry. Co. | 477.4 |
| Chicago Union Station Co. | 96.8 |
| Delaware & Hudson Co. | 269.4 |
| Delaware, Lackawanna & Western R. Co. | 189.3 |
| Denver & Rio Grande Western Rd. Co. | 223.4 |
| Florida East Coast Ry. Co. | 123.6 |
| ⎰Great Northern Ry. Co. | 812.4 |
| ⎱Northern Pacific Ry. Co. | 813.9 |
| 　　Chicago, Burlington & Quincy Rd. Co. | 645.4 |
| 　　Spokane, Portland & Seattle Ry. Co. | 140.2 |

| 会　社　名 | 総　資　産<br>(1930年1月1日あるいはその<br>前後。単位：100万ドル) |
|---|---|
| Missouri-Kansas-Texas Rd. Co. | 314.0 |
| New York Central Rd. Co. | 2250.0 |
| New York, New Haven & Hartford R. Co. | 560.8 |
| 　　Boston & Maine Rd. Co. | 256.4 |
| Pennsylvania R. Co. | 2600.0(推定) |
| 　　Lehigh Valley Rd. Co. | 226.0 |
| 　　Norfolk & Western Ry. Co. | 497.0 |
| 　　Wabash Ry. Co. | 334.6 |
| St. Louis-San Francisco Ry. Co. | 439.9 |
| St. Louis Southwestern Ry. Co. | 139.4 |
| Seaboard Air Line Ry. Co. | 283.1 |
| Southern Pacific Co. | 2156.7 |
| Southern Ry. Co. | 655.5 |
| Union Pacific Rd. Co. | 1121.1 |
| 　　Illinois Central Rd. Co. | 680.9 |
| Virginian Ry. Co. | 152.7 |
| Western Pacific Rd. Corp. | 156.0(推定) |
| 不動産 | |
| U.S. Realty & Improvement Co. | 124.6 |
| ゴム | |
| B.F. Goodrich Co. | 163.6 |
| Firestone Tire & Rubber Co. | 161.6 |
| Goodyear Tire & Rubber Co. | 243.2 |
| United States Rubber Co. | 307.8 |
| 繊維 | |
| American Woolen Co. | 113.9 |
| 市街交通 | |
| Boston Elevated Ry. Co. | 109.7 |
| Brooklyn & Manhattan Transit Co. | 288.5 |
| Chicago Rys. Co. | 108.2 |
| Hudson Manhattan R. Co. | 131.7 |
| International Rapid Transit Co. | 458.6 |
| Philadelphia Rapid Transit Co. | 95.6 |
| Third Avenue Ry. Co. | 110.0(推定) |
| United Rys. & Elec. Co. of Baltimore | 96.7 |
| 運輸 | |
| International Mercantile Marine Co. | 100.0(推定) |
| Pullman, Inc. | 315.5 |

ターズ，ステュードベイカー，クライスラー社のどれかによって製造されたものだし，車のタイヤはファイヤストーン，グッドリッチ，グッドイヤー，U.S.ラバー社のどれかから提供されている。そしてドライバーは，顧客を求めて競っている石油会社20社のブランド・ガソリンからひとつを選ぶことになる。万一，電信や電話を送るのにまごついたりしていると，リストにある会社のどれかひとつが，速やかに彼の必要を満たしてくれる。

　他面において，おそらく個々人は家のなかでかなり孤立した私生活を送っている。そこにいる彼に200大企業はどんな意味を持つだろうか。彼の電気，ガスが第1表にある公益事業会社のひとつから供給され，アルミニウムの台所用具がアルコアの製品であることは，ほとんど疑いえない。電気冷蔵庫はゼネラル・モーターズか，あるいは2大電機メーカー，ゼネラル・エレクトリックとウェスティングハウスかの製品であろう。クレイン・カンパニーが配管設備を，アメリカン・ラジエーター・アンド・スタンダード・サニタリーが暖房機器を担当した可能性もある。おそらく彼は食品雑貨(グローサリー)の少なくとも一部をグレート・アトランティック・アンド・パシフィック・ティー・カンパニー——1930年にわが国の食品雑貨販売額の8分の1を売るだろうと予想されている[4a]——から買い，衛生用品の一部を直接，間接にユナイテッド・ドラッグ・カンパニーを通じて手に入れる。購入した食品雑貨のなかの缶詰類は，アメリカン・カン・カンパニー製の缶であることが，十分ありうる。砂糖は大会社のひとつによって精糖され，食肉はおそらくスイフトかアーマーかウィルソンによって精肉とされたものである。ビスケットはナショナル・ビスケット・カンパニー製である。玄関ドアに差し込まれた新聞は，インタナショナル・ペーパー・カンパニーかクラウン・ゼーラバク・コーポレーションが製造した紙に印刷されている。靴はインタナショナル・シュー・カンパニー製かもしれない。スーツがアメリカン・ウーレン・カンパニー製でなかった場合でも，シンガー社のミシンで縫製されていることはほぼ間違いない。

　もし彼がラジオ番組で気晴らしをしようとするなら，ラジオ・コーポレーション・オブ・アメリカのライセンスの下に作られたラジオ・セットを用いる

---

4a) *Wall Street Journal*, Nov. 25, 1929.

ことが，ほとんど不可避である。外出して映画を観ようというなら，おそらくパラマウント，フォックス，ワーナー・ブラザーズのどれかが製作した（イーストマン・コダック製フィルムで作られている）作品を，これら映画会社の傘下にある映画館で観るということになる。魅力的な煙草の広告に屈するのは彼の勝手だが，それでも知らず知らずのうちに「ビッグ・フォア」煙草会社の多くのブランド商品のひとつを吸うことがほぼ確実であり，それを買うために街角にあるユナイテッド・シガーの店に立ち寄ることになるだろう。

　個々人が直接に接触しなくても間接的な接触を避けることができないほどに，いまやこれらの大企業は遍在している。消費物資のなかで，大企業のどれかが多少とも生産に関与していないというものは，ほとんどない。プラウ・メーカーであるインタナショナル・ハーヴェスターとディア・カンパニーは，アメリカ人が食べるパンの大部分の生産，身につける木綿の多く，その他消費する多様な農産物に，貢献している。2大電機会社のどちらかが提供した発電機の駆動なしには，地元公益企業からの電力を得ることはまず不可能である。工業製品のうち，その生産工程のどこかで大鉄鋼企業のひとつから入手したスチールの助けなしに製造されたものはめったにない。そしてほぼすべての物資が，原料段階であれ完成品段階であれ，大鉄道のどれかによる運送に与っている。

　これらの大企業はわが国実業界の構成部分であるが，アメリカ経済全体のなかでの重要性を検証して初めて，その支配的な地位もはっきりする。ここでわれわれは統計学の手法に転じなければならない。そうすることによってのみ，経済生活の全体像が把握できるからである。大株式会社の相対的な重要性を統計的に比較しようという場合，第一に重要性を測る尺度を決める必要がある。本書は何よりも財産にかんする研究なのだから，「重要度」の基準として取り上げるのは財産と経済的に同義である富(ウェルス)であり，そしてさらに，各々の株式会社の下にある総資産[5]が大まかにその富に比例していると想定する。しかしながら可能なときはいつでも，得られた結果は重要性の第二の尺度である

---

[5] 総資産（gross assets）は減価償却を差し引く。ある貸借対照表では減価償却分が資産から引かれているが，ほかでは負債に計上されているものもある。いずれも合法的だが，後者の方法では総資産がより大きな数字になる。したがって減価償却を除いた総資産を得る必要がある会社についての調整を行った。

純収益^ネット・アーニングス 6) によって照合される。

　これら大株式会社の相対的地位をひとつの像にまとめ上げるために，四つの経済分野での検討を行う。(1)ニューヨーク証券取引所，(2)全株式会社の富，(3)実業界全体の富，(4)国富，がそれである。

　ニューヨーク証券取引所における大株式会社の支配的地位は，疑う余地がない。「コマーシャル・アンド・フィナンシャル・クロニクル」紙に毎週掲載される株式リストを用いて，ニューヨーク証券取引所で平常週に取り引きされた（もっとも不活発な株を除く）全株を取り上げると，そこに登場する 573 の独立したアメリカ株式会社のうち 130 社が，各々 1 億ドル以上の資産を計上している大企業に属する 7)。その 130 社で，上場全企業の資産の 80％以上を占める。全会社を資産規模別にグループ分けし，グループごとの資産総額とそれの割合を示したのが次の表である 8)。

| 会社の資産規模別グループ | 企業数 | グループ毎の総資産 | 全資産への％ |
| --- | --- | --- | --- |
| 5000 万ドル以下 | 372 | 73 億 2500 万ドル | 10.9 |
| 5000 万～1 億ドル | 71 | 49 億 5000 万ドル | 7.4 |
| 1 億ドル以上 | 130 | 547 億 1400 万ドル | 81.7 |
| 計 | 573 | 669 億 8900 万ドル | 100.0 |

　この表は，巨大株式会社の圧倒的な重要性を語るだけでなく，おそらくそれ

---

6) 財務省が編集した法制上の net income を用いる。これは会社が事業活動から直接に獲得した税引前の純所得である。

7) コマーシャル・アンド・フィナンシャル・クロニクル紙が基準の週として選んだ 1929 年 3 月 9 日付のリストに掲載されたのは 678 会社の株式であるが，そのうち 76 社はこのリストに登場する株式会社の子会社であり，21 社は外国の会社，8 社が金融会社であった。取引所に上場されている会社が上場されていない会社の子会社である場合は，親会社が上場されているものとみなした。上場会社の資産は 1928 年および 1929 年の *Moody's Manual* から得た。

8) 同様の研究が，ニューヨーク・カーブ取引所に上場されている独立会社についても——コマーシャル・アンド・フィナンシャル・クロニクル紙の同じ欄に掲載された場外取引リストを用いて——行われた。だが残念ながら，この研究は当初，異なる目的のもとに 1927 年に存在していた会社だけを対象にして，1927 年時点の資産を集計したものであった。そのため当然加えるべき多くの会社が除外されている。かりに修正をほどこしても割合の点ではそれほど大きな違いにはならないだろうと思われるので，修正しないままの結果を以下に示す。

以上の意義さえあると思われること，すなわち資産5000万ドルから1億ドルの範囲にある中規模株式会社の全資産に占める比率がわずか8％以下であるという，つまり中規模会社の相対的な非重要性を示している。それより小さい小規模株式会社——産業界に巨人が居並ぶ今日，資産5000万ドル以下の株式会社すべてを小規模と一括しても，読者は驚いてはならない——は，数こそ多いが重要な地位を占めてはいない。しかしながら，上の表の573社のちょうど半数が実は資産3000万ドル以下なのであり，そのグループの資産合計で全体の6％未満にすぎないことには，ことさら注意しておく必要がある[9]。

200大非金融株式会社の資産を集計したものを，全非金融株式会社と比較したときには，前者の支配的役割がさらにはっきりしてくる。42の鉄道，52の公益事業，106の産業企業からなるこれら200大企業は，それぞれ9000万ドル以上の資産を擁し，1930年初めの資産総計額は810億7400万ドルとなる[10]。一方，所得税資料をもとにした推定で1930年初めの全非金融株式会社の資産総計は1650億ドルとなった[11]。つまり200大企業は全非金融株式会社の富の半分近い49.2〔49.1？：33,34,41頁も同じ〕％を支配しているが，残る半分の富は実に30万以上のより小規模の企業によって所有されているのである。

大企業の同様な支配的地位は，全株式会社と最大企業との純所得の比較によっても示される。所得税統計が公表された最新の年である1929年に，所得額での200大非金融株式会社は，それぞれ500万ドル以上の所得を挙げ，全非

| 会社の資産規模別グループ | 企業数 | グループ毎の総資産 | 全資産への％ |
|---|---|---|---|
| 5000万ドル以下 | 371 | 37億3100万ドル | 24.3 |
| 5000万～1億ドル | 31 | 23億 800万ドル | 15.0 |
| 1億ドル以上 | 37 | 93億3800万ドル | 60.7 |
| 計 | 439 | 153億7700万ドル | 100.0 |

9) 資産規模に基づく企業のより詳細な表として，付表Aを参照。
10) 連結貸借対照表が*Moody's*から得られない26ケースについては，子会社の資産と，親会社の資産から関連会社への投資分を引いた額を基礎にして推定した。そのような推定は完全に正確なものとはいえないまでも，当面の目的には十分である。親会社の貸借対照表が得られなかった二つのケースでは，親会社の株式・社債発行額と入手しえた子会社資産額とをもとに，支配下にある資産の大まかな推定を行った。
11) この推定は，*American Economic Review*, Vol. XXI, March, 1931, pp. 15-16における"The Large Corporation in American Economic Life"で採られた手法に従って，1929年12月31日時点の全非金融株式会社の総資産を概算したことによって到達した。

金融株式会社の所得の43.2%をわがものとした[12]。

　だがこの数字でさえ，大企業の重要性を過小評価している気味がある。この推定のもととなった所得税統計はとても見すごせない程度まで，大企業の支配下にある他の財産から得られた所得を，大企業の所得として捕捉することに失敗している。所得の数値を集計するさい，財務省は，個別に所得税申告を行ったすべての企業を，じっさいには他企業に支配されている場合も含めて個別の会社として表示する。株式（あるいは議決権株）の95%以下を所有され支配されている子会社も個別の申告が求められた[13]——そしていかなる子会社も自分から望めば個別に申告をなしえた——から，じっさいに他企業の支配下にある多くの企業，本書のテーマからすれば支配会社のほうの収益に合算されるべきである多くの企業が，別々に表示されてしまっている。

　例えばアメリカ電話電信会社（AT&T）は，少なくとも四つの企業として——1928年の資産が30億ドル以上の親会社，それに資産3億7900万ドル余のパシフィック電話電信，2億6800万ドルのニューイングランド電話電信，8000万ドルのマウンテン・ステイツ電話電信がそれである——所得税申告を行ったと思われる[14]。親会社がこれら子会社から得た配当さえ，親会社の法定の純所得には含まれなかった。他の多くの大株式会社が同じ状況下にある。この理由から，大企業によって報告された所得は，支配下の総財産から挙がる収益よりもしばしば少ないのである。

---

12) 第4表参照。
13) Revenue Act of 1926, Sec. 240(a)(c)(d). 二つ以上の会社のそれぞれについて株式あるいは議決権株の95%以上が「同一の利権」によって所有されている場合には，その数会社の連結申告書を提出することができた。したがってその場合は所得統計に単一企業として集計されることになる。そのようなケースはめったにないので，ここで立ち入って述べるまでもない。
14) AT&Tの子会社は1928年に親会社と別に所得税申告を行った（すなわち95%以下の所有ということで）ものとみられる。AT&Tの子会社のひとつベル電話証券会社が1929年に刊行した"Bell Telephone Securities-Reference Tables and Descriptions"によると，1928年12月31日の数値は次のようである。

| 総資産(100万ドル) | 企　業　名 | AT&Tが所有する株式の割合 |
|---|---|---|
| 80.1 | Mountain States Tel. & Tel. Co. | 72.82% |
| 268.6 | New England Tel. & Tel. Co. | 61.98 |
| 379.6 | Pacific Tel. & Tel. Co. | 82.00 |

大会社の重要性をじっさいより小さくみせている第二の要因は，利子費用として支払われる額，したがって「法定純所得」に含まれない額の所得に占める割合が，大企業において高いことである。大企業とりわけ鉄道や公益事業の大企業が，資産対比で小企業より負債率が高いことはほぼ確実である。もしすべての子会社の純所得が親会社の純所得に合算されていたならば，またもし所得が利子として支払われた所得部分をも含んでいたならば，200大企業が全株式会社の純所得の45％をずっと上回る分を受け取った計算になるのは，十分ありそうである。したがってこの数字は，総資産をもとに計算した先の49.2％という数値を支持するものになると思われる。

　所得統計もまた，中規模株式会社が特段に重要な構成要素でないことを示す。200大企業に次ぐ規模(純所得の規模)の800の非金融株式会社は，全株式会社の純所得の19.3％を得たにすぎない。この800企業は，100万ドル以上450万ドル以下の所得を計上した株式会社のすべて，そしておおよそ1800万ドルから8000万ドルまでの資産を持っている会社の所得を網羅している。もしすべての株式会社が連結所得勘定で計上していたとすれば，800株式会社の所得割合はもっと小さく報告されることになったであろう。多数の重要な会社が最大会社のグループに移されて，移った分をもっと下からの企業が埋めることになったろうからである。

　この中規模株式会社と較べれば，所得100万ドル以下を計上した小規模株式会社は，重要な外見を呈する。そうした小規模会社は全会社所得の37.5％を占めるが，何といってもそれは最小単位グループの企業数が多いからである。つまりこれは，株式会社の富の大部分が，数億ドルの資産を運用している巨大事業体と，400万ドル以下の資産を持つ相対的に小規模な株式会社との，どちらかに帰属していることを示しているといえよう。

　大企業の富を全産業の富と較べようとするときこうむる困難は，わが国の実業界全体の富を推定するに適当な資料がないからである。しかしながらひじょうに大まかな推定では[15]，アメリカ実業界の富の少なくとも78％，おそらくそれ以上の割合が株式会社の富である。200大株式会社は全株式会社の富の約

---

15) ここで採った手法は，注11)に掲げた"The Large Corporation in American Economic Life"のpp. 19-20に述べられている。

49％を支配しているとすれば，大まかな計算で 200 大企業は実業界全体の富の 38％以上を支配していることになる。

さらに国富との比較に観察を進めると，ここではせいぜいもっとも近似的な推定を扱うことで我慢しなければならない。全国産業協議会(NICB)が，1928年末の国富を 3600 億 6200 万ドルと推定している[16]。国富の増加をそれまでの 6 年間平均の増加趨勢と同じだと仮定すると，1929 年の国富は 3670 億ドルとなる。同年の 200 大企業の資産総額は 810 億 7700 万ドルであるから[17]，彼らは 1929 年の国富のおよそ 22％を支配したことになる。国富と比較したときに大株式会社の重要度がそれほど高くならないのは，農地および農業施設，住宅地区の不動産，自動車等を含む個人財産，巨大な政府・自治体の財産などが，なお大きな部分をなしているからである。

以上の分析の結果をまとめると，下表のようである。

**大株式会社の相対的重要性**(1930 年 1 月 1 日あるいはその前後)

|  | 計算から得られた結果 | 可能な範囲 |
|---|---|---|
| 全株式会社(非金融)の富に占める 200 大株式会社の割合 | 49.2％ | 45-53％ |
| 実業界の富(非金融)に占める 200 大株式会社の割合 | 38.0[1] | 35-45 |
| 国富に占める 200 大株式会社の割合 | 22.0 | 15-25 |

1) 所得税報告が非連結であることの修正は行っていない。

こうした計算から，わが国の産業の富のかなり大きな部分が相対的にわずかな巨大単位の支配下に集められていることが明白である。1929 年のわが国には，30 万以上の非金融株式会社が存在した。だがそれの 0.07％以下にすぎない 200 社が，株式会社の富の半分近くを支配している。

さらに留意しなければならないのは，こうした巨大企業がひとつずつ発揮する影響が，その直接支配下にある資産をはるかに超えて広がっていることである。自分よりも大きな企業との間で売ったり買ったりする企業は，自分より小さな企業と取り引きする場合よりはるかに大きな影響をこうむるのが普通であ

---

16) *The Conference Board Bulletin*, No. 38, February 25, 1930, p. 303. National Industrial Conference Board, New York.
17) この総資産に受取手形を含むことから生ずる誤差は，国富の推定において調整を行う根拠にたいして起こりうる誤差に較べれば，それほど大きなものではない。

る。多くのケースで，小さいほうの企業の持続的な繁栄が大きいほうの企業の選好に依存し，ほとんど避けがたく後者の利益が前者の利益ともなる。価格にたいする大企業の影響は，それが独占への歩みにつながるものでなくてさえ，企業規模が大きいということだけでしばしば増幅される。その政治的影響力も恐るべきものである。だから，株式会社の富のざっと半分が200大会社によって支配され，残る半分が小規模会社群によって支配されているとすれば，産業の半分をはるかに上回る分を巨大会社が制していると想定するのが正しい。この集中は，その結果1億2500万の人口中2000人ほどの個人が産業の半分を支配し指揮する立場にいるというふうに読み替えると，重要性がさらに引き立てられる。

　力の集中がここまで進展しているという実情はむろん驚くべきことである。だがもっと驚くべきは，その進展のペースの加速性である。1909年に200大非金融株式会社の資産総額は260億ドルにすぎなかった[18]。1919年までにその額は437億ドルに達し，この10年で68%増加した。次の10年，1919年から1929年までの間には811億ドルへと，つまり85%余り増加している。

　1919年と1928年との両方で最大200企業のリストに登場する150社について，その成長をみたのが第2表である。

　両方の年に登場する44鉄道の資産は，1919年の180億ドルから1928年の230億ドルまで24%増加した。同じ期間に71工業会社は140億ドルから230億ドルへと，この9年間で58%の増加である。周知のように公益事業分野での増加率はもっとはるかに高い。同じ9年間で35公益事業会社の資産は60億ドルから180億ドルへと，およそ3倍になった。この公益事業の急成長が鉄道の緩い成長をほぼ埋め合わせて，150株式会社の総計では390億ドルから630億ドルへと，63%の増加となっている〔正確な数値は第2表参照〕。

　表における大株式会社の成長が急速だといっても，その成長が全産業の富の成長より急速だったことをおさえてこそ，真の意義がわかる。全産業の富を各年について測定することの困難をすでに述べたが，ただし株式会社の富についてはずっと正確な資料が得られることも先にみたところである。ここでも金融

---

18) 第3表を参照。

第2表 1919年，1928年双方の200大株式会社リストに登場する150社の総資産

(12月31日の総資産，単位：100万ドル[1])

| 年 | 44 鉄道会社 | 71 産業会社 | 35 公益事業会社 | 150 株式会社 |
|---|---|---|---|---|
| 1919 | 18,480 | 14,288 | 6,017 | 38,785 |
| 1920 | 20,535 | 16,186 | 6,393 | 43,144 |
| 1921 | 20,186 | 15,590 | 6,745 | 42,521 |
| 1922 | 20,643 | 15,962 | 7,757 | 44,362 |
| 1923 | 20,409 | 17,174 | 8,749 | 46,332 |
| 1924 | 20,839 | 17,703 | 9,814 | 48,356 |
| 1925 | 21,272 | 19,111 | 11,508 | 51,891 |
| 1926 | 21,881 | 20,569 | 13,562 | 56,012 |
| 1927 | 22,462 | 21,154 | 15,580 | 59,192 |
| 1928 | 23,026 | 22,675 | 17,703 | 63,404 |
| 1919-28年の増加 | 24% | 58% | 194% | 63% |
| 1919-28年の年成長率[2] | 2.4 | 5.2 | 12.3 | 5.6 |
| 1924-28年の増加 | 9 | 28 | 80 | 31 |
| 1924-28年の年成長率[2] | 2.3 | 6.0 | 15.9 | 7.0 |

1) *Moody's Railroad, Public Utility, Industrial Manuals* による。
2) 年毎の加重計算。

関連と非金融の株式会社との区別が——とくに目下の目的からして，金融機関に含まれる投資信託の急成長を考えると——必要である。産業の活動を問題にする場所では，そのような企業を除外したほうがよい。200大株式会社の成長を検討するのには，総資産の増加を取り上げるのが妥当な尺度だと考えられる。非金融株式会社の全体の成長を測るのに，総資産にかんする正確な数値は得られない。しかしながら，特定の年とくに1921，1924，1926，1929年については，連邦取引委員会(FTC)が「株式会社の事業において用いられた富」として提示した数値を，成長にかんする満足すべき尺度として利用できる。これは現金，在庫品，土地，建物，設備だけを合算したものである。上のどの個別年次の数値も納税申告書から得られたデータに基づいているが，異なる年次のデータを比較しようという場合には，第3表の注で説明したように一定の調整が必要である。そうした調整をしたことで，異なった年次の数値の妥当な比較が可能となり，金融機関のそれを除く全株式会社の富の増加率をかなり正確に示せるようになっているはずである。1909年については満足のゆく資料はさらに少ないが，誤差がずっと大きいだろうことを覚悟の上で，同年についての推定も行っている。

第3章　経済力の集中　　37

### 第3表　全株式会社の成長と大株式会社の成長の比較

| 年 | 200大非金融株式会社 総資産 12月31日[1] (単位：100万ドル) (a) | 年成長率[2] (%) (b) | 全非金融株式会社 富の推定値 12月31日 (単位：100万ドル) (c) | 年成長率[2] (%) (d) |
|---|---|---|---|---|
| 1909 | 26,063 ⎫ | | 63,303 [3] ⎫ | |
| 1919 | 43,718 ⎪ | | | |
| 1920 | 48,436 ⎬ | 5.1 | | 3.0 |
| 1921 | 47,762 ⎭ | | 90,507 [4] ⎭ | |
| 1922 | 49,729 | 4.1 | | |
| 1923 | 51,886 | 4.2 | | 4.3 |
| 1924 | 54,337 | 4.7 | 102,658 [5] | |
| 1925 | 58,317 | 7.2 | | 4.8 |
| 1926 | 63,404 | 8.7 | 112,435 [6] | |
| 1927 | 67,165 | 5.9 | 117,693 [7] | 4.5 |
| 1928 | 73,139 | 8.6 | 124,334 [8] | 5.7 |
| 1929 | 81,074 | 10.6 | 131,500 [8] | 5.8 |
| 1909-28 | | 5.4 | | 3.6 |
| 1921-28 | | 6.1 | | 4.4 |
| 1924-28 | | 7.7 | | 4.9 |

1) 数字の入手方法は本文を参照。
2) 1年以上の間隔がある場合の年成長率は，年毎の加重計算を基に算出した。
3) この推定値は，1909年12月31日(*Annual Report of Commissioner of Internal Revenue*, 1910, pp. 69, 74)と1924年12月31日(*Statistics of Income*, 1925, pp. 31, 43, 46)の間の全非金融株式会社の資本金と負債の成長率をおさえることから得たものである。1924年については全資本金の平均値を用いている。というのは，その価値が株式額面で資本金額を報告している株式会社の場合でさえ，額面総額よりも若干大きかったからである。そこでこの％は，1924年12月31日の非金融株式会社の富の推定にも適用した。
4) 非金融株式会社の富の推定は連邦取引委員会によってなされ，財務省が編纂したもの(Federal Trade Commission, *National Wealth and Income*, p. 134)に基づく。この数値は報告された不動産，建物，設備と，現金，在庫品の推定額を含む。計算は全株式会社をカバーしている。
5) 財務省がまとめた(*Statistics of Income*, 1925, p. 40)全非金融株式会社の不動産，建物，設備，現金，在庫品の合計額に，貸借対照表が得られない株式会社の富の調整額を加算したもの。その調整額は，そうした会社の富と株式の平均価値との割合が，財務省のまとめた会社の富と株式の平均価値との割合(*ibid.*, p. 31)と同じだと想定して計算した。
6) 非金融株式会社の不動産，建物等々(*Statistics of Income*, 1926, pp. 360, 390)に，貸借対照表が得られない株式会社等を加えて調整。この調整は，所得のランク別にまとめられた貸借対照表の割合を基になされている。きわめて小規模な株式会社を除いて全体の99％以上が集計に入ってきているので，推定の誤差はそう大きくないはずである(*Ibid.*, pp. 356, 358, 360, 398)。
7) 上の6)と同じ基準(*Statistics of Income*, 1927, pp. 371, 372, 380, 382)。
8) 貸借対照表の97％が集計に入ってきていると想定したことを除いて，上の6)と同じ基準(*Statistics of Income*, 1929, pp. 25, 332)。

こうして全非金融株式会社の富の成長率と200大会社の資産の成長率を比較したとき，グループとしての大株式会社が全株式会社よりはるかに急速に成長しているのがわかる。1909年から1928年にかけて，大企業のほうの年成長率は5.4%であり，他方，全株式会社のそれは3.6%(推定を信頼するとすれば)である。全株式会社から200大企業を除いて計算すると，わずか2.0%となる。つまり大株式会社は全株式会社よりも50%以上早い速度で，あるいは自分より小規模な会社群の2.5倍以上の速度で，その富を増やしてきたことになる。1921年から1928年までの期間でみると，大株式会社の年成長率は6.1%，全株式会社のそれは4.4%，200大会社を除いた会社の成長率は3.1%となる。成長率がもっとも高い1924年から1928年までだと，大会社で7.7%，全会社で4.9%，そして200大会社を除いた成長率はわずか2.6%である。大株式会社はここでも全株式会社の1.5倍以上の速度，自分より小さい全会社の3倍の速度で成長しているのである。

　大企業が他企業に比してはるかに高い成長率を持つことは，最大の所得(インカム)を報告している上位200社の年々の所得と，非金融株式会社全体の所得との割合を検討したときにも，同じく明らかとなる[19]。

　1921年についてだけ，不況下にあったこの年に全株式会社の純所得が極端に低かったため誤解を招きかねない結果となっており，純粋に統計だけの見地からは，最大の所得を報告している株式会社が全体に占める割合は平常の場合よりずっと高いと思われる。だが他の年については，数値を他の年と並べて比較してみることの正当性を疑う理由はない。結果は，資産の成長を検討したときに得られたものとおおむね一致する。1920年から1923年にかけて200大会社の純所得の比率には目立った上昇がないが，1924年から1929年にかけては，ひじょうに顕著な上昇がみられる。すなわち全株式会社所得に占める200大会社所得の割合は1920年の33.4%から1929年の43.2%へ，1920-23年平均の33.5%から1926-29年平均の40.4〔40.7？〕%へと増大した。

　大企業所得の割合の増大は，大株式会社のじっさいの成長ということのほかに，理論的には二つの面からの説明が考えられる。ひとつに，大企業がより小

---

19) 第4表を参照。

## 第4表　税法上の純所得でみる全株式会社と大株式会社の成長度の比較[1]

(単位：100万ドルおよび%)

|  | 全非金融株式会社の純所得 | 200大非金融株式会社の推定純所得 | 200大会社の% | 200大会社に続く800大会社の推定純所得 | 800大会社の% |
| --- | --- | --- | --- | --- | --- |
| 1920 | 6,899 | 2,307 | 33.4 | 1,305 | 19.0 |
| 1921 | 3,597 | 1,354 | 37.6 | 708 | 19.6 |
| 1922 | 6,076 | 1,958 | 32.2 | 1,151 | 19.0 |
| 1923 | 7,453 | 2,445 | 32.8 | 1,386 | 18.6 |
| 1924 | 6,591 | 2,378 | 36.0 | 1,247 | 19.0 |
| 1925 | 8,060 | 2,993 | 37.1 | 1,522 | 18.9 |
| 1926 | 8,337 | 3,335 | 40.0 | 1,564 | 18.7 |
| 1927 | 7,459 | 2,865 | 38.4 | 1,360 | 18.2 |
| 1928 | 8,646 | 3,493 | 40.4 | 1,618 | 18.7 |
| 1929 | 9,456 | 4,081 | 43.2 | 1,808 | 19.1 |
| 1920-23年平均 | 6,006 | 2,015 | 33.5 | 1,137 | 18.9 |
| 1926-29年平均 | 8,474 | 3,444 | 40.7 | 1,587 | 18.7 |

1) 各年の *Statistics of Income* からの集計。全非金融株式会社の純所得は，税法上の純所得を申告した全株式会社の純所得から金融株式会社の純所得を除したものである。200大会社の所得は，全非金融株式会社のうち500万ドル以上の純所得を申告した200社近くにいくらかの企業を追加して200社に揃えたものである。この追加企業も各年にそれぞれ500万ドルの純所得を得たと想定している。(追加企業の平均所得がもっと低く仮に450万ドルだったとしても，例えば1927年の割合は38.4%から38.2%に下がるにすぎず，他の年ではもっとはるかにわずかしか下がらないだろう。各年とも約800の企業が100万ドルから500万ドルまでの所得を計上しており，とすれば200大企業に揃えるため追加したわずかな企業が450万ドル以下の所得しかあげられなかったことはありえない。むしろかぎりなく500万ドルに近い所得を得たと考えるべきであろう。したがって先の想定は大きな誤りにつながるものではないはずである)。
　　200大企業に次ぐ800大企業の所得は，100万ドルを超える税法上の純所得を計上した全非金融株式会社(毎年約900会社がそれに相当する)に100万ドル相当の所得をあげたと考えられる特別の会社を加えて1000社とし，そこから最大200社分を差し引いて推定した(ここで考えられる誤差は，特別に追加した会社の平均所得が100万ドルに満たなかった場合のものであるが，誤差は無視しうるであろう。仮にそれらの会社の平均所得が90万ドルだったとして，比率は18.2から18.1に変わるにすぎない。50万ドルから100万ドルの範囲内の所得を計上した株式会社は約1000社あるので，追加会社の所得は90万ドルではなくかぎりなく100万ドルに近いはずである。他の年については誤差はさらに小さくなるだろう)。

規模な企業に較べて資本にたいする収益の上昇率が高かったとすれば，所得比率の上昇もそれで説明できるかもしれない。もうひとつ，子会社の多くがかつては純所得を親会社のそれに合算しなかったのに，後になるほど合算するようになったという説明もできるかもしれない。だがこの後者の説明は，増大の要因をいうにはきわめて小さなものでしかありえないだろう。全非金融株式会社が支払った配当のうち非金融株式会社が受け取ったと報告している額の割合は1922年も1927年もほとんど変わりなく[20]，このことは子会社が親会社と別扱いになっている割合がこの期間を通じてあまり変わっていないことを示してい

るからである。

　大株式会社のほうが収益性が高いという理由で比率の増大の大きな部分を説明しようというのは，かなりもっともらしくみえる。だが所得割合の変化が株式会社の富でみた変化にほぼ合致している事実は，大株式会社が富における比率と所得における比率との両方でめざましく上昇しているという結論を後押しするものである。

　産業の富の成長にかんする数値を得るのは可能でなくとも，株式会社がどの産業においても重要性を増していることは，すでにみてきた。全産業の富のなかで，株式会社が一貫して比重を増してきたことは，認めてよい[21]。その事実からして，200大会社によって支配される産業の富の割合は，全株式会社の富の割合が増える以上のテンポで高まってきているということになる。

　大株式会社の富の成長と国富の成長との相関関係は，ごく大まかにしか計算できない。すでに言及したように国富は概念規定が難しく，またいかなる国富の推定値もたかだか近似的なものにすぎない。だから株式会社の富の成長と国富の成長をいかように比較したところで，それをあまり信頼できないのである。全国産業協議会の推定によれば[22]，1922年から1928年にかけての国富の成長は12.5%であったが，一方この間の200大株式会社の資産の成長[23]は45.6%，年率にして前者は2.0%，後者は6.3%の増加であった[24]。1930年センサスに基づく推定値は産業協議会よりもかなり高いようだが，それでも200大企業と同じテンポまで国富の増加率を上げるには1928年の協議会の国富推定額を

---

20) 1922年20.3%，1927年20.5%。*Statistics of Income*, 1922, pp. 18, 19, 22, *ibid.*, 1927, pp. 312, 315から。

21) 1899年センサスでは全製造工業製品の66.7%が株式会社によって製造されたと報告されたが，その割合は1919年には87.0%となっている。1899, 1909, 1919年のセンサスにしたがって株式会社によらない製造工業製品の割合を産出しその趨勢を1929年にまで引き延ばしてみると，1929年には全製造工業製品の94%までが株式会社によって製造されたことになる。基礎数値は14th Census of the U.S., vol. viii, pp. 14, 108から得られた。

22) National Industrial Conference Board, *Conference Board Bulletin* No. 38 (February 25, 1930), p. 303.

23) ここで大会社の有形の富でなく総資産のほうを採ったのには理由があり，この比較を絶対的な関係でみるより主に印象的な変化をみようとして行うからである。

24) 年毎の加重計算。

30％以上引き上げなければならない。というわけで，大株式会社の富が国富総額の増勢をはるかに上回って増大していることは，疑う余地がほとんどないのである。

成長にかんして得られた結論は以下のように総括できる。

(1) 総資産でいうと，大株式会社のそれは他の非金融株式会社全体の 2 倍から 3 倍の速さで増大している。

(2) この結論は，株式会社の所得の数値においても支持される。

(3) 産業(インダストリー)の富の増加はそこに占める株式会社の割合の増加をもって維持されているとみられるから，大株式会社によって支配される産業の富の割合は，大株式会社によって支配される株式会社全体の富の割合よりも早いペースで高まっている。

(4) 国富の推定値はごく大まかなものにすぎないので，大株式会社が支配する国富の比率の成長を確定することはできない。だがその比率が急速に上昇していることはほとんど疑いえない。

では一体，大企業のかくも急速な成長は将来に何を約束するか？　近年の成長の趨勢を描いてみよう。大株式会社の富と全株式会社の富とが 1909-1929 年の 20 年間にたどってきた増加の年率がそのまま今後の 20 年も続くと仮定すると，1950 年に 200 大株式会社は全株式会社の活動の 70％を取り仕切ることになる[25]。もし 1924 年から 1929 年までのもっと急速な成長率を 20 年後まで続けるなら，会社の富の 85％が 200 の大事業体の手に握られることになる。1909-29 年の率だとわずか 40 年，1924-1929 年の率だとわずか 30 年で，すべての株式会社の活動そして実質的にすべての産業活動が，200 の巨人企業に呑み込まれてしまう計算になる。もし大株式会社と国富の上に示した成長がいまから 1950 年まで有効だとすれば，国富の半分がこの期の終わりに大企業の支配下に収まってしまうだろう。

将来本当に，ごく少数の大事業体が経済活動のこれほど完全な統合を成し遂げるかどうかを，予見することは不可能である。第 3 表を一見したところでは，成長率はけっして均一でない。1921 年から 1923 年にかけての期間，巨大株式

---

25) 1929 年に最大 200 社が非金融株式会社の富の 49.2％を持っていると想定し，それに第 3 表に表示された成長率を適用した。

会社の成長は全株式会社のそれをほんのわずか上回ったにすぎない。その緩慢さが戦時に成長しすぎた後の息抜きを示しているにすぎないとしてもである。さらにまた，産業のますます多くの部分が吸収されて残る対象が少なくなるほど，集中の度は緩むという考えもありうる。それでもなお，近年の趨勢は，すでに今日とてつもない高みに立つ巨大企業が将来ますます大手を広げるだろうことを示している。

　この結論は，大企業が成長するさまざまな仕方を検討し，その各々を他の企業の仕方と比較することで，さらに確たるものとなる。ひとつの株式会社が支配下の富を増やすには，収益の再投資，公開市場での証券発行による増資，証券の購入か交換による他会社への支配獲得という，三つの手段がありうる。ほかにも個々人にたいする証券の私的販売のような富を増やすさまざまの方法があるが，圧倒的に重要で独自に考察する必要があるのはこの三つだけである。

　大株式会社の貯蓄と全株式会社のそれを較べてみると，大企業集団のほうが純所得から貯蓄する割合が高いことがわかる。1922-1927年の6年間に108会社（200大会社のうち各年の連結財務諸表が得られた会社）は配当可能純所得の38.5％を内部留保した[26]。同じ期間に全株式会社が純所得から留保したのは全体をひっくるめて29.4％にすぎない[27]。大株式会社の収益は全株式会社収益のうちの大きな部分を占めているわけだし，そこでさらに大会社のほうが収益からより多くを留保するのであるから，残るより小規模な株式会社の留保率は平均値よりもっとずっと低い，おそらく25％以下ということであろう。貯蓄による成長の重要性は，1922年から1927年にかけて大株式会社の成長のおよそ4分の1が自分の収益からもたらされた事実によって示されている。

　だが拡張源としてより重要なのは第二の手段，すなわち公開市場における新たな資本の増加である。大企業の成長の55％以上が，公開市場での証券の追加発行によって達成された[28]。この事実がここでとくにわれわれの気を引く

---

26) 付表Bを参照。
27) 留保率のこの差は，小株式会社のほうが気前よく配当を支払ったというのでなく，おそらく損失を発生させた会社の負担が大きかったことを反映している。つまりどちらの集団とも，集団としての純所得は，利益を実現した企業の純所得から損失を発生させた企業の損失分を差し引いたものとなっている。
28) 付表C〔43頁の表？〕を参照。

のは，証券がすべて公開で投資家に提供されたからであり，またこれら株式会社の新資本への依存が疑いなく会社の支配者と会社に投資する株主たちとの関係を規定している最大の要因のひとつだからである。ここでもまた大株式会社は，この拡張手段を用いて小規模会社よりずっと大きな割合で傘下の富を増やしている。ある抽出調査(コマーシャル・アンド・フィナンシャル・クロニクル紙による報告——金融機関を除く)では，1922-1927年全体で，公開市場に提供された新証券の3分の2が200大企業かその子会社による発行であった。

大株式会社成長の第三にしてより華麗な手段は，合併・買収である。1919-1929年の11年間に，この期間内に一度あるいは数度は200大企業リストに掲載されたことのある49社もが，同じリスト上の他企業に買収されて姿を消した[29]。リスト上の大企業に吸収されたより小規模な企業すべてに及ぶ年代記を作るのは，たいへんな作業である。それよりは重要な吸収合併の少数の事例として，1928-1929年にひとつの大企業だけを呑み込んだというものを巻末の付表Eに掲げてある。大まかにいって，観察対象としている最大会社の成長の20%が，吸収合併によって付加されたものと思われる。この成長はその分最大会社集団の支配の外にある会社の富の減少を意味している。

1922年から1927年まで6年間の200大株式会社の資産の成長を，成長の推定手法別にまとめると次のごとくである。

| | | |
|---|---|---|
| 収益の内部留保からの推定額 | 57億4800万ドル | 26.5% |
| 証券発行による増資推定 | 118億1300万 | 55.0 |
| 吸収合併による成長の推定 | 40億 | 18.5 |
| 計 | 215億6100万 | 100 |
| 再評価等および予想される誤差などの差引き分 | 20億 | |
| 資産の純増加(1922-1927年) | 195億6100万 | |

疑問がまだひとつ残っている。これらの企業はずっと生き永らえそうか？企業合併の巨大な震動は遅かれ早かれ——早かれのほうがありそうだが——静まる時期に入る，組織というものは一定水準を超えると行き詰ってすべての面で自身のウェイトを落とすと，しばしば説かれる。しかしながらこの場合，そのような展望に根拠があるようにはみえない。1919年に200大会社のグループ

---

29) そのリストについては付表Dを参照。

1919 年における最大 200 株式会社のうち
 23：より大きな企業に買収された[31]。
 154：1928 年の最大 200 社のリストに含まれている。
 21：依然大きく活発な事業を展開しているが，そのうち 7 は組織変更を体験した。
 2：清算されたかそれに準ずる状態にある。
 200

　この表では，9 年間で 25 企業がじっさいに姿を消しており，1 年の消滅率は 1.4％である。これを平常の消滅率とするなら，将来の平均余命は 70 年余りとなる。同時に，買収されてひとつの株式会社が消滅したというのは，その組織が破滅したとか解散に追い込まれたとかの意味ではない。他人の手には渡ったが死んだわけでない。本当に消滅したのが清算された 2 企業だけだったとするなら，9 年全部での解散率は 1％で，独立事業体としてか，より大きな企業に統合されその一部になるかのかたちでの，平均余命は 900 年である。他面において，買収の率と解散の率を同時に適用して計算すると，360 年後には 200 企業のうちの 16 が解散して消滅し，残る全企業が平均余命 1000 年以上の単一企業に買収されてしまっていることになる。さらにまた，もしこの 9 年の変化が将来の見込みまで立ててくれるとすれば，1919 年のリストにあった 200 企業の半分が 100 年先の最大 200 社のリストにも——10 社がそのまま，90 社がその 10 社に吸収された事業単位として——登場するであろう。

　むろんこんな数字は，1919 年から 1928 年までの 9 年の趨勢を根拠もなく将来に延ばしただけのものである。だがそれでも，9 年間の 200 社の歴史において大株式会社が淡く短い生涯を終えて解散に向かうと思わせるようなものがないことを示す役には立っている。

　そこで結論として，巨大株式会社すなわち 9000 万ドル以上の資産を持つような株式会社は，合衆国において全産業とまでいわなくともほとんどの主要産業を制するに至っている。この組織形態のもとで運営される産業の割合は急速

---

30) 1910 年の最大会社 (収入割合での) リストに掲載された 200 企業が今日どんな地位にいるかの研究は，時間単位あたりでいって 1919 年のリストの場合とほとんど同じ結果になっている。
31) 付表 F を参照。

に増大している。みたところこの増大にたいする目下の限界はない。アメリカ人の経済生活，社会生活，政治生活をこの事業単位と一緒に考えなければならない度合いは，年毎に増してきている。この事実はわれわれに，現代思潮の多くの基本的前提にたいする再考を促す。

(1) まずもっとも根本的なこととして，おびただしい数の私企業が小規模な単位となって競争を繰り広げる局面よりも，巨大な事業単位で考えるべきことの範囲が，いちじるしく広がった。産業のきわめて大きな割合がごく少数の企業の手の内にあり，それを個別に具体的に考察できるということに，重点を移さなければならない。いまはそうした考察が産業の半分の行動を明るみに出すにとどまるにせよ，それより重要なのは，その半分が将来において産業のより典型的なものになると思われることである[32]。

(2) 競争の性格が変わり，現在の状況に適用さるべき原理が，主要な競争単位が小規模かつ多数だったときに適用したものと決定的に異なっている。少数者独占(デュオポリー)の原理が自由競争のそれを凌駕するようになった。

(3) 生産のますます大きな部分が，売るためでなく使用するために行われるようになっている。大企業が増加するにつれ，財貨のより大きな割合がそれを生産した組織自身によって，将来の財貨を作る過程のなかで消費される。この領域では，原価対品質の計算法は，投資単位当りの極大利潤ということよりも，原価単位当りの極大用益(ユーズ)をもたらす製品の生産という関心からなされるようになるだろう。生産の動機がそのように変わっても，消費者が，彼自身で有用性を容易に測定できる場合のほかは，原価当り極大用益を彼に提供するであろう製品を手に入れられるかどうかはおぼつかない。利潤動機のもとでは，粗悪品，まがい物，経済的に望まれるよりも低品質の商品が横行するが，生産が生産組織の使用のために行われる領域では，そのような動機が働かない[33]。

---

32) 例えば200大企業の経営者や上級管理者の研究——彼らのキャリア，社会背景，その他の諸特質——が，数知れないより小規模な企業の長にかんする同様の研究よりも，コミュニティにとって決定的な意味を持つように思われる。同じことを大企業の所有権，その労働政策や価格政策や販売促進活動などについてもいえるだろう。これは大企業の行動がより小規模な企業の手本になるということでなく，むしろじっさい上それがより重要になるだろうからである。

33) 例えばアメリカ電話電信会社にとっては，子会社のウェスタン・エレクトリック・カン

(4)資本というものの本性が変わった。それはますます有形の財から構成されるものというより，過去に構築され，かつ将来において機能するであろう組織を意味するようになった。そして有形財の価値そのものも，ある巨大組織体の財産を構成する他の有形財にたいしての組織的関係に依存して決められるようになってきている。

　(5)最後に，生産が盲目的な経済諸力によって制せられていた社会が，ごく少数の個人の究極的支配のもとで生産が行われる社会に置き換えられつつある[34]。巨大株式会社を取り仕切る少数者の掌中にある経済力はとてつもなく強くて，おびただしい人々を害するのも益するのも，あらゆる地域に影響を及ぼすのも，取引の流れを変えるのも，こちらのコミュニティを破滅させあちらのコミュニティを繁栄に導くことも，意のままである。彼らが支配する組織は私的な企業の領域をはるかに越えてしまった。この組織はもはや，社　会　制　度といったほうがよいものになっている。

　こういったことが，株式会社というシステムの特質である。ダイナミックで，自身を絶えずより大きな集合体へと構築し，それによって過去の思考が拠って立った基本的条件を変えつつあるもの，それが株式会社制度である。

---

パニーに，長距離通話用の膨大な数の中継器セットのため最良の真空管を作らせていることが強みである。他方において，すぐ切れる二級品の真空管を作って公衆に提供し次の販売で次の利潤を手にするという強みを持つ株式会社もありうる。

34) 1930年における最大200社の取締役は総勢約2000人である。そのうちかなりの人数がじっさいの経営には携わっていないので，全産業のほぼ半分にたいする究極支配は実のところ数百人の手に握られているのである。

# 第4章　株式所有権の分散

　経済力の集中に伴い，そこから生まれまたそれを可能にしたものとして，株式所有権のかつてない広範な分散が起こった。次いでそのことが，富の性格に——個人とその富との関係，富の価値，財産自体の性格といった面での——根本的な変化をもたらした。個々の事業体の所有権が分散することは，株式会社制度に固有の事柄といってよい。それはすでに相当の程度に達し，なおかつ急速に進行しており，不可避の展開であるようにみえる。

　容易に推測できるように，株式の分散過程は特大の企業のなかにおいてもっとも急速に展開されてきた。最大の鉄道会社であるペンシルヴェニア鉄道，最大の公益事業会社であるアメリカ電話電信，最大の工業会社であるU. S. スチールの株主名簿をみると，どれも，1929年の筆頭株主が既発行株式の1％以下を所有するにすぎない。3社の報告された最大株主の保有が，各々0.34％，0.7〔0.6〕％，0.9〔0.74〕％である[1]。3社いずれにおいても，単一の個人レベルでは所有権全体のなかの重要な部分を保有していない。1929年のペンシルヴェニア鉄道では20大株主の保有を合算しても全体のわずか2.7％にしかならず，アメリカ電話電信では4.0％，U. S. スチールでは5.1％である。最上位の20位からさらに下の株主個々の保有量となると，たちまち取るに足らぬ割合まで落ちる。この鉄道の第20位株主の所有は0.07％，電話電信の株主では0.09％，スチール株では0.09％である[1]。残りを所有するのは，電話会社では50万人もの株主，鉄道会社で19万6119人の株主，鉄鋼会社で18万2585人の株主であって，いずれも株主個々人としては取るに足らない存在である。

---

1) 第5章第12表G(93-94頁)参照〔じっさいに第12表では，3社筆頭株主の持分は，0.34％，0.6％，0.74％と記されている〕。

株式の分散においてこれらの企業は先頭に立ってはいるが，分散は彼らだけのものでない。多くの大企業で最大株主は総所有の小さな部分を代表するにすぎず，他方に株主の大部隊を擁する。1929年にかんする資料では，以下のような，上の3社にそれほど遜色のない企業がある。

| 企 業 名 | 最大株主の保有割合 | 株主総数 |
| --- | --- | --- |
| Atchison, Topeka & Santa Fe Ry. Co. | 0.76% | 59,042人 |
| Chicago, Milwaukee, St. Paul & Pacific Rd. Co. | 1.36 | 12,045 |
| General Electric Co. | 1.50 | 60,374 |
| Delaware & Hudson Co. | 1.51 | 9,003 |
| Southern Pacific Co. | 1.65 | 55,788 |
| Boston Elevated Ry. Co. | 1.66 | 16,419 |
| Southern Ry. Co. | 1.92 | 20,262 |
| Consolidated Gas Co., of N.Y. | 2.11 | 93,515 |
| Great Northern Ry. Co. | 2.12 | 42,085 |
| Northern Pacific Ry. Co. | 2.13 | 38,339 |
| Missouri-Kansas-Texas Rd. Co. | 2.23 | 12,693 |
| Union Pacific Rd. Co. | 2.27 | 49,387 |
| Baltimore & Ohio Rd. Co. | 2.56 | 39,627 |
| Western Union Tel. Co. | 2.74 | 23,738 |

ここに挙がった企業の大部分が鉄道と公益事業に偏っている事実は，この状況が産業部門にないという意味ではない。産(工)業企業での情報を得ることが困難であるがゆえにのみ，この分野での同様の実態の開示が阻まれているのである。資料を内々の情報源から得たさまざまな産業企業が，同じようにごく小さな単独保有とひじょうに多数の株主の存在を示している。だがこの情報が信頼(コンフィデンシャル)に基づく開示であるため，ここで詳細を掲出することができないのである。

所有権の分散が強力な持株利権をすっかり除去するところまで進展していない大企業でのもっともふつうの状態は，大量の株式が多数の株主によって所有されると同時に，少数株ながら相当の量を単一利権が保有しているというものである。多くのケースでそのさいの最大株主とは，自身の株式が多数の株主によって所有されている別の株式会社である。かくして1930年のペンシルヴェニア鉄道は，自分か子会社かがノーフォーク・アンド・ウェスタン鉄道，ウォバッシュ，ウェスタン・メリーランド，ニューヨーク・ニューヘヴン・アンド・ハートフォード鉄道などの単独筆頭株主であった。いずれも多数持株支配ではないが，第2位の株主の保有は微々たるものである。同様にエレクトリッ

第 5 表　最大 200 社中の 144 社にかんする株主数での分類[1]

| 株主数 | 鉄道 | 公益事業 | 産業 | 計 |
|---|---|---|---|---|
| 5000 人以下 | 10 | 5 | 5 | 20 |
| 5000〜1 万 9999 人 | 16 | 11 | 26 | 53 |
| 2 万〜4 万 9999 人 | 8 | 5 | 26 | 39 |
| 5 万〜9 万 9999 人 | 3 | 10 | 9 | 22 |
| 10 万〜19 万 9999 人 | 1 | 3 | 3 | 7 |
| 20 万〜50 万人 | 3 |  |  | 3 |
| 計 | 38 | 37 | 69 | 144 |

1) 第 12 表から作成。

ク・ボンド・アンド・シェア社は，少なくとも大公益事業会社 3 社の単独筆頭株主であった。

　最大保有グループの規模をみつけるのが可能でない場合，その株式会社がどれくらい広く分散して所有されるようになったかを測る次善の尺度として，株主名簿の厚さを調べてみるという方法がある。名簿が厚いほど単独の大保有が消滅したという証拠には必ずしもならないが，大衆的な参加の進展を示す尺度にはなる。最大 200 社のうち情報が得られた 144 社[2] の株主名簿は，第 5 表のように，株主数 5000 人以下の企業がわずか 20 社——144 社の資産の 5% 未満でしかない——であり，他方で株主数 2 万人以上の会社が 71 社もあるという事実を教えてくれる[3]。144 社の総資産の半分以上は，株主 5 万人以上の会社のものであった。その株主数を合計すると 583 万 9116 人となる。最大 200 社のうち正確な資料が得られない残りの企業でも，大部分は広範に所有されていることが知られており，きわめて閉鎖的に所有され株主数も 1000 人以下というのは 6 社にすぎないと解される。それらの閉鎖的企業にしても，将来のいつか株式の一部または全部を大衆株主に向けて売り出すというのは，十分にありうる。株式を既存の証券取引所に上場していないのは，200 社（そこから複数の上場企業により共同支配されている 4 社を除いて）のうちの 4 社にすぎない[4]。

---

2) 2 社以上の他の大企業によって共同所有されている企業を除いている。
3) 第 5 表参照。
4) ニューヨーク・カーブ市場での取引権を持つ株式は本章の目的からして上場株として扱った。非上場の 4 社は以下のようである。Virginia Railway Company, Florida East

## 第6表 経営者による株式保有

1922年における，各会社の役員(オフィサー)・取締役(ディレクター)による普通株と優先株の保有割合(%)。普通株の保有割合の逆順に産業を並べ，そして各グループの会社規模との比較ができるようにしてある[1]。

|  | 企業の概数[2] | 経営者による株式の保有割合(額面) ||  1社当り平均の総発行額(額面) ||
|---|---:|---:|---:|---:|---:|
|  |  | 普通株 | 優先株 | 普通株 | 優先株 |
| 蒸気鉄道 | 44 | 1.2 | 0.1 | 52,402,000 ドル | 11,799,000 ドル |
| ガス採掘 | 22 | 1.4 | 0.4 | 8,063,000 | 4,079,000 |
| その他鉱山・採石 | 36 | 1.8 | 8.2 | 7,777,000 | 17,000 |
| 運輸・その他公益事業 | 378 | 2.1 | 0.7 | 7,839,000 | 1,858,000 |
| 電燈・電力 | 46 | 4.2 | 1.8 | 4,457,000 | 1,675,000 |
| 鉱山・採石 | 132 | 4.5 | 6.2 | 4,479,000 | 681,000 |
| 電信・電話* | 102 | 5.3 | 13.4 | 1,441,000 | 46,000 |
| 原 油 | 53 | 5.3 | 2.7 | 3,686,000 | 775,000 |
| 電気鉄道 | 24 | 5.4 | 8.4 | 3,390,000 | 399,000 |
| 化学および関連物質** | 6 | 6.3 | 0.3 | 138,546,000 | 2,889,000 |
| 石 炭 | 43 | 8.4 | 9.4 | 2,989,000 | 1,064,000 |
| 全 工 業 | 4367 | 10.7 | 5.8 | 1,715,000 | 361,000 |
| 金属・金属製品 | 16 | 11.4 | 12.0 | 35,729,000 | 15,084,000 |
| 製造工業 | 1363 | 15.0 | 9.6 | 2,367,000 | 547,000 |
| 食品加工 | 275 | 17.5 | 5.3 | 1,392,000 | 443,000 |
| 金 融 | 1203 | 22.0 | 23.1 | 433,000 | 18,000 |
| その他製造工業 | 698 | 22.7 | 10.6 | 1,408,000 | 506,000 |
| その他公益事業 | 140 | 23.4 | 24.7 | 354,000 | 23,000 |
| ゴム・ゴム製品等 | 13 | 39.0 | 2.1 | 794,000 | 1,705,000 |
| 繊維製品 | 192 | 42.9 | 17.2 | 363,000 | 89,000 |
| 皮革製品 | 41 | 44.7 | 6.1 | 645,000 | 387,000 |
| 商 業 | 950 | 48.4 | 19.7 | 224,000 | 25,000 |
| サービス | 172 | 49.7 | 21.6 | 106,000 | 14,000 |
| 農業および関連産業 | 70 | 55.9 | 61.2 | 146,000 | 3,000 |
| 木材・木製品 | 122 | 56.9 | 37.3 | 250,000 | 18,000 |
| 建 設 | 99 | 67.6 | 46.3 | 107,000 | 14,000 |

\* 電話の最大会社と電信の最大会社を含まず。
\*\* ほとんどが石油採掘会社。スタンダード石油関連の1社によって支配されているものが多いと思われる。

1) Federal Trade Commission (FTC), *National Wealth and Income*, p. 159, Table 90 による。その表は4367株式会社がFTCに提供したデータをベースにしたものである。
2) Treasury Department, *Statistics of Income*, 1922, p. 16 によって報告された株式会社数に，FTC, *ibid.*, p. 145 によって報告された株式会社の割合をかけて概算したもの。

Coast Railway Company, Ford Motor Company, Koppers Company.

最大200社よりも小規模な企業のなかでも——予想されるように最大会社に匹敵するほどのはひとつもないが——株式所有権の分散はしばしばかなりの水準にまで進んでいる。資産が600万ドルから8000万ドルの範囲内にあって情報が得られたのは42社であるが[5]，この小集団でみれば6社の株主数が1万人以上で，残りのうち27社が500人から5000人の間であった。最大会社以外の証券への広範な大衆投資にかんするさらなる証拠は，ニューヨーク証券取引所で株式が活発に取り引きされている多数の企業の存在である。すでにみたように，1929年のコマーシャル・アンド・フィナンシャル・クロニクル紙上に価格が定期的に掲載されている株式銘柄の半分は資産3000万ドル以下の企業のものであり，そのなかの100社の資産は1000万ドル以下であった。

最大会社以外の企業の所有状況にかんしては，連邦取引委員会が1925年に行った研究によっていっそう明らかになる[6]。この研究報告には，全産業から横断的に選んだ4367株式会社——全株式会社の株式資本のほぼ8分の1に相当する——の，取締役および役員による株式保有状況がまとめられている。これに載っている企業の株式資本は平均して200万ドル以下だから，大多数は真の大企業との比較でいえばごく小さな企業である。それでもこれら企業の取締役・役員の保有分は平均して，普通株の10.7％，優先株の5.8％にすぎなかった。このことは，この程度の規模の企業でも，所有権のひじょうに大きな部分が経営に直接かかわらない人々に帰属していることを示唆する。もっと重要なのは，企業の規模が大きくなるにつれて株式の分散度が高まることを，表の数字が示していることである。もっともこの委員会調査の結果は産業毎の平均をとり，その平均値で小企業グループと大企業グループに分けて報告されているので，企業そのものを規模でグループ分けすることはできない。しかしながら，経営者の株式保有の平均規模に従って産業を配列したときに，役員・取締役による保有比率はここで考察している企業の平均規模の配列と，見事なまでに逆の順序をとっていることがわかる。つまり企業規模が大きくなるほど経営者によって保有される割合は小さくなっていて，例外はわずか2つにすぎない[7]。

---

5) 付表Fを参照。
6) Federal Trade Commission, *National Wealth and Income*, p. 159, Table 90.
7) 第6表を参照。

1企業当り平均の普通株発行高が5200万ドルの鉄道業では，経営陣による保有比率は1.4％〔表では1.2％〕，そして第3番目に配列された鉱山・採石関連の産業では1.8％であった。企業が小さいところでだけ，経営者が株式利権の大きな部分を持つことが読み取れる。企業の平均資本規模が100万ドル以下の産業を除くと経営者の保有率は20％以下となり，他方，平均資本規模が20万ドルにもならない3産業グループだけで，取締役・役員が過半の保有を示している〔第6表では3グループのうちサービス業の経営者保有率は49.7％となっている〕。

このように，所有権の分散は最大企業のなかではほぼ極限に達しており，そして中規模企業のなかではかなりの程度にまで進行している。しかも一般的に，企業が大きいほどその所有権はおびただしい数の個人のなかに拡散しているといってよい。

この分散が間断なく進展していることも明らかである。ここでもまた最大企業の事例が際立っている。第7表は，3つの超大企業における過去30年の株主数の増加を示したものである。

ここでの電話会社の株主は，1901年の1万人から1931年の64万2180人へと，30年の短期間にうなぎ登りの趨勢で増大した[8]。ペン鉄道の1931年の株主数は，1902年のほぼ8倍である。U.S.スチールの場合はこの2社に較べて株主の動静にややブレがあるが，それでもやはり同様の増勢をたどっている。株式の分散過程がひとたび軌道に乗ると，その傾向は急速かつ際限なしに進むことを，これらの企業が実証している。

株主数が顕著に増加する同じ趨勢は，1900年以降の情報が得られた代表的な大企業31社についても示される(付表H)。第1図のグラフでみると，増加は⑤の線でもっとも急である。また全株式会社の推定株主数の増勢も，1900年の400万人台から1928年の1800万人台へと，ほぼ劣らぬスピードである(第8表)。

名簿上の株主数の概数を産業部門別に知るということでは，1922年について，会社資本総額の約8分の1を代表するサンプル企業の，株主1人当り平均額面価値を基礎にした推定から，それが得られる[9]。鉄道業でだけ，名簿上の

---

8) 第7表，第1図参照。
9) 第9表参照。

第7表　アメリカ3大株式会社の株主数　(単位：人)

| 12月31日現在 | アメリカ電話電信 | ペンシルヴェニア鉄道 | U. S. スチール[7] |
|---|---|---|---|
| 1931 | 642,180[10] | 241,391[5e] | 174,507[10] |
| 1930 | 567,694[10] | 207,188[5d] | 145,566[10] |
| 1929 | 469,801[8] | 196,119[5] | 120,918[10] |
| 1928 | 454,596[6] | 157,650[5a] | 100,784 |
| 1927 | 423,580 | 143,249[5b] | 96,297 |
| 1926 | 399,121 | 142,257[5c] | 86,034 |
| 1925 | 362,179 | 140,578[4] | 90,576 |
| 1924 | 345,466 | 145,174 | 96,317 |
| 1923 | 281,149 | 144,228 | 99,779 |
| 1922 | 248,925 | 137,429 | 93,789 |
| 1921 | 186,342 | 141,699 | 107,439 |
| 1920 | 139,448 | 133,068 | 95,776 |
| 1919 | 120,460 | 117,725 | 74,318 |
| 1918 | 112,420 | 106,911 | 72,779 |
| 1917 | 87,000 | 100,038 | 51,689 |
| 1916 | 71,000 | 90,388 | 37,720 |
| 1915 | 66,000 | 93,768 | 45,767 |
| 1914 | 60,000 | 91,571 | 52,785 |
| 1913 | 57,000 | 88,586 | 46,460 |
| 1912 | 50,000 | 75,155[3] | 34,213 |
| 1911 | 48,000 | 73,165 | 35,011 |
| 1910 | 41,000 | 65,283 | 28,850 |
| 1909 | 37,000 | 56,809 | 18,615 |
| 1908 | 26,000 | 58,273 | 21,093 |
| 1907 | 23,000 | 57,226 | 28,435 |
| 1906 | 19,000 | 40,153[2] | 14,723 |
| 1905 | 18,000 | 40,385 | 20,075 |
| 1904 | 17,000 | 42,230 | 33,395 |
| 1903 | 16,000 | 42,437 | 37,237 |
| 1902 | 12,000 | 28,408 | 24,636 |
| 1901 | 10,000 | | 15,887 |
| 1880 | | 13,000[1] | |

1) H. W. Schotter, *The Growth and Development of the Pennsylvania Railroad Co.*, Philadelphia, 1927, p. 11.
2) *Ibid.*, p. 186.　3) *Ibid.*, p. 303.　4) *Ibid.*, p. 415.
5) *Standard Corporation Records*, 5a) May 1, 1929; 5b) May 1,1928; 5c) Feb. 1, 1927; 5d) April 1, 1930; 5e) Oct. 1, 1931.
6) *Standard Corporation Records*.
7) *Wall Street Journal*, Oct. 26, 1929 (普通株のみ).
8) *Annual Report,* 1929, p. 19.
9) Bell Telephone Securities, 1929 (Bell Telephone Securities Co., N. Y.の発行) p. 10 の図から引用。
10) *Standard Corporation Records* (普通株のみ).

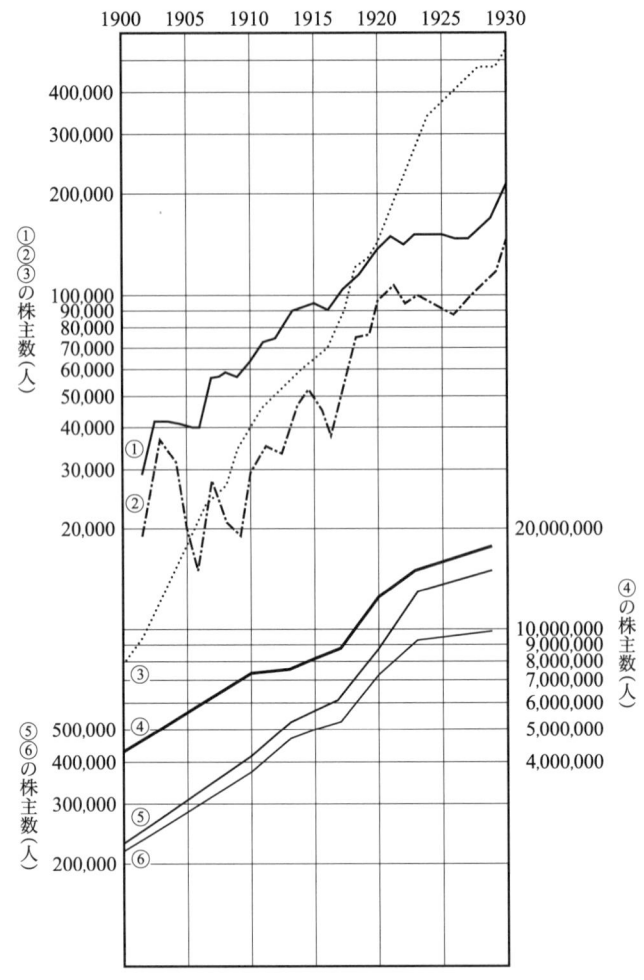

① ペンシルヴェニア鉄道会社
② U.S. スチール会社
③ アメリカ電話電信会社
④ 帳簿上の株主総数インデックス[1]
⑤ サンプル大企業31社の帳簿上の株主数合計
⑥ サンプル大企業31社からアメリカ電話電信会社を除いた30社の帳簿上の株主数合計

**第1図　帳簿上の株主数の増勢**

1) ④における全株式会社の帳簿上の株主総数インデックスは，1900-1910年期間の増大速度についての説明が必要である。1900年時点の集計のもとになっている会社数はひじょうに少なく，そのためアメリカ電話電信会社のその後の急速な株主増加が，全体の趨勢を強く規定している。

第4章 株式所有権の分散　55

第8表　アメリカの全株式会社における名簿上の推定株主数[1] (1900-1928年)

| 年 | 全株式会社の株式資本総額 | 株主1人当り額面100ドル株の平均持株数 | アメリカにおける推定株主数 | 株主の年増加率(年加重計算) |
|---|---|---|---|---|
| 1900 | 61,831,955,370 ドル | 140.1 | 4,400,000 人 | |
| 1910 | 64,053,763,141 | 86.3 | 7,400,000 | 5.2% |
| 1913 | 65,038,309,611 | 87.0 | 7,500,000 | 0.5 |
| 1917 | 66,584,420,424 | 77.3 | 8,600,000 | 3.5 |
| 1920 | 69,205,967,666 | 57.3 | 12,000,000 | 12.0 |
| 1923 | 71,479,464,925 | 49.7 | 14,400,000 | 6.2 |
| 1928 | 91,881,243,985[2] | 51.0[3] | 18,000,000 | 4.5 |

1) 1900-1923年については H. T. Warshow (*op.cit.*, p. 28〔Warshow, *Representative Industries in the U. S.*, 1928 と思われるが，既出文献にはみあたらない〕)から加工，計算。
　1928年については類似した基準で筆者が計算した。Warshow 氏の推定がかなり信頼のおけるものであることは，連邦取引委員会がまとめたかなり違う基礎数値(第9表参照)をもとに筆者が推定した1922年の株主との比較からもうかがえる。Warshow 氏流に1922年の名簿株主数を計算すると1360万人となり，一方，株式資本の約8分の1のサンプルから連邦取引委員会が行った推定では1356万4000人となっている。このようにほとんど同じ結果が得られたのは偶然とみるべきかもしれないが，とはいえ到達した数値が見当はずれのものとは思われない。
2) *Statistics of Income*, 1927, p. 373.
3) 当時の無額面株の広範な利用が，全株式会社の総株式資本の数値と株主1人当りの平均持株数の推定の両方で，それ以前の年にくらべて信頼度を減じている。

株主数がこの1922年以降少しずつ減って，1930年に約88万4000人となる[10]。鉄道以外の公益事業の名簿株主数の増加率はもっとも急速だが，ほかの産業グループについても株主の増勢はかなりはげしい。

　株主名簿からこうした数字を扱う場合に，これらはわが国あるいは一産業におけるすべての株式会社の株主数を合算した推計であって，わが国あるいは一産業でどれだけの人が株式を持っているかという人数ではないことに留意しなければならない。一人の人間が数社の株式を持つのはめずらしくないからである。ここで株主名簿を用いて問題にしているのは，個々の株式会社がますます多数の投資家によって所有されるようになってきている趨勢を示すことである。

　近年，比較的に新しい二つの発展が，株主数の増大に大いに貢献している。ひとつはその会社の顧客による株式所有であり，もうひとつは会社従業員によ

---

10) 第1級(Class I)鉄道の1930年初頭の名簿株主数は84万人である(*Regulation of Stock Ownership in Railroads*, p. XLIX〔49〕.)。わが国鉄道総マイルの5%が第1級以外の鉄道によって支配されているので，その比率をかけて得られた株主数を第1級鉄道の株主に加えて推定した。

## 第9表　株主名簿から推計した産業別株主数(1922年)[1]

注）産業全体の株主数の推計に較べて産業別の株主数推計は誤差が大きくなる可能性がある。

| 産　業 | 発行株式の額面総額[2] | サンプル株主当り平均額面価値 | 推定株主数 | サンプルに含められた企業の全資本への割合 |
|---|---|---|---|---|
| 農業および農業関連 | 1,126,682,000 ドル | 8,764 ドル | 128,000 人 | 0.9% |
| 鉱業および採掘 | 8,775,456,000 | | 2,043,000 | |
| 　石　　炭 | 1,330,822,000 | 11,991 | 111,000 | 12.5 |
| 　石油採掘 | 3,126,591,000 | 3,428 | 912,000 | 7.4 |
| 　その他の採掘 | 4,318,043,000 | 4,229 | 1,020,000 | 5.6 |
| 製造工業 | 23,411,383,000 | | 3,074,000 | |
| 　食　　品 | 3,876,290,000 | 4,576 | 846,000 | 12.5 |
| 　繊　　維 | 2,510,313,000 | 11,300 | 222,000 | 3.4 |
| 　皮　　革 | 695,597,000 | 4,448 | 157,000 | 6.1 |
| 　ゴム・ゴム製品 | 623,981,000 | 3,092 | 202,000 | 5.1 |
| 　木材・木工 | 1,161,528,000 | 14,888 | 78,000 | 2.8 |
| 　化学・化学関連[3] | 2,937,217,000 | 11,333 | 258,000 | 13.3 |
| 　金属・金属加工 | 6,839,215,000 | 9,213 | 741,000 | 8.9 |
| 　その他製造工業 | 4,767,242,000 | 8,358 | 570,000 | 27.1 |
| 建　　設 | 727,316,000 | 9,307 | 78,000 | 1.7 |
| 運輸・公益事業 | 17,532,293,000 | | 3,293,000 | |
| 　蒸気鉄道 | 8,369,924,000 | 8,687 | 965,000 | 34.5 |
| 　電気鉄道 | 1,500,308,000 | 3,831 | 392,000 | 6.1 |
| 　電燈・電力 | 1,493,406,000 | 2,925 | 511,000 | 19.3 |
| 　ガ　　ス | 909,826,000 | 3,854 | 242,000 | 29.4 |
| 　電信・電話 | 1,787,935,000 | 3,774 | 473,000 | 8.6 |
| 　その他公益事業 | 3,470,894,000 | 4,896 | 710,000 | 1.6 |
| 商　　業 | 7,659,325,000 | 8,032 | 954,000 | 3.2 |
| サービス | 1,549,218,000 | 4,138 | 374,000 | 1.4 |
| 金　　融 | 12,922,003,000 | 3,579 | 3,620,000 | 4.2 |
| 全産業 | $ 73,703,676,000 | $ 5,435 | 13,564,000 | 11.9 |

1) *National Wealth and Income*, pp. 145, 146, 213, *Statistics of Income*, 1922, pp. 40-41 から作成。
2) 無額面株については市場価値で算入した。
3) 大部分が石油精製業である。

る株式所有である。しかしながら，この両方の発展とも，株式所有権全体の割合ではそれほどの影響をもたらしてはいないと思われる[11]。顧客持株キャンペーンは公益事業の分野でもっとも広く展開されてきたが，1919年以降ようやくそれなりの重要性が認められるようになった。全国電燈協会が発表した数字では，1914-1919年の公益事業顧客向けの個人販売は4万5000人弱という。

---

11) この点にかんしてのより立ち入った議論は以下を参照。G.C.Means, "The Diffusion of Stock Ownership in the United States", *Quarterly Journal of Economics*, Vol. XLIV〔44〕, August, 1930, pp. 567-570.

その後に顧客持株キャンペーンは次第に普及し，ピークの 1924 年には，その年だけで総計 29 万 4000 口に達した[12]。しかしその後は年毎に販売が重要性を減じ，1930 年に 21 万 7000 口となっている。年々の販売額でいうと，ピークが 1925 年で 2 億 9700 万ドル，それが 1930 年には 1 億 3500 万ドルまで減少している。1914 年から 1929 年末まで公益事業の顧客に向けた株式販売は 200 万口に及んだが，その多くが同一株主への追加発行であり，また多くの購入者が株式を転売したのは明らかな事実だから，株主名簿に加えられた人数は 200 万というよりむしろ 100 万のほうに近いであろうし，彼らが直接購入によって手に入れた株式の総保有量は，全株式会社株の 1.5% より少ない。さらに顧客にたいする年々の販売は，いまではこの比率が辛うじて維持される程度にまで落ちている。推進力がもはや使い尽くされた感がある。顧客株主数は疑いなく今後も増え続けるであろうが，彼らの保有が株式会社の富の重要な部分を占めるという兆候はほとんどない。

　従業員持株に向けての動きも，同じような軌跡をたどってきたようにみえる。全国産業協議会が行った包括的な調査によれば，1919 年以前は従業員持株プランを実行したことのある企業は 89 社にすぎず，このプランを新たに採用しようという企業の増加ペースは 1 年にせいぜい 9 社程度だった[13]。1919 年以降，動きはずっと広がって，1919 年 24 社，1920 年 46 社が新しく加わり，1923 年にはピークの 51 社に達した。だがそこから新採用会社数は減少に転じ，協議会調査の最終年である 1926 年，従業員に株を提供した企業リストに加わったのはわずか 13 社である。1927 年中ごろ，約 80 万の従業員が自社の株主となっていて，その株式の市場価格総額は 10 億ドル程度，全発行株のほぼ 1% に相当した。顧客持株の場合と同様，従業員株主の数が増えるということは，そうなるかどうかはともかく可能ではあるが，その所有が産業のなかでの比重を高めていくと思わせるものはない。

　この二つの動きの一時期の流行に，連邦税がかなりの程度かかわっていたのは疑いえない。両方とももっとも大きく進展したのは，連邦累進付加税の重荷のために，高額所得者が市場で株式会社証券を買うのを特別に控えた時期で

---

12) 付表 I を参照。
13) 付表 J を参照。

あった¹⁴⁾。通常のルートでの資金調達が困難になり，株式会社証券の新たな市場が，より低所得の従業員や地元の顧客のなかに求められたのである。付加税率がその後低下すると再び大規模所有者が市場に復帰して新資金の提供者となった¹⁵⁾。これが，顧客や従業員への株式販売量の減退を説明するだろうひとつの事実である。租税以外にもいくつかの要因が，この二つの興隆と衰退に部分的にかかわったに違いない。だがここで一番重要なのは，こうした二つの動きもしょせんは一時的な性格のものだということ，株式が社会全体に分散される傾向はその分散がとるどんな特定の形態よりもっと基本的なものだということが，示唆されている事実である。

　少数の管理者の手から多数の投資家の手に所有権が移ったというとき，ではその無数の投資家とは誰か，彼らはどんな所得階層に属しているのか，言い換えればいまわが国の産業の所有者は誰なのかという問いが生まれる。この問いにたいする答えは，連邦所得税申告書から作成された所得統計のなかにみることができそうである。この記録によれば，1929年に，株式会社による配当金の73.7％が5000ドル以上の課税所得を得ている約60万人(59万7003人)によって受け取られた。残りのうちの約10％は所得5000ドル以下の個人が受け取ったが，その大部分は既婚者では3500ドル，単身者では1500ドルという最低課税所得以上の収入があって課税申告書に名前の記載がある人々であった。残る16％が，課税申告書を提出しないですむ人々による受取りということになる。同年のわが国株主総数はおそらく400万人から700万人の間であろう¹⁶⁾。(配当の受取りから推定される)所得階層別の株式所有の分散状況は以下の表のごとくである。この表は，中位あるいはそれ以下の財産所有者が株式会社の株主としてあなどれない範囲をなすことを示してもいる。

　所得税申告書は，経済集団間の今日の所有分散状況だけでなく，ここ10年の間に生じた変化をも示す。この記録が作成されるようになった1916年以来，産業の所有は高額所得層から中産層へと大きく移行してきたようにみえる。こ

---

14) 立ち入った議論は前掲 "The Diffusion of Stock Ownership in the United States," pp. 574-590 を参照。
15) 本書 60-61 頁。
16) 付表 K を参照。

## 所得階層別の配当の受取り(1929年)

| 課税所得 | 所得グループ別<br>個人株主数[1] | 各グループが受け取った<br>配当の割合 | 上部グループ<br>からの累積割合 |
| --- | --- | --- | --- |
| 100万ドル以上 | 513人 | 5.74% | 5.74% |
| 10万〜100万ドル | 14,303 | 19.02 | 24.76 |
| 2万5000〜10万ドル | 87,762 | 23.97 | 48.73 |
| 5000〜2万5000ドル | 494,425 | 24.88 | 73.61 |
| 5000ドル以下 | 350万〜650万[2] | 26.28 | 100.00 |

1) 配当をじっさいに受け取った個人数を所得階層ごとに正確につかむのは不可能である。財務省の報告では5000ドル以上の所得があった91万3597人のうち51万6029人だけがじっさいに配当を受けたことになっている。簡明にするためここでは配当を受け取らなかった39万7568人はみな2万5000ドル以下の所得階層に属すると仮定して計算した。この仮定による事実との重大な誤差はないと思われる。
2) 推定。付表Kを参照。

の変化が第2図にはっきり現れている。1916年には全株式会社配当(他の会社が受け取った配当は除いている)の57%を，最高所得層の2万5000人が受け取った。だが1921年にこの所得層は全配当の35%〔?〕を受け取ったにすぎないと報告されている。同時に，高額所得層10万人以外の個人——1916年には年収1万3000ドル以下，1921年には2万ドル以下の層である——が，1916年の22%から1921年の44%まで配当受取率を高めている。1916年には1万5000人の個人が配当の約半分を受け取ったと報告されたが，1921年には同じ半分の割合に達するには7万5000人への配当を合計しなければならなかった。わずか5年という短期間に起こった会社所有権のこれほどの移行は，ほとんど革命的といってよいほどである。その変化を，ごく部分的には株式を処分しないで所得税を回避した富裕株主の行動から説明できるにしても，しかし大部分は会社所有権の真の移行を示すものと考えなければならない。これが戦時と戦後の高額所得への重い付加税に——すでに示唆したごとく，高額所得者にリスクの高い証券からなる貧困な市場状況を作らせ，かつまた彼らをある程度まで免税証券に転じるように仕向けたことで——大いに起因したことは明らかと思われる。だから富裕層から富裕度の劣る層への移行の一般的な意義を，現段階で確信を持っていうことはできない。それはフランス革命の所産であった土地所有権の移行にも匹敵する，産業の富の所有権における永久の変化を意味するであろうか？　それは富裕度の低い人々の手にますます大きな所有権が渡ることになる趨勢を示しているであろうか？　あるいは近い将来におのずから逆転

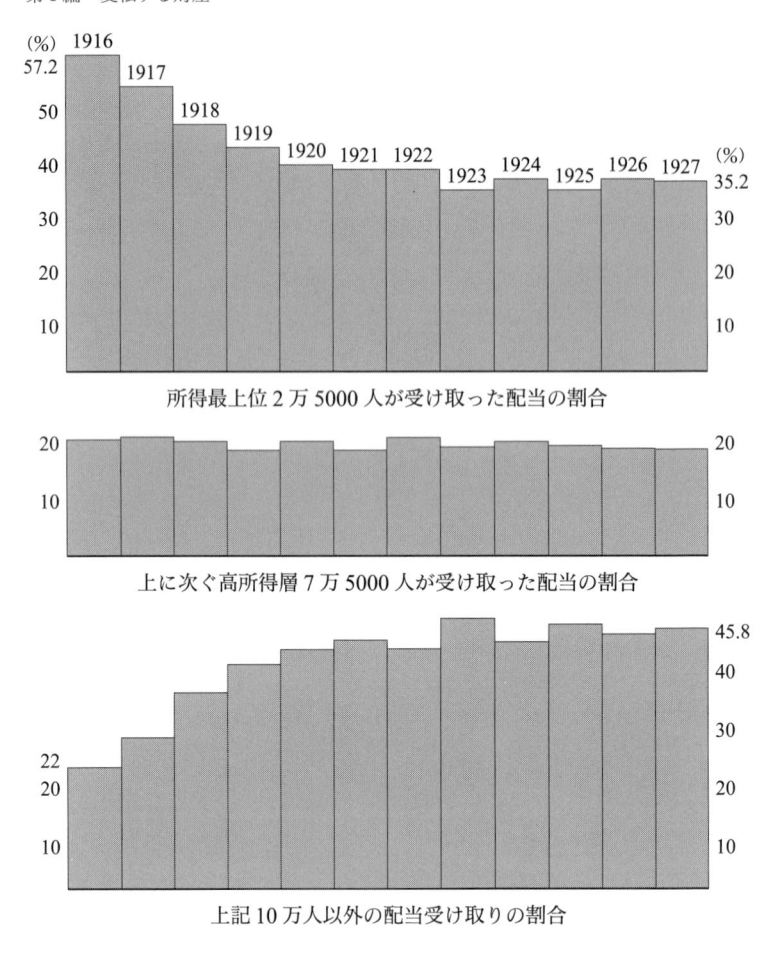

第2図　会社株式所有権の分布――所得層による配当受取額の区分

所得最上位2万5000人が受け取った配当の割合

上に次ぐ高所得層7万5000人が受け取った配当の割合

上記10万人以外の配当受け取りの割合

するような，一時的な現象なのであろうか？

　1921年以降では，所得税申告書は小規模所有者にシフトしていく傾向をもはや示さない。むしろ株式所有権の所得階層間の配分はほとんど一定に保たれるようになったかに映る。ここに趨勢の次なる変化が潜んでいて再び高額所得層に所有権が移って行くのをみることになるのか，あるいは一時期高い所得税によって異常に加速されただけのほんらい不変の趨勢がちょっと中休みしてい

るだけなのか，どちらかを判定するのは未だ早すぎる。しかしながら答えは，すぐ後にわれわれが取り上げる二つの条件——会社の実務を取り仕切る人々による小規模投資家の処遇と，小規模投資家が貯蓄を振り向けるほかの投資対象の存在如何——にかかっている可能性がある。中位の所得層は，自発的にか非自発的にか，株式会社への投資家としてとどまるであろうか？　彼は会社証券の市場を信用してそこにとどまるような扱いを受けるだろうか？　それとも，自分の貯蓄を投資する他のすべての方途を絶たれることによって，いやおうなく株の世界に居続けるということになるのだろうか？

　答えは，一方で株式会社の側の必要，他方で投資家の側の要望と機会という，二つの要因のバランスの上にある。株式会社がときおり，新しい資金調達の必要に直面するのはほぼ確実である。成長を続ける事業体であれば，公衆に向けて頻繁にかつ大量の資金調達の呼びかけをしなければならない。近年の大株式会社の驚くべき伸張の半分以上が公開市場における新たな資金調達を通して達成されたことは，すでにみた通りである。他方で投資家は，株式会社制度が将来にわたって彼の貯蓄を当てにするだろうという見込みに期待している。じっさい彼は，いかなる他の何かの要因によるよりも，会社が自分を頼りにする事実からこの制度内での自分の境遇が決まってくるのを，見出すことになるだろう。彼が株式会社の拡張のために資金の提供者であり続けようとするには，彼の確信が保たれなければならない。彼の投資を確保するためにどれだけの処遇をしなければならないかということ自体がまた，おそらく彼の貯蓄への積極性と気乗り薄の程度，および彼の目の前にある他の投資機会に依存しているだろう。だから今日にどんな機会が存在しているのか，将来にどんな機会がありそうなのかを，ここで考えてみるだけの価値がある。

　近年では社会の全貯蓄のおよそ半分が株式会社証券に——そのほぼ全部が半ば公的な株式会社の証券である——向けられている。1928年に相続税の対象となった検認（probated）資産のなかで，報告された投資の58.5%が株式会社証券からなっていた。残りの33.2%が不動産であり，8.3%が政府証券である[17]。この三つが，投資家が貯蓄から収益を得ようとするときに労働を加えないで可

---

17) 付表Lを参照。

能となる基本的な投資分野である。ここで株式会社証券は，重要性第2位の不動産投資に大きな差をつけているようにみえる。

　ここで対象となっている資産は明らかに高所得の部類に属するものばかりで，当然ながら，もしもっと小さな資産をも広く含めたときに出てくるだろう結果よりも，会社証券の割合をいくぶん高く提示している。1922年の国富のうち投資にあてられているとみられる部分の構成でいうと，株式会社証券として示されるのは43%にすぎず，一方不動産は46%，政府証券は11%となる[18]。だが国富の場合はかなり重要な部分が農家の耕している土地投資からなっているから，個々人の労働を加えないで貯蓄が向かう投資対象ということになれば，おそらく先に挙げた数字のほうが実像に近い。所得税申告書の数値もこの判断を——ここでもまた最低所得層が除外されて最高所得層が最大の株式会社投資を行っているように表示されるけれども——支持する。1922年の申告書では，財産からの所得の54.2%が株式会社証券から得られたもので，不動産からの所得は34.8%，政府債務からのは11%であった[19]。こうした数値は——所得の割合は投資の割合に完全に合致するわけでないし所得税のテクニックから生ずるさまざまの変数がまぎれてくるから——あくまで概算にすぎないが，それでも，財産所有者が直接用いる貯蓄分を除いた一国の貯蓄の半分を十分超えた部分を株式会社が受け取っているという結論は，たしかに支持されうる。その株式会社投資の一部は私的な会社のものだとしても，疑いなく圧倒的な部分が半ば公的な会社に向けられている。

　前の諸章で論じた株式会社制度にかんする他のすべての側面と同様，ここでもまた制度の広がりと構築に向けての趨勢が明らかである。本章のケースでは，国の貯蓄の大量を引き寄せるというだけでなく，その引き寄せる割合の増勢をおのずから描いている。ここでもまた数字は概数にすぎないが，考察の尺度として用いるに十分なだけ，趨勢ははっきりしている。1922年に投資から得られた所得の54.2%が株式会社の証券からのものだったのにたいして，1927年にその比率は62.8%にまで上昇した[20]。

---

18) 付表Mを参照。
19) 付表Nを参照。
20) 付表Nを参照。

とはいえここに示された趨勢をそのまま未来に引き延ばすことはできない。この数字はひとつの方向を示してはいても，尺度として用いられるような正確性に欠けているからである。成長率のようなものを設定はできない。しかしながら趨勢が逆転する可能性はまずなさそうであるから，あまり深刻に突き詰める必要もないだろう。不動産の分野に貯蓄の重要な部分が毎年向かうとしても，せいぜいこれまでと同じ程度であって，投資家にとって将来もっと魅力あるものとなる見込みはない。政府証券の分野は，政府が自ら経済界に参入でもしないかぎり，疑いなく制約される。個々人が，広がり続ける株式会社制度に対抗して自分の貯蓄を大々的に個人事業に投じようとするなどは，もっともありえないことである。残るわずかの選択可能性として考えられるのは二つあって，ひとつは外国政府，外国企業等への貸付けを通じて資本が輸出されること，もうひとつは社会がもうまったく貯蓄できなくなることである。しかしながら，株式会社制度の国際的な広がりとともに，外国産業への投資といえども株式会社制度内での投資となりつつあり，また外国政府証券の分野のほうは限られている。というわけで社会が貯蓄を抱えるならば，とどのつまり大部分は株式会社証券に向かわざるをえないと思われる。その投資が直接になされるか，生命保険会社，銀行，投資信託などの手にまず渡り，そこからそうした貯蓄が会社経営者の裁量に委ねられるかの違いは，たいした問題でない。貯蓄の行き着く先は同じである。それゆえ，現在の趨勢が継続するかぎり，そしてそれを継続させてはならないという明白な理由がないかぎり，株式会社制度は，無理して貯蓄を引き寄せなくても，少なくとも貯蓄の大部分を自然に吸い上げ，投資家には彼の蓄積分をそこに委ねる以外の選択肢がほとんどないように，仕向けていくだろう。

　かくしてわれわれは，事業単位の規模の拡大と並行してその所有権の分散が──個々人の富の重要な部分が，一人として主要な部分を持たない巨大事業体のなかでの持分を構成するかたちで──進行していると，結論づけなければならない。富の大きな割合が加速的にこの形態をとるようになっており，その進行が今後も続くであろうことを示す多くの指標がある。われわれの思考もますますこの種の富をもとにめぐらさなければならない。ここでもまた変化は，以下のような点で基本概念の再検討を必要とする。

(1)まずもっとも根本的なこととして，所有権の地位が積極的な動因から受け身の因子に変わった。かつて所有者が，物的な財産にたいしてじっさいに指揮を行使でき，またその行使に責任を負っていたのに代わって，いまその所有者は，ひとつの事業にたいする一連の権利と期待とを代表している一枚の紙片を保有している。しかしその所有者は，自分が利害関係を持つ事業にたいしても生産手段たる物的財産にたいしても，ほとんど支配する力をもたない。と同時に彼には，事業にかんしてもその物的財産にかんしても，何らの責任もない。馬の所有主には責任があるという成句がある。馬を飼うには所有主が飼い葉を与えなければならない。馬が死ねば彼が埋葬しなければならない。そのような責任が株券には付いていない。株主が背後にある財産に何らかの影響を及ぼそうとする努力は，実質的に無力なのである。

(2)かつては所有権に伴っていた精神的価値が，所有権から分離してしまった。かつては所有者の意思でかたち作られた物的財産が，それから得られる所得とは別のもっと具体的な形態で直接の満足を，所有者に与えていた。それは所有者自身の人格の延長を意味していた。株式会社革命とともにこの特性は財産所有者から失われた。それは産業革命によって労働者が失ったものと多くの意味で共通している。

(3)個人の富の価値が，彼自身や彼の努力とはまったく関係のない諸力に依存するようになってきている。かつてとは違ってその価値は，一方で事業体を指揮する人々——典型的な所有者が何の制御も及ぼしえない個々人——の諸々の活動，他方で敏感かつ気まぐれな市場における他人の諸々の活動，によって決せられる。だからその価値は市場という場所の特性たる非予測性と操作性とにさらされている。さらにまた，組織された証券市場における株価水準に反映されるかたちをとって，自身の近い将来の社会的評価が大きく揺れ動くことにもなっている。

(4)個々人の富の価値は絶えず変動する——これはほとんどの富についていえることだが——のみならず，絶えず評価の対象になる。時々刻々，個人は自分の資産の評価価値が変わるのをみることができる。そのことが，彼のどれだけの所得を支出するか，どれだけの所得を享受するかの両方に大きく影響する。

(5)個々人の富は組織化された市場を通じていちじるしく流動化されること

になった。富を所有する個人は，それを別な富の形態に即座に転換することができ，市場機構がよく働いていれば，余儀ない販売で深甚な損失をこうむるようなこともなしに，それができる。

(6) 富はその所有者によって直接利用されうる形態をますますとらなくなってきている。例えば富が土地の形態をとっているときには，その土地の価値が市場でほとんど無視されるほどの場合でも，所有者が使用することはできる。つまり物の物的な性格が，市場価値がどうあれ所有者がその物を独自に使用対象とすることを可能にする。富のより新しい形態では，こうした直接の使用がまったくできない。所有者の直接の使用とは，市場における販売を通して達成できることだけである。彼はかくして，かつてなく市場に固く結び付けられている。

(7) 最後に，株式会社制度においては，産業の富の「所有者（オーナー）」は所有権の単なるシンボルにとめおかれ，権力，責任，そして過去において所有権と一体のものであった実質は，支配をその手にした別の集団のもとに移されてきている。

# 第5章　支配の進化

　株式会社の富の所有権が広く分散するにつれて，その富の所有権(オーナーシップ)とその富にたいする支配(コントロール)とが，同一人の手にあるということがいよいよ少なくなってきている。株式会社制度のもとで産業の富にたいする支配は，所有者の利害に最小限度しかわずらわされないで行使でき，またじっさいに行使されている。理念的には，そのような利害にいっさいかかわらないでさえ行使できる。富への，認知しうるほどの支配のない所有権と，認知しうるほどの所有のない支配とが，株式会社の発展の論理的な帰結であるかのようである。

　この機能分化は，「支配」という言葉について，一方で所有権とは別の何か，他方で管理(マネジメント)とは別の何かとして理解しなければならないことを，われわれに求める。ここまでは株式会社のことを，その規模についても株式の所有についても，耳慣れた日常用語で語ってきた。経済組織の新しい形態として描きはしたが，その記述はあくまで誰もが知っている単語の組合せをもってなされた。だが所有権から離れた支配は，もはや聞き慣れた概念ではない。それは株式会社制度に固有の産物である。力(パワー)は滅多にそれだけ切り離したり明確に規定したりできないものであるから，政治の分野で似た扱いがされる「統治(サヴァレンティ)」と同じく，支配も定義が難しい概念である。しかし株式会社の活動への指揮は取締役会を通じて行われるから，そこで支配はじっさい上，取締役会のメンバー(あるいはその多数)を選出する力だと，いってもよい。その力は，彼らを選出する法的な権利を動員する——議決権の過半数直接「支配」をもってか，また何か法律的な仕組みをもとに動員するのである——ことによるか，あるいは彼らの選出に影響するような圧力を行使することによってなされる。ときには支配の手段が，取締役の選任を通じてでなく，経営者への指示を通じて行使される

こともある。巨額の債務を抱えた会社の政策を銀行が決するようなときがそれである。ともあれほとんどの場合は，現実に取締役を選出する力を持った人を特定できさえすれば，じっさい上，「支配者」と見なしてよい個人の層を突き止めたことになる。

　支配をこのように定義づけると，支配状況の種類や条件の多様な区別がみえてくる。その全部あるいは一部分が所有権からきた形態の違いであり，また法律的な仕組みによって生じた形態の違いであり，さらには法の領域外の性格に基づく形態の違いである。

　支配の主要な型を，それぞれ明確な区別の線引きはできないものの，五つに分けることができる。(1)ほぼ完全な所有権を通じての支配(control through almost complete ownership)，(2)多数持株支配(majority control)，(3)多数所有権なしで法律的手段を用いた支配(control through a legal device without majority control)，(4)少数持株支配(minority control)，(5)経営者支配(management control)，がそれである。これらのうち前の三つは，法律的な根拠に基づく支配形態で，議決権株の過半数を投票する権利が中心となっている。後の二つ，少数持株支配と経営者支配は，法の領域を越えて法律的な根拠というより事実を根拠として成り立っている。

## ほぼ完全な所有権を通じての支配

　この最初の形態は私的な会社と呼ぶにふさわしいとみられる。ここでは単一の個人か小さな仲間集団が発行株式のすべてか実質的にすべてを所有する。おそらく彼らは，所有権上の法的な力を持つだけでなく，その力を行使する立場，とくに経営陣を選び統治する立場にいる。そのような事業体では，所有権と支配とが同一人の手に統合されている。

## 多数持株支配

　発行株の相対的多数を所有してなされる多数持株支配は，所有権と支配が分離する最初のステップである[1]。株式会社の構造が単純な場合には，単一の個

---

1) 株式会社が子会社を持っている場合，ここでいう多数持株支配とは，連結された全事業における株式持分の過半にあたる株式の所有権を意味する。

人か小グループによる多数株の所有権が，事業の単独所有者によるのと同じ全面的な法的支配力，とりわけ取締役会を選出する権力を，この集団に与える[2]。ただし定款を修正したり事業を解散するといった特定の支配力には，単なる投票による多数決以上のものが求められるかもしれず，その点で多数持株は単一の所有者よりも支配力が制約されている。さらにその支配力は，多数持株支配下の政策や活動にたいして直接に株主総会の場と法廷とで，異議をとなえるべく結束した少数株主たちによって，ある程度制約される可能性もある。他方，多数持株利権以外の全株式が広く分散されているときには，多数株所有権は（「法的手段」がいっさいないとすれば）事実上，制約のない支配力となる。同時に，多数株主の手に支配が集中するということは，その分少数株主が部分所有者として事業に及ぼす支配力の大部分を失ったことを意味する。だから少なくとも彼らにとって所有権と支配の分離は——多数株主にとってはまだこの二つの機能は結合されているが——完成に近づいている。

　もし所有権と支配の分離がこの程度で進行をやめていたなら，それに起因する問題はそれほど大きなものにはならなかっただろう。個々人が蝟集した大集団で各人の資本を有効に一事業に結び付けることは，その集団のある部分が支配を喪失することなしにありえない。事業にかかわる支配の主要な要素を集団のすべての個々人に割り振ることができないのは，明らかである。満場一致原則（*liberum veto*）は，それを実行しようとしたとき，不都合があまりに大きいことを露呈する。それゆえ，多数株を所有する者に支配を委ねるのは，自然でかつ一般的に受け入れられるステップなのである。少数株主の利害のほとんどといわぬまでもおそらく多くが，多数株主の利害と一致しているし，概して多数株主が自分の利益のために行うことによって少数株主は保護される。だから小数株主の利益に関するかぎり，彼らの支配の喪失はそう重大なことではないのである[3]。多数株主と少数株主の利害が多少ともぶつかり合い，そして少数

---

2) 少数株主が少数の取締役を選出する力を持っている場合，それはどんなケースでも十分にありうるとしなければならないが，彼らの事業支配力の喪失の程度はより少ないものとなる。

3) これは，支配を委ねられた諸個人が十分な適格性を持っていることを想定している。もし支配が不適格なら，多数株主と少数株主の利益が合致しているという事実が，後者の保護につながるとはかぎらない。

株主の利害が強制力のある法律で保護されていないときにのみ，少数株の持主は被害に遭遇する。しかしこれは少数株主が受けなければならないリスクである。そしてこれは集団事業に不可避に随伴する事柄であるから，そこから生ずる諸問題は，個々の企業レベルではきわめて深刻であるかもしれないが，重大な社会的意義を持つものとはならない。

しかし最大規模の株式会社では，所有権と支配の分離は多数株所有をもとに生じた分離の程度をはるかに越えて進んでいる。最大級の株式会社で多数というに足る所有権を得るのに必要とされる投資はたいへんな額となり，そういう仕方での支配は極端に高くつく。そのような株式会社では，多数持株支配は存在するよりも存在しないことのほうが，目立った事象となっている。つまり支配は所有権の相対的に小さな割合をもって維持されることが，ずっと多くなる。

**法律的手段を用いた支配**

株式の相対的大量を持つことなしに特定の株式会社の支配を維持しようという取組みのなかで，さまざまな法律的手段が開発されてきた。なかでも巨大会社間でもっとも重要なのが，「ピラミッド化」の手法である。これは，一つの会社の株の大多数を所有し，その会社が別の会社の多数株を所有する——この過程を何度も繰り返していく——仕方である。この方法によれば，全財産の支配が，その財産の4分の1，8分の1，16分の1，あるいはもっと小さな割合という具合にごくわずかな利権だけで合法的に確保できる。中間に登場する企業が社債や無議決権優先株を発行することによって，この過程はさらに加速されうる。上位の企業に多数株を持たれ法的に支配されている中位企業を二つ三つ作ることによって，一つの巨大な事業体への合法的な支配を，支配財産のほんの1%程度の利権を所有するだけで果たしうる。ピラミッドの頂点にいる企業の多数株の所有者は，ピラミッド全体の1%以下しか所有していないのに，ほとんど全財産の単独所有者であるとともに完全支配者として振る舞うことができるのである。

近年ではヴァン・スウェリンゲン兄弟が，大鉄道システムを作り上げ支配を維持するのにこの方式をとって，際立った成功をおさめた。ピラミッド状に複雑に組み立てられた持株会社群を通じて，彼らはほぼ東海岸から西海岸に及ぶ

巨大な鉄道財産を寄せ集めた。システムができあがると持株会社群の構造は1930年初頭までに単純化され，むやみに複雑なものではなくなった。その大まかな組織図は，第3図に示される。このピラミッドによって，2000万ドル以下の投資で20億ドル以上の総資産を持つ第1級鉄道8社の支配が可能になっている。これだけの巨大システムを支配するのに，総投資の1％以下，株式で現される投資のほんの2％余りで十分ということなのである[4]。

　ピラミッド構造が支配を維持したままいかに急速に投資の減額を可能にするかを，この図の数字が示している。ジェネラル・セキュリティーズ・コーポレーションの資本にたいするヴァン・スウェリンゲン兄弟の投資は51％であり，それがアリゲニー・コーポレーションとなると8％，チェサピーク・コーポレーションには4％となり，大営業会社であるチェサピーク・オハイオ鉄道には1％以下，そしてこの鉄道傘下の営業子会社であるホッキング・ヴァリー鉄道には0.25％でしかない。つまりホッキング・ヴァリーへの投資の99.75％は，支配力のない所有権だというわけである。このシステム全体では，全所有権の1％以下が，結合された所有権と支配とを代表する。システムのほとんどの部分で，この二つの機能は別個の集団によって遂行された。

　これと同様のピラミッド化は，大規模な公益事業システムの大部分の構築にさいしても広く採用された。この方式の利用によって，ひじょうに少ない投資で合法的な支配を維持することが可能になっている。これを通じて合法的支配が効果的に法的所有権から離れることができ，現実の力が，ほとんど何の所有権の利害もなしに巨大な富の集積体の上に行使されうるのである。

　わずかな投資で支配を維持する第二の法律的な手段は，無議決権株の利用である。これは比較的新しい方策であるが，多くの議論を呼んですっかりおなじみになっている。株式の種類に応じて異なる権利を付与するという仕方をとることで，株式の大部分が(少なくとも取締役の選任権にかんするかぎり)議決の権利を失い，ごく一部の株式だけ，あるいはごくわずかな投資を代表する種類の株式だけが，議決権を認められる。そうした特権を付与された株式の過半数

---

　4) このピラミッドのいくつかの地点で，とくにアリゲニー・コーポレーションのケースがそうであるが，支配は多数株所有ではなく相当大きな少数株所有によって維持されている。これは後述する少数株支配の形態ということになる。

第 5 章　支配の進化　71

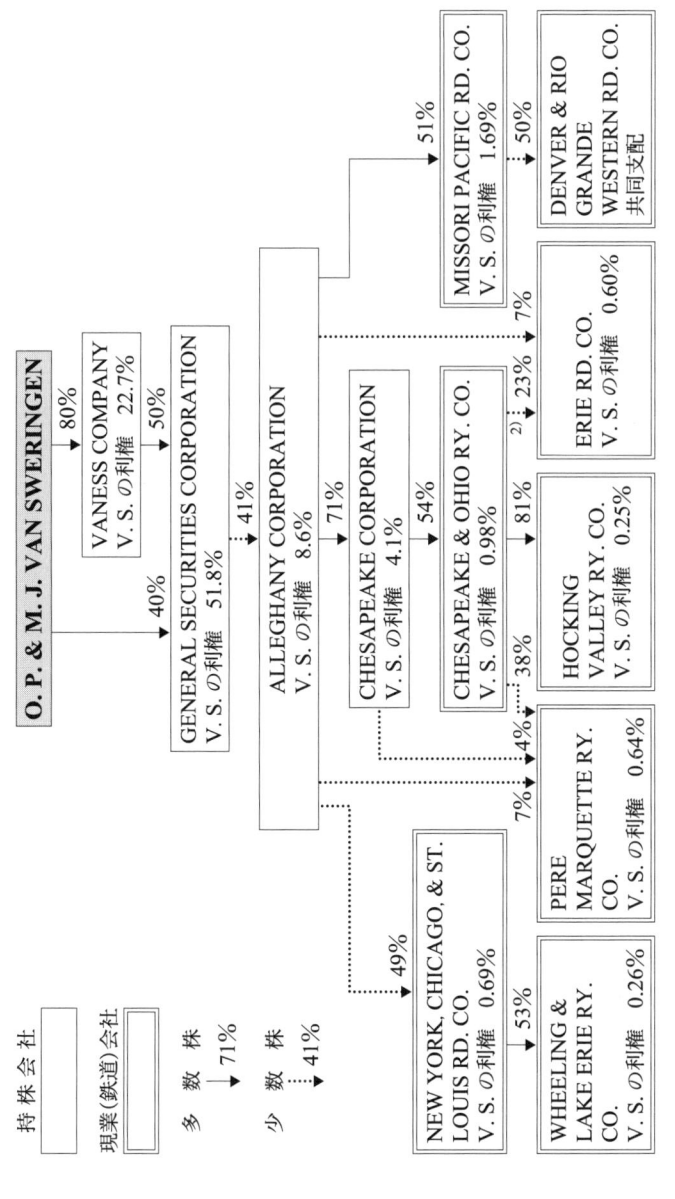

持株会社　□

現業（鉄道）会社　□

多　数　株　→ 71%
少　数　株　⋯▸ 41%

**O. P. & M. J. VAN SWERINGEN**

├─ 80% → VANESS COMPANY　V. S. の利権 22.7%
│                            │ 50%
│                            ▼
└─ 40% → GENERAL SECURITIES CORPORATION　V. S. の利権 51.8%
                             │ 41%
                             ▼
                    ALLEGHANY CORPORATION　V. S. の利権 8.6%
     ┌──────────┬──────────┼──────────┬──────────┐
     │ 71%      │ 54%       │ 51%      │ 50%      │ 7%
     ▼          ▼           ▼          ▼          ▼
CHESAPEAKE   CHESAPEAKE   MISSOURI    DENVER &    ERIE RD. CO.
CORPORATION  & OHIO RY.   PACIFIC     RIO GRANDE  V. S. の利権 0.60%
V. S. の利権  CO.          RD. CO.     WESTERN
4.1%         V. S. の利権  V. S. の利権 RD. CO.
             0.98%        1.69%       共同支配

 Chesapeake & Ohio Ry. Co. から:
  81% → HOCKING VALLEY RY. CO.　V. S. の利権 0.25%
  38% ⋯▸
  4% ⋯▸ PERE MARQUETTE RY. CO.　V. S. の利権 0.64%
  7% ⋯▸
  23% ²⁾⋯▸
  49% ⋯▸ NEW YORK, CHICAGO, & ST. LOUIS RD. CO.　V. S. の利権 0.69%
  53% → WHEELING & LAKE ERIE RY. CO.　V. S. の利権 0.26%

**第 3 図　鉄道のヴァン・スウェリンゲン（V. S.）システムの主要支配系図**¹⁾

1) 1930 年 4 月 30 日，RSOR 878 頁の反対側図表から作成。
2) Chesapeake & Ohio Ry. Co. の 100% 子会社 Virginia Transportation Co. を通じての保有。

の所有権が，合法的支配に十分な量となり，多数持株とまったく同じ力となるのである。長年かけていくつかの州で無議決権優先株の発行が可能になってきた。それがしばしば重大な反対を引き起こさないで実現されてきたのは，おそらくひとつに，普通株の発行量が概してそれに対応する優先株発行量よりもずっと大きいからであり，もうひとつに，普通株主が自分の利益に従って行動することが優先株主の利益の十分な保護になると見なされたからであろう。

議決権のない普通株が発行できるように法令が改められたのは，ほんの最近のことである。おそらくもっとも有名な例は，1925年に発行されたドッジ・ブラザーズ・インコーポレイテッドの無議決権普通株である。この会社のケースでは，優先株のみならず普通株の5分の4にも，取締役を選出する議決権がないことになった。ディロン・リード商会が225万ドル以下の投資に相当する25万1株の議決権付き普通株を持つことによって，この1億3000万ドルの事業体にたいする合法的な支配を行使しえたのだった[5]。

無議決権優先株と対照的に無議決権普通株のほうは，かなりの不興をかった[6]。ニューヨーク証券取引所とニューヨーク・カーブ取引所のいずれもが，無議決権普通株の新発行受入れを拒絶している。このことはじっさいのところ，近い将来にこの方式が大規模に用いられる展望を排除したように思われる。

とはいいながら，おそらく無議決権株の変種のひとつと考えてよさそうな類似の手段が用いられている。これは複数議決権つまり投資した資本に比例する以上の議決権を持つ種類の株式を，ひじょうに大量に支配集団に向けて発行する方式である。この方式の際立った利用がシティーズ・サービス・カンパニーが行ったケースである。1929年に同社はH.L.ドーハティ・アンド・カンパニーにたいして額面1ドルの優先株100万株を売却した。この株式には取締役選出にあたっての1株1票の権利が付いていた。だがすでに発行されている普通株には1株当り20分の1の議決権しか付与されていなかった。そこで全議決権の27％が100万株の優先株によって行使されうることになった。他の種

---

5) *Moody's Industrials*, 1928, p. 49. この普通株はディロン・リード商会の帳簿では資本剰余を含んで1株9ドル以下で運用された。ドッジ・ブラザーズ株はその後，クライスラー・コーポレーションによって買収された。

6) 例えばW. Z. Ripley, *Main Street and Wall Street*, Boston, 1927の論調を参照。

類の株式は広範に分散所有されていたから(1930年6月15日時点で優先株主は8万1470人，普通株主は37万7988人)，この安い優先株に与えられた複数議決権は一般株主の議決特権を事実上無効にしてしまった。この手段の採用によって，額面100万ドルの株式がほぼ10億ドルの資産にたいする実質的な支配を手に入れたのである[7]。

これと同じ手段が，かつてスタンダード・ガス・アンド・エレクトリック・カンパニーの支配集団によっても採用された。同社の額面1ドルの優先株が額面50ドルの普通株と同じ議決権を与えられ，1929年にその優先株100万株で全議決権の41%を投ずることができた。ここでもまたおそらく100万ドル程度の投資を要した額面で100万ドルの株式が，10億ドルの資産への実質的な支配を行使しえたのである[8]。

議決権の大多数を直接，間接に所有することを通して合法的な支配を確保するこうした手法に加えて，さらに進んだ，議決権の大量所有すら伴わない手段をも考慮に入れなければならない。それは議決権信託の組織化という周知の方策である。そこでは全株式の信託を受けて完全な議決権を掌握する——しばしば経営陣の一部からなる——受託者グループが結成される。株式の過半が信託に付されるのが通常のケースであるが，そのときに受託者は，自分では支配に必要な所有なしに株式会社の事柄にかんするほとんど完全な支配を手にする。その間，株主のほうは，彼らの株式の代わりに信託証書(trust certificates)を受け取る。この証書は株主に，取締役が配分を選択する分配金を受け取る権利を与えている。資本金9000万ドル(その時点)のペンロード・コーポレーションの近年の組織化では，組織者集団たるペンシルヴェニア鉄道の経営陣が完全支配を確保するためにこの手段をとった。新設のペンロード株は議決権信託に付され，この鉄道の株主は議決権信託証書を買うことで資本供出への特典を提供された[9]。証書の購入者は，彼ら自身の事業を支配するはずの集団でありなが

---

7) *Moody's Public Utilities*, 1930, p. 1998.
8) *Standard Corporation Records*, April 29, 1929. 1929年の後半，この支配手段は，設立されたきわめて複雑な持株会社に頼るものへと置き換えられた(*New York Times*, March 24, 1930, *Moody's Public Utilities*, 1930)。
9) *Standard Corporation Records*, July 22, 1929, p. 6730.

ら，権力のない所有者という地位を手に入れた。

　この議決権信託は，われわれがこれまで考察したどの法律的手段よりも完全に，すべての所有利権から支配を分離する。当初この方式は，議決権を株式から分離してはならないという理由で法律によって強く否定され，裁判でも非合法とされたが，いまではほとんどの州で認められ法令が定められている。ただし法令は通常，信託契約の有効期間を制限しており，例えばニューヨーク州では最大10年間である。だがそうした期間の限定がある場合でも，議決権の受託者は，信託期間を延長するような更新手続きを自分たちの裁量でとり，より長い期間にわたって株主の手の届かないところに身を囲い込むかもしれない。インターボロウ・ラピッド・トランジット・カンパニーは，おそらくそのもっとも目立ったケースである。そこでの信託契約は，5年間の有効期間を定めたが，しかし議決権信託証書の保有者側に何もすることなしに，その5年間をさらに5回更新しうることになっていた[10]。したがって合法的な支配が30年まで続きうるわけである。

　議決権信託による支配は，法律的手段による支配の他の形態とも，後に検討する実質的な支配の諸形態とも，次の点で違う。議決権信託による支配は固定され，範囲が限定され，譲渡できないもので，特定のはっきり認知された責任が伴っている。これまで論じた他の形態では，支配は売り買いができ，死亡の場合は相続によって移転でき，支配力のある場所を広くは知られず（じっさいしばしば知られていない），支配者はけっして公衆の面前に現れず，支配の掌握に基づく明白な義務をも負わなかった。これにたいして議決権信託を通じての支配は，公開され，簡単には移転できず，したがって責任を持たされる。おそらく，議決権信託にたいする批判を沈静化させこれを所有権なしの支配維持の効果的手段たらしめたのが，この責任のオープンな引受けということだったと思われる。そしてまた大企業がこれをあまり広範に採用していないのも，同じ理由からであろう。大企業を支配しようという個々人にとって，議決権信託によって背負わされる責任や義務はけっして望ましいものでないからである。

　法律的な手段に基づく支配は，ピラミッド化によるか，議決権株と無議決権

---

10) *Standard Corporation Records*, Special Reports Section, May 9, 1929.

株の使い分けによるか，議決権信託によるかといった違いはあれ，いずれも所有利権をごくわずかに抑えながら単独あるいは過半数所有に等しい支配を確保している。事業が失敗すれば法律的支配も失われる。しかし事業が繁栄しているのに法律的支配者の個人や集団が支配を放棄してわが身を救おうとするのは，よほど異常な状況に巻き込まれたときにかぎる。1930年，フォックス氏はフォックス・フィルムとフォックス・シアター・コーポレーションの議決権付特別株の過半数所有を放棄せざるをえない羽目に陥ったが，それはこの事業の拡張で背負い込んだ短期負債と，株式市場崩落後の債権者の圧力によるものだった。この2社とも収益性が高いと知られていたにもかかわらず，会社の負債を借り換えて抵当流れを阻止するのに必要な資本は，フォックス氏が法律的支配を放棄して初めて入手できそうだったからである[11]。状況がそのように重なり合うことはめったにない。だから株式会社がじっさいに倒産でもしないかぎり，単独所有権，多数株所有権，法的手段のいずれに頼るにせよ，合法的支配を維持するのにあらゆる機会が与えられているといっても，過言ではないのである。

　ここまで議論してきた支配の諸手段は，すべて法律でひとつの地位が定められている。どの場合でも，主として議決権株の多数を投ずる法律上の力を多少なりとも永続的に所持することに，現実の支配が依拠している。だがそうした支配を所持するのに関連した，その所有権の割合はさまざまである。一方の極では，所有権と支配とは完全に結び付いている。他方の極では，所有権と支配が完全に分離している。どんな程度の結び付きも分離も，法律上の地位に基づく支配として整理できるかもしれない。

　しかしながら，典型的な大株式会社では，支配は法律上の地位によるものにとどまっていない。そのような企業では，支配はもっとしばしば事実上のもので，所有権の大きさ，経営への参与，企業を指揮するに必要な外部事情等々を通じて決まる戦略的な地位に依存している。そうした支配は法律による形態のようには明確に規定できず，より根拠不明な，またより偶発事件や変化に遭遇しやすい。とはいえ，そのどれもが現実性において劣るのではない。そういう

---

[11] *New York Times*, April 8, 1930. ほかにも *New York Times* および *Wall Street Journal* の1929年12月7日から1930年4月8日にかけての記事を参照。

状態が長年にわたって保たれ，そして株式会社がさらに巨大化し所有権がより分散するにつれて，法律的な支配に劣らぬ確固たる地位，革命でも起こらぬかぎり排除することのできない地位に上りつつある。

　法律的手段による支配の場合と同様，法律的手段から離れた事実としての支配も，議決権株の 50％以上は持たないが，ではどれだけ持つかという割合はさまざまでありうる[12]。一つの大きな少数株主利権に所有権の重要な範囲が委ねられることもありうるし，あるいは株式所有権が広く分散しているときには，支配権が経営者の手に渡ることも考えられる。この両方の間に明確な境界線はないが，一応の区別ができるとすれば，一方を少数持株支配，もう一方を経営者支配と呼んでよいであろう。

### 少数持株支配

　二つのうちの前者，少数持株支配は，個人あるいは小集団が彼らの持株利権を通じてある株式会社を支配する地位につくに十分な，それだけの株式利権を保有しているときに存在するといいうる。そのような集団はしばしば企業の「実効支配力（ワーキング・コントロール）」を持つといわれる。一般に彼らの支配は，年々の取締役会選挙で投票の多数を制するために，彼らの相当に大きい少数持株に合体させる分散株主たちからの委任状を集める能力にかかっている。逆からいうと，これはいかなる他の株式保有も投票権の多数を集める核として行動するほどに大きくはないことを意味する。株式会社がそれほど大きくなく株主数も多くないところでは，少数持株支配を維持するのは相対的に困難である。ライバル集団が，株式の過半数を買い占める可能性もあるし，あるいは少数株主とはいえ委任状合戦で支配に必要な追加的投票権を引き寄せるほどには大きいこともありうる。企業が大きくなり株式の分散が広がるほどに，支配的な少数株主を押しのけることの困難がみえてくる。ゼネラル・モーターズ・コーポレーション株の大多数を外部の利権が財務操作で買い取るなどは，現実に不可能と考えざるをえない。ロックフェラーでさえ，インディアナ・スタンダード・オイルの多数株所有権を買い取る決断を下す前に，よくよく考えたことであろう。同様に，現存

---

[12] 議決権の 50％以上の所有もおそらく法律的な支配の部分を含んでいる。

する少数支配株主から支配を奪取するため1万人，10万人といった株主たちの議決権を送付の方法で動員し，またおそらくそのために広くキャンペーンを展開するコストを考えると，よほどの金持ち以外はこの方法の追求を断念するに違いない。この点は，現存の支配者が委任状合戦のコストを会社に負わせることができ，外部者は自分の出費で戦わなければならないという場合に，とくにそうである。

　しかしながら，少数持株支配には容易ならぬ制約がある。それは経営陣との関係が敵対的となる可能性である。株式会社の事業が円滑に進行しているかぎり，少数持株支配は何年にもわたって平穏に持続するかもしれない。だが恐慌のもとで，あるいは支配と経営との間に利害対立が生じた場合に，争点が浮かび上がり，支配をめぐる委任状合戦で支配グループは，自分の任命した経営陣に自分がいかに深く依存するようになっているのかを思い知らされる。経営陣はほとんどの場合，一年一度の定例株主総会で選出されるが，その通知は議決権を持つ全株主に送られなければならない。通常はこの通知と一緒に委任状も送られ，株主はそれに署名して返送することが求められる。株主はそれに応じて，委任状にあった名のなかから二，三人を彼の代理人に指定し，彼らに定例株主総会で自分の投票権を行使する権利を委ねる。この委任状委員会の選出において，会社経営陣は，自分に追随するであろう人間を指名する立場にいるのである。経営陣が少数持株での支配者によって選出されている場合，当然のこととしてそれはこの少数持株支配者の利益にかなう委任状委員会が選出されるだろう。ふつうほとんど無関心な群小株主たちは，自分の委任状を出し忘れるか，あるいは点線上に自分の署名だけして会社の担当部署に返送する。事態の通常の成行きでは，選挙のたびごとに株主が受け取るのはそうした行為の要請だけである。そこで委任状の投票は，すでに支配集団によってなされた選出に賛同するために行使される。ところがもし経営陣が少数持株支配者に楯突いてこの委任状機構の行使を拒絶するようなことになれば，少数支配者集団は自分の出費で委任状の用紙を作成して送り，株主に現行の経営陣への反対を要請しなければならない。支配をめぐるそのような抗争がからんでくると，実質的な権力は再び法律的な権力に依存することとなり，株主たちは投票によってか委任状委員の選出を通じて，事態を決定する。

支配をめぐる抗争で近年にもっとも人目を引いた事件は，ジョン・D・ロックフェラー・ジュニアとスタンダート・オイル・オブ・インディアナ経営陣との公然たる衝突である。ロックフェラー氏は当時，議決権株の 14.9％を保持していた[13]。氏はこれまでずっとこの企業の安定した支配を掌握してきた。他方，取締役会の会長でありこの企業の活動の多くを実質的に差配してきたのはスチュワート名誉大佐であったが，彼はハーディング大統領時代に議論の焦点になった一連の取引に関連してロックフェラー氏の不興をかった。ロックフェラーはスチュワートに辞任を求めたが大佐はそれを拒絶し，そして訪れた取締役選挙に委任状機構の使用を認めなかった。そこでロックフェラー氏は彼にたいするドラマチックな委任状合戦を挑むことになった。かなりの費用をかけて委任状の要請を株主に送付し，いかなる「技術的失敗」も犯さぬよう卓越した法律の専門家と契約した。ロックフェラーの社会的名声が持つ巨大な影響力を，彼はフルに駆動した。当時ウォール・ストリート・ジャーナル紙は，この抗争がロックフェラー一族の大スタンダード・オイル支配の一角に初めて「反旗が掲げられた」ものと書いた[14]。これにたいしてスチュワートは，現行取締役会の全面的支持を獲得し，また株主である 1 万 6000 人の従業員に支持を求めた。この絶好のタイミングをとらえて，会社は 50％の株式による配当を宣言した[15]。この配当は長年にわたり未決定の難題であったものである。選挙の 4 日前，両陣営は，一方が投票権の過半数を，他方が株主の支持の過半数を，確保したと報じた。いよいよ当日の取締役の選挙となり，ロックフェラーは発行されている全議決権の 59％，じっさいに行使された投票の 65％が彼の推す候補者に投じられたことによって，勝利した。支配権は彼の手中にとどまったといえる[16]。スチュワート大佐とこの企業との関係はこれで終わった[17]。

---

13) その保有は，直接と，彼の家族の持分と，いくつかの慈善団体の持分とを合算したものである。第 12 表 D を参照〔表では 14.5％〕。
14) *Wall Street Journal,* January 11, 1929.
15) 株式での配当(stock dividend)は個々の株主の株式保有額に大きな効果があるとはいえないかもしれないが，心理的な効果は絶大でありうる。
16) スチュワート反対に投ぜられたのは 551 万 9210 株，賛成に投じられたのは 295 万 4986 株，総発行量は 928 万 4688 株と，ニューヨーク・タイムズ 1929 年 3 月 8 日号が報じている。他の新聞に記された数字も似たり寄ったりである。
17) このドラマチックな抗争の全容は 1929 年 1 月 10 日から 3 月 8 日にかけての日刊各紙に

この抗争でロックフェラー氏が勝ちを制したことの基盤は憶測の域を出ないが，たとえ多数の支持を集めるさいに彼の持株が核になったとしても，結果は所有だけからきたものではない。部分的には公衆がスチュワート側の荷担した取引にたいするロックフェラー側の見解を全体的に支持したためであり，さらにおそらくもっと強かったのは，ロックフェラーの社会的名声が株主の大きな部分の意思を左右したことが，勝利につながったと考えられる。しかしながら経営陣を排除することの困難とコストとは，議決権の少数所有権に基づく支配——平常時にはいかにも適切に保護されているようにみえる支配——の脆弱性を浮かび上がらせる。さらには有効な少数持株支配には経営者の存在がいかに重要かということをも示唆する。

　上の事例はおそらく，少数持株支配と経営者支配との境界線を画すると思われるので，少し詳細に述べたのである。もしスチュワート名誉大佐がこの抗争で勝ちを制していたら，われわれは経営陣が認知できるほどの所有権なしに勝利したといえたであろう。じっさいには，ロックフェラー氏は14.9％という少数持株の所有権によってかなりの程度，そしてほかはもっとみえにくい諸要因を武器にして，支配を掌中にしているということができよう。彼ほどの名声も資金力もない他の人間が，15％の所有権だけで支配を維持できるであろうか？　あるいはロックフェラー氏にしても，もっとずっと少ない持株だったときに支配者であり続けることができただろうか？　ここには，少数持株によって支配するということが，経営者の肩書きから離れてどこまで許されるものかという問題が，込められている。

**経営者支配**

　支配の5番目の型は，所有権がきわめて広範に分散し，もはやいかなる個人も小集団も企業の事柄を左右するほどの少数利権すら持っていないというものである。単一利権の最大でも1％の小片にしかならないようなときには——アメリカ最大会社のいくつかがそうであるが——自分の持株だけを通じて経営者に重要な点で圧力をかけうる地位にいる株主も，自分の持株を支配に必要な多

---

　詳しい。とくに以下を参照。*Wall Street Journal*, January 10, January 11, March 8, *New York Times*, January 12, January 30, March 3, March 8.

第10表 ペンシルヴェニア鉄道会社の20大株主(1929年12月31日)[1]

| | 所有株数 | 総発行への持分 |
|---|---|---|
| Penn. Rd. Employees Provident & Loan Association | 39,350 | 0.34% |
| William M. Potts | 23,738 | 0.20 |
| J. Marshall Lockhart | 22,500 | 0.19 |
| Fahnestock & Co.—Fahnestock 一族の所有 | 16,848 | 0.15 |
| Estate of Henry H. Houston | 16,000 | 0.14 |
| The Home Insurance Co. | 16,000 | 0.14 |
| General Education Board | 15,882 | 0.14 |
| Haygart Corp. (Adams Express), Investment trust | 15,400 | 0.13 |
| English Assoc. of American Bond & Share Holders | 15,264 | 0.13 |
| Celia Sibley Wilson | 15,000 | 0.13 |
| Estate and family of Marcus Loew | 13,600 | 0.12 |
| Travelers Insurance Co. | 13,500 | 0.12 |
| Estate of John J. Emery | 13,000 | 0.12 |
| Jas. Capel & Co., Brokers | 12,686 | 0.11 |
| Sterling Securities Corp. | 12,000 | 0.11 |
| Harris, Upham & Co.(パートナー勘定) | 11,250 | 0.10 |
| Kuhn, Loeb & Co.(自己勘定) | 10,000 | 0.09 |
| Girard Trust Co.(自己勘定) | 10,000 | 0.09 |
| 氏名不明の1個人 | 10,000 | 0.09 |
| Mrs. E. S. Woodward | 8,500 | 0.07 |
| | 310,518 | 2.70% |

1) *Regulation of Stock Ownership in Railroads*, pp. 142-143. 1929年12月末の総発行株数は1149万5128株。

数株を集めるさいの核として用いる立場の株主も,存在しない。

すでにわれわれは,ペンシルヴェニア鉄道の最大株主が総株式発行の0.34%しか保有していないことをみた[18]。第2位の大株主は0.2%にすぎず,最大20人の持分を合わせてもわずか2.7%である。一人で500株(0.004%)以上を保有する株主は236人にすぎず,その持分を全部合わせても全体の5%未満である。明らかに一人の個人も一つの小集団も株式の所有権を通じて企業を支配する立場にいない。この事実は,最大株主リストに名を連ねる人々の性格の雑多性によって,さらなる裏づけが与えられる。

その上,20大株主のなかに一人の取締役も役員も含まれていないことが特記される。取締役も役員も,誰一人として総株式の0.1%を持っていない。全

---

18) 第10表を参照。

取締役の持分を総計しても，0.7%以上にならず，実はもっとずっと低いと思われる[19]。どうみても，取締役の持分という面からの利害は，取るに足りないものである。

　取締役会のどこにもまとまった保有あるいは大規模な保有がないということでは，アメリカ電話電信も U. S. スチールも同じである[20]。この二つの会社とも，筆頭株主は発行株の 1%まで所有していないし，20 大株主を合計しても電話で 4.6%，スチールで 6.4%にすぎない。もっともこの 2 社の株主名簿はペンシルヴェニア鉄道の名簿と違って，鉄道ではブローカーや名義人（ノミニー）による株式保有が調整された後のものを使ったが，電話とスチールではそれができなかった。ブローカー勘定は群小株主の保有を代表する。と同時に，最大級の個人株主もブローカー勘定や名義人の名前で株式を持つ可能性がある。それらを調整したら，ごく少数の大株主の持分比率は増大するかもしれないが，一方，20 大株主の持分比率はおそらくかなり低下するだろう[21]。以上から，これらの企業でも，株式所有権を通じて支配するに十分な株式を保有する個人の小集団が存在しないことは明らかである。

　この 2 社では，取締役会がやや大きな割合の利権を有していることが示される。スチールのほうの取締役会が 1928 年に報告した株式保有が第 11 表に与えられている。ここでは二人の取締役が 20 大株主のうちに入っており，取締役全体の保有は総発行株の 1.4%となる。電話会社では株式の 0.48%を持つ一人の取締役が 20 大株主に入っている。さらに，取締役がブローカー・名義人の名前で株式を所有している可能性もある。もっともそうして所有されている量は，これら特別の企業のなかでこれまでそれほど多かったようにはみえない。

　では，このような企業では支配がどこにあるか？　この質問に答えるためには，取締役会の選挙をめぐる状況を少しく詳細に吟味する必要がある。この選

---

19) この鉄道の Congressional Reports に記載された個人株主には取締役の名前は一人も出てこないが，個人名を明らかにしていない最大 19 人の個人株主の持分合計が 0.7%であり，そして同鉄道の取締役は 19 人である。だがおそらく取締役の大多数は，その持株が最大個人株主に入るほどの株式を持っていない。
20) この 2 社の 20 大株主については付表 O，P をみられたい。
21) ペンシルヴェニア鉄道 20 大株主の持分は調整前 3.5%，それが調整後にはわずか 2.7%となる。

第11表 U.S. スチール・コーポレーションの取締役会による株式所有[1]

| 名　前 | 1928年 | | | 1927年 | | |
|---|---|---|---|---|---|---|
| | 優先株 | 普通株 | 計 | 優先株 | 普通株 | 計 |
| G. F. Baker | 500 | 77,000 | 77,500 | 500 | 49,950 | 50,450 |
| G. F. Baker, Jr. | | 10,001 | 10,001 | | 1,001 | 1,001 |
| W. J. Filbert | 1,904 | 1,688 | 3,592 | 1,904 | 1,134 | 3,038 |
| Samuel Mather | | 1,121 | 1,121 | | 801 | 801 |
| T. Morrison | 4,000 | 1,401 | 5,401 | 4,000 | 1,001 | 5,001 |
| J. S. Phipps | | 1 | 1 | | 1 | 1 |
| N. L. Miller | | 1,001 | 1,001 | | 3,450 | 3,450 |
| P. Roberts, Jr. | 110 | 1 | 111 | 110 | 1 | 111 |
| M. C. Taylor | | 40,100 | 40,100 | | 40,001 | 40,001 |
| Robert Winsor | 1 | 700 | 701 | 1 | 500 | 501 |
| E. J. Buffington | 693 | 753 | 1,446 | 693 | 1,133 | 1,826 |
| J. A. Farrel | 4,850 | 603 | 5,453 | 4,950 | 315 | 5,265 |
| J. P. Morgan | 105 | 1,261 | 1,366 | | 901 | 901 |
| 取締役所有合計 | 12,163 | 135,631 | 147,794 | 12,158 | 100,189 | 112,347 |
| 株式の総発行量[2] | 3,102,811 | 7,116,235 | 10,719,046 | | | |
| 取締役の所有比率 | 0.4% | 1.9% | 1.4% | | | |

1) *New York Times*, April 17, 1928.
2) *Standard Corporation Records*, 1929.

挙にあたって，株主には通常，三つの選択肢がある。第一には投票をしない，第二には定例株主総会に出席して自分で投票する[22]，そして第三には委任状に署名して会社の経営者によって選ばれた個人からなる委任状委員会に投票権を委ねる，という仕方である。自分で投票するというのは，よほど大量の株を持っていないかぎり総会でほとんどかまったく実効がないから，じっさいのところ株主は，まったく投票を放棄する道をとるか，あるいは，自分の議決権を彼には支配のすべがなくまたその選出にも参加しなかった人々の手に委ねてしまう。この二つの場合ともに，彼はいかなる程度にも支配を行使できないだろう。むしろ支配は，次期の取締役会の選出を行うことになる委任状委員を選ぶ人々の手に入る傾向を生むであろう。となると，委任状委員は現在の経営陣によって任命されるのであるから，後者が事実上，自分の後継者を指名することができる。所有権が十分に細分されているところでは，このようにして経営陣

22) 特定の株主だけを代表する私的な委任状の使用は，目的からすると，株主総会に出席して個人で投票するのと同じことである。

が，株式所有率が取るに足りないものであってさえ永代の存在になりうるのである[23]。支配のこの形態を，「経営者支配」と呼ぶのが適切と思われる。

　経営者によるこのような支配は，法的な根拠に基づくものでないとはいえ，株式が広範に分散しているところでは比較的に安定しているようにみえる。だがここでも，反乱の可能性は常にある。経営陣の外の集団が支配を狙うかもしれない。企業の経営に相当ひどい不手際があったとき，株主の保護委員会が結成されて多数の株主が結束し，現存の経営陣との戦いに成功すれば彼らを更迭するかもしれない。その結果生まれる経営陣も，そうした反乱によってのみいつか更迭されうる。チャイルズのレストラン・チェーンは，経営陣が顧客をベジタリアンに変えようとして手ひどい仕打ちを受けた。自ら圧倒的な不人気を招いたこの不手際のゆえに，少数持株集団の活動によって追放されてしまった[24]。同じようにヤングスタウン・シート・アンド・チューブ・カンパニーの経営陣は，サイラス・S. イートンを筆頭として新しく結成された少数持株利権の個人グループに道を譲るか，それとも何か別の対象に支持を求めるかという選択に直面したのだと思われる。このケースでは，せまってきた少数持株支配を避けようとする代償が，ベスレヘム・スチールとの合同によって独立性を完全に犠牲にすることだと，明らかに考えられたのだった[25]。

　この二つのケースでは，株主たちが決め手となる投票をするよう呼び出されて，活発な戦いが展開された。だがはるかに多いのは，支配が何年にもわたって平穏裡に行使され，株主たちに対立する2グループのどちらかを選ばせる機会を与えるような活発な抗争がないケースである。ほとんどの場合に株主がで

---

[23] 著者がこの状況に一番近い他の組織を見つけることができたのは，カトリック教会を支配する組織である。法王が枢機卿を選びこの枢機卿団体が次期の法王を選出する。

[24] *New York Times* および *Wall Street Journal* の1929年2月1日から3月8日までの記事，またそのうちでも2月16, 18, 20日に *New York Times* に載った広告と，3月8日の両紙に載った定例株主総会の模様を伝えた記事を参照。

[25] *New York Times* および *Wall Street Journal* の1930年3月10日から4月12日までの記事，および1930年4月から12月にかけて両紙に掲載されたその後の訴訟にかんする報告を参照。もしベスレヘムとの合同が成功していれば，現存経営陣は支配力を失うとしてもおそらく大多数が経営者としてとどまっていたはずである。Eaton が支配する下ではそういうことにはなりそうにない。このことはこのヤングスタウン訴訟でヤングスタウン・シート・アンド・チューブ社長の Campbell 氏の証言で明確に述べられている。

きることといえば，出された事項の無条件承認だけである。稀に支配を奪取しようという努力を支援する機会を持ちうるが，その立場は革命を支持する民衆と異なるものではない。どちらにしても，一般株主は事業の内容に力を及ぼすことはほとんどないし，投票権は与えられているとしてもそれが民主的な支配の手段として用いられるのは稀である。ここで所有権と支配の分離は，事実上完成の域に到達している。所有者の圧倒的部分はじっさいに事業にたいする支配力をほとんど持たず，他方，支配を行使している人々は総所有権の極小の割合しか保有していない。

ときに実質的な支配は，いかなる単一グループの手中にも見出せない。われわれはすでに，少数持株支配がいかに経営陣との協同に依拠しているか，経営者支配がいかに支配維持のためには強力な少数株主の要求にある程度応じなければならないか，などについてみてきた。二つあるいはそれ以上の強力な少数株主利権が，行動協定を結んで協同の支配を維持することはめずらしくない。また，一つの少数株主群と一つの経営陣とが結んで「真性の」支配を達成することもある。そういう場合，支配は分割されているともいえ，そしてそのような事態を「共 同 支 配（ジョイント・コントロール）」と解することができる[26]。

会社の支配はかように多様な形態で現れる。相対的に明確な規定性をまとい安定した法的位置に立った形態から，規定性が曖昧かつ危なっかしい事実追随型の形態まで，さまざまである。どの形態もそれ自身で完成したものでなく，また他の形態をまったく排除するものでもない。いくつかの基盤が互いを補強することもありうる。だからボルティモアのコンソリデイテッド・ガス・エレクトリックライト・アンド・パワー・カンパニーの支配経営者は，その支配が少数持株利権の台頭で危うくなってきたと判断したとき，議決権信託を設定してその脅威集団を解体に追い込み，もう大丈夫とみた年の末に不必要となった議決権信託の組織を解散して，元の経営者支配の基盤に復帰したのだった[27]。

---

26) 二人あるいはそれ以上の個人が事業にたいして権力（あるいは重要な力）を行使するにあたり，各人が他者の立場を配慮して行動を調整しなければならないときは常に，「共同支配」の事例であることをもちろん認めなければならない。ただしここでは，「共同支配」という言葉を，明確に異なった利権を持つ異なる集団が「支配」を分担している場合にだけ用いる。

27) *New York Times*, June 26, 1929 and *Moody's Public Utilities*, 1930.

このケースでは，事実上の支配集団がひとつの法律的手段を臨時に用いてその支配を強化したのである。他方でこの事実上の支配は，それがほとんど行使できないところまで制限されることもある。例えば企業が財務危機に陥ったときの債権者からの圧力は，社債保有者委員会が自分で支配することを考える地点にまで進ませることがありうる。

## アメリカ最大200社の所有権と支配の分離

　このような法律的支配および事実としての支配のさまざまな形態を念頭に，各々の形態がアメリカの最大会社のなかにどれくらいあるかを探る作業を行う。それを目的に200大企業を，支配の型と，所有権と支配との分離の程度に応じて分類してみた[28]。このような分類作業には不可避的に計量の大きな誤りが随伴する。多くの企業について十分な資料が得られず，せいぜい断片的な証拠から導いた推察をもとにせざるをえなかった。また他の多くの企業で，会社の経営陣自身が「支配者は誰か？」という問いに答えるのをためらうだろう状態だった。とくにこれは「共同支配」下にある会社でそうである。そうしたケースでは何人かの人や集団が，ある場合は株式のいくぶんかを持っているという理由で，あるいは彼らの個人的な影響力のゆえに，または彼らがある組織や利権と関係が深く，それらと会社が敵対すれば会社の安寧にとって危険だとか，友好が保たれると会社に有利だとかいう理由から，その地位についているということがある。こうした漠然たる要因の集積をもとに，彼らの地位がとりあえず保証されているのである。その要因のどれが最有力か——それがあったとして——を，外部者は推測できないし，内部者さえしばしば判断できない。

　支配の型による分類にあたって，明快で納得がいき信頼できる情報が得られたのは，全体の3分の2程度であった。持株会社方式，議決権信託，無議決権普通株のような法律的手段については，企業便覧で正確に報告がなされている。株式がどの取引所にも上場されず取り引きされていないときには，企業の株式のなかに大衆にまで及ぶ重要な利権が欠如しているものとして扱ってよいだろう。多くの企業で，筆頭の地位にある利権がどれだけの株式を保有しているか

---

[28] 第12表。

が正確に報告されている。とくに鉄道分野でそうである。

　信頼できる情報が直接得られなかったところでは，必然的に新聞報道に頼らざるをえなかった。それ自体必ずしも正確とはいえないが，他の証拠からの裏づけがあったときには有効である[29]。例えば1928年のニューヨーク・タイムズは[30]，U. S. ラバー・カンパニーがデュポン利権によって買収されたと報じた。これはその報道だけではまだ不満足な証拠でしかなかったが，やがて，デュポン利権がラバー・セキュリティーズ・コーポレーションを創設しそこで彼らのU. S. ラバー株を保有しているとの報道[31]，ラバー・カンパニー社長のポストに，E. I. デュポン・ド・ヌムール社取締役でまたその子会社の前社長・総括管理者だった[32] F. B. デイヴィス氏がついた事実によって，裏づけられた。これと別にウォールストリート・ニューズは，デュポン一族が1928年初めに議決権株の14％を持っていると報じ[33]，そして1929年1月の株主数が2万6057人であることもわかった[34]。だがラバー・セキュリティーズ社の総株式資本はU. S. ラバー・カンパニーの多数株所有支配に必要な額よりも少ないがゆえに，またラバー・カンパニーの株主名簿があまりに長大であるがゆえに，デュポン利権は発行株の多数部分は持っていないと推測された。そのことが，精度は劣るが他の証拠によっても支持された。こうした根拠から，U. S. ラバー・カンパニーは少数持株支配のグループにクラス分けされたのである。

　多くの株式会社で，それほど厳正なクラス分けができなかった。少数持株支

---

29) 情報源として新聞記事を使用することについては，一言注釈を加えておく必要がある。新聞の普通のニュース欄は通常，興味本位で読まれるが，金融欄のほうのある部分は，読者の一部の行動の基礎情報として読まれる可能性がはるかに大きい。したがって読者にとって正確性が重要である。いつも正確性を欠く金融報道はすぐそういうものだと察知され問題にされなくなる。ここでとくに取り上げるニューヨーク・タイムズとウォールストリート・ジャーナルの二紙はともに，正確性において卓越した評判を持ち，特定の記事に誤植や誤謬のゆえの不適切さがあるにせよ，一般的には信頼できるものである。この二紙の一連の記事に基づく情報は，金融情報にかんしては信頼して受け入れるに足るとする理由がある。

30) *New York Times*, April 16, 1928.
31) *Wall Street Journal*, Dec. 7, 1929.
32) *Standard Corporation Records*, April 24, 1920.
33) *Wall Street News*, April 19, 1928.
34) *Standard Corporation Records*, April 24, 1929.

第 5 章　支配の進化　　87

### 第 12 表　最大 200 社の支配

**A．私的な所有と支配――公開された重要な株式所有のないもの**

| 資産規模<br>(100万ドル) | 会　社　名 | 所　有　権 | 情報源※ | 株主数<br>(1929年12月) |
|---|---|---|---|---|
| | **鉄　道** | | | |
| 123.6 | Florida East Coast Ry. Co. | Mary L. (Flagler) Bingham 資産 | RSOR344 | 8 |
| 152.7 | Virginia Ry. Co. | H. H. Rogers 資産 | RSOR317 | 343 |
| 276.3 | | | | |
| | **公益事業** | | | |
| 108.7 | New England Gas & Electric Association [1] | Assoc. Gas & Elec. 役員 | SCR1930 | |
| 112.2 | Railway & Bus Assoc. [1] | Assoc. Gas & Elec. 利権 | MPU1930 | |
| 220.9 | | | | |
| | **産　業** | | | |
| 300.0(推) | Aluminum Co. of America | Mellon 利権による 80%以上の持株 | SCR1930 | |
| 761.0 | Ford Motor Co. | Ford 一族が全株式を保有 | NYT4/11/29 | |
| 430.9 | Gulf Oil Corp. of Pa. | Mellon 利権による 90%以上の持株 | WSJ7/8/29 | 12,368 [2] |
| 147.3 | Great Atlantic & Pac. Tea Co. of America | 非公開 | M. Ind. 1930 | |
| 222.0 | Jones & Laughlin Steel Corp. | Jones & Laughlin 一族と機関 | NYT9/17/29 | |
| 250.0(推) | Koppers Co. of Del. | Mellon 利権 | WSJ3/20/30 | |
| 90.3 | Minnesota & Ontario Paper Co. | Mr. Backus および機関 | M. Ind. 1930 | |
| 120.8 | National Steel Corp. | 非公開所有とみられる | | |
| 2,322.3 | | | | |
| 2,819.5 | | | | |

1) この 2 社は Assoc. Gas & Electric システムの構成会社であり，このシステムの子会社とみるべきであろう。
2) 1928 年 12 月。
※ 〔RSOR=*Regulation of Stock Ownership in Railroad*, SCR=*Standard Corporation Records*, MPU=*Moody's Public Utilities*, M. Ind.=*Moody's Industry*, NYT=*New York Times*, WSJ=*Wall Street Journal*, B 以下の表も同じ〕。

## B. 多数持株による支配——公開市場における所有

| 資産規模<br>(100万ドル) | 会 社 名 | 過半数株の所有者 | 情報源 | 株主数<br>(1929年12月) |
|---|---|---|---|---|
|  | **鉄 道** |  |  |  |
| <u>281.3</u> | Seaboard Air Line Ry. Co[1] | Dillon Read & Co. 主宰の<br>引受シンジケート | RSOR313 | 4,870[2] |
| 281.3 |  |  |  |  |
|  | **公益事業** |  |  |  |
| 212.1 | Duke Power Co. | Duke 信託および機関(信託<br>所有 43.7%) | MPU1930 |  |
| 158.7 | Eastern Gas & Fuel Assoc. | Koppers 利権 | WSJ29/10/2 |  |
| <u>109.0</u> | Lone Star Gas Corp. | Crawford 利権 | SCR 1930 | 7,000 |
| 479.8 |  |  |  |  |
|  | **産 業** |  |  |  |
| 97.0(推) | R. H. Macy & Co. | 大半が非公開保有と思われる | 個人情報 |  |
| 137.2 | Marshall Field & Co. | 大半が非公開保有と思われる | M. Ind. 1930 |  |
| 124.7 | Phelps Dodge Corp. | 大半が Dodge 一族と機関の<br>保有 | NYT 29/3/14 | 3,359 |
| 210.0(推) | Singer Manufacturing Co. | 大半が非公開保有と思われる |  |  |
| 115.9 | Crane Co. | 大半が非公開所有と思われる |  |  |
| <u>94.6</u> | Deere & Co. | 大半が非公開所有と思われる |  | 4,451[3] |
| 779.4 |  |  |  |  |
| 1,542.3 |  |  |  |  |

1) 引受シンジケートが大量に保有しているのは通常，投資大衆向けに販売する一時的な前段階である。
2) 1930年4月の数。
3) 1929年10月の数。

## C. 法律的手段による支配——株式の大半が公開市場で所有

| 資産規模<br>(100万ドル) | 会　社　名 | 法律的手段 | 情報源 | 株主数<br>(1929年12月) |
|---|---|---|---|---|
| | **鉄　道** | | | |
| 1,600.0(推) | Alleghany Corp.[1] | ピラミッド所有 | RSOR882 | 24,511 |
| | **公益事業** | | | |
| 184.4 | Amer. Commonwealth Power Corp.[1] | 無議決権普通株 | MPU1930 | 3,000[2] |
| 378.5 | Amer. Water Works & Elec. Co. | 議決権信託 | SCR 1931 | |
| 900.4 | Assoc. Gas & Elec. Co. | 無議決権普通株 | MPU1930 | 190,139[3] |
| 989.6 | Cities Service Co. | 複数議決権優先株 | MPU 1930 | 459,458 |
| 458.6 | Interborough Rapid Transit Co. | 議決権信託 | MPU1930 | |
| 95.6 | Philadelphia Rapid Transit Co. | ピラミッド所有 | MPU1930 | 50,000 |
| 346.0 | Tri-Utilities Corp. | ピラミッド所有 | MPU1930 | |
| 520.1 | United Light & Power Co.[1] | 無議決権普通株 | MPU1930 | |
| 1,125.8 | U.S. Elec. Power Corp.[1] | ピラミッドおよび特別株 | MPU1930 | 51,322 |
| 373.1 | Utilities Power & Lt. Corp. | 無議決権株および議決権信託 | MPU1930 | 36,236 |
| 5,372.1 | | | | |
| | **産　業** | | | |
| 265.4 | Amer. Tobacco Co. | 無議決権普通株 | M. Ind. 1930 | 30,459 |
| 98.0 | Cliffs Corp. | 議決権信託およびピラミッド | M. Ind. 1930 | |
| 117.7 | Crown Zellerbach Corp. | 議決権信託 | WSJ 29/10/19 | |
| 360.0 | General Theatre Equipment, Inc. | ピラミッド，無議決権普通株，議決権信託 | M. Ind. 1930 | |
| 217.6 | International Match Corp. | ピラミッド所有 | M. Ind. 1930 | |
| 150.3 | Liggett & Myers Tobacco Co. | 無議決権普通株 | M. Ind. 1930 | 12,219 |
| 163.1 | R. I. Raynolds Tobacco Co. | 無議決権普通株 | M. Ind. 1930 | |
| 486.4 | Shell Union Oil Corp. | ピラミッド所有 | M. Ind. 1930 | |
| 240.0(推) | Union Oil Associates | ピラミッド所有 | M. Ind. 1930 | 13,712[5] |
| 161.5 | United Stores Corp. | ピラミッド，特別株，議決権信託 | M. Ind. 1930 | |
| 2,260.0 | | | | |
| 9,232.1 | | | | |

1) 議決権株での少数持株支配。
2) 1930年6月。
3) 1930年6月のシステム全体。
4) 1930年2月〔表中に注4)の記載がない〕。
5) 親会社と子会社の合計。

90   第Ⅰ編　変転する財産

**D. 少数持株支配──持分の数値は低いが重要な持株のブロック，他の株式は広範に分散**　〈その1〉

| 資産規模<br>(100万ドル) | 会　社　名 | 少数持株利権 | 持株<br>割合 | 情報源 | 究極的<br>支配 | 株主数<br>(1929年12月) |
|---|---|---|---|---|---|---|
| | **鉄　道** | | | | | |
| 840.0(推) | Atlantic Coast Line Rd. Co. | Atlantic Coast Line Co.<br>Associated interests | 27.10%<br>11.79 | RSOR283 | ピラミッド | 12,850 1) |
| 97.4 | Chicago & Eastern Illinois Ry. Co. | Thomas F. Ryan 資産 | 38.13 | RSOR255 | 少数持株 | 2,071 |
| 149.2 | Chicago Great Western Rd. Co. | Patrick H. Joyce | 23.4 | RSOR452 | 少数持株 | 6,409 2) |
| 189.3 | Dela. Lackawanna & Western Rd. Co. | Baker, Vanderbilt 一族 | 17.85 | RSOR134 | 少数持株 | 6,943 |
| 560.9 | Erie Railroad Co. | Alleghany Corp.(および子会社) | 30.41 | RSOR878 | ピラミッド | 6,538 |
| 680.9 | Illinois Central Rd. Co. | Union Pa. Rd. Co.(および子会社) | 28.97 | RSOR353 | 経営者 | 20,152 |
| 146.1 | Kansas City Southern Ry. Co. | Penn. Rd. Co.(および子会社) | 20.8 | MRR1930 | ピラミッド | 3,746 |
| 350.0(推) | N.Y. Chicago & St. Louis Rd. Co. | Alleghany Corp. | 49.5 | RSOR878 | ピラミッド | 7,787 |
| 497.0 | Norfolk & Western Ry. Co. | Penn. Rd. Co.(および子会社) | 43.30 | RSOR170 | 経営者 | 12,068 |
| 139.4 | St. Louis Southwestern Ry. Co. | N.Y. Investors, Inc & Assoc. | 36.03 | RSOR364 | ピラミッド | 1,265 |
| 334.6 | Wabash Ry. Co. | Penn. Rd. Co.(および子会社) | 48.93 | RSOR164 | 経営者 | 4,719 |
| 168.2 | Western Maryland Ry. Co. | B. & O. Rd. Co. | 43.10 | RSOR211 | 経営者 | 2,653 2) |
| 156.0(推) | Western Pacific Rd. Corp. | Arthur Curtis James(持株会社を通じて) | 38.61 | RSOR482 | 少数持株 | 5,500 3) |
| 4,565.4 | | | | | | |
| | **公益事業** | | | | | |
| 431.0 | American Gas & Elec. Co. | Elec. Bond & Share Co. | 16.2% | SCR 1931 | 経営者 | 13,064 |
| 754.1 | Amer. Power & Light Co. | Elec. Bond & Share Co. | 20.2 | SCR 1931 | 経営者 | |
| 123.7 | Bklyn. Union Gas Co. | Koppers-Mellon Interests | 26.3 | NYT3/16/30 | 少数持株 | 4,859 |
| 529.2 | Columbia Gas & Elec. Corp. | United Corp. | 20.8 | MPU1930 | 経営者 | 46,100 |
| 1,133.7 | Commonwealth & Southern Corp. | Am. Super-power Corp.<br>United Corp. | 12.7<br>5.1 | SCR 1931<br>MPU 1930 | 経営者 | 107,000 4) |
| 440.0(推) | Commonwealth Edison Co. | United Gas Improvement Co.<br>子会社の財務勘定<br>Insull Utility Invest. Inc.<br>Corp. Securities of Chi. | 2.7<br>5.8<br>12.6<br>4.3 | MPU 1930<br>SCR 1930<br>SCR 1931<br>SCR 1931 | ピラミッド | |
| 296.1 | Detroit Edison Co. | No. American Co. | 20.6 | SCR 1931 | ピラミッド | 13,726 |
| 560.0(推) | Elec. Power & Light Corp. | Elec. Bond & Share Co. | 23.4 | SCR 1931 | 経営者 | |

〈その2〉

| 資産規模<br>(100万ドル) | 会社名 | 少数持株利権 | 持株割合 | 情報源 | 究極的支配 | 株主数<br>(1929年12月) |
|---|---|---|---|---|---|---|
| 1,120.0(推) | Middle West Utilities Co. | Insull Utility Investments, Inc. | 28.4 | SCR 1931 | ピラミッド | 296,389 1) |
| 500.0(推) | Nat'l Power & Light Co. | Elec. Bond & Share Co. | 45.7 | SCR 1931 | 経営者 | |
| 756.9 | Niagara Hudson Power Corp. | United Corp. | 22.1 | NYT31/3/3 | 経営者 | 73,702 5) |
| 810.3 | North American Co. | Central States Elec. Corp. および子会社・系列会社 | 24.4 | MPU1930 | ピラミッド | 47,528 6) |
| 428.2 | Pacific Gas & Elec. Co. | No. American Co. | 20.0 | SCR 1931 | ピラミッド | 61,131 |
| 203.4 | Pacific Lighting Corp. | | | 私的情報 | 少数持株 | 7,765 |
| 192.1 | Peoples Gas Light & Coke Co. | Insull Utility Invest. Inc.<br>Corp. Securities Co. of Chi. | 23.0<br>5.2 | SCR1931 | ピラミッド | 7,298 |
| 190.0 | Public Service Co. of Northern Illinois | Middle West Utilities Co.<br>(子会社を通じて)<br>Insull Utility Invest. Inc.<br>Corp. Securities Co. of Chi. | 31.4以上<br><br>8.1<br>1.7 | SCR1931<br><br>SCR1931<br>SCR1931 | ピラミッド | 4,821 7) |
| 802.0 | United Gas Improvement Co. | United Corp. | 27.0 | MPU1930 | 経営者 | 90,054 2) |
| | **産　業** | | | | | |
| 167.2 | Atlantic Refining Co. | Blair & Co. および系列会社 | 約20 | NYT28/8/4 | 少数持株 | 19,000 |
| 94.0 | Consolidated Coal Co. | John D. Rockefeller, Jr. | 35.8 | NYT28/5/25 | 少数持株 | |
| 497.3 | E. I. duPont de Nemours & Co. | du Pont 一族 | 30.0 | M. Ind. '28 | 少数持株 | 36,238 |
| 1,400(推) | General Motors Corp. | E. I. duPont de Nemours & Co.(および子会社) | 32.6 | M. Ind. '30 | ピラミッド | 189,600 |
| 243.2 | Goodyear Tire & Rubber Co. | Cyrus S. Eaton & Assoc. | 27.5 | Keane's 1930<br>SCR1931 | ピラミッド | 46,025 |
| 103.2 | Inland Steel Co. | Cyrus S. Eaton & Assoc. | 26.1 | SCR1931 | 少数持株 | |
| 124.2 | Loew's Inc. | Gen'l Theatre(子会社を通じて) | 48.5 | WSJ30/2/21 | ピラミッド | |
| 209.8 | Prairie Oil & Gas Co. | Petroleum Corp. of America | 23.8 | SCR1931 | ピラミッド | |
| 850.0(推) | Standard Oil Co. of Indiana | Rockefeller 利権 | 14.5 | WSJ29/1/15 | | 81,022 |
| 1,767.3 | Standard Oil Co. of N.J. | Rockefeller 利権 | 約20 | | 少数持株 | 104,000 8) |
| 708.4 | Standard Oil Co. of N.Y. | Rockefeller 利権 | 約20 | NYT29/4/26 | 少数持株 | 55,804 |
| 251.4 | Tide Water Associated Oil Co. | 持株会社を通じての企業経営陣 | 約20 | NYT30/6/3 | 少数持株 | 32,286 |
| 307.8 | U.S. Rubber Co. | du Pont 一族 | | | 少数持株 | 25,486 |
| 205.7 | Vacuum Oil Co. | Rockefeller 利権 | 約20.0 | NYT29/4/26 | 少数持株 | |

1) システム全体。　2) 1930年2月。　3) 1928年12月。　4) 1930年5月の概数。　5) 1930年3月。
6) 1930年4月。　7) 1930年11月における優先株のみ。　8) 1930年5月。

## E. 二つ以上の少数持株利権による共同支配——他方での株式の広範な分散

| 資産規模<br>(100万ドル) | 会社名 | 少数持株利権 | 持株<br>割合 | 情報源 | 究極的<br>支配 | 株主数<br>(1929年12月) |
|---|---|---|---|---|---|---|
| | **鉄　道** | | | | | |
| 256.4 | Boston & Maine Rd. Co. | N.Y., N.H. & H.R.R. Co.(持株会社を通じて) | 29.20% | | 経営者 | |
| | | Pennroad Corp. | 16.00 | RSOR90 | 経営者 | 14,349 |
| 226.0 | Lehigh Valley Rd. Co. | Pennsylvania Rd. Co. (子会社を通じて) | 30.19 | RSOR268 | 経営者 | 6,338 |
| | | Wabash Ry. Co. | 19.10 | | 経営者 | |
| 565.0(推) | Reading Co. | Balt. & Ohio Rd. Co. | 34.26 | RSOR194 | 経営者 | 8,576 |
| | | N.Y. Central Rd. Co. (および子会社) | 25.01 | | 経営者 | |
| | **公益事業** | | | | | |
| 199.5 | Cen. Pub. Ser. Co. | Public Utility Holding Co. | 25以上 | MPU1930 | ピラミッド | 36,8651) |
| 298.1 | Midland United Co. | A. E. Pierce & Co. | 大利権 | | 少数持株 | |
| | | Commonwealth Edison Co. | | | | |
| | | Peoples Gas Light & Coke Co. | 40以上 | MPU1930 | ピラミッド | 84,8352) |
| | | Public Service Co. of Nor. Ill. | | | | |
| | | Middle West Utilities Co. | | | | |
| | | United Gas Improvement Co. | 16.7 | MPU1930 | 経営者 | |
| 308.4 | N. Amer. Light & Power Co. | N. American Co. (議決権信託で) | 50以上 | SCR1931 | ピラミッド | 19,770 |
| | | Middle West Utilities Co. (議決権信託で) | | | | |
| 634.6 | Pub. Serv. Corp. of N. Jersey | United Gas Improvement Co. | 27.1 | MPU1930 | 経営者 | 83,720 |
| | | United Corp. | 14.3 | | 経営者 | |
| | **産　業** | | | | | |
| 280.0(推) | Radio Corp. of America | Gen. Electric Co. | 32.1 | M. Ind. 1930 | 経営者 | 60,0003) |
| | | Westinghouse Elec. | 19.2 | | 経営者 | |

1) 子会社分のみ。　2) 子会社を含む。　3) 概数。

## F. 少数持株と経営者による共同支配——他方での株式の広範な分散

| 資産規模<br>(100万ドル) | 会社名 | 少数持株利権 | 持株<br>割合 | 情報源 | 究極的<br>支配 | 株主数<br>(1929年12月) |
|---|---|---|---|---|---|---|
| | **鉄　道** | | | | | |
| 477.4 | Chic., Rock Island & Pac. Ry. Co. | St. Louis-San Francisco Ry. Co. | 14.22% | RSOR495 | 経営者 | 15,865 |
| 560.8 | N.Y., N.H. & H. Rd. Co. | Penn. Rd. Co. & Penn-road Corp. | 13.24 | RSOR110 | 経営者 | 29,965 |
| 1,038.2 | | | | | | |
| | **産　業** | | | | | |
| 140.5 | Prairie Pipe Line Co. | Petroleum Corp. of America | 13.7 | SCR 1931 | 経営者<br>ピラミッド | 9,179 |

第5章 支配の進化   93

## G. 経営者支配——単独の有力株主利権の存在なし

〈その1〉

| 資産規模<br>(100万ドル) | 会 社 名 | 筆頭および<br>第2位の大株主 | 筆頭株<br>主持分 | 2位株<br>主持分 | 20位株<br>主持分 | 20大株<br>主持分 | 情報源 | 株主数<br>(1929年12月) |
|---|---|---|---|---|---|---|---|---|
| | 鉄　道 | | | | | | | |
| 1,135.4 | Atchison, Topeka & Santa Fe Ry. Co. | Mills 一族<br>Rockefeller 基金 | 0.76% | 0.74% | 0.18% | 6.1% | RSOR443 | 59,042 |
| 1,040.8 | Baltimore & Ohio Rd. Co. | Union Pacific Rd. Co.<br>Alien 財産管理人 | 2.56 | 1.02 | 0.12 | 8.7 | RSOR183 | 39,627 |
| 776.1 | Chicago, Milwaukee, St. Paul & Pac. Rd. Co. | 鉄道総裁1)<br>Edw. S. Harkness | 1.36 | 1.29 | 0.16 | 11.9 | RSOR399 | 12,0452) |
| 641.0 | Chicago & North Western Ry. Co. | Vanderbilt 一族<br>Union Pac. Co.<br>(子会社を通じて) | 3.45 | 2.45 | 0.17 | 14.7 | RSOR375 | 15,706 |
| 269.4 | Delaware & Hudson Co. | B. P. Trenkman<br>Home Insurance Co. | 1.51 | 0.97 | 0.38 | 12.4 | RSOR95 | 9,003 |
| 812.4 | Great Northern Ry. Co. | Arthur Curtis James<br>Geo. F. Baker Jr. | 2.12 | 0.94 | 0.20 | 9.5 | RSOR384 | 42,085 |
| 314.0 | Missouri-Kansas-Texas Rd. Co. | Partner, Lodenberg, Thalman & Co.<br>会社更生委員長 | 2.23 | 1.40 | 0.23 | 11.2 | RSOR419 | 12,693 |
| 2,250.0 | New York Central Rd. Co. | Union Pacific Rd. Co.<br>(子会社を通じて)<br>Vanderbilt 一族 | 5.35 | 4.78 | 0.13 | 19.3 | RSOR123 | 54,1223) |
| 813.9 | Northern Pacific Ry. Co. | Arthur Curtis James<br>Emma B. Kennedy | 2.13 | 1.20 | 0.20 | 10.8 | RSOR391 | 38,339 |
| 2,600.0(推) | Pennsylvania Rd. Co. | Penn. Rd. Employ-ees' Provident & Loan Assn.,<br>William M. Potts | 0.34 | 0.20 | 0.07 | 2.7 | RSOR143 | 196,119 |
| 439.9 | St. Louis-San Francisco Ry. Co. | Speyer & Co.勘定<br>J. W. Davis & Co. 勘定 | 4.01 | 3.98 | 0.21 | 20.0 | RSOR487 | 15,865 |
| 2,156.7 | Southern Pacific Co. | Dodge 一族<br>(持株会社方式で)<br>Arthur Curtis James | 1.65 | 1.37 | 0.13 | 12.1 | RSOR501 | 55,788 |
| 655.5 | Southern Ry. Co. | Milbank 利権<br>Eli B. Springs | 1.92 | 1.83 | 0.40 | 10.0 | RSOR321 | 20,262 |
| 1,121.1 | Union Pacific Rd. Co. | N. V. M. tot B. van het A. F.4)<br>Harriman 一族 | 2.27 | 1.85 | 0.24 | 10.4 | RSOR425 | 49,387 |
| 15,026.2 | | | | | | | | |
| | 公益事業 | | | | | | | |
| 4,228.4 | American Telephone & Telegraph Co. | Sun Life Assurance Co. Geo. F. Baker | 0.60 | 0.47 | 0.09 | 4.0 | WSJ30/4/11 | 469,801 |
| 109.7 | Boston Elevated Ry. Co. | Curtis & Sanger<br>(ブローカー)<br>R. L. Day & Co. | 1.66 | 1.55 | 0.30以下 | | WSJ30/4/5 | 16,419 |

〈その2〉

| 資産規模<br>(100万ドル) | 会社名 | 筆頭および<br>第2位の大株主 | 筆頭株<br>主持分 | 2位株<br>主持分 | 20位株<br>主持分 | 20大株<br>主持分 | 情報源 | 株主数<br>(1929年12月) |
|---|---|---|---|---|---|---|---|---|
| 1,171.5 | Consolidated Gas<br>Co. of N.Y. | Sun Life Assurance<br>Co.<br>United Corp. | 2.11 | 1.50 | 40以下 | | NYT30/3/16<br>MPU1930 | 93,515 |
| 756.0 5) | Electric Bond &<br>Share Co. | Elec. Bond & Share<br>Sec., Inc.<br>従業員株式購入<br>プラン | 4 | 2以下 | | | SCR1931 | 95,000 |
| 332.2 | Western Union<br>Tel. Co. | Morgan, Turner &<br>Co.<br>Johnson & Co. | 2.74 | 1.9 | | | NYT31/4/11 | 23,738 |
| 6,597.8 | | | | | | | | |
| | 産 業 | | | | | | | |
| 515.7 | General Electric Co. | Elec. Securities Corp.<br>(従業員投資会社<br>およびGen. Elec.<br>Co. 子会社) | 約1.5 | | | | WSJ28/3/19 | 60,374 |
| 2,286.1 | United States Steel<br>Corp. | George F. Baker | 0.74 | | 0.09 | 5.1 | NYT30/4/22 | 182,585 |
| 2,801.8 | | | | | | | | |

1) 議決権信託の期限切れで最大株主から同鉄道総裁の手に移ったものと思われる。
2) 1930年4月。
3) 1930年2月。
4) N. V. Maatschappij tot Beheer van het Administratiekantoor Fondsen, Amsterdam, Holland.
5) アメリカと外国にある発電所のみの資産。

第 5 章　支配の進化　95

## H. 特殊な状況下にある会社

| 資産規模<br>(100万ドル) | 会　社　名 | 状　　況 | 究極的<br>支配 | 情報源 | 株主数<br>(1929年12月) |
|---|---|---|---|---|---|
| | **鉄　　道** | | | | |
| 161.8 | Chicago & Alton Rd. Co. | 1929年末の時点では精算人の手にあった。その後、抵当権購入によってボルティモア・オハイオ鉄道が財産を取得。 | | RSOR215 | 2,265 |
| 104.1<br>265.9 | Wheeling & Lake Erie Ry. Co. | 議決権の53.34%に相当する株式が，New York, Chicago & St. Louis Rd. CoとAlleghany Corp.との共同利権のため限定支配力を付された受託者の保有となっている。 | ピラミッド | RSOR259 | 389 |
| | **公益事業** | | | | |
| 108.2 | Chicago Rys. Co. | 精算人の手 | | MPU1930 | |

## I. 他企業による共同支配——実質的に非公開

| 資産規模<br>(100万ドル) | 会　社　名 | 支配会社名 | 持株<br>割合 | 究極的<br>支配 | 情報源 | 株主数<br>(1929年12月) |
|---|---|---|---|---|---|---|
| | **鉄　　道** | | | | | |
| 645.4 | Chicago, Burlington & Quincy Rd. Co. | Great Northern Ry. Co.<br>Northern Pacific Ry. Co.<br>(両社とも受託者による持株) | 48.5%<br>48.5 | 経営者<br>経営者 | RSOR406 | 425 |
| 96.8 | Chicago Union Station Co. | Chicago, Burlingtron & Quincy Rd. Co.<br>Chicago, Milwaukee, St. Paul & Pacific. Rd. Co.<br>Pennsylvania Rd. Co.<br>(および子会社) | 25<br>25<br>50 | 経営者<br>経営者<br>経営者 | MRR1930 | 4 |
| 223.4 | Denver & Rio Grande Western Rd. Co. | Alleghany Corp.<br>(子会社を通じて)<br>Western Pacific Rd. Co. | 50<br>50 | ピラミッド<br>少数持株 | RSOR476 | 1,556[1] |
| 140.2 | Spokane, Portland & Seatle Ry. Co. | Great Northern Ry. Co.<br>Northern Pacific Ry. Co. | 50<br>50 | 経営者<br>経営者 | RSOR394 | 12 |
| 1,105.8 | | | | | | |
| | **産　　業** | | | | | |
| 111.9 | Sinclair Crude Oil Purchasing Co. | Sinclair Consolidated Oil Corp.<br>Standard Oil Co. of Indiana | 50<br>50 | 経営者<br>少数持株 | M. Ind. 1930 | |

1) 2社以外の全株主は無議決権優先株の所有者である。

**J. おそらくは少数持株支配——株式は広範に分散，経営者支配の可能性あり**

| 資産規模<br>(100万ドル) | 会　社　名 | 株主数<br>(1929年12月) |
|---|---|---|
| | 鉄　道 | |
| | な　し | |
| | 公益事業 | |
| 95.9 | Associated Telephone Util. Co. | 8,278 |
| 131.7 | Hudson Manhattan Rd. Co. | 3,522 1) |
| 400.0(推) | Stone & Webster, Inc. | 15,000 2) |
| 110.0(推) | Third Avenue Ry. Co. | 1,170 3) |
| 96.7 | United Rys. & Elec. Co. of Balt. | 1,955 |
| 834.3 | | |
| | 産　業 | |
| 277.2 | Allied Chemical & Dye Corp. | |
| 104.3 | American Rolling Mill Co. | 10,113 |
| 241.0 | Amer. Smelting & Ref. Co. | 20,110 |
| 198.0 | Continental Oil Co. | |
| 126.7 | Corn Products Refining Co. | 10,000 4) |
| 124.3 | Crucible Steel Co. of America | 7,657 |
| 101.3 | Cuban Cane Products Co. | |
| 300.0(推) | Glen Alden Coal Co. | |
| 100.0(推) | International Mercantile Mar. Co. | |
| 111.3 | International Shoe Co. | 6,426 |
| 109.5 | S. S. Kresge Co. | 12,050 |
| 116.1 | Long-Bell Lumber Corp. | 3,500 4) |
| 108.4 | National Lead Co. | 9,786 |
| 110.6 | Ohio Oil Co. | 7,796 5) |
| 236.7 | Paramount Publix Corp. | 13,589 |
| 145.3 | Phillips Petroleum Co. | 12,025 |
| 171.5 | Pittsburgh Coal Co. | 3,872 |
| 101.6 | Pittsburgh Plate Glass Co. | 4,000 4) |
| 109.4 | Procter & Gamble Co. | 14,581 |
| 331.7 | Republic Iron & Steel Corp. | |
| 604.7 | Standard Oil Co. of Calif. | 55,077 6) |
| 124.6 | U.S. Realty & Improvement Co. | |
| 167.1 | Warner Bros. Pictures, Inc. | 11,157 |
| 128.3 | Wheeling Steel Corp. | 3,630 |
| 4,249.6 | | |

1) 1930年3月。 2) これ以上と思われる。 3) 1929年10月。 4) 概数。
5) 1930年2月。 6) 1928年12月。

**K.** おそらくは経営者支配──株式は広範に分散，少数持株支配の可能性あり 〈その1〉

| 資産規模<br>(100万ドル) | 会　社　名 | 株主数<br>(1929年12月) |
|---|---|---|
| | 鉄　道 | |
| | な　し | |
| | 公益事業 | |
| 288.5 | Bklyn. Man. Transit Co. | 10,700 [1] |
| 135.9 | Consol. Gas, Elec. Lt., & Pr. Co. of Baltimore | |
| 156.3 | Edison Elec. Ill. Co. of Boston | 14,878 |
| 521.2 | Inter. Tel. & Tel. Corp. | 53,594 |
| 340.6 | So. Calif. Edison Co., Ltd. | 119,418 |
| 1,442.5 | | |
| | 産　業 | |
| 191.3 | American Can Co. | |
| 119.5 | American Car & Foundry Co. | 17,152 [2] |
| 106.2 | American Locomotive Co. | 21,564 |
| 199.4 | American Radiator & St. San. Corp. | 20,404 |
| 157.1 | American Sugar Refining Co. | 20,690 |
| 113.9 | American Woolen Co. | |
| 680.6 | Anaconda Copper Mining Co. | 95,050 |
| 452.3 | Armour & Co. (Ill.) | 80,000 [3] |
| 98.8 | Baldwin Locomotive Works | 8,100 [4] |
| 801.6 | Bethlehem Steel Corp. | 75,876 |
| 174.0 | Borden Co. | 17,167 |
| 209.7 | Chrysler Corp. | 36,000 [5] |
| 158.0 | Drug, Inc. | 29,124 [6] |
| 163.4 | Eastman Kodak Co. | 32,807 |
| 161.6 | Firestone Tire & Rubber Co. | |
| 163.6 | B. F. Goodrich Co. | 15,000 [5] |
| 384.0 | International Harvester Co. | 40,200 [5] |
| 686.5 | International Paper & Pr. Co. | 37,849 |
| 337.8 | Kennecott Copper Corp. | 31,009 [7] |
| 110.0 | P. Lorillard Co. | 10,000 [5] |
| 187.5 | Montgomery Ward & Co. | 45,852 |
| 133.2 | National Biscuit Co. | 19,881 |
| 224.5 | National Dairy Products Corp. | 31,074 |
| 129.0 | Phila. & Reading Coal & Iron Corp. | |
| 315.5 | Pullman, Inc. | 30,162 [8] |
| 215.4 | Pure Oil Co. | 37,000 [9] |
| 131.9 | Richfield Oil Co. of California | 17,256 [10] |
| 251.8 | Sears, Roebuck & Co. | 27,700 [11] |
| 400.6 | Sinclair Consolidated Oil Corp. | 27,601 [11] |
| 134.2 | Studebaker Corp. | 26,451 |

〈その2〉

| 資産規模<br>(100万ドル) | 会　社　名 | 株主数<br>(1929年12月) |
|---|---|---|
| 351.2 | Swift & Co. | 47,000 |
| 609.8 | Texas Corp. | 65,898 |
| 306.6 | Union Carbide & Carbon Corp. | 28,780 |
| 226.0 | United Fruit Co. | 27,960 |
| 94.1 | United Shoe Machinery Corp. | 18,051 [12] |
| 253.9 | Westinghouse Elec. & Mfg. Co. | 44,004 |
| 98.0 | Wilson & Co. | 9,800 [14] |
| 165.4 | F. W. Woolworth Co. | 19,416 [13] |
| 235.7 | Youngstown Sheet & Tube Co. | |
| 9,133.6 | | |

1) 1928年12月。　2) 1929年7月。　3) 1930年10月。　4) 1930年5月。　5) 概数。
6) 1927年1月。　7) 1927年12月。　8) 1930年4月。　9) 1929年3月。
10) 1930年1月。　11) 1928年12月。　12) 1926年3月。　13) 1929年10月。　14) 概数。

第13表　200大会社の究極的支配形態別の集計

| | 支配形態 | 会社数 | | | | 産業集団内の企業の比率 | | | |
|---|---|---|---|---|---|---|---|---|---|
| | | 鉄道 | 公益事業 | 産業 | 計 | 鉄道 | 公益事業 | 産業 | 計 |
| I | 私的所有支配 | 2 | 2 | 8 | 12 | 5% | 4% | 8% | 6% |
| II | 多数持株支配 | 1 | 3 | 6 | 10 | 2 | 6 | 6 | 5 |
| III | 少数持株支配 | 4½ | 7½ | 34½ | 46½ | 11 | 14 | 32 | 23 |
| IV | 法律的手段による支配 | 7½ | 19 | 14½ | 41 | 18 | 36 | 14 | 21 |
| V | 経営者支配 | 26 | 19½ | 43 | 88½ | 62 | 38 | 40 | 44 |
| | 清算中 | 1 | 1 | | 2 | 2 | 2 | | 1 |
| | 計 | 42 | 52 | 106 | 200 | 100 | 100 | 100 | 100 |
| IV・V | 一部持株を含んだ経営者または法的手段による支配 | 33½ | 38½ | 57½ | 129½ | 80 | 74 | 54 | 65 |

| | | 会社の富(100万ドル) | | | | 産業集団内の富の比率 | | | |
|---|---|---|---|---|---|---|---|---|---|
| | | 鉄道 | 公益事業 | 産業 | 計 | 鉄道 | 公益事業 | 産業 | 計 |
| I | 私的所有支配 | 276 | 221 | 2,869 | 3,366 | 1% | 1% | 9% | 4% |
| II | 多数持株支配 | 283 | 480 | 779 | 1,542 | 1 | 2 | 3 | 2 |
| III | 少数持株支配 | 704 | 1,261 | 9,258 | 11,223 | 3 | 5 | 31 | 14 |
| IV | 法律的手段による支配 | 3,852 | 9,406 | 4,307 | 17,565 | 15 | 37 | 14 | 22 |
| V | 経営者支配 | 19,675 | 14,291 | 13,142 | 47,108 | 79 | 55 | 43 | 58 |
| | 清算中 | 161 | 108 | | 269 | 1 | | | |
| | 計 | 24,951 | 25,767 | 30,355 | 81,073 | 100 | 100 | 100 | 100 |
| IV・V | 一部持株を含んだ経営者または法的手段による支配 | 23,527 | 23,697 | 17,449 | 64,673 | 94 | 92 | 57 | 80 |

第14表　200大会社の直接的支配形態別の集計

(資産は100万ドル)

| | 支配形態 | 鉄道 | | 公益事業 | | 産業 | | 計 | | 割合 | |
|---|---|---|---|---|---|---|---|---|---|---|---|
| | | 会社数 | 資産 | 会社数 | 資産 | 会社数 | 資産 | 会社数 | 資産 | 会社数 | 資産 |
| I | 私的所有支配 | 2 | 276 | 2 | 221 | 8 | 2,870 | 12 | 3,367 | 6% | 4% |
| II | 多数持株支配 | 1 | 283 | 3 | 480 | 6 | 779 | 10 | 1,542 | 5 | 2 |
| III | 少数持株支配 | | | | | | | | | | |
| | (a)明確なもの | 13 | 4,309 | 17 | 9,271 | 14 | 6,929 | 44 | 20,509 | 22 | 26 |
| | (b)そう考えられるもの | | | 5 | 834 | 24 | 4,250 | 29 | 5,084 | 14½ | 6 |
| IV | 法律的手段による支配 | 1 | 1,600 | 10 | 5,372 | 10 | 2,260 | 21 | 9,232 | 10½ | 12 |
| V | 経営者支配 | | | | | | | | | | |
| | (a)明確なもの | 14 | 15,026 | 5 | 6,598 | 2 | 2,802 | 21 | 24,426 | 10½ | 30 |
| | (b)そう考えられるもの | | | 5 | 1,442 | 39 | 9,934 | 44 | 11,376 | 22 | 14 |
| | 共同支配 | 9 | 3,191 | 4 | 1,441 | 3 | 532 | 16 | 5,164 | 8 | 6 |
| | 特殊な状況下にあるもの | 2 | 266 | 1 | 108 | | | 3 | 374 | 1½ | |
| | 計 | 42 | 24,951 | 52 | 25,767 | 106 | 30,356 | 200 | 81,074 | 100 | 100 |

配と経営者支配の境界線はとくに曖昧で，多くの企業に分類上の疑問符をつけざるをえなかった。アライド・ケミカル・アンド・ダイ・コーポレーションの場合でいうと，スタンダード・コーポレーション・レコードが報ずるところ，同社発行株の 18.1％を保有するため 1927 年にベルギーのソルヴェイ・アンド・カンパニーがソルヴェイ・アメリカン・インヴェストメント・コーポレーションを設立した[35]。そしてその後，その保有に変化が生じたとする報告はない。1929 年にはアライド・ケミカルの 10 人の取締役中 3 人が，ソルヴェイ・アメリカンの取締役を兼任していた。アライド・ケミカル株が広範に分散していることは知られている。最近ニューヨーク・タイムズは，ソルヴェイ・アメリカンがアライド・ケミカルの最大株主であると報道した[36]。こうした情報に基づいて，アライド・ケミカルは疑いは残るがおそらく少数持株支配だろうと分類したのである。

　疑わしいグループに入れた別のケースのうちには，情報がわずかしか得られず，企業が「街頭情報」をもとに分類されたものもある。したがってこのグループにかんして犯す間違いは少なくないと思われる。総じて，情報は鉄道と公益事業についてもっとも整備されたものが得られた。この分野は規制によって財務のより大きな公開が求められ，かつ重要な政府報告も作成されているからである。鉄道にかんする系統だった情報は，すでに言及してきた鉄道所有権のきわめてすぐれた研究――州際・国際取引にかんする下院委員会の特別顧問ワルター・M. W. スプローン博士の指揮下でなされた研究[37]――からも得られた。公益事業にかんしての情報は，一会社が他会社の株式を持った場合を除いて，鉄道ほどではない。産　業(インダストリー)は，これらに較べて疑いなく正確な分類が難しい[38]。

---

35) *Ibid.*, Sept. 18, 1929.
36) *New York Times*, April 24, 1931.
37) *Regulation of Stock Ownership in Railroads.*
38) スプローン博士の報告は鉄道にかんする精度の高いデータを与えただけでなく，間接的に他の二分野で得られたデータを支持する役をも果たした。博士の報告が公刊される以前に，筆者は 1927 年の最大 200 社についての情報を集め，それを支配形態別に分類していた。鉄道にかんするかぎり，筆者の結果とスプローン博士が提供したデータとの比較では，不適切な分類のケースがほとんどなかったことを示した。それは鉄道だけに適用したこととはいえ，著者が分類にあたって頼ったデータが本質的に満足できるものだったことを示

分類を進める過程では，ある種の裁量による線引きをしなければならなかった。個人間の緊密な一集団が80％を所有しているとみえる株式会社は私的所有として分類され，株式の公衆への分散が20％以上ではあるが50％には達していない株式会社は多数持株支配として分類された。所有権と支配とのひじょうに大きな分離がみられる場合にのみ，その企業が法律的手段によって支配されていると見なされた。ピラミッド化がまだ緩い場合や無議決権優先株の発行は，分類の要因から外された。少数持株支配と経営者支配の境界線は，おおまかに20％——いくつかの特殊な事例では20％以下の保有でも支配力を持つと考えられたが——とされた。経営者支配として分類された企業の場合，そのどれひとつにも議決権株の5％以上を持つと知られる大持株利権がなかったことが，特記される。20％と5％との間にある企業のケースは，通常，少数持株主と経営者との共同支配として分類された。おそらくそうでない企業で，このカテゴリーに帰属させるべきものもあるだろう。

　一つの株式会社にたいする直接の支配が別の会社による少数持株支配として行われている事例は，たくさんみられた[39]。支配をするほうの株式会社が経営者支配であるときには，支配されているほうの会社は直接には少数持株支配と分類されたが，しかしその究極の支配は経営者なのである。もし支配するほうの会社が経営者以外によって支配されているなら，支配されているほうの会社は直接には少数持株支配であるが，究極にはピラミッド化された支配構造のなかに入っている。同じく共同支配の場合も，究極的な支配ということでは，その企業それぞれがあたかも半分ずつの大きさの二企業であって支配グループのどちらか一方が一つの企業を支配するように処理された。だから少数持株者と経営者とによって共同支配されている企業は，究極的支配では少数持株支配の一企業と経営者支配の一企業という，半分ずつの規模の二企業とされることになる。五つの企業だけが，こんな具合に再分割されなければならなかった。

　資料の入手源とそれの扱いにかんする以上の条件をもとに，1930年初めの

---

　　唆している。
39) 他の会社の多数持株あるいは法律的手段による支配下にある株式会社は，その支配会社の子会社として分類し，ピラミッドの重要な要素がそこに入っている場合を除いて，無視した。

200大企業を構成する42鉄道会社，52公益事業会社，106産業会社の支配形態を検証してみよう[40]。これら200大企業の富を総合すると，非金融関連株式会社の富全体の半分近いということに留意したい。その究極的支配の割合は次のようになる。

|  | 会社数にたいする割合 | 富にたいする割合 |
| --- | --- | --- |
| 経営者支配(Management control) | 44% | 58% |
| 法律的手段(Legal device) | 21 | 22 |
| 少数持株支配(Minority control) | 23 | 14 |
| 多数持株(Majority ownership) | 5 | 2 |
| 私的所有(Private ownership) | 6 | 4 |
| 管財人の手にあるもの | 1 | 極小 |

　ここに示された割合は安定的な状況を映したものでないし，また多くのケースが慎重にではあれ推測に基づいたものにすぎないが，それでもこれらの企業でその支配が所有権以外のさまざまな要因によるものがきわめて多いこと，さらに際立って，経営者自体が支配している程度の大きいことが，集計した結果によって示されている。200大企業の65%，その総計された富の80%が，経営者による支配か，何らかの法的な手段による支配——そこでも所有権がごく小さな割合となっている事態が重要な広がりを示しており，所有権と支配とが分離されてきていることを示している——のもとにある。既発行株式の半分以上を所有する集団か個人によって支配されているのは，企業数の11%，富の6%にすぎない。

　3グループに分けた部門〔第13表〕のうち，所有権と支配の分離がもっとも完成の域に近づいているのが，鉄道と公益事業である。42鉄道会社のうちの26社が，経営者支配か，経営者支配のもとにある他鉄道の少数持株によって支配されていた。つまり鉄道会社の62%，鉄道資産の79%が，所有権と支配が高度に進んだ状況にある。加えて，鉄道の7$\frac{1}{2}$社が究極的にはピラミッド構造のなかで(そのうちヴァン・スウェリンゲン・システム内のものが5$\frac{1}{2}$社)支配されているので，それを入れると鉄道会社の80%，その富の94%が総所有権の大きな割合を持たない主体による支配だということになる。

---

40) 詳細が第12表に与えられている。

公益事業は法律的手段のさらに大きな使用を示している。3社が議決権信託によって支配されており，そのひとつのケースでは無議決権普通株が併用されていた。他の3社は無議決権株の使用により，2社は複数議決権株の発行により支配されていた。2社がピラミッド構造による支配である。その他のほとんどの場合も，公益事業会社には多かれ少なかれピラミッド化がみられる。全52公益事業会社のうち究極的に19社が法律的手段による支配として，19½社が経営者支配として分類された。この分野では企業の74％，富の92％が，重要な所有権を持たない支配ということになる。

　産業部門では，この分離の進展度はずっと遅れているようにみえる。しかしながらこの分野でさえ，分離はかなりの重要性を示してきている。この産業という分類のなかでは——上の2グループのどちらよりも多くの誤りを含んでいることを忘れてはならないが——企業の54％，その富の57％が法律的手段によるか経営者による支配である。

　アメリカ最大級の株式会社における株式所有権の分散化傾向に伴って，そうした会社の支配にかんする新しい状況が育ってきていることは，明らかである。その大部分の企業の支配に携わる人々は，もはやもっとも有力な所有者ではない。むしろもっとも有力な所有者そのものが存在しなくなり，支配は所有権から大きく離れて維持されている。ここまで示してきたように，一方では所有権から，他方では経営陣から離れたものとしての支配は，現実にまだ明白な定義を持たない新しい概念である。支配とはただ相対的に存在している状況，それにかんする情報がせいぜい大まかにしか得られない状況を指している。おそらく上の一覧表で稀にしか登場しない「共同支配」状態が，大株式会社をよりよく特徴づけている。実のところ支配は，個人や小集団に帰属する単一の明確に規定しうる現象ではなくて，解体され多様な形態をとっている産業の組織の一要素なのである。それは程度の差を異にしつつ，まことに多様なかたちで個々人の手にあるともいえる。それでもなお，われわれはここで，支配を単一のファクターとして扱うことを正当としている。なぜならば，大企業全体としても個別的にも，あるいはその支配の仕方が委任状機構や法律的手段や所有権の程度や経営にまたがる戦略的地位等にどれだけ依存しているかにかかわらず，とにかく支配は所有権から大きく分離してきているからである。かつては所有

権のひとつの機能としてしかみられなかった支配が，いまは別個の，分離されうるファクターとしてわれわれの前にある。

# 第6章　所有権と支配との利害の乖離

　これまでの章では，株式会社制度が，かつては所有権に帰属していた諸機能の分化を促す傾向を持つことを述べてきた。そこから次に，そうした諸機能の性格そのものに関する検証，すなわち諸機能を遂行する集団間の相互関係，これら集団が社会全体のなかに占める新しい位置，等の検証が必要になる。

　事業活動の問題を論ずるにあたって，三つの機能を区別することができる。その事業のなかに利害関係(インタレスト)を有している機能，そこに権力(パワー)を行使する機能，その事業体を運用(アクティング)する機能である。単独の個人はそうした機能のうちのひとつまたはそれ以上を，さまざまな度合いで果たすと考えられる。

　産業革命以前には，所有者兼労働者が三つすべての機能を果たした。今日の農民のほとんどもそうである。だが19世紀の間に，産業の生産の多くが内部で分業化された事業活動体によって運ばれるようになり，前の二つの機能を所有者が担い，後の一つは別の集団すなわち雇われ経営者たちが実行することになった。かかる生産体制のもとでは，所有者は主に，事業活動体を管理するか管理を委任することと，その事業がもたらすであろう利潤や恩恵に与ることとの両方の位置にいる事実によって，識別された。他方で経営者は主に，おそらく所有者の利益に添って事業活動を実践している行為によって，識別された。だから所有権と経営との相違は，部分的には位置(ポジション)と行為(アクション)との相違だった。事業活動にまったく口を出さない所有者は，それでも所有者としてとどまりうる。彼の肩書きは，彼が行為したとか行為を期待されたとかから，ついたのではない。事実として，所有者が例えば経営者を雇ったりその経営者に指示を与えたりするかたちで行為をすれば，そのかぎりで所有者は自らの事業活動を管理したことになる。だが他方，まったく経営に口出ししない個人に「経営者」とい

う肩書きをあてて考えるのは難しい。

　株式会社制度の下で，第二の機能すなわち事業活動に権力を行使する機能が，第一の機能から分離されてきた。所有者の位置は，事業活動における法律上と事実上の利害一式を持つところに後退し，他方で支配者と呼ばれる一団が，事業活動にたいする法律上と事実上の権力を持つ位置についたのである。

　所有権の利害と支配の権力とを区別するときには，次の事実を心にとどめておく必要がある。ある事業活動に利害関係を持ちながら通常は所有者と考えられない多くの人がいるのと同様，事業活動にたいして何らかの権力を持つからといって支配者だと考えるべきでない多くの人もいる，というのがそれである。われわれはここでの研究で，株式会社の株主を所有者として扱ってきた。だが全株式会社の所有権に言及するときに，しばしば社債保有者が部分所有者(パートオーナー)に含められる。さらに経済学者は，相応の賃金を支払われるある従業員をクラス分けする特定の目的があるとき，彼を臨時的に部分所有者とすることに躊躇しない。これら集団はすべて事業活動に利害関係を持っている。だが一般労働者は，持続的雇用が与えられるかぎりにおいてその事業にきわめて切実な利害関係を持つにもかかわらず，部分所有者とは見なされない。同じく消費者も，店舗が彼に良いサービスを与え続けるかどうかできわめて切実な利害関係を持つが，部分所有者には入れられない。ひとつの事業活動に個々人の利害がさまざまに入り組んでいるなかで，所有者と呼ばれるのは主要な利権を持つ人々のみ，また法律上では法律的権利を持つ人々のみなのである。同じように支配という言葉は，さまざまな人々が「支配」にふさわしい力を持つことなしにある事業活動に何らかの権力を行使する可能性に留意しつつも，実際上は事業活動にたいする権力の主要な要素を保有する人々に限定して用いられなければならない。

　そこでこの，かつての単一集団から造られた新しい二つの集団——認知しうる支配力なしの所有者と認知しうる所有権なしの支配者と——に目を向けて，われわれは，では彼らの間の関係は何か，それぞれが事業活動の推進にどう作用することが期待されているのかを，問わなければならない。所有者が事業活動を自分で支配しているときには，彼は自分の利害に添ってそれを運営できたし，私有財産制度をめぐる哲学がそれを当然のことと想定していた。この想定は今日の状況下にまで持ち越され，いまなお事業活動を所有者の利害に添って

運営することが期待されている。しかし現代株式会社を支配する人々までもが，所有者の利益第一に事業を運営すると想定することに，何らかの根拠があるだろうか？　この疑問にたいする答えは，支配に携わる人々の利己心が所有権を手にする人々の利益に合致する度合いに，また両者の間にずれがあるとすれば政治的，経済的，社会的状況から設けられた権力行使への制限に，かかっているであろう。

　株式会社の株主は，企業の運営，所得の配分，公開証券市場のなかにおいて，特定の明瞭に定義されうる利害を持っている。つまり一般的には，次のことが彼の利益にかなっている。第一に，企業がありうべき危険を埋め合わせるだけの最大限利潤を得るよう務めるべきこと，第二に，事業の最上の権益が許す範囲で利潤のできるだけ大きな割合が配分さるべきこと，また配分される利潤のうちの正当な部分を彼が受け取る権利を損ねるような何事も起こらないこと，そして最後に，彼の株式が公正な価格で自由に売買されうることである。これらに加えて株主は，重要度の低い他の利害，例えば解約権，転換特権，企業財務を知る権利等々を持つが，上に挙げた三つは通常他の利害を隅に押しやるほどに大きい。そのためここではこの三つだけに添って考えればよい。

　支配者の利害のほうは，そう簡単には見つからない。支配者は株式会社を最小限の危険で最大利潤を生むように運営したいと欲するであろうか？　会社が挙げた利潤を所有者に気前よく公平に配分することを欲するであろうか？　投資家が喜ぶような証券市場の環境を維持したいと欲するであろうか？　これらの問いに答えようとすれば，「支配」という現象の本質にかんするすべての問題が惹起される。支配をする個々人の願望の分析が可能となるためには，その前に彼の支配が目指すものを知らなくてはならない。彼が目指すものの中心は，事業の所有者にかんして過去に想定されてきたのと同じ，私的な利益だと考えてよいだろうか？　それとも彼については別の目的——名声，権力，専門への熱意の充足感等——を探すべきなのだろうか？

　もしわれわれが私的な利益こそ支配へと駆り立てる主要な動因だと想定するならば，支配者の利害は所有権者の利害と異なるし，しばしば鋭く対立すると結論づけなければならない。また所有者たちは，自己の利益を追い求める支配者集団によって最大限の奉仕を受けることにはならないと，結論づけなければ

ならない。株式会社の運営にあたって支配者集団は，自分でかなり大量の株式を持っている場合でさえ，企業のために利潤を作り出すよりも会社に出費させてもっと自分の懐を肥やすことができる。例えば会社に自分の財産を売りつけて100万ドルの利益を稼ぐことができるなら，その会社株式の60％を持っていたことから60万ドルの損失をこうむったところで，取引はなお40万ドルの得であり，残りの株主が差額の損失をかぶってくれるわけである。彼らの株式保有の割合が減るにつれて，また企業の利潤と損失の双方が彼らの利潤や損失につながらなくなるにつれて，会社の出費で懐を肥やす機会は，もっと直接に彼らの強みになる。経営者支配の会社における経営者のように彼らの持株比率がごく小さなものになったとき，会社の出費で支配者が挙げる利益は実質的にその支配者の丸々の儲けとなり，そして自己利益追求型の支配者の利害は所有者の利害と真っ向から対立することになる。

　過去においてこの利害の相剋は，ときに支配者の利益のために会社が破滅するという極端なかたちをとったことがある。1900年から1915年にかけてさまざまな鉄道が経営の財務上の失敗から管財人の手に渡ったが，その失敗というのは主に支配者集団の儲けのためにもくろまれた結果であり，巨額の損失が証券保有者の身に降りかかったのであった[1]。

　会社の出費をもって得るこれほどに直接的な儲けは，現行法と司法判断とによって現在では困難であるが，それでももっと露骨でないさまざまのやり方があり，会社利潤の少なくとも一部が支配者集団が受ける恩恵のために振り向けられうる。例えば親会社の利潤を，その支配集団が大きな利権を有する子会社に移転する仕方がある。収益性がとくに高い事業部分を主に支配者集団が所有する第二の株式会社に移す，などということもありうる。ほかにもさまざまな仕方で，会社のものとなったはずの利潤を支配者の手に移すことが可能である。実現される利潤をどう配分するかが問題になるとき，自己利益追求型の支配者

---

[1] 以下を参照。Chicago & Alton Railway Co., 12 I.C.C. 295―1907; Pere Marquette Railway Co., 44 I.C.C. 1―1914; Chicago, Rock Island & Pacific, 36 I.C.C. 43―1915; New York, New Haven & Hartford, 31 I.C.C. 32―1914; St. Louis & San Francisco Ry. Co., 29 I.C.C. 139―1914

　上記の鉄道のすべてが，きわめて問題性のある財務管理の直接間接の結果として清算あるいは財務困難に陥った。

は，もし——現実によくあることだが——特定の株式にとくに利権を持っているなら，配当をある株式から別の株式に移そうとするだろう。証券市場の運営にあたっては，そういう支配者は，現在の株主から安く買って将来の株主に高く売りつけるために「内部情報」を利用するかもしれない。彼らは証券の適正な市場価格が設定される状況を維持することに，無頓着かもしれない。むしろ逆に，まやかしの財務諸表を公表したり，市場操作を進めるため非公式のニュースを流すようなこともありうる。したがってわれわれは，もし支配者の利害が自分の金儲けの欲求を中心に育っていくものとすれば，所有権の利害と支配の利害とは大きく背反すると結論づけざるをえない。

　支配者の側の行動をかき立てるかもしれない別の動機に立ち入っていくことは，その分野での作為の探索に魅力がないわけではないが，われわれにあまり実益をもたらさない。もしある株式会社を支配する人々が自分の権力を伸ばすもくろみをもって会社利潤を再投資するなら，支配者の利害は「所有者」のそれと真っ向から対立するかもしれない。そのような利害の対立は，支配者の専門職業人としてのプライドからも生じうる。例えば支配者は，競争条件や事業展望からみて必要以上の労働条件を続けようとしたり，株主に長年にわたる適正な利益還元ができる以上に製品の品質向上に金をかけるかもしれない。どちらの行動も会社の事業活動の存続に不可欠な他の集団に恩恵を与えるのかもしれないし，ある面では事業活動の目的の一部と考えるべきものであるが，その事実をもってしてもそれが会社所有権の利害と対立するという性格を変えるものではない。動機によっては，所有者と支配者の利害が並行することもありうる。支配者が「成功」の声望を求め，支配する事業での利潤が目下の成功の尺度であればそうかもしれない。ここでは，以下のことの確認にとどめておこう。事業活動からの利潤の多くが支配者でない個々人からなる所有者に行くことが予定されているようなところでは，支配者の利害はおそらく所有権の利害と対立するものではないということ，および支配者集団は自分自身の利害のために努める立場にいるということである。

　財産と見なされた古い概念と私的な事業と見なされた古い構成を解体する試みのなかで，われわれが一方に所有権者，他方に支配者という，異なるばかりかしばしば対立する集団を扱っている——その支配は所有権からますます離れ

る方向に向かって動き，究極的に経営そのものの担い手の手中に収まる，そして経営はそれ自体で独自の永続的な地位につく——ことを，以上で明らかにした。所有権から離れた経済的な権力の集中は，現実に経済帝国を創り上げ，それら帝国を新たな形態の絶対王政の手に委ね，「所有者」を，新たな君主たちの権力の行使に手段を提供する地位に追いやったのである。

　産業がこうした経済的な専制君主によって治められるようになったことの認識は，アメリカにおける経済活動が個々人の自発的営為の領域だとするおなじみの言説の空虚さを認めることにほかならない。そのような営為は，1ダースかそこらの支配者の領域なのである。ひとつの事業活動における何万，何十万の労働者や所有者にとって，個々人のイニシアチブはもはや存在しない。彼らの活動は，集団の規模があまりに大きく個々人としては——彼が支配にかかわる地位にいる場合を除いて——豆粒にすぎないグループ活動なのである。そして同時に，支配の問題は，経済的統治(エコノミック・ガバメント)のなかの問題になったのである。

# 第II編　諸権利の再構成
―所有権と「支配」との相対的な法律上の地位―

# 第 1 章　現代株式会社構造の進化

　株式会社制度のもとに財産が集められ支配が集中化されてきたことで，この支配の権力は着々押し広げられている。一言でいえば，一世紀間に株式会社のメカニズムは，所有者の集合体(アソシエーション)が国家の厳格な監視下で自分たちの財産を統御(コントロール)する仕組みだったものから，多くの人が資本を拠出してそれの統御を集中化された支配の手に引き渡す装置へと，進化したとみられる。これには次のような権力の付与が伴った。つまり，かく拠出された資本によって恩恵を受ける利権を譲渡者から任意に奪うことについて，ほとんど詮議なしに許可を支配者に認めるかたちで，権力の付与は行われたのである。法の歴史におけるこの局面に触れておくことが必要である。というのは，それなしに現在の制度を正しく理解することができないからである。同時にある種のチェックとバランスの機能が，一部は法律でまた一部は経済的に，今日まで導入されている。このこととその効果についても，どこかで考察しなければならない。
　近年の法制史における現代株式会社の進化の局面は，対応の延引と混交の両面からなっている。延引というのは，その進化が概念上あるいは立法面で時代を画するような変化を伴わぬまま，むしろ経営権の諸要素を少しずつ譲渡する長い過程をへて実現されてきたからである。そうしたさまざまな権限譲渡の総計されたものが，支配者が今日，日常的に経営を通じて行使しているほとんど絶対的な権力への特許状を構成しているのである。混交というのは，その権力が，ある部分は制定法の1世紀以上にわたる修正のなかで，ある部分はコモン・ローとして運用することとした裁定によって，ある部分はコモン・ローを踏まえ受容した上での新たな法制定によって，ある部分は特許状に挿入された条項によって，ある部分は単に法律家や経営者が実行しそれが制度のなかに

徐々に浸透して伝統となったような権力として，さまざまに付け加わったものだからである。ここでその全行程をたどることは，じっさい的でも必要でもないが[1]，しかし発展の基本線だけはおさえておかなければならない。

アメリカ法は，株式会社を，18世紀末のイギリス法学から承継した。そのときの株式会社とは「特権会社」(ノルマンフランス語では"privilege")のことと考えられ，株式会社の存在そのものが国家から与えられる権利付与を条件としていた。この権利付与によって株式会社が作り出され，その株式会社に，集団員の誰からも独立した法的人格が与えられた。この権利付与の同じ文書に，株式会社のその他の特権として，フェリーボートの独占運行権，特定地域の軌道運輸の独占権，ハドソン湾域での単独交易権等々が記されたことも，めずらしくなかった。そのような特権は，鉄道，公益事業，銀行にかんするものを除いて，今日ではほとんど株式会社の映像から消されてしまった。国家が付与する真の特権[2]は，法人格(corporate entity)の権利である。すなわち会社自体の

---

1) 著者たちは，アラバマ，アリゾナ，カリフォルニア，コネチカット，デラウェア，イリノイ，インディアナ，メイン，メリーランド，マサチューセッツ，ニュージャージー，ニューヨーク，ペンシルヴェニア，ロードアイランド，ヴァージニア諸州における株式会社法の発展にかんする研究を比較した。主に法制史の学徒だけが興味を持つであろうその資料は，ほぼ600頁に及ぶ。本章で述べるのはその骨格にすぎない。資料の全体はコロンビア・ロー・スクールに収められている。1820年より前の株式会社発達史は，J. S. Davis, *Essays in the Early History of American Corporations*, (2 vols.) Cambridge, 1917 においてよく渉猟されている。

2) この点で「特権」(privilege)の性格は，控え目にいっても捕らえ所のはっきりしないものである。もっとはっきりいえば，この組織集団は，資格証明書に株主全員の名前を書かないで訴訟に出向きうるという，法律上の便宜を付与されている。これを反対からみれば，株式会社というひとつの名前で訴訟がなされる法的責任は，一目瞭然で集団構成員にとっての利点ということにはならず，むしろ取引相手に公正を付与する手段なのである。

「有限責任」(limited liability)は，これも国家が付与した特権だと想定する必要はない。その種の条項は，相手側の集団が共有資金にたいする彼の財産回復権を制限することによってどの契約にも盛り込みえたものである。もともと株式会社法は，すべての会社契約にそうした効果を含意した条項を入れて立法化されていると解することもできよう。唯一の現実的な問いは，合意していない責任——経営を委ねた者の義務違反による不法行為の責任のごとき——に向けられるが，いずれにせよその責任は多く国家の統御権のなかにある。株式会社法が，原告が主張する財産回復権への制限として，つまり被告がその際「特権」を挙げてその制限を主張しうるものとして運用されるという想定は，まったく正しい。海事法，破産法，その他の法部門は，法学者たちがついぞ船舶や破産にたいする「特権」

名前で事業を維持する権利，個々人に関係なく会社自身のために訴えあるいは訴えられる権利，また無期限の持続性を有する——構成員が変わっても会社の実体が続いていく——権利である。これらすべてのことから，必然的にこの集合体構成員の有限責任性が生じたのである。法人のみが債務にたいする責任を負い，さまざまな個々人には及ばないのであるから，株主個人は事業活動のいかなる債務にも一般に責任がないことになり，そこで彼は一定額の資本を，その額を超えて会社債務に責任を問われる心配なしに会社事業に投ずることができるようになった。

　同時に，権利付与の書状(通常「特許状〔チャーター〕」と呼ばれた。今日では「会社定款」である)には，集合体内部における取決めの大要が含められた。株式の総発行数，会社の事業活動への直接管理を担う役員陣，そうした役員陣が誰によって選ばれいかなる条件のもとにおかれるかの規定，事業がいかに指揮され利潤がいかように分配されるかと，事業が解散に至ったときには資産をいかに処分するかの両方を定めた条項，等々である。その結果として各株式会社の「特許状」は，国家と集合組織との交渉，集合体のために活動する集団内にある諸グループ相互の交渉という，三方の交渉の所産であった。それはひとつの「契約〔コントラクト〕」と認識され，アメリカ法ではずっとそのように扱われてきた。古典的な表現(分析するほどのものでないが)では，結果を株式会社と国家の間，株主と株式会社の間，株主相互間の契約として描いた[3]。もちろん統治者としての国家は通常，一般的な市場経済における意味での契約当事者になるのではない。契約というものは，交渉を始める前に契約することができる双方の当事者を前提とするから，株式会社をこれから創るということと，その契約のなかに株式会社と国家の間の協定を含む，というようなことを一度に行うのは不可能

---

　付与の理論によってそれを正当化する必要を感じなかった，財産回復権の制限にかんする実例を提供している。
3)「株式資本を有する会社の特許状は，三つの関係者間の契約であり，三者の個別の契約の基礎をなすものである。すなわち特許状はまず国家と株式会社の間，第二に株式会社と株主の間，第三に株主と国家との間の契約である」(*2 Cook on Corporations*, 5th Edition, section 492; 1 Clark & Marshall, *Private Corporations*, section 271f)。
　このくだりが *Garey et al. v. St. Joe Mining Company*, 32 Utah 497, 91 p. 369 (1907)判決において，これに合意する立場から引用され，その後もしばしば引合いに出されている。

である。初期には集合体と集合体との間に，真の契約と類似したものがありえたし，おそらくあっただろう。彼らはお互いの関係のなかで，事業活動の管理および成果の分配にかんして，ふつうの意味での「契約」という語を用いるにふさわしい仕方で合意を結ばなければならなかったからである。

　こうした契約のための18世紀的交渉は王権とともに運ばれたので，アメリカにおいても，王権の継承者たる諸州の統治権力とともに行われた。現実にこのことは，州議会の行為を意味していた。1811年以前には実質的にすべての契約が，州政府の個別の法として議会で別々に制定された。ほとんどの特許状が，19世紀に入ってからもずっと特別法として制定され続けた。それゆえ集合体の成員間の取決めおよび会社経営陣に付与される権力は，実効性を持つためには州当局と十分に練り上げなければならなかった。この期間における取決めは「政府主導型」合意と称してもよい。そこではさまざまの立法府が，取引にかんするあらゆる条項に認可を与えなければならなかったし，そしてじっさい彼らは，なされた取決めを厳格に規制すべくその権力を行使したのであった4)。

　19世紀前半には株式会社の仕組みが持つ可能性に積極的な評価が与えられ，諸州が一連の保護に乗り出した。その際に保護の対象として主として考えられたのは三つの集団であった。一般大衆，会社への債権者，および(前二者より低い程度で)会社の株式保有者である。このときには，株式保有が，株式保有者の利害ということを大衆全般の保護のなかで考慮しなければならないほど社会に広がる事態は——つい1世紀前のイギリスにおける南海泡沫事件がよい手本になったかもしれないのに——考慮に入っていなかったと思われる。株式保有者は合理的に自分を守る資本家であるべきだと想定されていた。にもかかわらず，導入された保護は，株式保有者にたいして他の二つの集団にたいする保護にそれほど見劣りしない助けになったのである。

---

4) このことのぴったりの例として，Submarine Armour Company 特許状，N.Y. Laws of 1838, ch. 153, p. 108 の説明を参照されたい。この特許状は，株式会社が所有できる現実の財産細目とそれの最高額，厳格な資本額と事業開始以前に持たなければならない現金最低額，行いうる事業取引の詳細な方法，今後の発展の基本線にかんするきわめて慎重な指標（やや漠然と描かれてはいるが），等のすべてに及んでいる。

典型的な保護手段は次の三つであった。

(1)事業活動に明確な規定が求められ，その範囲が慎重に制限された。これが株式会社の経営者にたいする抑制力として働いた。理論的にこれはおそらく，株式会社が当時の実業界を制覇するのを防ぐ意図からなされたものである。しかし株式保有者にとってこれは，彼が特定の企業を知ること，もっと広くは彼が資本を投下した事業の種類を知ることを意味した[5]。

(2)資本の拠出が厳格に監視された。株式会社は，株式への一定金額の「払込み」が終わるまで事業に乗り出すことが認められなかった。これはおそらく当時，立法者がそうした払込みが現金でなされるべきものと考えていたからである。同時に，すべての追加的な株式発行は，固定されている最低率つまりその株式の「額面価格」で払い込まれるべきことが予定されていた。そうできなかったときにはペナルティが科され，なかでも，額面価格をおそらく現金で払い込まずに株式を取得した株式保有者は，会社が債務不履行に陥ったさい払い込まなかった差額を債権者に支払わなければならないというようなペナルティがあった。もっともその要請は，州の司法長官が必要と感じたときに強行できたのであり，じっさいに要請されなかったことも多い[6]。これはもともと債権者保護のために——会社が手形を乱発し，しかも他方で拠出された資本がないため債務の支払いができない場合への恐れから——企てられた。しかし株式保有者にとっては，これは彼の利権が知らぬ間に希釈されることへの，ある種の

---

5) 州によっては(とくにオハイオ州)ごく最近まで，「単一目的ルール」というものが維持され，株式会社はひとつの定まった目的のためにだけ一般法のもとで合法的に組織されうることとなっていた。しかしこれは一般的ではないし，オハイオ州においてさえ1927年に立法をもって廃止された。ニュージャージーを始めもっと重要な諸州では，特許状に記載された株式会社がひとつだけでない目的を持つこと，複数目的のすべてを行使することを認めている。例として以下を参照。*Orpheum Theatre & Realty Company v. Brokerage Company*, 197 Missouri Appeals 661; 1 Illinois Law Bulletin, p. 42; Palmer, *Company Law*, 11th Edition, pp. 64–66; *Zabriskie v. Hackensack Railroad*, 18 N.J. Eq. 178(最後に挙げた例では，特許状が決まった目的を明示すること，そして特許状のもとでいったん事業を開始したら細目以外の変更はできないことを定めている)。

また次をも参照。[H.W.] Ballantine on *Corporations*: Chicago, 1927, p. 683; *Sherman v. S.K.D. Oil Company*, 185 California 534.

6) 例として *Floyd v. State*, 177 Alabama 109(株式への未払込額を役員陣が引き受けたことを示す特許状を，権限開示令状に基づき年報に載せた議事録である)を参照。

保護を意味した。株式保有者がみな各々の株式に一定額以上を拠金しなければならないなら，その結果として，「無価値」な株式や最低必要な拠金がなされていないような株式は，合法的に発行することができない。このことが，会社資産にたいする株主の比例的持分(プロウ・ラータ)の強力な保護装置として働いたのである。

(3)厳格な資本構成が設定された。初期でさえ株式は優先株と普通株にある程度までクラス分けできたが，しかしその全体の構成は慎重な配置をもってなされなければならず，それが特許状に記載され，立法府を通過しなければならなかった。そのため株式会社に参加するということは，州当局による全般的に精査をへることであったし，参加者の人数や負担範囲も常に慎重な統制の対象となったのである。

これら三つの上に，コモン・ローがそれ自身でいくつかの保護装置を付加した[7]。

(4)当時の法制下では，残存支配(residual control)すなわち集団の共通利害に影響する諸決定は，株式保有者の内に，あるいは特定割合の人々のなかに蓄えられていた。事業活動の管理運営は通常，契約によって取締役会に委託されたが，しかし資本構成の変化，事業活動の性格の変化，あらゆる取決めの修正などは，株式保有者によって承認されねばならなかった。基本的な変化にかかわることはすべて投票が満場一致でなければならず，したがってすべての株式保有者に，株式会社の政策にたいするかなり大きな支配力が与えられていた[8]。

(5)同じくコモン・ローは，株式保有者が事業活動に新たな資金をもって投資する単独の権利を擁護した。それは，株式会社の追加的な株式発行にさいして，株式保有者に優先買受権を付与する仕方で実行された。この規則は1807年のグレイ対ポートランド銀行裁判(3 Massachusetts, 363)において，マサチューセッツ裁判所によって導入された。今日の「新株引受権法」(law of preemptive rights)の基盤となるこの判例で，株主のこの権利は広範かつ絶対的であるべきものと想定されている。

(6)一般に配当は，事業活動が生んだ剰余利潤からのみ，支払いが認められ

---

7) それらは，実際と類推との両方で，イギリスにおける判例のアナロジーとしてアメリカの法廷が採用した判断であった。

8) Angell & Ames, *Corporations*(1832)を参照。

た⁹⁾。これはアメリカの発明物だといってもよい。イギリス法は19世紀の後半に至るまで，この点での明確な原則を規定してこなかった¹⁰⁾。しかし結果的に利潤の分配が実行されるとそれは常に理論上での真の利潤と見なされた。資本が，出資者にたいする小刻みな支払いで費消されることは不可能だった¹¹⁾。そうした規則は債権者を保護するためのものとして——つまり会社債務支払いの目的からして応募された資本の全体性を維持するために——立案されたのであって¹¹ᵃ⁾，株式保有者への支払いで資本が取り崩されるのを防ぐためだった。だがそれはまた，株式保有者にとっての健全な財務状態を保全するにも役立った。

この時代でさえ，そうした保護のかなり多くを契約によって設定することが可能だった。しかし州政府がその契約の監視を主張し，また革新的な行為と受け取られることを好まなかったので，株式会社の仕組みは厳格かつ慎重に防御された。その結果は，あらかじめ名簿に記載され制定法上の契約かコモン・ローのさまざまな方式によるかのどちらかで保護された参加者をもって，限られた事業活動を遂行する事業組織体を設けることだった。投資家たちは全面的ではないにしろ州政府に信頼をおくことができ，またそれを行った。理論的には，株式保有者を含むすべての当事者におおよそ公平とみられる以外の契約を

---

9) 特許状や制定法の条文がどうであれ，いくつかのアメリカ裁判所がそれを採用した。*Davenport v. Lines*, 72 Conn. 118, 128 (1899). Morawetzが *Private Corporations*, 1ˢᵗ Edition, Sec. 344 に，Thompsonが *Corporations*, vol. 2, Sec. 2152. に引用。同じ効果について，Machen, *Corporations*, 1ˢᵗ Edition, vol. II, Sec. 1313 を参照。しかし一部の特許状と初期のほとんどの株式会社設立法が，文章によるのと，かかる配当支払いを行った取締役に債権者にたいする個人責任を科すことによるのとで，これを実行していた。

10) イギリス・ルールについての概括は *Palmer's Company Law* (13ᵗʰ Edition, 1929, by A. F. Topham, K. C., pp. 224-229)によって与えられている。イギリスの法廷は，アダム・スミスがかつて規定した基本線に沿って「固定資本」(fixed capital)と「流動資本」(circulating capital)との区別を踏襲した。そしてもちろん，「資本」が，会社法律家によって是認されたものとはかなり異なる意味で用いられている事実に伴う困難に，必然的に遭遇した。

11) もちろん減耗資産(wasting-asset)の株式会社は例外である。

11a) 『バブ バラッド集』(6ᵗʰ Edition, Macmillan, London, 1914)のなか(p. 490)に初めて登場した British Company Act にたいする W. S. Gilbert 卿の次のコメントを参照。「彼らはどの程度まで債務を支払うつもりがあるかを世に宣することをもって出発する。それが彼らの資本と呼ばれるものである。もし彼らが注意深ければ，彼らはそれをとんでもなく巨額のものとして示すことはしないだろう」。

結ばせないのは，州政府の仕事だったからである。

このような取決め方は，ひとつの結果をもたらした。それは今日もはや重要性を失ったが，だがいまなお法律的思考を特徴づけていることである。

企業の実体が州（国家）によって生み出され州がその実体を指揮する規則を入念かつ明白に定めるところでは，そこから自然に，その組織体に許されるすべては統治権力によってはっきり容認されているという想定が生まれる。結果として当時の法制の多くが，もっぱら権力の問題に目を向け，ほかのことについてはさっぱり重要と考えなかった。契約に基づいて何事かがなされえたとすれば，行われた行為にはそのメリットいかんにかかわらず明確な州政府からの権限付与があった。もしそれが何事かをなすのを禁ずるために設けられたとすれば，その禁止は明示的にか暗黙にか，特許状に盛り込まれているはずであった[12]。したがって当時は，株式会社が何かを行う特定の権力を持ちそれを正当に行いうるということは，州政府がかかる権力の存在を認可しており，その権力のもとで行われる事が正当であるという保証を周知した上でのことだと信ずるのが，いわば当世風だったのである。今日ではもちろんこの原則のほとんどは消滅した。それでも付与された権力が不条理に行使されたときの弁明にこの古い教義を引っ張り出すのは，近年でも頻繁ではないがみられることである[13]。

そこでひとつの所有者集団の像が目に浮かぶ。彼らは必然的に特定の権力を経営者に委ね，彼らの財産権は定まった一連の規則——その規則によって経営

---

[12] 例えば Sagg-Harbor Wharf Company にたいしてニューヨーク州議会が1833年に与えた特許状（Laws of New York, 1833, chap. 169）をみよ。それは単に会社設立の道筋にとどまらず，波止場の荷揚げ事業全般にかかわる規則を定めている。さらにもっと印象的でさえある事例として，ニューヨーク・エリー鉄道会社の設立を定めた1832年4月24日の法（New York Laws of 1832）と翌年の修正法（Chap. 182, New York Laws of 1833）を参照。会社設立にかかわる事項以外の規制のなかには，この鉄道の株式にたいする払込みが100万ドルに達するまで事業を開始することができないとか，鉄道の全路線にわたって「どの部分もその建設の着工」に先立って査定がなされなければならない，等々といった項目がある。

[13] 例として Davis v. Louisville Gas & Electric Co. (Delaware) 142 Atlantic, Rep. 654, 1929を参照（これは優先株の権利の変更の認可を一般法をもとに与えたもので，その際そのような変更に州の政策は好意的だということが「暗示された」）。

者の行動が相対的に制限される——のなかで保護されていた[14]。株式会社の経営陣はじっさい，一団の所有者のために事業を運営する一団の代理人だと考えられた。たしかに経営者はほとんどのエージェントの類いより広範な権力を持ちうるしまた持ってもいるが，あくまで彼らは厳格に責任を持たされ，政策全般のすべてに所有者たちによって律せられる地位にいた。要するに彼らは，海上に出た船の船長や航海士になぞらえうる地位を担っていた。航海中の彼らの権威は絶大かもしれないが，しかし船旅の行先，船舶の変更，船荷の性格，利潤や損失の分担などは主要な財産に権益を持つ人々によってあらかじめ設定され，そうした人々によってしか変更できないのである。

　こうした厳格な状況が徐々に打破されるのは，常に経営者あるいは所有者のうちの小さな持分の者に前より広範な権力の付与を認める方向においてであるが，この打破は大まかにいって，大規模生産の出現と株式保有者の数の増大と一緒に展開される。だが両者の同行の道のりはひじょうに長くて，そう平穏裡に進むとは限らない。ひとつまたひとつと採用されて権力の集中をもたらした諸々の仕組みは，しかし多くの場合に所有者にとっては追加的な便益を付与しただけで，所有者の利益とも合致していた。事業活動を明確に規定してそれに与える権利は，諸州によって会社設立の一般法が適用されるにしたがって薄れ始める。これらは，会社の契約締結にかかわる交渉ごとから州議会を排除する結果をもたらした。交渉事項を精査し統御しときには無効にさえした母体に代わって，州政府の高官——ふつうは州長官——が，州の諸法に合致する書類や定款を作成させる義務を負うことになった。「契約」はこうして会社設立の当事者たちの手で起草されるようになった。そしてすぐ明らかになるのは，そうした当事者個々人が，資本の究極の提供者を代表するような素振りさえあまりみ

---

14) このような像はおそらく 1835 年ころまでは不当でなかった。株式保有者は少数で，彼らは株主総会に出席できたし，じっさいに出席もした。彼らは実業家であり，その投票にはそれなりの意味があった。
　今日の半ば公的な株式会社に話を進めれば，古い理論はまったく幻想にすぎなくなってくる。経営陣は「支配」の現代的なシステムのもとで「過半数持株」によってチェックされることがきわめて少ない（前出 87-88 頁）。委任状によって行使される株式保有者の投票，また委任状制度の存在自体が，支配をめぐる闘争という稀な場合を除いて経営陣を抑制する機能をほとんど持ちえない。

せないで，ひとつの地位に就くのである。ニューヨーク州議会は1811年に，製造工業の事業にかんしてそのような法律(Laws of 1811, chapter 67)を——目的がある程度制限されかつ資本金は10万ドルを超えてはならないという条件付であるが——制定した。1837年には，「すべての合法的な事業」に株式会社の設立を認めるという，最初の真に現代的なタイプの法(Laws of 1837)がコネチカット州に出現し，すぐこれに続いてメリーランド州が製造業および鉱業の株式会社設立許可の一般法(Laws of 1838, chapter 267)を制定した。その後も株式会社設立を一般法において認める原則が，ニュージャージー(revised statutes of New Jersey 1846, 142)，ペンシルヴェニア(Public Laws, 1849, p. 563)，インディアナおよびマサチューセッツ(1851)，ヴァージニア(1852)，メイン(1862)，アリゾナ(1866)，ニューヨーク(Revised Statutes of 1836, 2$^{nd}$ Edition 220-224参照)州と，相次いで採用された。

　ここに挙げた法のかなり多くが，何らかの制限型のものである。もっと現代的な一般会社法の原型ということでリストをつくるなら，次のようである。コネチカット1837年，ヴァージニア1860年，カリフォルニア1863年，アリゾナ1866年，メリーランド1868年，イリノイ1872年，ペンシルヴェニア1874年，ニューヨークとニュージャージー1875年，メイン1876年，ロードアイランド1893年，デラウェア1899年，マサチューセッツ1902年，アラバマ1903年。これら制定法の効果は，特定の種類のものだけを除き実質的にすべての合法的な事業に株式会社の設立を認めたことにあった。そしてほとんどの州で「すべての合法的な事業」条項が会社設立者に，一業種に限らず多くの業種を定款に書けるようにしたので，ここで単一事業活動を明記する規則は消滅したといってもよい。ただそのような効果は，直接そうと理解されたわけでも，裁判所でのすべての判例において直接そう認められたわけでもなかった。

　こうして，1837年に始まり19世紀末までにほぼ完成に至った法の長い変遷過程をへることによって，一般会社設立法が，これのもとで株式会社の基本定款(チャーター)が作成される手段となった。そのことが，当時は疑惑の果てでも立案の成果というのでもなしに制度全体の変化を導いて，会社法制史上の革命をもたらしたのである。

　会社設立の特許状(チャーター)を得るために州議会との交渉が必要だったときには，その

特許状がきわめて全般的な討議の対象になることが避けられなかった。特許の申請者——発起人等の集団——はアウトサイダーにたいして，すべての条項を納得のいくように説明することが求められた。あらゆる点でチェックを受けてできあがった文書は，事業にかかわる全利害関係者を保護する観点から吟味されたものという外観をとった[15]。この自動的になされたチェックは一般会社法のもとで消滅する。今日では発起人集団は弁護士のところへ出かけて，株式会社がこれから行おうと思う事業活動と株式保有等々を通じての利益配分との両方で，もっとも裁量の余地を大きく保てるような定款案を依頼する。文書はその弁護士事務所で極秘に作成され，発起人たちによって修正され最終的に承認される。そして州政府の担当部署に提出され，実際上それからずっと書類の山に埋もれるのである。実のところ発起人集団と彼らの弁護士と州当局の担当事務官を除いて，その内容を知る者はいない。そのことは，もし一般会社設立法が事業活動の性格や資本構成や参加者の諸権利の厳格な規定を求めるようなものであったら，それほど重大なことではなかったかもしれない。だが現実は後にみるように，実質的なすべての厳格な要求は姿を消し，今日までに一般会社設立法の性格は，発起人集団が自分たちの契約内容をもっとも寛大な条件で書くことを認めるものとなっている。

　もし会社を設立しようという集団のほかに誰もいないのなら，これで十分公正だということになるだろう。だが定款はじっさいに，すべての株式所有者がその定款によって，またその修正によって，さらに一般会社設立法とそのすべての修正によって，拘束されるであろうことを予定している。そうした株式所有者の多くが，定款の設定に何の関与もしなかった一般投資大衆からなっている。他方で発起人集団は，会社が設立されたらそこに支配を維持したいと思っている人々の利害を代表している可能性がある。この両者のそれぞれの権

---

[15] 保護条項が多くのケースで実効を発揮したとはとてもいえない。特許状が抜け目ない政略や個人的影響力の所産だったことはあまりにしばしばだったし，ただのいんちきだったケースも少なくない。ニューヨーク・セントラル鉄道とエリー鉄道をめぐる数次の戦い（F.C.Hicks, *High Finance in the Sixties*, New Haven, 1929 を参照），そしてむろん多くの鉄道の個別特許状をめぐる戦いが，政府は保護の防波堤であったと同時に詐欺の共犯者だったことを示している。だがそのような過程が少なくともオープンになされ評判を呼んだことには留意しておかなくてはならない。それについて何事かがなされえたのである。

利や権力が，かなりの部分，定款によって規定されるのである。その結果，二つの集団の権利を統制するためと称する「契約」なるものが，当然ながら自分の利益を最優先して考える一方の集団によって，もっぱら作成されることになる。他方の集団は，交渉に参加しないのはもちろん，現実には文章の中身さえみることがない。このことが当然にも，経営者ができうるかぎり少ない責任で完全な自由裁量を手に入れるという結果，また自分の利害で関与を決めたり決め直す大きな権力を容易に保証されるという結果，さらにまたこれから株式保有者になる者にはごく小さな権力とわずかの発言権しか与えないことをいとも気軽に取り決めるという結果に，導くのである[16]。

**事業活動の指揮・管理にかんする株主支配力の弱体化**

初期の株式会社の条件下では残存支配のひじょうに多くが株式所有者の集団の手にあったことが観察されてきた。この支配の弱体化はそれ自体がひとつの研究課題であって，ここではその主要な段階に言及しうるにすぎない。われわれがここで立ち入るのは，株式会社の権力のうち，ある事業のために企業が組織され，主としてその事業の運営に携わらなくてはならない部分の権力の問題である。この部分にかんする株式保有者の権力の直接的な表現は，昔もいまも議決を行う権利である。

弱体化は，委任による議決権の行使をもって始まる。おそらくこれは不在の株式保有者への便宜として企画されたものであったが，1世紀前には，特別の条文が付加された場合以外，株式保有者に認められなかった[17]。だが委任状の明白な便利さが急速に，この権利をそれぞれの定款あるいは会社設立法のしかるべき箇所に，挿入させることになった。株式会社の成長，株式保有者の分散，株主総会に大多数の株主が出席することの一目瞭然の不可能，これらが議

---

16) ひとつのよい例が，大手投資信託のひとつ Shenandoah Corporation のためにニューヨーク市の弁護士事務所 Messrs. Sullivan & Cromwell が作成した定款(1929年)である。あるいはこれより少し早い1926年に，Dodge Brothers, Inc. のために Root, Clark, Howland & Buckner が作成した定款の例もある。だがこれらは，ニューヨークにおけるこれら弁護士事務所の実務が，株式会社の文書にかんする専門家を揃えてほとんどこれと同じ事をやっているという，実例にすぎない。

17) *Philips v. Wickham*, 1 Paige 590 (New York, 1829).

決権を，現実にはほかの誰かに権力を委ねる権利にしてしまった。委任状はほとんど常に，経営者によってか，「支配者」によってか，支配力を求めている委員会のごときによってか，選ばれるところの代役である。かくして委任状機構は，株式所有者が事業活動の管理にかんして権力を行使する手段ではなく，株式所有者の権力が彼から分離される基本的手段のひとつになったのである。

　第二の主要な変化は，取締役を随意に更迭する権利を株式保有者が持つという原理が消滅したことである。初期の制定法のいくつかに含められていたこの権力は[18]，コモン・ローでも明確に承認され，かの大法官ジェームズ・ケントによってもそう記されていた[19]。制定法ではその条項が消えうせ，今日のコモン・ロー原理はまったく違うものになっている[20]。いったん職に就いた取締役たちは，定款に取締役解任の特別権力の記載がないかぎり——そのような記載は子会社にたいするケース以外にめったにない——次期の選挙がくるまで株式保有者による何らの有効な干渉も受けずに任期を全うできる。かくして取締役たちは，任期中ずっと頂点に座っている。ここからすぐに，常に受け入れられ，いまでは支配的な考えとなっている原理，すなわち取締役はその任にあるかぎり経営にほぼ完全な裁量権を持つとの原理がまかり通るようになる。一般会社法のほとんどがこの点にかんして，そのように定めている。その上かつては，経営者にある特定の政策を実施させることを株式保有者が容認するのには，株式保有者の満場一致の合意が求められた。そんな満場一致の投票はふつう平常の事業運営に必須ではなかったが，それでも，会社事業体が組織された目的・意図に「合致しない」ような投票の結果には，いかなる株式所有者も拘束されない旨が堅持された[21]。結果として，株式会社が組織されている事業種目に顕著な変化を及ぼすのは，満場一致の合意なしには不可能になっていた。そうでなければ，その会社の設立法に規定も予定もされていない種類のあ

---

18) New York, Laws of 1828, 2 R.S. 462, Chapter VIII, Section 33.
19) II Kent Commentatories 298, (13th Edition); Angell & Ames: *Corporations*, 1832, 248. この権力は罷免権(amotion)と呼ばれた。
20) Cook, *Corporations*, 8th Edition, 1923, vol. III, Section 624; *Taylor v. Hutton*, 43 Barbour 195 (New York, 1864).
21) Angell & Ames, *Corporations* (1855) p. 581; *Abbott v. American Hard Rubber Co.*, 33 Barbour 578, 592 (New York, 1861).

らゆる事業に潜むあらゆる種類の危険を株式の所有者に負わせることになり，会社への投資が無法な投機と化すだろうと考えられたのである。

　今日の一般会社法は，この点にかんする事実上すべてのケースで，多数決——通常は3分の2，ときにそれ以下——による改正を認めている[22]。だが通常は，そんな改正の必要さえ排されている。なぜなら会社定款の起草者は，株式会社が行おうとする事業内容に数頁を費やして，会社がほとんどいつでも何でもできるようにしておくからである。今日の株式会社の目的とそれが(定款上で)行いうる事業の性格は，ふつうその組織化を担当した弁護士の想像力と，英語という言葉の枠内にあらゆるものを包摂させる彼らの能力によってのみ，制約されている。

　19世紀が末に近づくにつれて，株式保有者の・す・べ・て・の支配権力を多かれ少なかれ永続的に委託してもよいとする原理が登場してきた。この問題は，何年にもわたって議決権を丸ごと委託してしまうような，議決権信託の是非をめぐる論戦を通して進展した。取り上げられた当初はその合法性に疑義が呈せられたが，ほどなく制定法によって明確に公認されることとなった[23]。

　この流れに付随して，まったく議決権を持たないある種の株式を創り出す権利が，株式会社に付与されることになる[24]。そのもっとも思いきったステップは(一見してそれほどには映らないが)，満場一致でなくとも多数の議決をもって株式会社の全財産を売却または賃貸し，これによって以前からの関与者

---

22) 例として以下を参照。アラバマ州1888年法，20頁(3分の2多数決への改正)，メイン州1902年法，229号(多数決への改正)，マサチューセッツ州1903年法，437頁(3分の2多数決への改正)，ニューヨーク州1923年株式会社法，36，37条(過半を割り込まぬかぎりさまざまな議決の仕方を認める改正)，等々。同じような条項が，わが国におけるすべての一般会社設立法に実質的に盛り込まれているといってよい。

23) インディアナ州1889年法，91頁，ニューヨーク州1901年法，355号(5年間の議決権信託を認める)，ニューヨーク州株式会社法，50条，1923年，期間は10年(N.Y. Laws 1925, 120号)，メリーランド州(5年間の議決権信託を認める)1908年法，240号，§77，1927年法581号で年限は10年に延びた，デラウェア州(議決権信託は10年を超えてはならない)1931年法，129号，6条，467頁。

24) インディアナ州についてBurnsをみよ。Ann. Indiana Sts., II 4832, 4836(優先株のみ)，ペンシルヴェニア州では1921年法，May 25, P.L. 1159, §1, §4, Purdon's Pa. Sts. Am. Title 15, §§161, 164をみよ，ニューヨーク州1923年法，787号，§5，デラウェア州1929年法，135号，5条。

の支配の力がまったく及ばない異なる経営者の手に事業活動を移す権限を認めたことであった。かつてのコモン・ローでは，反対意見のいかなる持主もこれを阻止することができたものである[25]。

このように，株式会社設立の一般的な認可と，定款で経営者にたいしより大きな権力を付与することを含む制定法のさまざまな変化を通じて，かつて事業活動遂行の支配的な成員であった株式所有者は，権勢の座を降り常人に身を落とした。法律における変化はおそらく，その根底にある経済的な要因を確認したものにすぎない。株式保有者の地位の弱体化の理由を，経営することにたいする彼の無力ぶりと，その課業を担おうとする「支配者」の決然たる意志とに，同じくらいある，とみることには十分な妥当性がある。

**資本の拠出にたいする州政府の監督の排除**

個々の会社設立特許状では，いかなる場合も一定額の資本の払込みが終わらなければ事業を開始できない，そしてさらに株式の発行はすべて定められた最低金額──すなわち額面価格──の拠出をもってなされなければならない，と要求するのがふつうだった。当初の制定法では，絶対ではないにしろその払込みが現金でなされることが，おそらく予定されていた。そこでの原理は，最初の資金を拠出しなかったいかなる者もその利潤の分配に与ることが許されないという，誰の目からみても公正なものだった。それはアメリカ会社法における不抜の規則となって，19世紀の全体を貫いた。この原理は1886年，当時の標準的な解説者によって次のように評釈されている。「ひとつの株式会社における株式所有者は誰でも，他のすべての株式所有者が全体の利益のためにこの企業の資本の一定部分を拠出すべきことを主張する権利がある。……企業の資本にたいする分担額を払い込むことなくして成員の恩恵に与ろうとするいかなる人物をも許容することは，拠金をすでになした株式所有者と全額払込みの責任を負っている株式所有者の，エクイティ上の権利を大きく侵害することになるからである」[26]。

---

25) *Abbott v. Hard Rubber Co.*, 33 Barbour, 578 (N.Y., 1861); *People v. Ballard*, 141, (N.Y., 269, 1892). 最近では多くの制定法で条件の調整が図られている。

26) Morawetz, *Corporations* (1886), Sec. 286; *Macon etc. R. R. Co. v. Nason*, 57 Georgia 314

この規則は，株式会社が債務を支払えなくなったとき，全額払込みをすまさないで証券を受け取っている株式所有者すべてが，受け取った株の額面価格に達するまでの債務責任を個々人で負うとする条件づけによって，威力を発揮した[27]。額面株式にかんするこの条件は，やがて述べるように大幅に弱められているとはいえ，いまなお一般に存続している。この規則を支持する法理論は，主に債権者保護をめぐって論議されているが，その一番の効果は，証券保有者の各人から公平な(equitable)拠金をなさしめるところに，そして結果として資本への各拠出者の分け前を拠金しないで分け前に与る者によって薄められることのないよう強力に保護するところにある。

　この規則は，株式は現金にたいすると同じく財産の提供にたいしても発行しうるとした裁判所の決定によって，ほとんど一挙に弱められた[28]。いずれにせよほどなく，制定法がこの原理を採用した。おそらくその基になった理論は，もし株式会社が現金との交換で株式を発行しすぐその現金で財産を購入することができるのであれば，その財産を得るため直接に株式を発行する権力を与えても何ら差し支えないではないかというのであった。表面的には，これが上の規則を弱めることになるとはみえない。しかしながら検討してみれば，経営者が財産の評価を定めうるのだから，それが経営者の裁量の範囲を広くすることは歴然とする。

　現金以外のものの値踏みは，それが何であれ常にある程度の問題性を惹起する。無形資産の評価は大いなる議論の的であるし，資産の過大評価の証明はきわめて難しい。権力にかんする裁判上と法制の歴史は，それがどこに導いたかを存分に示している。裁判官の一グループは，「取締役会は財産をその真実の価値として評価することを求められる」[29]との態度をとり，また今日でもとっている。そのことは，株式に払い込まれた財産を裁判所自身が評価し，その評

---

(1876).
27) H.W.Ballantine, *Corporations*, Sec. 210 (Chicago, 1927)を参照。
28) この決定をもって一般化したというのではないが，合衆国では1856年の判例がもっとも早いものと理解されているようである。Cookは1898年の著作でこれをコモン・ロー規則として記述している(Cook, *Corporations*, Sec. 18, Edition of 1898)。
29) *Farwell v. Great Western Telegraph Co.*, 161 Illinois, 522; *Trust Co. v. Turner*, 111 Iowa 664. Dodd, D. L: *Stock Watering* (N.Y., 1930) Chap. III.

価に基づいて決済を命ずるのもありうることを意味した。その後さまざまな事例が生じ，また繰り返された法の改正にも促されて，裁判所の大勢は，財産評価の仕事が彼らには荷が重すぎ，現実の価値を測るよりも取締役の精神状態に目をやったほうがよいとの結論に達した。もし取締役が「誠実に行動した」，「意識的に価値を吊り上げ」たのではない，「不正がなかった」と認定されれば，株式は合法的に発行されたことになり，財産が(売買された時点で)発行された株式の額面価格だけの価値を持たないことがわかったという事実のみでは，売買を覆したり，株式の受取人に差額の責任を課することにはならないとされた。極端な言い方をすれば，この規則は取締役会が無能なほど，株の希薄化をする彼らの権力が大きくなることを意味する。彼らの過大評価は馬鹿げて不適切なものであったにせよ，意図的になされたものでなかったからである[30]。かつての規則は最初1912年にニューヨークで採用され，以後一般化していった無額面株式の出現とともに，息の根を止められた。無額面株にかんしては，一株あたり拠出の最低金額を規則づけるような制定法もコモン・ローもない。見かけからいえば，無額面株式はあるグループにたいしては1株100ドル，別のグループにたいしては1株1ドルで売ることも可能である。通常の制定法の条項では，無額面株式は取締役会が自分の裁量で決めるような事項として発行されるものとされている[31]。そしてほかの違う規則を施行する債権者にたいしての取締役会の責任は，ここにはない。じっさいには後にみるように，水増しをする権力を一定程度チェックすることは，今日，法律と慣例の両方で改めて行われている。

ともあれわれわれはここまで，固定された最低拠出金の規則というものが，あくまで株主個々人が株式の額面額に現金で拠出することを求めるものから，一見したところ法律がどんな最低拠出額も要求していないもの，一見したとこ
ろ少なくとも株主に各株均等の拠出さえ要求していないようなものに至る範囲をもって運用されていることをみた。

---

30) そうした規則の諸事例が Ballantine, *Corporations*, Sec. 207 (Chicago, 1927)に集められている。
31) 例えば New York Stock Corporation Law, Sec. 10 をみよ。

## 事業活動に追加的な貨幣を投ずる権利の減退

1807年，マサチューセッツ州裁判所は，すべての株式保有者は総発行株数にたいする各人の持株比率に応じて追加発行に応募する「新株引受権」を有するという包括的な決定によって，新たな法理を導き出した[32]。この決定の経済学はまことに単純である。もし二人かそれ以上の人間が事業活動に参加してそれが成功し，そこに追加の投資をしてもっと利潤を得たいと欲したならば，それを行う権利は彼らのなかにだけある，というのである。彼らのうちの誰も，立証された成功の果実を新しいパートナーと分け合うことを主張できない。現在と同じく将来もまた，この決まったグループに属している。

このことを株式会社法の用語に移し代えようと，マサチューセッツ州裁判所は，すべての株式保有者が，持株に応じて支配あるいは議決権の比例的権利を有し，したがって会社の資産(剰余部分を含むこともある)にたいしても比例的権利を有する，そこから彼らは新株引受権を創出した，と論を展開した。

これには二重の効果があった。新株が発行されたとき，たとえその価格が既発行株の帳簿価格を希薄化するように定められたとしても，株主個々人はこれからの発行にたいする比例的権利を行使して応募することによって，彼の地位を維持することができる。そうすれば彼の純資産，会社の収益力や議決権にたいする彼の持分は害されないですむ。一方，もし彼が持分に伴う新株への応募ができないならば，その応募権を売却するか譲渡することによって少なくともおおよそは自分を損失から守ることができる。この原理はすぐすべての株式会社法に浸透し，現在に至るまで生き続けている。それは株式保有者にとってもっとも価値のある権利のひとつと認められている。ある株式会社，例えばアメリカ電話電信会社では，この権利の存在が同社の既発行株の価値を強めている。じっさいそれは，資産の希薄化を防ぐ自動装置のひとつなのである。

創出されたこの規則は，三つの面からの攻撃を受けた。第一に，これにたいする異議がいくつかの裁判所によって唱えられた。なかでもニューヨーク州では[33]，新株引受権が，現行定款に記載されている株式数を増加させる改正を

---

32) *Gray v. Portland Bank*, 3 Massachusetts, 303 (1807)
33) *Archer v. Hesse*, 164, New York Appellate Division, 493, (1914)参照。ある規則は New Court of Appeals in *Dunlay v. Garage Co.*, 253 N.Y. 274 (1930)によって結局，厳格に制

株主が正式に認めた場合だけに，制限された。これは，事業の開始時に発行しうるとされた株式よりも多くの株式を，定款をそのままに新株引受権を認めるかたちで発行するのを避けるために，そのことをはっきりさせたのである。

現金以外の財産との交換で発行された株式も同じく，新株引受権の対象にならない。この除外規定を説明する理屈は見出しがたい。かかる解釈はニュージャージー州のある次席裁判官の性急な決定——彼は裁判所でこの規則に決着をつけるのに，開廷時間に先立った昼食時しか考慮時間がなかった——で法に盛り込まれたが[34]，即座に法廷で利用され，論理の欠如にもかかわらず今日まで通用している[35]。一部の州でだけ，発行された株式がすでに授権されたもので，そして株式が財産との交換で発行される場合に，照査なしで新株引受権による希薄化を行う権力が存在している。

この権利にたいする最後の攻撃は，多くの定款において，株式保有者が彼の新株引受権をあらかじめ限定されるか放棄する条項を挿入していることからなっている。このような条項を定款に入れることはとくに，デラウェア州始めいくつかの州の一般会社法が認めるところとなっている[36]。

しかしながら新株引受権は，尽き果てるところまでは行っていない。定款に新株引受の放棄条項を持たず，設立時の授権株式の発行以来すでに長い年月をへており，なおかつ現金を必要としているような，多くの伝統的な株式会社があるからである。とはいえ現代的な株式会社は，新株引受権を避けるための装置——つまり現在発行が必要である以上の発行権限を持つ，財産との交換による株の発行ができる，引受権を放棄させるといった——を，それぞれに保有している。

じっさい，株式の種類がだんだんと絡み合ってきて，新株引受権を，総株式価格や議決権における株主各人の割合を守るという当初の機能を果たすがごと

---

限された。

34) *Meredith v. New Jersey Zinc Co.*, 55 New Jersey Equity 211，また *Wall v. Utah Copper Co.*, 79 N.J. Eq., 17 (1905)を参照。ここで同じこの次席裁判官が彼のミスを認めている。A. H. Frey, *Stockholders' Pre-emptive Rights* (1929), 38 Yale L. J. 563 をも参照。

35) *Thom v. Baltimore Trust Co.*, 148 Atlantic 234 (Maryland, 1930)

36) Delaware General Corporation Law, Section 5, par. 10(1927年の修正でそのことがいっそう進んだ。)

くにととのえるのは,ますます難しくなっている。議決権は重要性を減じてきている。A. H. フレイ教授が指摘するように[37],複雑な株式会社機構が,株主の比例的な価値を確定し維持することを次第に困難にしている。趨勢は,新株引受権の排除に向かっているようにみえる。古くからある企業のうちにはいまなお古い定款によるこの権利付与に縛られているものがある。あるいはそのような拘束はないが,株式会社自身が選択できることになっているこの「権利」を行使して株式を発行するのが有益だと考えている類いの企業(とくに公益事業)もある。

### 配当制限の修正

　アメリカの古い株式会社法は,配当を資本から支払ってはならない,資本が損なわれるときに配当は行われてはならない,という原理に固執していた。例えばニューヨーク州法では,配当が「事業の運営を通して生じた」剰余の純利潤から支払われなかったときには,取締役に軽罪(misdemeanor)の咎が科せられるとされていた[38]。「資本(キャピタル)」の定義はひじょうにまちまちであるが,結果的にはどのケースでも,払い込まれなければならない最低金額が設定され,配当支払いがなされる財源は,通常その最低金額を超えたところにあるとされた。大部分の州は配当にあてる剰余が「事業の運営を通して生じた」ものであることを要件としてはいないが,配当支払いの前提として資本(概念はどうあれ)の欠損を生まないことを求めていた。

　これが,19世紀が終わるまでの状況であった。その後に多くの攻撃が,さまざまな観点からこれに加えられた。そのひとつは,「払込剰余金」(paid-in-surplus)の展開である。これは実質上,株式が発行されたときに株式保有者の拠出金の一部だけが資本として設定され残りが払込剰余金に設定される仕組みを意味する。株式が額面価格を持っている場合,株主に額面を超える払込みをするよう誘導し,その額面を超えた部分を払込剰余金として記載するのである。無額面株式が扱われる場合には,株式の発行価格のうちどれだけを資本金に組

---

37) A.H.Frey, *op.cit.* (*Shareholders' Pre-emptive Rights*).
38) New York Penal Law, Sec. 64. これは New York Law of 1924, chapter 221 で改正されて,取締役は「剰余から以外に」配当を行ってはならないとの文言になった。

み入れ，残りを剰余金として計上するかについて，(おそらくニューヨークを別として)取締役会が裁量権を持っている。払込剰余金を配当に振り向けることは，今日では一般にできるようになっている。だから株式保有者は，自分では配当だと信じているが実は事業活動の真の利益からの配分ではなくて，彼あるいはほかの誰かが払い込んだ株式の発行価格から一部払戻しを受けているということがありうる。

　制定法の規定次第では，とくにデラウェア州法でそうだが，赤字採算で資本が減価しているにもかかわらず配当を支払うということが，認められている[39]。経営陣がこうやって資本の構成を調整できるので，事業活動が総体で利潤ゼロというときでも，また配当支払時点に赤字というときにも，株式への支払いが配当の名目でなされうるのである。

**資本構成の確定とそのなかでの位置づけにかんする権利の排除**
　初期の株式会社法では，特定の資本構成と，各々の株式保有者がその資本構成のなかでどういう場所にいるかについて，入念な規定がなされた。当時存在していた法のもとでは，株式保有者の同意なしにこれらを変更することは，ひじょうに限られた度合でしかなしえなかった。この問題は他のところでも取り上げなければならないので，ここではこうした確定された権利の後退や削減の歴史に，ごくわずか触れるにとどめる。

　一般会社法の出現以前には，設立特許状が，州議会の立法によって成立に至ったひとつの契約だと考えられた。それを変えるには，特許状の改正法が議会を通過しなければならない。この契約関係における個々の株式保有者の地位は彼独自のものであって，それを変えようという立法行為は契約の義務を侵害し，したがって有名なダートマス大学訴訟の判例に照らして憲法違反だとされた[40]。

---

39) Delaware: revised code, chapter 65, Sec. 31，これは1929年3月22日に改正されたもの。ここでは実質上，剰余がゼロの場合，資本が減価している場合にも，その会社が過去2年間に経常利益を挙げていればという条件付で，配当支払いが認められている。
40) 4 Wheaton (U.S.) 518, (1819) これは一度州政府によって付与された特許状は〔「特許状に別段の定めがないかぎり」〕その後に変更したり修正したり廃止したりできないことを宣している。

諸々の州政府はすぐに、どの特許状にも、当該特許状あるいはそれのいかなる条文をも州政府が随意に「変更、修正、廃止」する権利を保有するという条項をあらかじめ挿入することによって、上の事項のなかにおける彼らの権利にケアをほどこした。

だが特許状はまた、集合体の成員が互いに結ぶ契約でもあり、政府が契約を変更できないからといって、そこからすぐ集合体の成員間の契約も変更できないということにはならない。この論点にかんする判例はいまもって一様でない。少数の裁判所が、国家の権利は他のすべてに及ぶ至高のもの（もっとも会社契約のこの側面における国家の利害は、たとえあるにしても小さいことは明らかであるが）と主張するが、多数派は、これは株式保有者間の問題で彼らが自分で解決すべきことだという判断に立っている[41]。

---

41) Ballantine, *Corporations*, p. 818 は、これが「意見が大いに分かれる問題」だと書いている。これは控え目にいってもやや物足りない。

最高裁は、それまで特許状にあった免税条項を廃止した州政府の改正を支持した（*Tomlinson v. Jessup*, 15, Wallace 454, 1872）。もちろんこれは州政府自身に影響のある合意にかんして行った州政府の行為である。*Greenwood v. Union Freight Company*, 105 W.S. 13, 1881 では、ボストン市の街路をトラックで走る排他的権利からなるフランチャイズ制を廃してこの権利を被告に与えるという、マサチューセッツ州の制定法を支持する決定が下された。これによって株式所有者の投資価値はほとんど無に帰すはずだった。*Zabriskie v. Hackensack Railroad*, 18 N.J. Eq. 178 は、最初の特許に記された制限を超えて被告鉄道の路線延長を認める特許状の改正にかんし、州政府のその権利を否定した。*Garey v. St. Joe Mining Company*, 32 Utah 497 は、株式会社を組織した後になって、追徴不可株式（non-assessable stock）を追徴可能株式（assessable stock）に転換すること、今後すぐ査定を開始することにかんして株主の過半数の同意を得ることを認めた法を支持した。ここでは州政府は個人株主間の取決めを変えていることになる。これと反対に、同様の事態にあった州政府の権利を否定した判例が *Somerville v. St. Louis Mining & Milling Company*, 46 Montana 268 (1912)である。*Davis v. Louisville Gas & Electric Company*, 142 Atlantic 654 (Delaware, 1928)は、株式会社が組織された後で、株式所有者が特定種類の株式の権利を排除するよう定款の改正を行ったことを認めた法を支持し、その理由を（不必要にも）国家の至上権に基づいて、次のように述べた。「会社の必要から資金を調達する問題は、法によって創設された会社の存在を持続させるためにきわめて重要であり、株式にかかわる事項、その種類、等級づけ、相対的権利はこの問題と密接に関連しているので、その問題の合致のため定款ならびに議会が規定した法規制が、公衆の利益や関心によい影響があるであろうという結論から逃れることは難しい」。以上の判例およびこれに類した他の判例（Ballantine, *Corporations*, Sec. 279, p. 818ff に集められている）が、ほぼ全範囲にわたっている。一般的にいって、州政府の権利は、州政府が付与した特権を行使させなければなら

会社の経営陣は，ある種類の株式保有者の地位を変更するのが望ましくなるかもしれないことを予想して，定款に，証券種類ごとの契約権，優先権，参加権，議決権等々にかんする会社契約を改正する権利を挿入した。理論的にこれは，多数派の行為がすべての株式保有者の地位を変えるのを認めたことになる。だが問題はこれで片づかなかった。さまざまな関連条文が実質的にすべての会社設立法に挿入されて，発行される株式のどの種類でも改正や「再　分　類」（リ・クラシフィケーション）ができる準備がなされた。また現代の会社定款では，株式保有者が会社設立法の将来の変更や付加を受け入れる条文をあらかじめ入れておくのが，けっして稀でない。かくして株式所有者は，現存する定款や会社法に従った適宜の改正によって彼の契約が将来変わりうることに，さらに将来の会社設立法に従ったその後の改正によっても修正がありうることに，（少なくとも文書上は）同意したという立場にある。

　このことはもちろん，株式保有者を敵対する多数派の意のままにさせることになり，ときには少数者でありながら支配を握っている勢力にさえ，手前勝手を許す。もし彼の契約が8％累積優先株の配当，また1株当り100ドルに等しい会社資産の優先的な配分を受ける権利だったとして，その契約はいつか8％から3％の配当に，資産配分の優先性が100ドルから50ドルに減らされる修正をこうむる可能性があるのである。

　コモン・ローはこの事態と格闘したが，思わしい成果を得られていない。いくつかの州とくにニュージャージー州などは，株主の確定的な参加の規則を守ろうと奮闘し，「既得権」(vested right)の教義を進展させたが，それはある種の変化がなされてもそれを裁判所が承認しないことがあるのを意味したにすぎない[42]。その他の州には極端な見解も生まれた。株主は確定的な参加権を他に明け渡し，彼の今日の権利を明日奪い取られるだろう状況を暗黙に認める存在になっているとか，株主は彼の損失を甘受せざるをえない義務関係にある，と

---

　　ないというかぎりで至高のものであり，州政府は常にそれら特権の変化や廃止をなしうる。他の事項については，上のデラウェアのような国家至上の教義——もちろんそれは不確定なまま拡張される余地がある——の場合は別として，州政府の権利は副次的な改正のみに制限されているようにみえる。

42) *Lonsdale v. International Mercantile Marine Company*, 139 Atlantic 50 (N.J., 1927).

いった見解である[43]。大部分の裁判所は，実際上それぞれの事態を事実に即して扱い，変更ができると認めながらも，しかしその変更が現に不満を申し立てている株主にも恩恵を与えるものであることを示さなければならないとか，契約上の権利変更によって株主がこうむった損失の代わりに損失補償的な参加が与えられることを示さなければならない，などと裁定している。

だが結果は，もはや株式保有者は彼の地位が以前と同じに保たれる保証はない，ということである。彼が優先株の保有者だとすればその優先権は削減されうるし，彼が普通株の保有者だとすればその参加権は二つに分割されうる。どちらのケースも，そうした修正は支配者によって動員された株式保有者の過半数の議決をもってなされうる。

### 事業活動の将来にかんする権利の制限

株式所有者の地位剝奪を示す一面として最近みられるのが，「株式購入権証書」(stock purchase warrants) として知られる証券の創出である。これは事業活動のなかでの株式発行に固定価格で応募ができる選択権(オプション)であって，その選択権は長期にわたり，ときには永久に通用する。最終の形態をとったそのような証券への認可が，デラウェア州株式会社法 (1929 年改正法) によって下された[44]。こうした手段はまだ，法学的な検討の対象になってはいない。デラウェア州法のもとでは，この選択権は公式に記録さるべき事項でなく，その条件等は取締役会の自由裁量のもとにあり，数量にも制限がなく，そしていつでも発行することができる。この選択権の効果とは，証書保有者に会社の未発行株にたいする特定価格での「請求権」(コール)を与えることである。明らかに，もし会社が成長してその純資産額が増加すれば，その証書の保有者は実質価値よりずっと低い価格で株式を買って増加価値の分け前を得ようと請求するだろう。例えば今日，株式 10 万株が 1 株 100 ドルで発行されており，同時に別の 10 万株を 1 株 100 ドルで応募する選択権も設定されているとすれば，その選択権の保有者は事実

---

43) *Davis v. Louisville Gas & Electric Company*, 142 Atlantic 654 (Delaware, 1928); *Morris v. Public Utilities Company*, 14 Del. Ch. 136 (1923); *Yoakum v. Providence Biltmore Hotel Company, et al.*, 34F. (2nd) 533, 1929.

44) Laws of 1929, Ch. 135, §6.

上，会社の純資産額が1株100ドル以上になったときにその増加にたいする「請求権」を獲得したことになる。別な言い方をすれば，会社の株式所有者は，会社にたいして資産額増加のすべてに与る権利を持つのでなく，増加の半分が請求権の保有者によって取り上げられるのである。会社の純資産額が一見して1000万ドルから2000万ドルに増加すると，株式は1株200ドルの価値を持つことになるが，請求権保有者は1株100ドルで10万株を自分たちに向けて追加発行することを主張するだろう。そこでその会社の純資産額は3000万ドルとなり，各々の株式保有者は自分の株式が150ドルの価値を持つと知るわけである。

　こうした手段の究極の運命には，法律上も企業財務面でも疑問が残っている。だがこれの発行の自由が株式所有者の地位をさらに弱めることについては，疑いの余地がない。

　これまで述べてきたのは，けっして法律面からみた株式の歴史の完全な分析を意味するものではなく，主要な流れを若干示したにすぎない。しかしながらその趨勢は十分に明らかである。かつて株式なるものは，財産にたいしての大いなる支配力によって裏づけられた，財産への確定的な参加であった。今日それは，当初の保護の多くを剝奪された参加であり，不確定な変動にもさらされている。こう提唱することでわれわれは，現代株式会社における株式と，支配者が株式にたいして持つ権力との，より重要な属性を考えることができる。われわれはまた，コモン・ローに現れつつあるようにみえるさまざまな抑制と調和についても――いくつかの保護の手法がわずかながら回復しつつある――考えなければならない。われわれがここで観察してきているのは，過渡期における株式会社なのである。並外れの共同出資事業のごとくに扱われ厳格な組織から発した株式会社が，もはや明らかに出資者たる株主の利益に主たる熱意を注ぐことのない，巨大な単一体へと変容したということである。

　趨勢は疑いようもなく，資本拠出者の利益重視から支配者の権力重視への流れである。この流れがどのように確保され，どう機能していくのか，そしてそれにたいする法制面の制約は――あるとするなら――何かを，現代株式会社の法的研究の課題としなければならない。

# 第2章　株券に付与されたさまざまな参加の権限

　本章が意図しているのは，現代株式会社の機構のもとで株式という有価証券の立場が，コモン・ローの教義によって修正されてきた次第を，主に会社資産にたいする参加権の面から検証することである[1]。これは，取締役会また場合

---

1) 株式会社の収益(earnings)に参加する権利については，それが会社資産にたいする参加権と一体のものである限りにおいて，ここでの考察に含まれる。しかしこのような会社の所得(income)への参加の問題は，次章で言及するために残しておかなくてはならない。
　法学者その他によって用いられる「資産」(assets)という用語は，人それぞれに多種多様な個性があることに留意すべきであろう。あるときにそれは，特定の目的物(および権利)——それらの組織化された関係のなかでひとつの事業活動がなされる——とみられる。そうした諸資産のなかの比例的な持分(例えば工場建設の100万分の1プラス機械一式の100万分の1プラス配達のトラック車両の100万分の1等々)は，個々の株式保有者にはほとんど何の意味もない。外部者にたいする証券の販売で新しい資本を追加しながら，しかもこれまでの株式所有者が資産にたいする彼の持分を維持するということは，現実に不可能である。資産という言葉が価値の蓄え——おそらく選ばれた統一手段(貨幣)をもって測られた諸価値の総計——として用いられるときにのみ，比例的な持分ということが意味を持ってくる。しかしながら価値という概念の導入は，その概念に付随する複数の意味をも持ち込み，それゆえ価値の蓄えを「資産」と表現することが，まったく違ったことにつながる可能性も出てくる。もっともふつうに用いられる価値の蓄えとは「帳簿価格」すなわち会計士が統計技術を用いて計量した資産であり，そしてしばしばこの「帳簿価格」ないしそれに類するものは，多くの法学的な思考での資産の背後にある概念である。しかしながら問題をさらに突き進めると，価値の蓄えは帳簿価格との関係が希薄になってしまい，むしろ価値の蓄えは事業活動全体を代表するもの，依然として曖昧な概念ではあるがしばしば「帳簿価格」とは違う結果を導くものになるのが通常である。
　資産を的確に定義づけようという努力はそれ自体の包括的な研究を要するし，じっさいに適用される定義はここでの研究にはたまに影響する程度のものにすぎないから，資産という用語をこれ以上厳密に規定しないでやや曖昧さを残す価値の蓄えとして用いることにする。「資産」の完璧な定義が将来もし適用され，それが本章での議論を無効にするようなことがあれば，その効果にたいする論評を，注をもって書き加えることにしたい。

によっては株式保有者の一部だけに付与されるようになってきている参加権について——いかにこの参加が証券保有者の容認なしに移行ないし減殺されうるかについて——考察することを含んでいる。

　株式会社の契約はもともと，一連の多少とも厳格な参加権の設定と見なされた。それらのうちでももっとも重要だったのが，株式会社の資産における固定的な持分とその会社の収益にたいする分け前である。もっとも単純な株式会社の構成というのは，ひとつの等級の株式しか発行されず，株式毎の参加権は比例基準，つまり資産額も毎年の収益も発行総株式数で割った商——1株の背後にどれだけの資産，どれだけの収益があるか——で容易に計算することができるものだった。やがて会社契約に特別条項が加わって違う等級の株式が編み出され，それは資産と収益との両方で，以前の株式よりも参加権が大きいか小さいか，そしておそらく資産にたいして先に要求する権利，収益にたいして先に要求する権利，収益からの配当を先に受け取る権利などと，それの参加権とを結びつけたものだった。そしてじっさいのところ，この点での取決めは会社契約の立案者がよいと思うように作ることができた。その参加がどれくらい特殊なケースとなるにせよ，もともと独自の立法による特許状を媒体にして設立され州（国家）によって認可されたのであって，それゆえにその参加を容易に変更できるようなものでなかった。

　株式会社の定款が契約の完全な自由に向けて進化を遂げ，政府が定款の立案における調整者としての役割から姿を消すと，それが明白な厳格性の消失にも道を開いた。これはけっして株式の性格の，何か単一の変化によって生じたことでなく，一連のメカニズムのひとつずつの適用を通じて生まれた変化である。それらが結合されたとき，資産や収益への当初の厳格な比例的参加権を修正してきわめて広範な権力を，取締役会（ある場合には「支配者」によって行使された過半数株に帰属する権威のもとで行動する組織）の手に押しやったのである。

　そのメカニズムは大きく二つの部類に分けてとらえられる。

1. メカニズムは，参加の「希薄化」(dilution)を有効かつ可能にする——すなわち会社資本に相当する拠出を代表しない追加の株式発行を通じて，各株式が

資産と収益の比例的な部分である実質を減退させる——方向で作られてきた。ここでは古いコモン・ローの「新株引受権」を欠いた仕組みが，株式保有者から，彼が自分の比例的な地位を保持する機会，さもなければその地位を失った場合に彼の新株引受権を売却して補償を得ようとする機会への，保証を奪うように作用する。

　2．メカニズムは同じく，取締役に，会社の資産と収益との関係を多様化あるいは不確定にする証券発行を有効かつ可能とさせる方向で作られてきた。とりわけ，(a)きわめて長期あるいは永久的に株式を購入する選択権を持たせるような発行を，事実上，無制限に認めるような法の制定，(b)優先権と参加権が事後的に取締役会によって宣せられる「白地」(blank)株式を認める法の制定，(c)会社側の選択権で転換しうる証券の発行，などがそれにあたる。

　付随する他のメカニズムもその折々に現れるが，そのことにはそれぞれの場所で言及したい。この分野では，どの仕組みもひとつで全体を制しているものがない。むしろ取締役会はこれらのいくつかを組み合わせて，あたかもチェスの駒を盤上に動かすがごとく巧みに操り，その組合せで勝負全体の帰趨を決するのである。

## 1．希薄化された参加権

**額面株式**

　法律はもともと，最初に発行される株式の購入者全員に，会社資産の確定された最低拠出額を請求した。この最低額が発行された株式の額面にあたる[2]。その額面価格相当が法の認めるある形態をもってじっさいに払い込まれなかった場合[3]，債権者の立場を配慮して責任負担を賦課するという，法による積極的な制裁があった[4]。しばしばその責任負担は技術的な理由で徴収されえな

---

2) N.Y. Laws, 1892, c. 688, § 42; N.J. Laws, 1906, p. 732. 今日のニューヨーク州法制ではStock Corporation Law (1923) c. 787, § 69. である。以下を参照。*Gamble v. Queens County Water Co.*, 123 N.Y. 91, 106, 25 N.E. 201, 205 (1890): *Stone v. Young*, 210 App. Div. 303, 306, 206 N.Y. Supp. 95, 97 (1924).

3) 以下と比較せよ。*Welton v. Saffery*, [1897] A.C. 299. このケースの場合は制裁は内々で株式所有者の決定権を配慮したものになっていた。

かったが[5]，それでも危険は常に存在していた。払込みの要求は二重に特定された。第一には，証券との交換に用いられる対価物の質が規制された[6]。最初は払込みに現金が要求され，やがて次第に，財産，契約，役務，無形物による払込みもなされるようになった。株式を法律的に希薄化していく最初の有効な力は，取締役が財産その他現金以外の物件を，発行された株式の対価として支払われるにふさわしいかどうかを「値踏み」し評価する権限を与えられたときに生まれた[7]。第二の要求は時間的なことである。「役務の提供」の場合，そ

---

4) 例えば以下を参照。21 Del. Laws, 1898-9, c. 273, § 14, が 22 Del. Laws, 1901, c. 166, § 1 により廃止され，その後 22 Del. Laws, 1901, c. 166, § 20; 22 Del. Laws, 1903, c. 394, § 20 で再度法制され，さらに修正されてきた。N.J. Laws, 1896, p. 284; N.J. Comp. Stat. (1911), Corporations, § 21; N.Y. Stock Corporation Law (1923) c. 787, § 70. をも参照。

相当する判例として以下がある。*Kelley v. Killian*, 133 Ill. App. 102 (1907); *Herbert v. Duryea*, 34 App. Div. 478, 54 N.Y. Supp. 311 (1898), 関連して 164 N.Y. 596, 58 N.E. 1088 (1900); *Stevens v. The Episcopal Church History Co.*, 140 App. Div. 570, 125 N.Y. Supp. 573 (1910); *Stone v. Young, supra* note 2); 次をみよ。*Scovill v. Thayer*, 105 U.S. 143, 154 (1881); *Camden v. Stuwart*, 144 U.S. 104, 113, 12 Sup. Ct. 585, 590 (1892).

5) *Handley v. Stutz*, 139 U.S. 417; 11 Sup. Ct. 530 (1891)(市場状況のゆえに額面以下での発行が，会社が資金を得る唯一の方法だった); *Bent v. Underdown*, 156 Ind. 516, 60 N.E.. 307 (1901)(州長官の名とともに記録された会社設立の規約が，株式所有者の未払込み部分は会社債務への責任とならないことを債権者に予告していた); *Deadwood First Nat. Bank v. Gustin Minerva Cons. Min. Co.*, 42 Minn. 327, 44 N.W. 198 (1901)(額面以下での発行が行われる以前に会社が負った債務にかんし，その債権者は未払込み部分への特別の権利を持たない); *Tracy v. Yates*, 18 Barb. 152 (N.Y. 1854)(株式所有者は彼が株を買う以前に会社が負っていた債務には責任を持たない)，以下のケースと較べよ。*Scoville v. Thayer* 105 U.S. 143 (1881); *Utica Fire Alarm Telegraph Co. v. Waggoner Watchman Co.*, 166 Mich. 618, 132 N.W. 502 (1911); *Hollander v. Heaslip*, 222 Fed. 808 (C.C.A. 5th, 1915); *Johnson v. Tenn. Oil Co.*, 74 N.J. Eq. 32, 69 Atl. 788 (1908).

6) N.Y. Laws, 1838, p. 108. かかる制定法のもとでの「現金」(cash)の意味については以下を参照。*People v. Railway Comm.*, 81 App. Div. 242, 81 N.Y. Supp. 20 (1903), 意見は付さないが関連して，175 N.Y. 496, 67 N.E. 1088 (1903); *Coddington v. Conaday*, 157 Ind. 243, 61 N.E. 567 (1901); *Hopgoods v. Lusch*, 123 App. Div. 23, 107 N.Y. Supp. 331 (1907); 以下と比較せよ。*Furlong v. Johnson*, 239 N.Y. 141, 145 N.E. 910 (1924); *2 Cook on Corporations* (1923) c. II, § 17.

7) 株式会社法におけるこの分野の全体を扱ったすぐれた論説として，Dodd, *Stock Watering: The Judicial Valuation of Property for Stock Issue Purposes* (1930)がある。また以下をも参照。*2 Cook on Corporations* (1923) c. II, § 18; *5 Thompson on Corporations* (3rd Edition 1927) § 3956 (役務による支払い)，§ 3967 (発明，特許，事業との交換のかたちをとった支払い)，§§ 3975-4009 (財産での支払い).

れが株式への支払いに用いられるのは株式会社設立の後に提供された役務でなければならず，会社設立に先立った仕事，あるいは設立のために行った役務は，認められなかった。この規則は実質的にいまなお存続している[8]。

「額面」価格が払い込まれなくてはならないという規則は，もちろん任意的なものである。株式会社における各株式の資産価値が1000ドルであり，その額面価格が100ドルであるところで，新しくまた100ドルの株式を発行するということは，明らかにすでに発行されている株式の希薄化である。そのような希薄化の結果は一目瞭然，すでに発行された株の資産価値を1000ドルより低くし，新しく発行される株の資産価値を100ドルよりはるかに高くする。各株式の収益力もこれと同じ作用をこうむる。額面価値を減らされるのが慣行となったように，資産価値が額面価値を超えるという状態も次第にありふれたことになってきて，そこからしばしば，この希薄化の力は実に強力な作用を呈する[9]。額面価値がひじょうに低く抑えられたために，希薄化の可能性が極端に高められるような状況がある。1926年にメリーランド州に設立されたユニオン・アンド・ユナイテッド・タバコ・コーポレーションの事例でいうと，発行された25万5000株の1株の額面価格は何と1セントと設定された。帳簿価格そしておそらく資産価値からみれば，1928年の1株当りの価値は12ドルを超

---

[8] *Herbert v. Duryea, supra,* note 4); *American Macaroni Corp. v. Saumer,* 174 N.Y. Supp. 183 (Sup. Ct. 1919); 以下と比較せよ。*Freeman v. Hatfield,* 172 App. Div. 164, 158 N.Y. Supp. 350 (1st Dept. 1916); *B & C Electrical Const. Co. v. Oeven,* 176 App. Div. 399, 163 N.Y. Supp. 31 (4th Dept. 1917), 関連して 227 N.Y. 569, 126 N.E. 927 (1919); *Lothrop v. Goudeau,* 142 La. 342, 76 So. 794 (1917); *Stevens v. The Episcopal Church History Co., supra,* note 4)。だが以下とも比較せよ。*Morgan v. Bon Bon,* 222 N.Y. 22, 118 N.E. 205 (1917)。会社設立のプロモーターの役務にたいする支払いを株主の合意を得た上で株式をもって行う権力にかんしては，*5 Thompson on Corporations* (3rd Edition 1927) §3966 をみよ(そこでは，もしその株式量が適正であれば，そういう権力があってしかるべきことが示唆されている。——これは明確な原則であるかどうかをあえて問いたい)。

[9] 別の問題との関連においてであるが，ニューヨーク証券取引所の特別委員会も次のような認識を記している。「株式配当の展開に伴って，巨額の資本や払込剰余金に基づく業務とともに，額面100ドル以下の株式や無額面株式の使用が広がってきている。これらの相対的に新しい概念が，しばしばいわゆる「株式分割」(split-ups)の形態を通じて会社が部分的あるいは全面的な資本再構成(recapitalization)を行おうとする実務の増勢を導いている」。*Report of the Special Committee on Dividends of the New York Stock Exchange* (1929) pt. 4, par. 4.

えるはずである。この事例は極端ではあるが，しかし多くの株式会社とりわけ歴史の古い株式会社で，少なくとも額面までの払込みをするよう要請してきたその額面価値を，資産がはるかに超えてしまっている。現在の証券保有者に資産と収益への持分比例的な保護をするということでは，これは意味をなさなくなっている。

　残ったのが，定款で授権されている株式の自由な発行を取締役会に認めるというステップである。これは定款あるいは法律のどちらかで行えるが，通常はこの両方によっている。通例では授権されているが未発行の株式は，取締役会の決定に基づいて会社役員によって合法的に売りに出される[10]。

## 無額面株式

　確定されている最低拠出額の要請は，1912年以降の無額面株式の一般的な採用によって退けられた[11]。今日の典型的な要請例はニューヨーク州のものであって[12]，定款に記されているか株式所有者の議決によって決定されるかの約因によって，無額面株を売ることを認め，そしてもし定款に記されているのであれば，取締役会の適宜の議決によって価格を定めることができるとしている。当然ながらよほどの例外を除いて多くの定款は後者を選択し，取締役が

---

10) 一例であるが，United Corporation の法人設立証明書(デラウェア州法のもとで1929年1月7日設立)には，次のように書かれている。「これまで授権されあるいは今後授権されるすべての種類の額面を持たない(without nominal or par value)当会社の資本株式は，取締役会がそのときどきに確定する約束に基づいて当会社から発行することができる」。

11) 以下の例。Cal. Civ. Code (1923) § 290(b), 法改正 (as amended by Laws) 1927, p. 1307, § 3; Del. General Corporation Law (1915) §§ 5, 14, 20, 法改正 1929, c. 135, §§ 6, 11; Ill. General Corporation Act (1919) §§ 31, 32, 法改正 1921, p. 365; Ohio Gen. Code (1926) § 8623-17, 法改正 1929; p. 13; Md. Code Pub. Gen. Laws (1924) Art. 23, §§ 39, 40, 45, 法改正 1927, c. 581; Mass. Gen. Laws (1921) c. 156, §§ 6(e), 14; N.J. Comp. Stat. (1910) pp. 1667, 1668, §§ 120-123, 法改正 1926, pp. 542, 543; N.Y. Stock Corporation Law (1923) § 12。より一般的には Parker, *Corporation Manual* (1930) § 8 を参照。

　最低拠出額の要請がこれらの法から削除された影響は，以下において議論されている。*Johnson v. Louisville Trust Co.*, 293 Fed. 857 (C.C.A 6th, 1923); *Atlantic Refining Co. v. Hodgman*, 13F. (2nd) 781 (C.C.A. 3rd, 1926). 無額面株式そのものにかんする議論は以下を参照。*Bodell v. General Gas & Electric Corp.*, 15 Del. Ch. 119, 132 Atl. 442 (1926); Berle, *Studies in the Law of Corporation Finance* (1928) c. iv.

12) 上の注11)の文献。

売出し価格を定めることを認めている。そのような力が取締役に与えられていないケースは，じっさいきわめて稀である。

かくして，制定法と定款の契約条項により，自由に希薄化する権限が取締役会の手に渡されているのが一般的である。もしこれに制限があるとすれば(制限はある[13])，資産価値と収益への持分との両方で取締役に付与された希薄化の一見絶対的な権限にたいする，コモン・ローによる抑制と均衡（チェック・オア・バランス）の機能からくるものだけである。取締役に集まるこの権限をさらにはっきりと完全なものにするには，もうひとつのステップが必要なだけである。それは定款に，会社株式へのいかなる応募者も彼が取締役会に要求しうることになっているすべての権利をあらかじめ「放棄する」(waive)との条項を入れ，それによって取締役会が既発行株の資産価値と収益への参加を保護しつつ，新株の発行価格を裁量できるようにすることである。著者たちがみた定款では，そこまで行っているものはなかった。しかし株式会社法の全歴史は，制定法と定款の契約で経営陣に絶対的な権限が付与されたことにたいしてコモン・ローが抑制に乗り出すや否や，そのような抑制の権利を否認しようという志向が定款の条項に露呈することを示す[14]。したがって上に示唆した発展の趨勢は，ありそうなことなのである。

### 「寄生的」株式("Parasitic" Shares)

株式会社法は，追加的な株式発行が自動的に既発行株主の参加権を希薄化し，他の価値に付け加えることになるような，資本構成の進化を容認している。それは，ひとつの種類の株式(クラスAとしよう)が純収益の3分の2を受ける権利を与えられ，別の種類の株式(クラスBとする)が残る3分の1を受ける権利を与えられる，といった資本構成を作ることで果たされる。そうした場合，

---

13) 本書第2編7章をみよ。
14) 例として *Davis v. Louisville Gas & Electric Co.*, 142 Atl. 654 (Del., 1928)をみよ(議会の事後立法に応じて会社定款を変更することに反対するいかなる権利をも株主が放棄)。定款は通常，取締役が自分の会社を運営することの行為無能力への権利放棄，株式の購入証書の条件を取締役会が単独で決しうる裁量権の付与，新株引受権の放棄，等々と，無限の条項を含んでいる。示唆的な例として前掲注10)のUnited Corporation設立にさいしての証明書をみよ。

もちろんクラス A 株の追加的な発行によって株式会社が得た追加資本から挙がった収益が，自動的に A 株に 3 分の 2，B 株に 3 分の 1 と，振り向けられることを意味する。別様にいえば，クラス B 株はすべての新たな資本投資の収益力の 3 分の 1 を受け取るわけである。クラス B 株の同時的増加を伴わないクラス A 株だけの固有の発行によって，クラス B 株は寄生物と化し，クラス A 株が出動したおかげで受け取られた資本収益力の一部を自動的に吸い取ってしまう。こういう構造はあまりに頻繁にみられるので，そこから生ずる出来事を現実の問題としている。

　上の例を単純なベースとして，実に多様なヴァリエーションがありうる。例えば，企業が清算されるときに，クラス A 株はクラス B 株が何も受け取らないうちに 100 ドルを受ける権利を持っていて，それが実行された後でクラス A と B とに同額が分配されるとか，あるいはおそらく残余額が株式ごとに A と B の間で分配される。ここではクラス A 株は 100 ドルの清算価値までは保護されているが，その量を超える会社資産の添加価値は部分的にクラス B 株に移譲される。そのような構成は，主たる経営目的が，価値増加の予想される証券や純資産の取得にある投資信託や多くの公益事業持株会社ではめずらしくない。発想はもちろん，相対的にわずかの拠出しかしていないクラス B 株に，クラス A 株主によって払い込まれた拠出から生まれる資産や収益の増加の分け前を与える——つまり他人によって供給された資金への投機によって生まれる利潤の一部を得るようにしてやることである。この発想に添ってとられうるさまざまな手法をつつき回すのは不必要なことである。手法は単純であり，その実用性も明白である。

　妙な話であるが，これが最初に法律に現れたのは，おそらく不注意の所産であった。優先株が普及した始めのころは，会社の清算に際してその株式に各々100 ドルの優先権を認めるのが慣習であった。会社設立者たちは，すべての優先株をそのように受け取るべきものだと考えていた。ところが法律は，特別に制限されているものを除いてすべての株式は目的全体のための平等の参加権を与えられているという，論理的な原理に固執した。そこで裁判所はいくつかの判例でこの契約を，優先株は清算時にまず 100 ドルを受け取るが，その後は普通株と同じ割合で分け前を受け取るべきという意味に解したのである[15]。結

果として，普通株はみな会社資産を増加させたのだから，その各々の販売がそのつど，優先株の最終的な清算価値を増加させたという——つまりおそらく意図せざる結果を招来したのである[16]。この事態はむろん速やかに処理された。多くの定款が，そのような優先株は清算時に100ドルを受け取るがそれ以上は受け取らないことを明示した文言を採り入れるようになった[17]。現代の証券の参加権に，もはやこうした注意不足はみられない。そして多くの種類の証券

---

15) *Bridgewater Navigation Co.* の訴件，L.R. 39 [1888] CH. Div. 15. 裁判所の修正命令は [1889] 14 App. Cas. 525 (定款には会社終了時の資産配分にかんする条項が含まれていなかった)。資産配分にさいしての優先権はもともと優先株の所有権に付随するものではなく，株主内部の関係についての優先性でもない。だから資産分配のさいに普通株よりも優先性を与えるという立法や契約条項がなければ，優先株主は普通株主と平等の立脚点に立つのである。*Lloyd v. Pennsylvania Electric Vehicle Co.*, 75 N.J. Eq. 263, 72 Atl. 16 (1909); *People v. New York Building-Loan Banking Co.*, 56 Misc. 23, 100 N.Y. Supp. 459 (Sup. Ct. 1906). しかしながら優先株主は，協定で会社資本のなかでの普通株主にたいする優先性を与えられれば，その優先性は会社整理のさいにも有効である。*Hamlin v. Continental Trust Co.*, 78 Fed. 664 (C.C.A. 6$^{th}$, 1897); *People ex rel. Recess Exporting & Importing Corp. v. Hugo*, 191 App. Div. 628, 182 N.Y. Supp. 9 (1920); *Drewry-Hughes Co. v. Throckmorton*, 120 Va. 859, 92 S.E. 818 (1917); *Re Espuela Land & Cattle Co.* [1909] 2 Ch. Div. 187; 次と比較せよ。*Re National Telegraph Co.* [1914] 1 Ch. Div. 755 は，(上の *Espuela Land & Cattle Co.* ケースを継承しつつ)，*Re Fraser & Chalmers* [1919] 2 Ch. Div. 114 のなかに続くことにならなかった。

16) そこでいくつかの裁判所は，優先株条項の正当な解釈が，100ドルの優先性が彼らの受け取るすべてであることを意味すると判決した。*Williams v. Renshaw*, 220 App. Div. 39, 220 N.Y. Supp. 532 (3d. Dept. 1927); *Marrow v. Peterborough Water Co.*, 4 Ont. L. Rep. 324 (1920). こうした判決は，注15)に挙げた *Bridgewater Navigation Co.* ケースにおける原則と反対である。

17)「任意か非任意かを問わず会社の解散，清算あるいは整理にさいして，あるいは当会社の普通株によって受け取られた報酬で設定された会社資本の削減にさいしては，ただちにかかる削減によって剰余が設定された当会社資産の株主への分配が行われ，各種証券中の第1級優先株の所持人は会社資産から1株当り100ドル・プラスそれに付けられる配当に等しい金額を，他の種類の優先株および普通株の所持人に資産が分配される以前に，受け取る権利を与えられている。しかし第1級優先株の所持人は，その後の分配に与る権利を持たない。第1級優先株の所持人にたいして，ここに記した優先額のすべてが支払われた後は，第1級優先株の所持人は，剰余資産の分配にさいしあるいは解散，清算，整理にさいして，当会社の残るいかなる資産にも，何らの権利も請求をも持ちえない。残る資産がもしあって分配されるときには，剰余資産の分配であれ解散，清算，整理に伴うものであれ，当会社の優先株と普通株の所持人にたいして行われる」。前掲注10)の United Corporation 法人設立証明書による。

にみられる寄生的な性格——もちろんそれぞれ拠出された証券の背後にある資産の自動的な希薄化として作用する——は，通常，会社の組織者集団側が行うきわめて明確な計画の結果となっている。

## 会社内における集団から集団への資産の移転——払込剰余金(Paid-in Surplus)

株式証券の資産価値を超えて取締役会に支配を付与するメカニズムとしての払込剰余金は，近年の考案物である。この仕組みにかんする法律上の分析は，何か教義として認められる言説を生むほどには進んでおらず，最後の手段として裁判所にまで行った重要な現代的なケースもなく，法学者による論説もまだ書かれていない[18]。

技術的には払込剰余金とは，株式の購入者が，法律が株式会社に「資本金」として帳簿に記載することを要求している購入価格を超えて拠出した部分である。資本金をここでは法律的な意味でのみ用いる。つまりそれは，法律が会社の帳簿に分離して記載することを求めている購入金額であって，法はそれにたいして一定の規制を——それを自社株の購入にあててはならないとか[19]，それは配当として支払うことができないとか[20]——ほどこしている。エコノミストや会計士は，この法律的解釈に，理由を挙げて激しく反対している。その理由

---

[18] 「会社の剰余金——払込剰余金あるいはそうでない剰余金——と，とくにそこから配当を宣する権利もまた，いまは変遷途上である。これの問題視は 1925 年からのことである。本書がこの問題をいくぶんスケッチ風にしか扱っていないのは，これにかんする司法的な関心の遅れを反映している。一方エコノミストにたいしては，払込剰余金はたしかに，悪事とはいわぬまでもいくたの状況をカバーするためになされうるものである。それは，盗みに携わるライセンスを与えるものから，株式の購入者がすでに獲得され既存の株式の上に蓄えられている剰余を均等にするためにプレミアム付で払い込む事態まで，さまざまでありうる」。William Z. Ripley, Book Review (1931) 31 *Columbia Law Rev.* 1220, 1222.

[19] *Crandall v. Lincoln*, 52 Conn. 73 (1884); Levy, "Power of a Corporation to Purchase Its Own Stock" (1930) 15 *Minn. L. Rev.* 1; Ballantine on *Corporations* (1927) §66.

[20] *Merchants Insurance Co. v. Schroeder*, 39 Cal. App. 226, 178 Pac. 540 (1918) を以下の例と併せて参照。*Dominguez Land Corporation v. Dougherty*, 196 Cal. 453, 238 Pac. 697 (1925); *Whittenberg v. Federal Mining & Smelting Co.*, 15 Del. Ch. 147, 133 Atl. 48 (1926); *Coleman v. Booth*, 268 Mo. 64, 186 S.W. 1021 (1916). また以下を参照。N.Y. Penal Law (1909) §664, 法改正 1924, c. 221; Del. General Corporation Law (1929) §34; Weiner, "Amount Available for Dividends" (1929) 29 *Columbia Law Rev.* 906, 912; Berle, *Studies in the Law of Corporation Finance* (1928) pp. 70-71。後掲注 25) 参照。

のうちには，法律がその解釈によって「資本金」に適用している規制を，会社がその事業活動の指揮に（そのときどきに配分することが期待されている部分とは区別して）永久にあてようとしている資産に適用するのと並べて，個々の株主が彼の参加のために払い込んだ全額にも等しく適用すべきであるというものがある。会計士はとくに後者の見解に傾きがちである。しかしながら法律家にとって「資本金」は，一部の制定法が述べる理由[21]あるいはコモン・ローの規則によって，会社が事業活動のなかで資本の欠損を生んだ場合を除き，独自の範疇として区別し完全に維持さるべきものである。そして株式発行にさいしてその資本金額を超えて拠出されるすべてが「払込剰余金」なのである。

さらに分析を進めると，払込剰余金はより複合的な項目に展開していく。それは以下の四つの特質のどれかひとつに属するといってよい。

(a)それは，新たに参入した証券保有者が，旧来の証券保有者と対等の地位に就くために，事業活動のなかにすでに蓄積されている剰余金と等しい割合になるまで「資本金」項目を上回って拠出するものである。例えば，ある株式会社が1株100ドルの全額払込みの資本で創業し，やがてその事業が成功して1株50ドルにあたる剰余が蓄積されたときに，外部者にたいして1株100ドル

---

21) 次の例を参照。「いかなる会社も，その取締役会の議決によって，そのときどきに発行される株式証券から会社が受け取る報酬(consideration)の一部だけを資本金と決めることができる。ただしその条件として，発行される株式が額面を有するものである場合には，資本金であると決定される報酬の特定部分の額がかかる報酬のために発行された額面を有する株の総額面価格を超えるものでなければならず，発行される株式すべてが額面を有するものでない場合には，資本金であると決定される報酬の特定部分の額が少なくともかかる株式の各々の価格の総計に等しいことを要する。この各々の場合において，取締役会は，資本金となるべき報酬部分をドル金額をもって明示しなければならない。もし取締役会が，(a)現金で発行される会社株式の発行時，あるいは(b)現金以外の財産との交換で発行される会社株式の発行後60日以内に，その株式の報酬の特定部分が資本金であることを決定していなければ，その発行株式にかかわる会社の資本金は，額面を持つ株式の総額面価格プラス額面を持たない株式の報酬額とされる。会社の資本金は取締役会の決議により，資本金であると決定されている額を超える会社の純資産の部分を資本金勘定に移すことを指示して，折々に増加させることができる。取締役会はそこで資本金勘定に移転する超過純資産部分を，特定の意図された種類あるいは複数の種類の株式にかんする資本金として扱うことを指示できる。いかなるときにもそのようにして資本金と決定された額を超える会社の総純資産部分があった場合，それは剰余(surplus)である」。Del. General Corporation Law (1929) §14, 法改正 1929, c. 135, §6.

の追加発行をすれば，これは剰余資金の単なる希薄化を示す。もし外部者が1株当りさらに50ドルの支払いを求められれば，法律はこれを「払込剰余金」と呼ぶ。しかしながらビジネスの感覚からすれば，それは単に旧来の株主のために蓄積された剰余の資金と均等にするため新規の株主が拠出しているにすぎず，実業家はそれを正しくは利益剰余金として扱うべきものと考えて，この項目を利益剰余金勘定に合体させようとする。この問題を法廷で扱った唯一のケースがそれであった[22]。

(b)払込剰余金の項目はまた，会社が法律上の手続きをへてその資本金を減じたところでも生ずるであろう。上に述べた資本にかんする法的な禁止によって規制されている資産額を，州政府の許可を得る必要な手続きを踏んで減額する場合である。もし1株100ドルの株式が50ドルに減額され，かつじっさいにはその操作に先立つ資産が1株当り100ドルあったとすれば，剰余金勘定には1株当り50ドルが付け加えられる。行為の始めに剰余としての払込みがなかったのに，それが「払込剰余金」として分類されるのである[23]。これは明らかに，既存株主によってなされた拠出の一部の清算を見越した操作であり，ビジネスの感覚からすればこの取引は，資本が減額されてしまった株式にだけ，およびおそらくまったくでないにしろそれ以前の発行の背後にあった保証が損なわれるならその部分に，分配されうることを示すようにみえる。法律はまだこの点に立ち入ったことがない。

(c)ある株式会社がその全資産を別の——おそらくそのために設立された——株式会社に売る場合，この第二の株式会社は，第一の会社が売却される前にあった状態を維持したいと望む可能性があるし，またしばしばそうしている。そこで例えば第一の会社の発行済み株式が100万ドル，剰余が50万ドルで，その資産を同じく額面総額100万ドルの発行を望む第二の会社に売ると，第二の会社は100万ドルの資本義務に50万ドルの剰余項目を加えた資産150万ド

---

22) *Equitable Life Assurance Society v. Union Pacific R.R. Co.* (1914) 212 N.Y. 360, 106 N. E. 92.

23) Ohio General Corporation Act (1929) §§ 8623-8639 (設定された資本金の減額), § 8640 (超過した資産の分配); *Small v. Sullivan*, 245 N.Y. 343, 157 N.E. 261 (1927) (合併による減資); *Hoyt v. E. I. DuPont de Nemours Powder Co.*, 88 N.J. Eq. 196, 102 Atl. 666 (1917).

ルの会社として現れる。この剰余項目は「払い込まれた」ものであり，すなわち新会社の事業活動から得られたのではない収益である。だがそれはもともと得られていたもので，資本金と剰余金にかんして従来の会社とまったく同じ状態を新会社に移そうとしたところに意図のすべてがある。要するに，この企業体は法的な装いを変えたにすぎない。この取引のビジネス感覚は，資産の売却前に扱われていたのとまったく同じに新会社で得られた剰余として，剰余金勘定で扱うということだろう。法律ではこれも未解決である[24]。

---

24) *Hood Rubber Co. v. Commonwealth*, 238 Mass. 369, 131 N.E. 201 (1921)のケースでは，定款の修正によって会社が額面100ドルの普通株5万株を無額面普通株10万株に変更し，旧株1を新株2と交換することが行われた。同社の抵抗を押し切って，表示された資本金の増加にたいする税金が課された。会社はこの税金の払戻しを求めて訴訟を起こし，裁判所は372頁で次のようにいって返還を認めた。「このことによって会社の財務は，現金，現金以外の財産，役務，支出義務の償還，いずれの意味においても新しく富を加えてはいない。……それは単にある標章を別の標章あるいは同じ物を代表する複数の標章と交換しただけである。標章が分割されてその枚数が増加したというにすぎない」。このケースにおいては，剰余金が生じたかどうかは明示されなかった。株主は「いかなる資本化もなく，あるいは利潤を分配せずに蓄積した既存の剰余のいかなる減少もなしに」額面株の無額面株への転換がなされるべきだとする決定を行った点で，州政府にたいする誠意を尽くしたとみられた。目的が明確に声明されていることからして，このケースは明らかに正当とみられる。この同じ日に同じ裁判所が下したもうひとつの決定が，*Olympia Theatres v. Commonwealth*, 238 Mass. 374, 131 N.E. 204 (1921)である。ここでは額面50ドルの8万株が無額面の8万株に変更され，さらにその後にこの無額面の8万株が無額面株25万株に増加された。しかし旧株主は50ドルの額面株1株にたいして無額面株1株を受け取っただけで，17万株は未発行状態におかれた。裁判所は上のHood Rubberケースとの比較で，376-377頁で次のように述べた。「額面50ドルの普通株8万株を無額面の同数の株式と交換するさいに税金を課するという理論は，制定法によって今日まで支持されてはいなかった。それはいま決定をみた*Hood Rubber Co. v. Commonwealth*(前述369頁)によって設けられた」。この声明は拡大解釈と思われる。もしHood Rubberケースで，当時の現存資本勘定を維持する意図が宣せられていなかったら，そして無額面株式が現存する剰余金を資本化するために発行されることが認められていたら，かかる税金を課する論拠が十分にあったかもしれない。裁判所はもちろんこうした傍論で，われわれがここで考えている問題を念頭にはおいていなかった。額面株式の転換が背後に必ず同量の資本金額を持つ他の株式になるとは限らないのである。

ペンシルヴェニア州は，会社更生あるいは額面株式を無額面株式に転換するに際して，無額面株の吸収力がいかなる蓄積された剰余をも「凍結」しないよう，制定法によって条件づけている(Pa. Laws, 1919, p. 914以下，§3)。「本法の目的にとって，名目価値あるいは額面価値を持たないで発行される会社発行株式の「表示資本金」(stated capital)とは，会社設立や会社更生あるいは吸収・合併の共同協定のさいに設定されたものに，そこへの

(d) 一番の問題は, 剰余金が, 現存する他の払込剰余金と何の関係もなく, またそれをどう使うかにかんする何のじっさいの意向もなしに, 最初の株式を購入した人々によって払い込まれているところに生ずる。上に述べた三つの状況から生起した払込剰余金という新しい手法は, 人気を得て技術的にもさまざまな変化を生んだ。会社が一種類の株式しか発行していない場合は, おそらく結果はそう深刻でない。そうして生じた剰余金の分配にあたっては, 受取人はその株式に資金を提供した株主（もしくはそれを買い取った人）以外にないだろう。もちろん, その剰余金を少しずつ配当に回すという告知によって, 経済的にはそれだけの価格になりえない虚構の市場価格がその株式に与えられる危険は存在する。じっさいそうしたいくつかの手立ての活用が, 多くのいかがわしい策謀を特徴づけている[25]。ここでも, 無額面株式の手段と結びつけて, 定期的な株券配当が宣せられることもありうる（取締役会が配当として無額面株式を発行したうえでどれだけの剰余金を資本金勘定に繰り入れるかの全面的な決定権を持つゆえに）, 株式会社が自社の株式をもって配当にあて, たぶんじっさいには払込剰余金のほんのわずかの額を資本金勘定に移すことで対応する——その結果, 株主各人の持株数がどんどん増えていくのに資産にたいする比例的持分はまったく変わらない——ことが可能だし, また現実によく起こっている[26]。証券市場はこれまでのところこの状況を予見できるほど世間擦れ

---

何らかの純付加額ないしは純減額を加えて, 会社が事業を開始するさいの資本を意味する。「表示資本金」には, 本法第8条の規定のもとで同じこの期間を通してと期間内とに, 配当として支払うことのできるいかなる純利潤も剰余収益も含めてはならない……」。この第8条には, 配当は純利潤または剰余収益以外から支払ってはならないと規定している。かくしてペンシルヴェニア州法では, 会社が事業を開始するさいの資本とは, 何か公式の法律による増額があるまでは資本金 (capital fund) だということになる。それにしても, 払込剰余金は純利潤でも剰余収益でもないから, 配当は払込剰余金から支払うことができない。

25) 初期段階にさまざまの州が, 配当の支払いを「事業活動から生じた純獲得の剰余」つまり真の収益からのみ支払われると予定したことは, 注目に値する。これはニューヨーク州でも, 法が改正される (Laws of 1924, Chapter 221) までの規則であった (New York Penal Law, 1909 § 664)。この改正は, 収益は事業の活動から生じた純収益剰余からのみ支払われるべきだとする要件を削除し, 「剰余」から支払いをなすことを認めた。この変更の目的がとくに, 払込剰余金からの支払いを認めるところにあったことは明白である。

26) こうした政策を実行している会社の例として, North American Company, Auburn Automobile Company, Shenandoah Corporation を挙げておく。配当として株式が分配さ

しておらず，そのため払込剰余金を持ちかつ定期的な株券による配当の政策をとっている会社の株式を買うことには，かなりの危険が含まれている可能性がある。そのような「株券配当(ストック・ディヴェデンズ)」は，見かけは株式にたいする報酬を構成するが，同時にまったく報酬が含まれていないとも，あるいは現実の利潤が得られそれが資本勘定に加えられたかぎりで報酬を意味するとも，考えられそうである。ニューヨーク証券取引所は近年，「定期的な」株券配当はそれが収益の剰余金勘定から資本金勘定へのじっさいかつ十分な振替えを伴っているときにのみ宣せられるべきであると主張して，これの規制に乗り出した[27]。法律は規制のための何のチェックも課していないようである。

「払込剰余金」が本来携えている真の危険性は，株式会社が二種類以上の株式を発行しているところに現れる。現行法にかんするかぎり，払込剰余金は一見したところ他の剰余金が用いられると同じすべての目的のために用いることができそうである。それはじっさいには資産の拠出であって収益の蓄積でないにもかかわらず，明らかに取締役会の意思ひとつで配当として支払われうる。だから例えば，ある株式会社がクラスAとクラスBの二種類の株式を持ち，クラスA株は額面100ドル，そのうち50ドルが「資本金」で50ドルが払込剰余金勘定に組み入れられ，クラスB株は1株10セントで発行されているとして，取締役会がクラスA株の購入者の拠出からなっている利益剰余金をクラスA，クラスB両方の株主に配当する取決めを行うのに，それを防ぐすべはない。実質的にこれは，クラスA株保有者によって拠出された一部が方向

---

れたさいに剰余金を資本に移転した額が正確にいくらかということは，配当支払い後かなり後になるまでわからない。Central States Electric Corporation は社債にかんして，その利子の支払いを社債保有者のオプションで債務を持つ企業の株式をもって行いうるよう定めた。

27) 例えば以下の，ニューヨーク証券取引所運営委員会の規則制定(1930年4月30日)にあたって求められた払込剰余金の使用規制をみよ。「会計は，この勘定が，会社が組織された日からあるいは資本の構成変更があった場合はその特定の日から，一定期間に実現された収益の未分配部分の正確な金額を示すという目的に沿っていなければならない。州法が，収益あるいは利益剰余金に何の課徴もせずあるいは形式的な勘定記入だけで株券配当が行われるのを許しているという事実は，準ずべき正しい会計手続きに歪みを及ぼすものではない」。さらに前掲注9)に挙げたニューヨーク証券取引所の配当にかんする特別委員会報告をも参照。

を転じてクラスB株保有者に分けられたことを意味する。つまり，クラスA株の背後にある資産価値の一部が，たちまち「配当」としてクラスB株に分配されるのである。

このような事例は，一般化して提示するには，あまりに新しく分析も不完全である。いま述べている第四のタイプの払込剰余金のもっとも重要な適用事例は，株式会社が必要な資金を調達するにあたって資金を借り入れる代わりに優先株を発行する場合にみられる[28]。その際には優先株にたいする制限優先配当(limited preference dividends)が，現実に利子支払いの代替物になる。優先株の保有者は通常，配当が定期的にきちんと支払われることを求める。そのことにたいする納得できる保証がなければ，優先株は売れない。もし会社が先順位の社債や手形の発行で資金を調達していれば，それにたいする利子は，貨幣収入があろうがなかろうが払わなければならず，このことで後順位におかれた株主が資本として拠出した金額を利払いに回すことは可能だし，じっさいそうされている。そうしたケースを想定すれば，優先株の株主は現実には社債保有者になったと同じことである。少なくともある期間，後順位の株式による資本への拠金を，優先株配当に使うというような条項は，不自然ではないし必ず望ましくないとみられるわけでもない。後順位の株式証券は，現実には単に彼らが雇う資本のための借金の利子を支払うものにすぎない。その利払いは(ごくふつうに)利潤が生み出され始める前から発生するのである。

さらに加えて，払込剰余金を最初に用いることに，正当性が乏しいと思われる。これがもたらす別の結果は，拠出された資産をある集団から別の集団に──おそらく事業面でも倫理的にも常識からすればそれらを受け取る権利をほとんどかまったくも持っていない集団に──移すほぼ無制限の権力を，取締役会に認めるということである。法律が結局は払込剰余金の使用を制限するようになることは，十分にありうる。これを主題として持ち出されたケースにたいして，裁判所が今日の不適切な使用を禁ずるかもしれない。このテーマにかんする必要な決定を保留したままでは，疑義が，法律家にとっての問題点のひとつとして残るだろう。

---

28) ひじょうに多くの不動産会社がまさにこの方式を採っている。例えばFred F. French Companyグループのいくつかの企業が，第二抵当の資金の代わりに優先株を用いている。

払込剰余金は，投資家大衆の大部分がその存在を知らず，それが意味するところも理解していないがゆえに，危険である。大衆はそれとは知らずに剰余金に貢いでいるかもしれない。ニューヨーク州では，無額面株式を「資本」として設定できる一定額を定款が明確に求めているのでないかぎり，無額面株に支払われるすべてを「資本」であると見なす[29]。そして大方，ニューヨーク州の会社は通常条項で，当初発行の無額面株式への払込みを，資本金としなければならないとしている。しかしながらニューヨーク以外の州でそれは一般的な規則になっていない。例えばデラウェア州では，取締役会が無額面株式の発行にさいして，どれだけを資本にどれだけを払込剰余金に設定するかといった要件を特定しうることとされている。株式の購入者は通常，その中味がどうなっているのか知らない。デラウェア州ではさらに，財産を増すための株式発行にさいして，取締役会がそれによって資本金勘定をどうするのかを事前に特定することさえ要求されていない。どれだけを資本と払込剰余金に振り向けるかを，発行から60日後までに決めればよいのである[30]。ここで株式の受取人は，彼の拠出が払込剰余金になるのかどうかを事前に知る可能性すらないのである。

この手段が数種類の株式の使用と，そしてその一部の株式を寄生的なものとして使用することと一体化されるときに，発行価格のどれだけを払込剰余金とするかを決める権力が，そうした剰余金からどれだけを配当として分配するかを決める権力と結びついて，株式保有者間に資産を配分する経営者の権力そのものを大きく強めることは明らかである。それを合法的に用いうるということが，とんでもない悪用の可能性をもいや増しさせる。利点と危険のどちらが

---

[29] New York Stock Corporation 法(1923)§12は，無額面株式が認められる次の二つの陳述のどちらかひとつに厳密に従った言説を，定款が含んでいることを求めている。
　A．「株式会社の資本は，額面を持つ株式の全発行分の額面総額に，プラス＄____（このスペースは1ドル以上の金額によって充たされる）の無額面で発行された額と，プラス取締役会の決議によってそのときどきに発行される額とから資本金勘定に移転されるものとで，それらの合計に少なくとも等しくなければならない」。
　B．「株式会社の資本は，額面を持つ株式の全発行分の額面総額に，プラス額面を持たない株式の発行のために会社が受約した総額と，プラス取締役会の決議によってそのときどきに発行される額とから資本金勘定に移転されるものとで，それらの合計に少なくとも等しくなければならない」。

[30] Delaware General Corporation Law §14, *supra* note 21).

勝っているかは，当分の間知りようがない。いまは言い訳できない使用の仕方にいつか正当な理屈が立つ可能性も，逆に合法的とみられる使用の不健全性が立証される可能性も，ないとはいえない。

　第四タイプの払込剰余金の主要な使用の仕方は，二つあるように思われる。ひとつは会社の発育期，つまり利潤を挙げる前の借金への利払い期に，優先株への配当に用いる仕方である。もうひとつは優先株によって代表された資本を払い戻すときがきて，利益剰余金を守るために払込剰余金を用いる仕方である。

　この後者の使用には，説明を加える価値がある。現代の資本構成のもとで，優先株はしばしば償還株（redeemable），つまり会社の選択によって現金で買い戻すことのできる株式である。多くの会社法制が資本金勘定から少なくとも一部支出して優先株を償却すること，それによって剰余金勘定を配当支払いのために残して保持することを認めている[31]。だがそれには制約がある。前掲のいくつかの州では，優先株が償還あるいは回収されるさいに，通常は各株式の額面相当分が資本金勘定から償還されるようになっている。無額面優先株の償還のさいには，各株式の「資本に相当する」額がやはり資本金勘定から支払われる。もっとも後者の無額面株の事例はこれまでまだ判例がなく，優先株全体が受け取った金額をその発行株数で割って，根拠はないが（1株当りで）そういうことになると想定しているだけである。だが優先株の償還は通常プレミアム付でのみ——額面100ドルを110ドルでという具合に——なされうる。だから会社が優先株の償還で110ドルを支払うのに100ドルは資本金から行うとして，プレミアムの10ドル分はほかから持ってこなければならない。それを資本金勘定から持ち出すことはできない。もしそれが収益剰余からのみ支払われうるものだとすれば，その実行は利益剰余金を減らして後順位株主への配当支払いを損ねる結果になりかねない。そこで会社は払込剰余金の勘定を設定して，利益剰余金が証券の償還によって枯渇することから守ろうとするのである[32]。この点からいえば，払込剰余金の基金は後順位株式保有者の拠出の一部を優先株保有者に——後順位株主とは関係のない彼らを助けるため——移転することを

---

31) 例として Delaware General Corporation Law (1929) §27。
32) Berle, *Cases and Materials in the Law of Corporation Finance* (1930) p. 394 以下を参照。

許す。濫用されやすいが，これが通常，合法的な手続きとなる。取締役会はふつう，資本を借り入れる手段（ハイヤリング）として以外に優先株を発行しない。また取締役会はふつう，もっと低い利率で資本を借り入れることができるか，あるいは会社が所得への重い優先負担から解放されるようになったとき以外に，優先株を償還しない。この目的に後順位株主の拠出を使用することが，おそらく取締役会にとって都合のよいこととなる。

### 参加権の移転──吸収合併（Mergers）

参加権を希薄化する最後の手法は，株式会社が他の株式会社と合併し，合併された会社の株式の代わりに新会社株か合併会社株を発行することである。これは一事業体における参加権が，より大きな事業体における参加権と強制的に交換されることを意味する。そうした合併の多くが公正な方法でなされたように想定されるが，しかし常にそうであるわけでない。比較的最近の例でいうと，ニュージャージー・パブリック・サービス・コーポレーションが，自分よりも小さい多数の公益事業会社の株に買い向かって大株主になった。それからこれらの事業体はそれぞれの設備を，自社株式に確定配当率をつけてもらう賃借方式で，パブリック・サービス社にリースした。このリースは親会社に一定の責任を課したことを意味し，大まかにいえば各社の株式に後順位抵当社債並みの所得保証をしたということになる。さらにその後，パブリック・サービス社はこれら諸企業を自らに合体し，吸収した企業の株式を自社の優先株と交換しようとした。優先株配当は上の賃借方式になぞらえうる責任はなく，安全性がずっと低い。ニューヨークの一銀行商会（Roosevelt & Son）が後ろ楯となって一連の株主委員会が結成され，ニュージャージー州裁判所にこの点での裁定を求めた[33]。裁判所は，このような仕方の合併は小規模株式会社の各々の株式の基礎をなす資産価値の優先的地位をあまりに大きく変更するものであると断じて，優先株との交換を禁じた。この事例では，希薄化は資産量にかんしてよりも資産の質の面で生じたのである。各々の株式の背後にある資産の価値は，少なくともその時点ではほぼ同一に保たれている。だが危険のほどは実質的に

---

[33] *Outwater v. Public Service Corporation of New Jersey*, 103 N.J. Eq. 461, 143 Atl. 729 (1928).

大きくふくらんだはずである。そのことは 1930〜31 年にニュージャージー・パブリック・サービス社優先株の市場での激落によって立証された。

希薄化のもっともシンプルな形態は，二つの株式会社の一方がその全資産を買い手となる他方の会社の株式との交換で売却する，その際に合併企業の資産に加えられる売った企業の資産よりずっと大きな割合で株が発行される，という仕方である。資産を売却した株式会社はそこで消滅し，その株式保有者にたいする支払いとして持株割合に応じた株式の分配がある。ここでは買収した側の企業の株式保有者が損害をこうむる。彼らの持つ株式の資産価値が，身売りした事業の株主にたいする不相応に大量の株式の分配によって希薄化されたからである。こういう結果は，株式が外部者にたいして資産以下の価格で売られた場合とまったく同じである。この交換がいかに不平等かを十分に示すことができれば，裁判所は取引を禁止するだろう[34]。しかしこの交換の正当性にかんしては取締役会の判断に重きがおかれるので[35]，取締役会はこの方策のなかで現実にひじょうに強い希薄化の権力を握っているのである。

しかしながら合併を通じての希薄化は，取締役会の行為以上の何事かを要件とするのがふつうである。議決権株の過半数ときには 3 分の 2 までが賛成投票を行うことが，通常，法律によって求められる[36]。そのためこのタイプの希薄化は，「支配者」の積極的な後押しがあって初めて運用できるのである。

### 参加権のバリエーション[37]——株式会社による自社株の購入

株式会社は一般に自社の株式証券を購入することができるが[38]，その権限

---

34) *Jones v. Missouri Edison Electric Co.*, 144 Fed. 765 (C.C.A. 8th, 1906).
35) 以下と比較せよ（株式の見返りとなる財産購入のケースである）。*Donald v. American Smelting & Refining Co.*, 61 N.J. Eq. 50, 48 Atl. 786 (1901).
36) それらの立法を集めた，Parker, *Corporation Manual* (1931) §46 を参照。
37) われわれは「寄生的」株式にかんする議論を行ったさいすでに，特定の株式の背後で資産価値と収益力を増加させるメカニズムのひとつに論及した (146 頁)。
38) これはコモン・ローとほとんどの制定法のもとで，ともにそれを認めている。コモン・ローの規則にかんする議論は 1926 年の 10 Corn. L.Q. 371, 1927 年の Ballantine on *Corporations* §66 を参照。自社株購入にかんする判例のほぼすべてを，ニューヨーク法律家協会の Irving J. Levy 氏が，氏の指導下でコロンビア・ロー・スクールの研究として収集し，1930 年に 15 Minn. L. Rev. 1 に収録した。Levy 氏はそこで，この権限の行使には法

は剰余金積立額までと，一様に制限されている。剰余金だけがこの目的に用いられるとするかぎり[39]，権限の範囲は制限される。しかしながらこれが払込剰余金という手段と結びつけられると——そしてこの払込剰余金が会社の組織者集団が最初から，あるいはその後に選ばれた取締役会がこの項目を設けることによって，いくらでも増やせるのを想起すれば——その権限はかぎりなく伸長することが明らかとなる。

そうした力の行使が会社資産の価値を高めるか低めるかは，取締役会の判断によって，また株価の好ましいと彼らが感じた時点での，剰余積立金が公開市場での株式購入に向けられる実務にかかっている。もし資産価値を超える値段で株式を購入すれば，その効果はほかのすべての株の資産価値を減ずることである。資産価値以下の値段で購入すれば，残りの株の資産価値は高まる。前者を行使した例は多くはないが，すぐ思い浮かぶのが次の有名な事例である。ナショナル・シティ・バンクがその株価を400かそれに近い値に「買い支える」ため，子会社ナショナル・シティ・カンパニーを使って，公開市場で1株当り純資産額をはるかに上回る価格で自社株に買い向かわせたのである。一方，株式の資産価値を高めるために1株当り純資産額を下回る価格で自社株を買うということのほうは，そうめずらしくはない。とくに多くの「投資信託」が，彼らの株式の背後にある資産価値を強化するために，この操作を多用している。

極論すると，この仕方によって，取締役会が市場の崩落期に一時的に下がった自社株式を会社の剰余積立金(払込剰余金を含む)のありったけを使って償却

---

律的な禁止条項を設ける必要があるとの結論に至っている。自社株購入の技術的な検討のためにも，この論文は示唆的である。株式会社法の著者たちは，この実務にかんして意見が分かれている。以下を比較せよ。Morawetz, *Private Corporations* (2nd Edition 1886) §§ 112-113; Machen, *Corporations* (1908) §§ 514 以下，626; Wormser, "Power of Corporation to Buy Its Own Stock" (1917) 24 *Yale L. J.* 177. これをめぐる教義の歴史にここで立ち入る必要はない。この権限が行使されるようになったときから裁判所は，会社の取締役会が受託した権力を悪用するかもしれない事実を理由に，それを制限する必要があると認識していた。*Luther v. Luther Co.*, 118 Wis. 112, 94 N.W. 69 (1903); *Borg v. International Silver Co.*, 11 F. (2nd) 143 (S. D. N.Y. 1926)を参照。この権力は通常，取締役会の決議によって権限を与えられた会社役員によって実行される。

39) そのように権限を規制しているいくつかの法令がある。N.D. Comp. Laws Ann. (1925) § 4531; Okla. Rev. Laws (1921) § 5320；また注38)に記した Levy 氏の論考16頁を参照。

してしまう，ということが可能になる。これは次の危険につながる。自分の株式保有量を増やしたい，あるいは株式当りの資産額を経営の実態よりもよくみせたいと思う経営陣は，剰余金を使える範囲でできるかぎり安く株式を買い集め全保有者中の相対的な参加権を高めるという単独の目的に沿って，故意に株価下落を誘導しあるいは少なくとも公開市場の誤れる低評価を認めようとする，可能性が出てくる。換言すれば，経営陣はベールに包んだ自分たちの株式の操作をもって，会社を強くするということになりかねない。これは，株式市場にかんして取締役会を，見かけ上も不健全と映るほど株式保有者——取締役は名目的に彼らを代表している——にたいし，直接敵対する立場におく[40]。他方，会社が自社株を購入すること，とくに市場の仕組みが一時的に壊れたような場合それを行うことに，弁護論がありうることにも触れておく必要がある。1929年11月の株式崩落にさいして，多くの株式会社が緊急に，剰余金の積立てをそうした株式購入にあてることをせまられた。それに伴って生じた結果は，市場に残った発行株の資産価値を変更させるということだった。だがその動機はあくまで，株式の市場購入の条件作りであり，人々が市場で売買するメカニズムを維持しようということだった。こういう過程を，合法的な使用以外の何かだと見なすのは難しい。じっさいそれは，多数の株主のために適正な市場の査定を守ってやる，唯一の可能な手段だったのである。

### 株主保護の撤去——新株引受権の削除

　新株引受権(pre-emptive right)はもともと，会社資産への参加権における，財産利害の必然的な所産として考え出された。所有者は会社資産の一部たりとも，外部者に移転されることに何もしないでいることにはならなかった。彼は事業活動のすべての獲得物に権利があった。もしその事業活動から資本にたいする通常の収益より大きな利潤があがるだろうことを企業が提示したら，所有

---

40) 少なくとも投資信託にかんして，ニューヨーク証券取引所がこの観点に立っていることは明らかである。1930年5月26日，特別の事情ある場合を除きいわゆる「投資信託」による自社株購入の禁止を，上場委員会が公表した(ニューヨーク・タイムズ，1930年5月27日)。特別の事情とは何かについて取引所は規定しなかった。じっさいに行われた自社株購入はただちに報告することが求められた。以下を参照。Berle, "Liability for Stock Market Manipulation" (1931) 31 *Columbia Law Rev.* 264.

者はそのうまい話に自分の資本を投ずる機会を当然の権利として持つ。したがって新株引受権は，株主の(a)議決権と(b)比例的な参加権とへの保護条項だと考えられた。この最後の観点からして，それは株主を希薄化から守る手っ取り早い自動的手段だった。彼の株式の純資産価値が150ドルだったときに，新株が100ドルで売りに出され，それを外部者が買ったとすれば，50ドルの剰余は旧株主と新株主との間で分割される。もし株式保有者が新株を買えば，彼の参加権は以前と同じである。まっとうな分析はみな，新株引受権を配当に類するものとしている。それは，会社の現在の剰余あるいは将来の収益力あるいはその両方からもたらされる追加部分を，わがものとする権利を示す。もしその新株引受権を売るなら，そうした収益力や剰余の一部の価値を，いま現金に転換してしまうことを意味する。

　この理解は，すべての株式が剰余にたいする参加権を持っていたかぎりで妥当だった。だが配当にたいする制限的な権利と資本的資産における制限的な参加権しか持たない優先株の出現が，大いなる混乱を招来した。問題の本質の理解を示唆するこの主題にかかわる事例として[41]，配当と資本的資産への両方に制限のある優先株保有者が，転換優先株の発行にたいする新株引受権を求めて訴訟を起こしたケースがある。この新株には議決権がなかった。次席裁判官レインは主旨説明のなかで，新株引受権の唯一の目的は積み立てられた剰余および比例的な議決権にかんする利益を保護するところにあり，そして異議を申し立てている証券保有者は剰余金にかんする利権を持たず議決権を与えられる可能性もないのであるから，裁判所命令を求める理由を欠くことを指摘した。したがって彼らの新株引受権を否定したのである。これを問うた他の裁判闘争では，ことはそううまく運ばなかった[42]。

　今日の現実ではもちろん議決権の有無はとるに足らず，新株引受権をめぐる実質的な論議は株式保有者が資産と収益力にどれだけの参加権を持つかという

---

41) *General Investment Co. v. Bethlehem Steel Corporation*, 88 N.J. Eq., 237, 102 Atl. 252 (1917).

42) *Jones v. Concord & Montreal R. Co.*, 67 N.H. 119, 30 Atl. 120 (1891); *Jones v. Concord & Montreal R. Co.*, 67 N.H. 234, 30 Atl. 614 (1892); *Thomas Branch & Co. v. Riverside & Dan River Cotton Mills*, 139 Va. 291, 123 S.E. 542 (1924)（この場合には配当の優先性という参加権を持つ株式保有者に新株引受権が認められた）。

ことに向けられている。その両方とも制限されているというときには——優先株がしばしばそうだが——新株引受権の訴えは敗北に終わっているようである。

一方，普通株の所有者あるいは参加権を持った証券の保有者は，現実的な利害を持つ。彼にとって新株引受権は希薄化にたいする大きな保護装置なのである。新株引受権が存在していない場合でさえ，彼が正規に訴訟を起こせば，裁判所が適切に彼を保護するだろうことは事実である。だが訴訟は小株主がよく用いるところではない。費用がかかりすぎる。彼に与えられるひとつの自動的な権利こそ，1000もの訴訟に匹敵するのである。新株引受権が注意深く守られているときに組織されそれが周到に維持されているような会社は，まさにそのことを理由として株式に高い評価が与えられる。アメリカ電話電信会社の株式はその顕著な例である。

しかし株式の種類が今日ここまで広がって運用されるようになると，状況にしっかり合う規則を作ることは，まったくといわないまでもほとんど不可能である。参加的な優先株のケースでは——例えばある累積的優先株が1株4ドルの配当を受け，次いで普通株が4ドルの配当を受け取った後さらに3ドルを受け，その上で利益配当を普通株主と折半するとか，ほかにもこれまで考え出された同様ないくたの仕組みのどれかを備えた株式であったような場合——新株引受権に類似する何かが必要になるかもしれない。とはいえそれは，単純に数式をかざして提出できるようなものでない。ここで新株引受権は適正とも不適正ともなり，本来の目的を完全に失ったものでもありうる。このことから近年，論者は，複雑な種類に分かれた株式での新株引受権を扱うさいに，要するに首尾一貫しないものと考えてかかる方向をたどっている[43]。

株式会社金融における現代の趨勢は，総じて難問を一刀両断でさばいてきたが，新株引受権はあまりに多くの問題を提起した。株式の性格を持つすべてのものが，法の下で一応この権利を与えられる。その権利は株式会社が発行でき

---

43) H. S. Dinker, " Preëmptive Right of Shareholders" (1930), 43 *Harvard Law Review*, 586, 同じく以下も参照。Morawetz, "Preëmptive Right of Shareholders" (1928), 42 *Harvard Law Review*, 186; S. H. Frey, "Shareholders' Pre-emptive Rights" (1929) 38 *Yale Law Journal* 563. 主要なケースは Berle(の指揮下で収集した)，*Cases and Materials in the Law of Corporation Finance* (1930), pp. 309–354。

るそうしたすべての証券に——株式そのものであれ株式に転換・還元できるものであれ——適用される。したがって株主は転換社債における先買権（pre-emptive right）を持ち，またおそらくワラント（特定価格で株式を買う権利証書）にも先買権を持つ。さらには株式とワラントの組合せ，社債とワラントの組合せ，あるいは社債または他の株式に転換可能な株式等にかんしても，同様の権利を持つ。新株引受権を処理する機構は，骨の折れる，ときには費用もかさむものであり，そして証券市場を困難に陥れることもありうる。したがって前に注記したように[44]，法にその条項を設け，会社が定款に新株引受権の除去を規定して入れるのを認めるようなことが生まれてきている。そのような法のひとつであるデラウェア州法は，いかなる株式保有者も，会社設立証書に彼に新株引受権を与えるという特別な記載がないかぎりその権利を持つものでないと規定している。この法のもとで作成される設立証書の典型例は次のようなことになる。

「株主は，会社が将来発行あるいは販売するであろういかなる株式あるいは選択的ワラントを購入あるいは受け取る権利を，それらが当該設立証書あるいはそれの修正によって授権された発行からであれ，またそれの発行後に設立証書の修正によって獲得された会社株式の発行からであれ，権利として与えられてはいないし，またいかなる株主も，会社が将来発行あるいは販売するであろう，株式への転換あるいは交換が可能な担保付あるいは無担保の社債その他の債務証書を購入あるいは応募あるいは受け取る権利，あるいは特定のワラントまたは複数のワラント，あるいは債務証書の保有者あるいは所有者にたいしてその資本金を構成するいかなる発行にも応募あるいは会社から購入する権利を与えるような他の単一または複数の証書に，参加あるいは関係する権利を，権利として与えられていない。しかし株式購入権付ワラント（ストック・オプション）あるいは株式に転換あるいは交換が可能な担保付あるいは無担保の社債その他の債務証書，あるいはそれに参加あるいは関係することを認めるワラント，あるいは何らかの株式に応募あるいは購入する権利を保有者に与えるような，すべての追加的な発行は，取締役会の無条件の裁量によって彼らが最適と思う人物にたいして最適

---

44) 前掲注 14)。

思う条件で彼らによって発行され処理することができる」。

新株引受権の削除は、追加株式の発行がもたらす希薄化の全権力の行使を、明白に取締役会の仕事分野とする。そうした権力にたいする法的な制約が残ってはいるが、自動的な抑制はもはや働かない。

新株引受権がなお存在しているところでさえ、(本書第2編第1章で述べたように)それは現金以外の財産との交換で発行される株式には適用しないといった例外対象になっている[45]。そして少数派であるがニューヨーク州を始めとする諸法域が、すでに授権されて未発行であった株式が発行されるさいにも、必ずしもそれを適用しないとしている[46]。

これらの例外と、法令や定款条項で新株引受権を直接排除してしまう措置によって、現代的な諸方策のすべてを駆使する株式会社は、その取締役会に、株式の発行を通じまた各株式の背後にある資産価値を調整するため発行価格を決定することを通じての、ほとんど無拘束の権力を付与することになる。

## 2. 不確定化された参加権

会社の収益と資産にたいする明確な権利がもっと後まで確かめられないよう

---

45) Berle, *Cases and Materials in the Law of Corporation Finance* (1930) p. 344 の注参照。
46) *Dunlay v. Avenue M. Garage & Repair Co., Inc.*, 253 N.Y. 274, 170 N.E. 917 (1930); *Archer v. Hesse*, 164 App. Div. 493, 150 N.Y. Supp. 296 (1st Dept. 1914). 最初の株式にたいする応募者が、どんな場合でもその後になされるすべての発行に新株引受権を行使する権利を主張できるわけでない。株式会社はともかくスタートしなければならないが、他方で、新株引受権のない授権され未発行の株式の巨大なタンクを建造するという実務が生まれる可能性がある。ここに挙げた Dunlay のケースがもたらした規則は、新株引受権が、「事業が当初予定した制限を超えて拡張したからというよりも、会社の当初の事業にあてられるために」発行される株式には、適用しないということであった。この規則に照らせば、「当初予定した制限を超えて拡張」するための株式発行には、新株引受権が適用されることになる。会社の当初の「事業にあてる」か「事業の拡張にあてる」かの明確な線引きができるはずもないから、この区別づけは十分に実用的だということにならない。おそらくこのケースでの一番の重要性は、会社株式の販売者が設立趣意書で最初に唱えた、「100万株を授権され、そのうち今回発行される10万株」かそこら、を当初発行する(今日の趣意書ではごくふつうの実務である)という言い方で、意図している事業のための株式発行と「事業の拡張」のためにリザーブしている発行との間に、自ら線引きをしたということである。少なくともこれが、ひとつの起こりうる結果である。

な証券の発行が定款に記され，それを制定法が認めたところでは，取締役会に極度の権力が付されたことになる。三種類のそのような証券がこれまでじっさいに出現している。株式購入権証書，「白地」株式，会社のオプションで転換できる証券，がそれである。

### 株式購入権証書(Stock Purchase Warrants)[47]

株式購入権証書(＝ワラント)はおそらく，この種の証券のうちでもっとも広く行き渡っている。だがこの証書については，財務の手段としても法律の問題としても，ごくわずかのことしか知られていない。出現してから歴史が浅くて，その意義にかんして賢明な判定が下せるほどになっておらず，法律上の地位は，それが今日果たしている経済的な役割から大きく隔たっている。名目的には株式購入権証書は選択権(オプション)であって，それの所持人は証書に設定されている価格で(この価格は選択権の有効期間中に変更もありうる)会社の発行株式の1株あるいはそれ以上に応募することが認められる。選択権が行使できる期間は，限られているか永久かのどちらかである。近年では永久的な購入権証書となる傾向がみられるが，それが初めて合法化されたのは，1929年のデラウェア州会社法の修正によってである[48]。

---

47) 著者のひとりの指導のもと，Russell G. Garner, Alfred R. Forsythe 両氏による以下の論文が書かれている。"Stock Purchase Warrants and 'Rights'" *Southern California Law Review*, April and June, 1931, Vol. IV, No. 5, pp. 269-292; Vol. IV, No. 5, pp. 375-392. この権利をめぐっての今日確かめられる状況をたどっているこの研究は，同時に現在用いられているすべての基本形態の再録でもある。株式購入権証書に固有の極度に随意的な性格を浮彫りにした上で，論文は結論部分において「当然の疑問は，取締役会の株主保護の責任からして，取締役会は株主の反対があっても現在の設定価格を付したワラントをずっと発行できるのかということである」と述べている。例えば1株100ドルで会社の証券を買うオプションが今日は妥当だとしても，10年後には総じて不公正になるというのは，ありうることである。

48) Delaware General Corporation Law (1929) §14, 最終パラグラフ。1929年以前にデラウェア州法は買増権(rights)や債務証書(bonds)を明文をもっては認めていなかった。したがって少なくとも永久的な購入権のごときは，合法性が疑わしかった。1929年，法は「期間に制限のない」選択権の発行を認めるべく修正された。これは当時のほとんどの研究者にとって衝撃的であったが，しかしこの点にかんしてデラウェア法は，すでに勇敢なニューヨークの事業所がやっていたことを法律にしたにすぎない。その後数カ月のうちに，永久的な購入権はとり立てて論評の必要もない，ふつうのこととなった。

前提として株式購入権証書は，その所持者が一定の購入価格を支払えば株主になるという特権からなっている。もし購入価格が，ワラントが発行対象にしている等級の株式の1株当り資産額より低ければ，必然的に購入権を行使したときに希薄化が生ずる[49]。だがもし株式の市場価格が選択権の価格よりも高くなければ，公開市場でその株式を買うほうが安くつくのだから，購入権は行使されないだろう。購入権がそれの発行からずっと遅れて(会社の業績が上向いてきていると想定して)行使される場合には，希薄化が生ずることはほぼ確実である。このことから一部の研究者は，株式購入権証書を，現存するすべての購入権が行使され終わるまで株式の希薄化を持続する潜在的な権利だというふうに記述している。もしある株式会社が10万株を発行しそれが流通しており，また別に10万の選択権付ワラントを発行しており，そしてその選択権の行使以前に株式1株当りの純資産価値が150，選択権の価格が100だったとすれば，選択権行使の結果は，選択権価格を超過する額の半分を旧株主から取り

---

[49] 資産の希薄化がいつ生ずるかの問題で，バーリ教授と私〔ミーンズ〕は意見が一致していない。私は，購入権証書の発行が(証書が会社に十分な追加的資金をもたらすのでないかぎり)資産の希薄化を生むものとみることによって，ワラント取引の理解がより明確になると信じている。二人の違いは，資産における比例的持分の意味に多くかかわっている。もし「資産」が帳簿価格として定義され，比例的持分が帳簿価格を発行された株式総数で割ったものだとするなら，バーリ教授の理解に異論をはさむ余地はない。だが他方，もし「資産にたいする比例的持分」が，将来に所得を生むことが期待される財産における株主の持分を意味するならば，そうした将来の収益への持分にたいする権利を他人に無償で贈与することは，財産における元々の株主の持分を減らすことになり，彼の持株が代表する資産を希薄化することになる。資産の定義をこのようにするなら，株式購入権証書——企業の将来収益への持分にたいする選択権——は，その発行の結果として会社の金庫に相当額が払い込まれない発行時点に，株式が背後に持つ資産を希薄化する傾向がある，ということになる。
　ワラントが行使されるとき，現存する株式が代表する(上に定義した)資産への比例的持分は，購入権の放棄によって同時的に増加し，その資産価値より低い価格での株式発行によって同時的に減少する。
　しかしながらまたワラントが行使されるときには，証書の所持人が金融的な損失を積極的に受け入れるのでないかぎり，株式の市場価格は，その行使によって会社に払い込む額にほぼ相当するワラントの市場価格を上回っていなければならない。
　もし市場価格が，株式と行使以前のワラントがそれぞれ背後に持つ資産における持分を正しく反映しているならば，行使前と後との各々の持分によって代表される資産の額には変化がないということになるだろう。——G.C.Means

上げて新株主に引き渡すことになるのが明白である。この理由によって，ワラントを発行する権限および発行されたときにそれを行使する権限は，既発行株式の背後にある資産価値にたいしての，強力な権限を潜在的に示している。

今日の標準的な制定法のもとで，そのようなワラントの発行権限は取締役会だけに与えられている50)。そして定款に特段の定めがないかぎり，取締役会はそのことに何の統制も受けない。デラウェア州で会社の株式を買って株主になった者は，取締役会が単なる決議でその発行を選択し，彼の権利が変化をせまられる運命にある51)。もちろん定款にそのような権力の行使を阻止するように書き込むことはできるが，著者たちはじっさいにそんなことが行われている事例に出会ったことがない。これとかなり似た条項はメリーランド州にも52) ニュージャージー州にも53) 存在する。ニューヨーク州はまだこの実施を認めていない。ひとつの極端な形態が，アメリカン・アンド・フォーリン・パワー・カンパニーの会社の構成にみられる。ここでは数種類の優先株と，普通株1000万株とで資本が構成されている。普通株のうち141万3000株が1929年4月30日現在で発行されていたが，これと同時に361万9000株を買い取ることのできる選択付証書が発行されていた。いい換えれば，現在の普通株発行の2倍以上の株式を予告するワラントが発行されていたのである。

実のところ，株式購入権証書，そしてとくに永久的購入権は，奇妙でほとんどわけのわからない道筋をたどってきた。会社による配分のなかにおける彼らの利益はワラントの行使——それによって基にある分け前を選択権にある価格で確保すること——があってこそ実現できるのに，じっさいにそれはめったに行使されない。この事実にもかかわらず，証書は市場価値を保っており，それを説明するにはまだ経験不足である。市場理論のなかには，購入の選択権を保有するということは株式における長期の地位を保有するのと同じだとする説もあるが，だがまた，選択権は株式そのものよりも安く買えるのだから，選択権

---

50) Del. General Corporation Law (1929) § 14.
51) Berle, "Investors and the Revised Delaware Corporation Act" (1929) 29 *Columbia Law Rev.* 563, 565.
52) Md. Code (Bagby, Supp. 1929) §§ 41, 44, 45. 1929年の法修正による。c. 565.
53) N.J. Comp. Stat. (Supp. 1931) § 47-18. 1930年の法修正による。c. 123.

はプレミアム付で売る資格だという考えもありうる。つまり，もし選択権が10で株式を買えるというもので，そしてその株式が20で売られているとすれば，選択購入権は10で（市場価格マイナス選択権の価格で）売られるのでなく，10プラスその株式の将来の値上がりの機会を織り込んだプレミアムをもって売られる。この状況が存在しているかぎり，選択権を買ってさらにそれを株式に換えることは，けっして利益につながらない。選択購入権の証書は常に少し先んじて進むだろう。じっさいに，選択購入権証書の価格はしばしば一貫してごくわずか先んじているので，それの期限がきたときか近づいたとき以外には，その証書との見返りで発行される株式は相対的に少ないようにみえる。とくに期限がついていないワラントの場合にはめったに行使されない。このことから，ニューヨーク証券市場の観察者のなかには，選択購入権は行使されず結果として会社資産にも影響を及ぼさないのだから，それは純粋にギャンブルのカウンターを設けただけのことだとする見解が生まれていた。期限のないワラントについてのきわめて短い体験からして，一般化はまだできない。それは永遠のギャンブル・カウンターたりうるかもしれないが，また変化する安全性や景気循環などが，別の物語を口にするようにならないともいい切れない[54]。したがって長期にわたってそれを保有するという対象物としては，株式購入権証書を大量に抱えているような資本構成の株式会社の場合，説明しがたい危険要素があることになる。景気がよいとなると，希薄化がいつなされるかもわからない[55]。

---

54) 選択購入権の公開市場におけるありうべき価格の評価ということは，数学的にきわめてややこしい問題である。それをずっと単純化して計算するのでも，次のような手続きがなされなければならない。購入権証書の価値は，株式の市場価格から，選択権の価格を引き，それに購入権証書を「運用」するには資金が少なくてすむという事実から生ずるプレミアムを足し，そこから購入権証書は配当に与ることができないという事実から生ずる減価額を引き，さらに流通している株価の上下を要因とするプラスかマイナスを加え（だがこれは，裁定取引が常に購入権証書の価格を株式の市場価格マイナス選択権価格より低くすることを阻止する事実で枠づけられている），そこから購入権そのものの運用を通じての希薄化のために選択権が株価に及ぼす潜在的な減価効果を引く（この要因は，ある特定の時点に行使される購入権の数がどれほどかという可能性によって変動する），等々といった計算をして得られるのである。
55) 読者はここでも，これが法律上の観点からのものであることに留意しなければならない。経済的観点からすれば，価値の減価は購入権証書が発行された時点に生じているのであっ

法律上は，選択購入権証書はまだ決着していない数々の深刻な異論の渦中にある。その第一が，それが何ら株式の引渡しのために構想されておらず，純粋にギャンブルの契約であるべく保持される機会だとする異論である。第二が，株式購入権証書とりわけ永久期限のそれが発行される時点に，そうした選択権にたいする適正な価格を設定するのはほとんど人知を超えた難業だという異論である。それを発行する取締役会（あるいはそれを買い取る銀行）は，状況をみながら必然的に単独で価格を設定しなければならない。そしてその価格が究極の参加権と関係を持たない前提で足を踏み入れ取引に加わろうという株主ならば，それをひじょうに容易に成就しうる。第三として，この証書は転換社債と同じ弱点を分け持つ。もし時を経て会社が引き渡す株式を持っていない，あるいはそれを引き渡すことを望まないということになった場合，はっきりいって株主の救済策はないのである。裁判所はおそらく株式の発行を命じない。失望した証書所持人がこうむるダメージの大きさは，未だ確定されていない。

### 「白地」株式（"Blank" Stock）

　株式購入権証券よりも新しいとさえいえるこの手法は，取締役会がほとんどまったく気づいていなかった潜在力を作り出した。この手法の利用がたどる究極の姿はまだ見通せていない[56]。

　「白地」株式は，授権されているが未発行の優先株にかんして，それを，発行に先立って定款に記された配当率の変更権限を取締役会に与える手はずがとれているような株式にしたいという願望から生まれた。これはもちろん完全に合法的だった。優先株はしばしば，担保付あるいは無担保社債などとも多く共通するような，先順位の資金調達手段として用いられる。ずっと昔からそれは会社設立証書に記載すべきこととされていた。だからもし授権され未発行の8％累積配当の優先株が，証券市場の状態からしていま6％でそれを発行できるときには，その株式はプレミアムを付けて売り出さなければならないか（現

---

　　て，それが行使される時点に生ずるのではない。購入権証書が大量に存在することは，株式の現在価格を減じさせる。それが行使されたときに現存する株価が下がるというのは，ありそうにない。──G.C.Means
　56) Berle, *supra* note 51), 565。

実にそれは難しい），定款を変更しなければならないか——それには株主総会を開き株主の議決を得る手続きが必要である——のどちらかということになる。もし証券市場の状態からして販売を進めるのに6%か7%を下回らない配当が要求されているときに，授権された5%配当率の優先株を売り出すには，大幅な額面割れを覚悟しなければならない。そうしたことから，定款変更の正式の手続きなしに配当率を変更するのを取締役会に認めることが求められたのである。さらにそのうち，配当率以外にも株式そのものの性格をそのときどきの財務状況にもっとも適合するように変更して練り直すことを，取締役会に認めるのが望ましいとみられるようになった。その到達点が，1929年デラウェア州会社法（同法 Section 5, sub-section 4 および Section 13）の措置である。それは株式会社が，会社設立証書にその旨が記載されていれば，各種株式の呼称，優先度，相対的な参加権，その他諸種の制限等が取締役会によって決せられうると定款に設定するのを，法律をもって認めた。これによれば，株式会社は「白地」株式をもって出現する。この株式は事実上，会社の資産と会社の収益とにたいする——取締役会の意思でどうにでも書き込める——白地小切手である。

　これはもちろん，市場で資本を調達するさいに市場の実勢に合わせて配当率を調整するというだけよりも，はるかに大きい権限である。この権限は完全である。取締役会は，全発行株式の対資産比率を変えるような仕方で株式を発行すること，各種株式の配当にたいする参加権を変えること，それぞれの議決権の相対的な強さを変えること，要するに既存の株主にかかわるひじょうに多くをなしうることを，少なくともみえるかたちで認められている。著者たちは，この点にかんする取締役会の権限を多少なりとも制限していない文書に出会ったことがない。出会わないのは，この権限が行使されなかったからか，今日の会社の組織者にとってさえそういうことの存在があまりに過激に思われたからかの，どちらかの理由である。典型的な証書の類いは，取締役会に配当率の決定，証券償還価格の選択，負債消却積立金，証券転換条項といったことにかんする特別の権限を付与する，——つまり取締役会に十分な裁量権を残してはいるが制定法のもとで可能なほどにはまだ権限を広げていないのである。

　この種の証券の合法性には，未解決部分が残っている。否定できないのは，そのような証券はそれが実行されるかぎり正当だということである。しかしな

がらデラウェア州法に登場したような権限付与が, 取締役会によって安全に行使されうるとは, なかなか考えられない。コモン・ローがそれを, 今日あるよりも危険性の少ないものにするため, 厳しい制限を課すことは, ありうることである[57]。そのような条件付けが発展してこないかぎり, そうした株式会社の取締役会が, コモン・ローに知られている, 他者が利益のために所有する財産に対する権力付与ということの, もっとも絶対的なひとつを持っているのである。

### 株式会社のオプションで転換しうる証券(Securities Convertible at the Option of the Corporation)

あまり知られた存在でないので現在, 十分に論ずることはできないが, ひとつの新しい証券の形態が出現し始めている。それは証券を所持人でなく会社の選択権で別の証券に転換することができるというものである。アソシエイテッド・ガス・アンド・エレクトリック・カンパニーが, そうした証券の顕著な例を提供している。

証券を転換する権限はもちろん, その転換が「支配」にとってもっとも都合がよいときにおそらく行使されるであろうことを意味している。したがってこの種の証券の出現は, 裏づけとなる資産価値の統御の実践に新しい分野を開くものであり, そうした手段の重要性が増してくることが考えられる。

上に述べたメカニズムは, けっして株式の資産価値にたいして持つすべての支配権限を奪うというようなものでなく, 単に主要なものにすぎない。だが組合せのなかで, そのメカニズムは, 会社収益と資産とにたいする株式の参加権が, 特有の会社構成のもとで取締役会あるいは「支配者」の思いのままになる地点を示すまでに, 十分な広がりを持つようになる。こうした権限の大きな部分が, 株式保有者の議決なしに, つまり「支配」機構に頼ることなしに, 取締役会によって行使されうることは注目に値する。

このメカニズム全体の根底にある基本理論は, 自由契約の理論である。株式会社の株式の購入者は, 会社設立の基礎となる会社法と定款の条文に同意す

---

[57] Berle, *supra* note 13), その他の箇所を参照。

べてを受け入れている，そして会社法と定款の将来におけるすべての修正をもおそらく受け入れるであろう，と考えられている[58]。かくして彼は，本章で述べてきたすべてのメカニズムおよびさらなるいくつかの仕組みの存在と使用とに，すでに同意していると見なされる。したがって，取締役会が資産にたいする彼の参加権を変更しそれに彼が反対したときには，彼がいま気づいている状態はとっくに自分で合意したことではないかという非難の説教に出会うことになるのである。もちろん「契約」は法のフィクションである。株式保有者は株式が売られる前に会社と協定を結んだわけでも，会社法や定款について合意したわけでもない。彼らはほぼ確実に会社定款などは読んでいないし，読んだところで理解できなかったろう。会社法の複雑な条文に至っては，手も足も出ないに違いない[59]。

　以上から引き出せる結論は，今日知られている株式が，観念上は会社資産への参加権を代表するものでありながら，あまりに多くの限定づけがなされ，財産権としての全貌がほとんどみえない地点までぼかされてしまった，ということに尽きる。株主の保護にかんしては，経営と支配を担う人々が株主の利益を公正に扱ってくれるであろうという，期待が一揃いあるにすぎない。株主はほとんどの分野で，法的な権利でなく経済的な重要性に頼らなければならない。株主の経済的重要性とは，会社を統治する目的にとって多少とも株主の期待に添った参加を認めたほうが望ましいとか都合がよいと思わせるような，状況を積み重ねることである。

---

58) *Davis v. Louisville Gas & Electric Co.* (1928) 142 Atl. 654 (Delaware).
59) 法学を生業にしている著者のひとりの日常活動において，まだ会社定款を読んだことがあるという株主に出会ったことがない。定款の基底をなす会社法はいわずもがなである。現実に，会社組織者グループのための弁護士だけが，議論を呼びおこすまでにあれやこれやと全体をいじり回してきたのである。

# 第3章　株式のどれに収益を配分するかにかんする権限

　取締役会およびより稀に「支配者」が，各種の株式に多かれ少なかれ随意に収益を配分できる一連の権限は，前章と同種の重要性を有する。前章で論じたのはどの株式にどれだけ資産を割り振るかの諸手段であったが，それはむろん収益についても作用する。資産価値が直接に株式保有者の利害にかかわってくるのは，会社の清算時──破産の場合以外はめったに起こらない──か，会社が他の会社に身売りしたとき──これは資産価値を現実問題たらしめるほどにしばしば起こる事態である──か，真の企業合同に際してである。だが収益はしばしば資産価値の後に続く。その結果，資産価値の変更はすぐさま特定株式への収益還元に影響を及ぼさないにしても，長い年月にわたってみればほとんど不可避的に収益の比例的な資格に変更をもたらし，配当という仕方での比例的な配分を変化させる。だから，会社収益の配分に関する権限の考察にあたっては，資産への参加権にかんする権限のすべてを，その影響が間接的なものであるにせよ考察に含めなければならない。

　収益を割り振る直接の権限は，資産への参加権に及ぼす権限ほど十分に開発されてはいない。これはおそらくその実践がより現代のものだからであり，またあるいは，そのような権限が大衆投資家の目に映りやすく，したがってより熱心に監視されるからでもあろう。とはいえこの権限にも急速な進展がみられる。

## 収益配分の時期の決定を通じての制御

　取締役会に収益への参加権の制御を許す主要な手法は，古くからある基本的なコモン・ローの権利から発する。これは取締役会が配当を支払う時期を決定

し，さらに会社目的が収益を企業内に留保することによって果たされると取締役会が判断したときには配当支払いを控えることができる権利である[1]。この過程には，法によってひとつだけ制限が課されている。収益を過度(unreasonable degree)に留保してはいけないという制限である。だがこの「過度」はきわめて幅広く解しうる語で，実際のところ，例外的な状況以外に，過度の留保を理由に配当支払いを求めて訴訟を起こすよう株主に勧めるような法律家は皆無である。取締役会が，いまは拡張が必要だとか，困難が予見されるとか，好機到来とか，とにかくもっともらしい理由を示しさえすれば，訴訟は敗北に終わる。いまこの会社には追加的な運転資金など必要でないとアピールできるような時期は，めったに到来しない。

それゆえ，会社の所得への参加分を受け取る株主の権利を，それが支払われる時期に依存させるようにできれば，経営者が収益をやりくりするきわめて大きな権限を手にすることになる。そのような仕組みがようやく出現している。

### 非累積的な優先株配当[2]

収益の道筋を決めるもっともよく知られた直接権限は，会社の資本構成が非累積優先株を含んでいる場合に生ずる。非累積優先株では通常，例えば収益の7％というふうな制限された配当が，他の後順位の株へのいかなる配当より先に優先して支払われる。通常は，この優先株への配当が全額支払われない年に後順位株への配当を行うことはできないという条項がある。しかしながらこの事態には秘められた可能性があって，どんな年でも取締役会は優先，非優先両方の株式にたいする配当を減ずることができるのである。実際もしある年に非累積優先株への配当にあてるくらいの収益があっても，取締役会はそれを抑えて利益剰余金勘定に回すことができる。

ここから論争が法の世界に起こった[3]。訴訟における一方のグループは，そ

---

1) Morawetz, *Corporations*, 2nd Edition, Section 447; *Dodge v. Ford Motor Co.*, 204 Mich. 459 (1919); *Hunter v. Roberts, Thorp & Co.*, 83 Mich. 63; *N.Y.L.E. & W.R.R. Co. v. Nickals*, 119 U.S. 296 (1886).

2) この問題にたいするひとつの所説として，Berle, *Studies in the Law of Corporation Finance*, Chapter V を参照。これは 23 *Columbia Law Review*, 360 に書いた論文を収録したものである。

のような収益はたとえ支払われない場合でも究極的には優先株の保有者にたいして充当されなければならないものだと主張した。すなわち，ある年に取締役会が配当の宣言と支払いができなかっただけで，その株式の保有者がその年の配当にかんするすべての権利を喪失することにはならないという。これに対立する見解は，いかなる年の配当にたいする優先株主の権利も，もし取締役会が配当の宣言を選択しなければ単純に存在しなくなると主張した。かかる株式に付与された収益にたいする分け前は，取締役会の意向ひとつでどうにでもなるわけである。この対立は続いているが，後者の見解が次第に有力になってきているようにみえる。この問題での今日に一番近い判例として(*Wabash Railroad v. Barclay*, 280 U.S. 197 (1930))ホームズ判事が合衆国最高裁における書面で，優先株が利益の挙がった過去数年に配当を受け取らなかったことがあったとしても，約束通りの配当が支払われた特定の年に普通株への配当を行いうると断言している[4]。換言すれば，たとえ利益が挙がってもそれを前年配当の未払い分にあててはならないことになる。しかしながら最高裁は，非累積優先株への配当を抑えることで蓄積された剰余が優先株に帰属するのかしないのかについては，何もいっていない。したがって基本的な問いにはいまなお未回答である。

　法における論争はひとつの単純な論点に向けられている。優先株主が配当を受け取るか受け取らないかを取締役の意向次第とするような契約は，普通はとても筋が通っているようには聞こえない。非累積優先株の協定を結ぶさいの理

---

3) 論争にはおそらく部分的に，前の注に挙げた Berle の所論が作用しているであろう。だがそれ以上に，*Bassett v. U.S. Cast Iron Pipe Co.*, 74 N.J. Eq. 668 と *Moran v. U.S. Cast Iron Pipe Co.*, 95 N.J. Eq. 389 との結果であるように思われる。この二つの判例の観点は，*Barclay v. Wabash Ry.*, 30 Fed. (2nd) 260 において Manton 判事が単に配当の延期によって株主が権利を失ったという見解をとったのと，かなり対照的である。Manton 判事の見解は，もし配当が宣言されないときはそれが永久に失われるとする，一方の専門家のものである。

4) これにかんして，Clifford M. Hicks 教授が "The Rights of Non-Cumulative Preferred Stock——a Doubtful Decision by the United States Supreme Court," 5 *Temple Law Quarterly* 538 (1931)で，迫力満点の批評を行っている。同論文は議論の双方の側のほぼ全事例に言及している。じっさい的にいって，最高裁はこの問題で法解釈に決着をつけた。如上の *Wabash* 訴訟の後，すでにマサチューセッツ州 *Joslin v. Boston & Maine R. R.* (Mass.) 175 N.E. 156 (1931)がこれに追随している。

にかなった構成とは，もし非累積配当に支払いうる収益があった場合には，それは非累積優先株主に支払われなければならないか，あるいは払わないのであれば最終的にその株式に配当支払いするための配当準備金に積み立てられなければならない，というものであろう。法律家たちはこの点で一致しないのである。そして法廷の外で結ばれた実業界の協定は，両方の理論の上で作られてきた。一方の会社は，配当支払いが行われなかったことによって蓄積された収益にたいして非累積優先株が何らかの権利を有するという考えを拒否し[5]，他方の会社は，配当として支払われうる収益が挙がったのに配当が宣せられなかったことによって蓄積されたような剰余についてはその株式に権利があると認めている。近年の実業界での大勢は（それが常になされているとは限らないが），非累積優先株にたいする収益の配分が取締役会の直接支配下にあるということである。そして取締役会はいかなる年においても，配当宣言を停止してその年の収益の分け前に与る非優先株主の権利を切り捨てることができる。そうした場合，後順位の株式は当然にもその年の配当を受け取ることはできないが，それは我慢のしがいがある一時的な辛抱である。なぜなら（この理論からすれば）翌年に，優先株に配当しなかった収益が普通株株主や後順位株主に支払われることになりうるからである[6]。

### 参加的優先株（Participating Preferred Stock）

非累積優先株をめぐるこの論争は，もしそれが少しずつ範囲を広げた末に別の種類の証券を生むということにならなければ，それほど重要でなかっただろう。非累積優先株そのものは，あまり普及していない。通常は会社更生にさい

---

[5] American Linseed Co. が，より大きな会社に最終的に吸収されたさいに，非累積優先株保有者になされた協定がその例となる。

[6] そうした状況をもっとも簡単化して例示すれば以下のようになる。7%非累積優先株の額面総額100万ドルと，無額面普通株1万株を発行している株式会社があったとしよう。その会社は1925～30年に毎年10万ドルの収益を挙げたが，いずれの年にも配当を行わなかった。1931年になってこの会社は，優先株の1年分の配当7万ドルと，普通株にたいしては53万ドルの配当を行うと宣した。もし優先株配当が毎年実施されていればこの6年間に優先株主は42万ドルを受け取っていたはずであり，普通株主には18万ドルが残されたにすぎない。ほとんどの非累積優先株と参加的優先株の構造が，この種の操作を可能にしている。

して失望した債権者や前株主がひどい事態のなかでやむなく，多少なりともしぶしぶ受け取るものである。

　だがしかし，今日それよりはるかに普及している「参加的優先株」——しばしば「クラスＡ株」などという名に変装しているが——が，実は非累積優先株とほとんど変わらないのである[7]。例えばコンチネンタル・ベイキング・コーポレーションのクラスＡ株は，クラスＢ株が何かを受け取るに先立って１株８ドルを受け取る権利がある。そしてその後にクラスＡとクラスＢとは収益を折半する。これは追加的参加権が付いた非累積優先株と同じことになる。この仕組みのヴァリエーションは多いが，原理はみな一緒である。取締役会の意向ひとつで払うか払わないかが決まる配当は，かりに収益があったのに払われないでそれが永久にそのままになるとしたら，その収益は一般の剰余金勘定に入っていく。ここからその積み立てられた収益が他のクラスの株式配当に向かうこともありうる。つまり結果は，取締役会が持つ収益を留保する権限が，取締役会がその気になれば株主の一方の集団から収益への持分を奪って他の集団の手に引き渡す権限を構成する事態である。

　非累積優先株にかんする法律的な規則とそれをめぐる上述の論争は，明らかに参加的優先株にも類推して考えることができる。参加的優先株を含む資本構成の会社で取締役会がどれだけ収益配分の直接権限を持つものかは，非累積優先株をめぐる議論と同じ決着点のなかにある。多くの（とくに最近の）定款が，特定条項のなかで，取締役会に配当を差し控える完全かつ絶対的な権限を付与している[8]。それらでは，経営陣が収益の全部もしくは一部を直接，特定の株式から取り上げることができるようになっている。

　同じような仕組みが，他の種類の証券にも広がってきている。利子の支払い

---

[7] 以下の例をみよ。
　　Continental Baking Corp.　　Class A stock
　　Armour Co. (of Illinois)　　Class A stock
　　General Baking Co.　　Class A stock
　　Ward Baking Corp.　　Class A stock

[8] 例えば Southern Railway の定款をみよ（併せて *Norwich v. Southern Ry. Co.*, 11 Va. L. Reg. (U.S.) 203 も参照。）またおそらく Erie Railway と Associated Gas & Electric Co. の定款も同じである。

が取締役会の意向に依存している収益社債 (income bond) も、ひとつの例である。そのような利子は多くの場合に非累積的で、収益が生じて実際に取締役会が宣した範囲のなかでのみ支払われる。取締役会が宣したときに社債保有者が会社収益からの追加的分配を受け取るという、利益参加社債 (participating bond) についても同じ性格が認められる。

### 寄生的株式 (Parasitic Stock) [9]

ここでの支配の道筋は前章の寄生的株式の項で論じたことに密接につながるが、ただひとつの要素を付け加える必要がある。取締役会が、程度の差はあれ剰余金勘定を統御できなければならないということである。

ここでもっとも簡単な事例は、ある種類の株式、例えばクラスA株が収益の3分の2に与るクラスとして設定され、もうひとつ別の種類の株式、例えばクラスB株が収益の3分の1に与るクラスとして設定されているようなものである[10]。

この想定は一見して、収益はそれが挙がるやいなや当然、収益1ドルごとに3分の2がクラスAに、3分の1がクラスBへと、自動的に行き先が決まっているようにみえる。ところが取締役会は、例えばクラスA株だけの発行を増やすことができる。そして追加株式を売ることによって集めた資本を会社の事業につぎ込んだ結果、収益の増大という結果を得る。そしてその収益はただちに3分の1をクラスBに割り当てることが可能になる。このようにして取締役会は、どちらの株式を追加発行するかの裁量を通じて、各クラスの所得を意のままに変えることがありうる。さらにもし取締役会が配当を宣するさいに、あるクラスの株式そのものを配当として支払う(発行する)と決めれば、所得の究極の帰属にいっそうの効果を及ぼすことができる。この権限がどれほどの広

---

9) この分野には確定された判例法がまだない。ごく稀に、含まれた問題性にかんする法律論議が裁判所で交わされる程度である。しかしながらこの手法の財務的な使用可能性はひじょうに広いので、何か不都合が起こるまでは、財務的な実践を実情に合わせたものとして受け取るしかない。

10) そうした性格を持たせた株式が、合法的に発行されうる。*Grausman v. Porto Rican American Tobacco Co.*, 95 N.J. Eq. 154 (1923)を参照。これは 95 N.J. Eq. 223 において他の根拠で追認された。

がりを持つものかの算術的な計算は以下の脚注に委ねるとして，結果そのものははっきりしている[11]。

　その上さらに取締役会は，剰余金勘定を制御することによって，収益の行方にただならぬ影響を及ぼしうる。例えば，それぞれの時点でどんな種類の株式を強めたり弱めたりしたいかによって，クラスAとクラスBどちらかの株を買戻し償却するのに剰余金勘定を用いることができる[12]。払込剰余金やその

---

[11] ここでは本文と少し資本構成の違う株式会社を想定しよう。この会社は年7ドルの累積優先配当権を持つクラスA株1万株を発行している。さらにこのクラスA株は，それより低次のクラスBへの配当の3分の1に相当する額を追加的に受け取る権利をも持っている。クラスB株も1万株が発行されている。

　ある年にこの会社は11万ドルの収益を挙げ，それをすべて配当にあてると宣言した。そこでクラスA株が優先分の7万ドルをまず受け取り，そして残る4万ドルのうち，クラスBには1株当り3ドル(総額3万ドル)を支払い，クラスAに1株当り1ドル(クラスBへの配当の3分の1)を支払うことになる。

　次なる仮定として，この会社の取締役会が，翌年にクラスB株の発行を2倍に増やしたとしよう。収益は前年とほぼ同じである。7万ドルがクラスA株に行った後，残る4万ドルについて取締役会は，クラスBに1株当り1.70ドル余り，クラスAに約0.57ドルの配分を宣する。両クラスへの配分からいえば，クラスB株は4万ドル中，前年の3万ドルが3万4000ドルに11％〔13％?〕増加し，クラスAの分け前(優先配当分を受け取った後の)は，1株当りで1ドルが0.60ドル未満に落ちたことになる。

　今度は逆に，経営の状況は同じだが取締役会がクラスA株の方を2倍に増やしたと想定しよう。同時にこの増資によって(会社の収益率が同じで)収益額が前年の2倍になったとする。いまや資本構成ではクラスAが2万株，クラスBが1万株，そして年間収益が22万ドルである。そのうちまず14万ドルがクラスA株に優先配当される。残る8万ドルにかんして，クラスBに1株当り3.60ドル総額3万6000ドル，クラスAに1株当り1.20ドル総額2万4000ドル余りが支払われる〔これは計算違いで，これでは残額の合計が8万ドルでなく6万ドルにしかならない。クラスBに1株当り4.8ドル総額4万8000ドル，クラスAに1株当り1.6ドル総額3万2000ドルとしなければならない〕。しかしクラスA株は2倍の資本を拠出しているのであり，クラスB株の1株当りの取り分の割合は増大している。この計算はいくらでも続けて行ける。机の上で資本構成をいろいろに変えることで，特定の株式に(それが資本に拠出した額との相対的な関係で)有利さを加えていくことが可能である。

[12] 非累積優先株をめぐる訴訟の教義では，剰余金の諸等級への割当てなんぞはないということ，そこで会社の蓄積された収益は法律が認めた剰余金の扱いについての目的に用いられるということが，建前になっているようである。それゆえどちらかの株式を償還するために蓄積された収益のすべてを使って買い向かうことに，法律面での難点はないとみることになる。(前の注で想定したケースのように)決まった株式発行数に応じて諸等級が参加する——すなわちクラスBのどの1株もクラスAに宣せられた配当の決まった割合を受け

種のものを除く剰余金勘定は大部分が過去の収益を集めたものだから，こういう観点でそれを用いるということは間接的な収益の道作りである。ここで取締役会は名目上は株式を買うために(前章で述べた)権限を行使しているのだが，しかしもし彼らがこの目的で蓄積された収益を実際に使用しているのだとすれば，彼らは利潤の流れを勝手にそらしているのである。

もうひとつ別に，クラスA株とクラスB株を使った資本構成で知られているのは，配当がクラスAに宣せられたときは常にクラスBのそれぞれの1株がクラスAの1株に行く配当の一定割合を受け取らなければならないと，定款で求めているものである。

ここでは双方の株の発行総数を増やしたり減らしたりすることを通じて，収益の道作りにもっと広い権限が生まれる。その上，それを寄生的株式の仕組みと結び付けることによって多くのメカニズムが可能になる。一つには，配当を抑止する権限が収益を剰余金勘定に留保するために用いられうる。そしてクラスA，クラスBのどちらかあるいは両方同時にか，株式の市場価格を上げたり下げたりする操作もできる。二つ目には，どちらのクラスの株式でも剰余金を持ってただちに買うことのできる権限は，剰余金として蓄積された収益によって得られる強さそのものの――留保されている収益の配分を動かす仕方での――行使を可能にする。三つ目には，株式発行のさいの価格にたいする取締役会の統制力が，取締役会の株式発行権限を収益の最終受領者を決める手段としても利用するのを許す。例えばクラスB株の発行数を大幅に増やして，おそらく主としてクラスA株の株主が拠出した資本から得られた収益を，資本にはほとんどあるいはまったく拠出していないクラスB株に分け与えることができる。事実，株式の複雑な等級分けが，資本の拠出にほとんど参加していない集団に不相応の利潤の分け前を与える事実を隠蔽するために用いられるこ

---

取る――場合には，違いはそう大きくないかもしれない。参加が等級によっている――すなわちクラスとしてのA株がクラスとしてのB株に宣せられた配当総額の3分の1を追加的に受け取る――ということになると，クラスBの発行数が減少しても残ったクラスB株がそのクラスの全参加を受け取る権利を持つ結果になることがありうる。これは例えばWard Baking CorporationのクラスA株の場合の仕組みである。しかも同社の場合，クラスAの優先性が非累積である――だから二つの手法が取締役会に与えられたほとんど完全な権限のもとに用いられている――事実によって，いっそう複雑なものになっている。

とは，けっしてめずらしくないのである。

## 株券配当（Stock Dividends）

　法律的にはまったく問題がないが今日まだそれほど広く利用されていないのが，寄生的な資本構成と結び付けて株式そのものを配当に用いる仕方である。株券配当は明らかに，株式会社が，追加株式の発行の払込みに用いて資本金勘定に移すだけの剰余を挙げているときには，いつでも宣言しうるものである。会社自身が払い込んだ株式が，配当として株主に比例的に分配される。そのさい，特定のクラスの株式だけに株券配当を行うことにかんしては，何の制約もないようである。したがってもし株式会社が，授権されているが未発行の6％配当付無額面優先株とか，あるいはさらに「白地」株式を持っているなら，取締役会が，発行を提案する優先株1株ごとに剰余金各1ドルを資本金勘定に移すようなことをしないで，先に想定したようなケースにおけるクラスA普通株とクラスB普通株にたいする配当としてその株券を与えると宣言する，それを行わない明白な理由はない。このことでクラスA，B株はいずれもいまの収益にたいする配分を得るのでなく，将来の収益にたいする優先権を得ることになる。

　同じ状況にかんするヴァリエーションは，ひとつのクラスの株式にそれと同じクラスか別のクラスの株の追加発行に応募する「権利」を付与して，クラス別の収益の配分を変える効果を得るやり方である。これはすでに出現しており，とくに公益事業分野にみられ，その少なくともひとつのケースが法廷にたどり着いた[13]。これはゼネラル・ガス・アンド・エレクトリック・コーポレーションで，この会社は発行された優先株を持っており，それはクラスA 30万株とクラスB 20万株からなっていた。クラスA株は非累積で毎年1.50ドルを受ける優先株，クラスBはAへの支払い後1.50ドルを受ける権利を有していた。それ以上の配当があるときはA，Bともに1株当りで同じ配分を受けることになっていた。さて同社は，クラスA株主にたいして，追加的なクラスA株発行に1株25ドルで応募する恒久的権利，およびこの応募を容易にするた

---

13) *Bodell v. General Gas & Electric Company*, 132 Atlantic 442, 15 Del. Ch. 119 (1926).

めそうした追加株式の購入に A 株主が受け取る現金配当を充てる権利を与えた。もちろん、そうすることによって追加資本が会社に確実に入ってくるのは明らかである。しかしこうして売られたクラス A 株にたいする払い込みによって増えた資本からの収益が、まず A 株に 1.50 ドル支払われ、残りはクラス B に各 1.50 ドルの配当を支払うのをより確実にする、さらに収益が残れば A、B 平等に配当されるのに用いられる。皮肉なことにこの件を訴訟に持ち込んだ原告は、実のところこのシステムが自分の利益にどう強く作用することになるのかをさっぱり理解できなかった、クラス B 株主だったのである。クラス A 株が公開市場で約 50 の値で売られているのにそれを 25 で売り、しかもそれに参加する「権利」を彼に与えない取締役会を告訴したのだった。裁判所は、会社が採用したそのような方策は資本の着実な流入を保証するがゆえに合法的である、そのような資本増加にこの手段を適用しようとした取締役会の判断は納得できる、と判定した。実はこの取締役会はクラス B 株の所有者たちだった。原告が多少とも数学的な頭を持っていたら、彼は究極の結果がおそらく金を稼ぐであろう一まとまりの資本を積み増すことであり、その資本から挙がる収益が究極的にクラス B への追加をもたらすはずだと、理解していたかもしれないのである[14]。

## 株式購入権証書(Stock Purchase Warrants)

　株式購入権証書は、突き詰めると収益にたいする請求権である。そしてその証書を任意にかつ望ましく思うに至ったいかなる考慮のもとででも発行しうる(前章に述べた)権限とは、必然的に収益が既存の株式保有者から他の株式保有者集団の手に流れてしまうような水路をときに応じて作り出せる権限である。

　その証書の所持人が株式を買うことができる金額として証券に設定された選択価格が株式の帳簿価格あるいは資本価値よりも低い場合は常に、株式購入権証書は資本あるいは資産価値の潜在的な希薄化を意味している。しかしながら

---

[14] ただし次のことに留意しなければならない。もし既発行の全株式にたいする 1 株当り収益がクラス A とクラス B に 1.50 ドルを支払うよりも大きく、そしてさらにクラス A を新たに売って得られた資本から期待されうる収益よりも大きければ、クラス A 株主だけに与えられたクラス A 株応募の「権利」によってクラス B 株は希薄化をこうむることになる。

購入権証書は少なくとも理論的には資産価値に関係なく選択期間中にある値段で株式を買う選択権であるから，もくろまれる可能性はいつも，取締役会が収益を会社のなかに積み立てることである。そうした場合，購入権証書がついに行使され選択価格で株式が発行されたときには，その株式は単に資本価値にたいしてでなく蓄積された収益，未分配の収益にたいする持分にもなるだろう。現実にすべての会社が収益を剰余金勘定に蓄えようと努力しており，それが穏健な事業政策だと考えられている。このことが現に，株価はこれからどんどん上がるから最後は儲けの多い購入権の行使ができるだろうと，証書の所持人に信じさせる要因のひとつになっている。現実にそこで起こるのは，一定の価格を払い込んで選択権を入手した購入権の所持人が会社にたいしていつでも定められた拠出をし，それによって単に資産にたいする比例的利益だけでなく将来の収益の蓄積における比例的利益に与る権利をも入手する，ということなのである。かくして取締役会は，選択的な購入権を作り出すことによって，将来に蓄積される収益にかんする一連の資格を作り出すことができる。

　株式購入権証書が行使されるかどうか，またそれがいつ行使されるかが，問題として残っている。今日まで，永久的あるいは長期的な購入権が大きな度合いで行使されたことはないように思われる。考えられることとして，会社が高い配当率の支払いを始めるとき，購入権の所持人がその配当に参加しないという事実が，彼らを選択権行使に導くかもしれない。アメリカ電話電信会社が1929年に発行した転換社債は，実質的にアメリカ電話電信会社株にたいする「買付選択権」(コール)を含んでいた。1930年になって同社が，公開市場で高値を呼んでいる新株に応募する「権利」の配分を宣したとき，これが(ほかにも要因はあるが)選択権の所持人にたいして彼らの社債を「転換」し買付選択権を行使させる誘因となった15)。こういうことは株式購入権証券の場合にも期待でき

---

15) このとききわめて大量の社債が実際に「転換」された。市況がこれに有利に働いた。転換によって得られる株式は，社債と同方向に動いたとはいえ，社債よりも高い価格で売られていた。当然，株価が社債より高いとなると，いわゆる「さや取り」売買が可能になる。すなわち株式を社債より高価格で空売りして社債を買うことが可能になる。それからその社債を株式に転換し，空売りの決済に使う株式を得るわけである。これは購入権の価格が株価マイナス購入権に付された選択権価格よりも低いときいつでも起こりうる。投機家はそれを知っており，結果として購入権価格は現実にこの差額以下にはけっして下がらない。

るかもしれない。

　株式購入権証書の行使の結果は，収益の希薄化でしかない。明らかに購入権証書の所持人は，それの価格が株式の市場価格より低くなければ彼の選択権を行使しないだろう。いい換えれば，少なくとも選択権を行使して受け取る株式が彼に与えるはずの収益の分け前にかんしては，会社の資産にたいして他の株主と平等の拠出をしていないことになるだろう。さらにもっともありそうなのは，会社が彼の資本を必要としていない——すでに手持ち分で十分である——ときにその転換がなされることであり，だから会社としてはそれを活用して利潤を挙げるというよりむしろ，選択権価格が支払われて追加の拠金が入ってきても，コール・ローンか高い等級の社債に投資して利子を稼ぐくらいしか役に立たないということである。そうなると，いま事業に使われている資本は12%とか15%とかの収益を稼ぎ出しているのに，購入権の行使によって入ってきた新入りの資本はそのとき3%か4%の収益を挙げる力しかないことが，十分にありうる。

　株式購入権証書は，会社が他の仕方で資本を生み出す力に，容易に影響を及ぼしうる。会社がかりに既存の株式の3倍にもあたる株式購入権証書を発行していたとすると，株主はその購入権が行使される可能性，それによる希薄化で彼の株式の帳簿価値が大幅に切り下げられるかもしれないことを，常に計算していなければならない。それは同じような度合いで，収益にたいする彼の参加権の切下げでもある。購入権が行使され購入権証書の価格分が払い込まれることを理由として会社の収益が大いに増大すると，彼が想像するだろうと見なす理由はない。理論的には株式市場がこの可能性を見越すべきである。じっさいある程度までそうなることは疑いえないが，もっともこの要因が適切に知られているとも思えない。それが知られているようなら，会社が通常その資金調達のために持っている特定の経路が，まったく遮断とまでいかなくともおそらく妨げられるであろう。購入権を発行していない事業体の株式は，発行している場合の株式より高く売られるはずである。そうなると普通株の発行で資本を得ることがそれだけ容易になり，財務上の安全性をずっと高めることができる。

　本書の著者のひとり〔Berle〕の見解では，今日の株式購入権証書の使用はけっして健全な財務とは思えない。それが健全に発行できる地盤をかりに持ってい

るのだとしても，まだ実行されたことがない。証券市場は，この証券の評価にかんするきわめて複雑な問題に，未だきちんと対応できないでいる。株式に比して大量の購入権証書を運用している資本構成の究極の運命には，疑いが残る。もちろん，銀行への利払い，社債をより魅力的なものにする追加的な「甘味料」，あるいはまた，災難や深刻なトラブルを避けるに必要な金を手に入れる最後の手段として会社が購入権証書の発行を強いられる場合に，その財務はそれしか方策がないという根拠をもって支持されることがありうる。しかしそれ以外の根拠であれば，いかほどの発行かにかかわらず会社は，会社とその相談役がそんな財務が結局はどうなるのかについて知らないという非難を，おそらく当然に浴びることになる。

　しかしながら，蓄積された収益にたいする権利としての購入権の立場，また購入権が直接か究極的にか収益の希薄化をもたらす可能性は，経済的には疑問のないことと思われる[16]。現実に問題になるのは，いま流行の長期ないし永久期限の購入権証券がいつか行使されるのかどうか，あるいは緊急の際，株式と交換されて現実の価値物に転換できるという可能性を売り物にするギャンブル用カードとして市場で扱われるのかどうか，である。

　購入権証書はいったん発行されれば，取締役会はそれにたいする制御をほとんどなしえない。だが取締役会は，選択権の行使を通じて購入権証書が変形されるかもしれない株式にかんしては，資産価値にたいするのと収益の配分方向にたいするのとの双方で，上述の支配権のすべてを持つのである。

### 会計処理にかんする支配

　取締役会は，これまで述べてきた手段のどれかあるいはすべてと結び付けることができる別の強力な武器を持っている。それは企業の損益勘定にたいする大きな支配力である。会計基準が整備され法が何らかの特別な規制を課していないかぎり，取締役会とそこに雇われた会計士たちは，ある制約内ではあれ多

---

16) ただし記された条件に違反した場合の購入権証券の立場は，特別に弱いものである。Berle, *Studies in the Law of Corporation Finance* の第7章を参照。さらに R. D. Garner および A. S. Forsythe の両氏が 4 *Southern California Law Review* 269, 375 (April and June, 1931) に書いた二論文も参考になる。

くは自分に都合のよい計算方式を選ぶことができる。鉄道，銀行，公益事業にはこの点でやや強い規制があるが，産業企業や持株会社はそうでない。株式がクラス分けされ，定款条項によってそれぞれの等級の株式における収益請求権が年々あるいはある特定年（通常の非累積優先株のケースがこれである）の収益の実現に依存している場合に，取締役会は，いとも簡単にある年には収益がなかったことにし別の年には収益が大きかったことにする調節をもって，収益の行き先を定めることができる。そういう結果になれるようにする会計の手法はさまざまある。もっとも単純なものとしては，減価償却分の控除を多くしたり少なくしたりする，ほんらいは所得勘定に計上すべきところを資本的支出として計上する，正しくは剰余金に組み入れなければならない臨時的な利潤を所得に含めてしまう，「秘密積立金」を創出する，などがある。

　この点にかんする取締役会の権限がなぜかくまで広範であるかのひとつの理由は，これまで会計士たち自身が一連の会計基準原則を作りかねている事実に存する。その理由は，厳格な規則づけが問題外であるという，事柄の性質にも由来するだろう。残されている規則は，取締役会とその会計士がかくあるべきと信じて事実に接近する誠実な取組みがなければならないというものであり，おそらくこれが，会計士，法律家のどちらかがいま到達しているところに一番近い。だがその結果，参加的な優先株とか収益社債のように収益が挙がった年にだけ支払いが行われる証券にとって，会社の会計を明確に規制する条項が設けられていないかぎりは，実質上，意味をなしていない。現実にも，そのような証券の所持人を真に保護する意図を持って注意深く作成されているものは，会社の会計方法にかんするきちんとした規定を含んでいる。

## ピラミッド型の会社構成を通しての支配

　これまで述べてきた手法のすべては実在するし，株式会社が込み入った構成をとっている場合——すなわち会社の全体あるいは一部を一つかそれ以上の子会社を通じて運営している場合——には，混在もしている。そうした子会社のそれぞれにたいして，親会社の取締役会はすべての手段を持ち，それを行使しうる。子会社の取締役会を支配することを通じて，取締役の全権限を親会社が掌握する。それは株式保有者の全権限の掌握でもある。したがって親会社ある

いは持株会社は、子会社群とその資産および収益にかんして、前章と本章に述べた操作をすべて実行できる。とりわけ「持株会社」は、いかなる他の株式会社よりもこの点でおそらくはるかに広範囲に事をなしうる。なぜに持株会社がいつもかなりの疑惑の目でみられるのか、なぜに投資大衆がいつも持株会社の存在に何やら不穏なものを感じているのかの、理由のひとつがここにある。親会社の取締役会が子会社の機構に及ぼす支配力はここで絶対である。公表された情報でさえ、真実がわからないようにくらまされているかもしれない。企業間取引──ある子会社の資産を他の子会社に売却する、収益性の高い事業をある子会社から贔屓の子会社に移す、損失の隠匿や存在しない赤字の創出を行う、ごとき──の可能性が、それらの結果たる損益勘定におよそ無限のヴァリエーションをもたらすことになる。現状でその権限がどこまで用いられているかは、簡単にいえない。一部の主要な持株会社の実践にかんしては、いまなお何の情報も得られない[17]。

　多くの持株会社が、彼らの権限の優位性を行使するのに名分を保っている。それが例えばアメリカ電話電信会社、ペンシルヴェニア鉄道始め少数の由緒ある株式会社の姿勢である。もっと新しい鉄道持株会社となると──例えばペンロード・アンド・アリゲニーなどがそうであるが──所得の手順計画にかんする彼らの権限行使が公正かそうでないかは、それを判定するほどの長い歴史がない。むろん究極的には、投資市場と実業界と支配的地位にいる人々の良識とが、この点にかんする理にかなった標準への収斂を求めるであろう。すでにある程度までそこに近づいてきている。だがいまなお疑念の渦中にある分野も、一部にある[18]。

---

17) ジレット社 (Gillette Safety Razor Co.) にかんして目下係争中の訴訟は、一部、同社が架空利潤を生む価格で子会社に在庫品を移転し、その利潤を「収益」として計上した事実によっている。もちろん子会社のほうは最終的に損失を計上した。しかし親会社の株式は収益力の見かけの強さから、しばらくの間、株式市場で目覚ましい成行きを示した。

18) 経営陣を有利に導く株式の特質はどれも、株式会社のメカニズムが繰り返し複製される (reduplicate) 権力のなかで深められる。このことは現実に、次々と他会社の証券を保持していく株式会社における証券にあてはまる。そうした場合ある株式保有者は、例えば自分と経営陣との間にあるすべての法的障壁を乗り越え、そして最終的には彼の権利や特権を彼の会社の財産にたいして効果的なものたらしめたときに、自分が別の会社のなかに証券保有者の資格を持つようになっただけであることを見出す。そして自分が次なる特定の資

第 3 章　株式のどれに収益を配分するかにかんする権限　　187

資産価値にたいする支配の場合と同じく収益にたいする支配の場合も，取締役会によってか，ある場合は「支配者」によって，どれだけ権限が行使されたかを決することは不可能である。権限の広がりの大きさからいって，実際の使用は相対的に小さかったようにもみえる。だがここ数カ月，これまでもっとも疑いの少なかったところでの会社経営の失態が多数明るみにで出るに及んで，この権限がみえていた以上に大きな範囲で行使されてきた可能性が察せられるようになった。近年までは，潤沢な収益のおかげで豊富な所得を利害関係者がたむろする場所に注ぎ込み，強欲な「支配者」さえ満足させた上で，配当を支払いあるいはすべての株主の望みを充たすに十分な表見上の価値を作り出すことが可能だった。そうした方策への真の試練は通常，恐慌収束の後にやってくる。恐慌が勃発した直後には，収益の大きな部分が会社の金庫内に留保され，どの等級の証券保有者もふつうはそのことの必要を認める。本章で取り上げた

---

産に自らの権利を及ぼすことができるためには，その前にもう一度すべての障壁を乗り越えなければならないのである。第二の会社が持株会社によって支配されている場合には，経営陣はかくして会社財産にたいする二セットの権力を持っており，そのどちらかあるいは両方を用いることができる。のちに第 6 章でたどることになる事象のすべては，かくして二重の形をとって起こりうるのである。
　持株会社の構成とそこから生起する複雑性は，しばしば「株式会社メカニズムの撹乱 (involution)」と呼ばれて，それ自身がひとつの研究対象である。しかし持株会社が広く用いられていることからして，ここで追加権力の存在について考慮することは，理にかなっている。例えば，ニューヨーク証券取引所に上場され 1928 年に取引が行われた 573 会社のうち，92 社は純粋 (pure and simple) 持株会社であり，395 社が兼営 (holding and operating) 持株会社，そして 86 社が純粋の事業会社であった。かくして圧倒的に多くの事例において，大衆投資家と彼の証券によって代表される財産の少なくとも一部との間に少なくとも一つは二重のメカニズム (double mechanism) が介在していたこと，そのメカニズムによって会社の経営に携わる人々によって活用されうる法的権限が増大したこと，が認められる。純粋持株会社のなかでは，69 社が産業一般，21 社が公益事業，2 社が鉄道会社であった。兼営株式会社中では 338 社が産業，13 社が公益事業，44 社が鉄道である。
　純粋事業会社 86 社のうち 83 社が産業，3 社が公益事業で鉄道分野ではゼロであった。
　メカニズムの二重化は近年になって急速な増大をみせている。上の純粋持株会社 92 社のうち 1910 年に存在していたのは 15 社にすぎず，1913-1920 年に 23 社がこのリストに加わった。残る 54 社が 1921-1928 年に組織されたものである。
　事業と持株の両方にまたがる株式会社の分類は容易でない。多くの事例でメカニズムの二重化は，さしあたってじっさいの状態にあまり大きな影響を及ぼしてはいない。ある場合には証券が純粋に投資目的で保有されている。またある場合にはその株式が親会社に

諸方策のほとんどは1925年から1929年にかけての時期に広範に利用されるようになったものだから，それの最終的な帰着を，後数年は知ることができないのである[19]。

---

よって完全所有されている子会社のものである。そうした子会社は，純粋に会社内部の目的で，税金対策とか操業上の便宜とかそうした理由によって会社資産を帳簿上で分けたというにすぎない。しかし二重化があるところにはすべて，経営者の権限の潜在的な増大がある。ある時点では行使されていないとしても，必要とあればいつでも舞台に呼び出すことができる。小規模な完全所有されている子会社は，いつか親会社の借金の質に差し出され，それによって持株会社の株主の権利に優先する債権者クラスを生み出すかもしれない。さらにいえば，持株会社株主の証券が，いつか持株会社で先順位リーエン(prior lien)を持つ債権者さえ現実資産との関連では優先度が上位から下位に移されるように扱われるかもしれない。持株会社が子会社の全株式を抵当にして発行する証券担保社債(collateral bond)は，子会社の無担保負債にたいしてさえ——持株会社とその債権者はその無担保負債が支払われた後でなければ子会社の純資産を利用できないのだから——下位におかれる。

　株式会社のメカニズムが経営陣にもっとも広範な権力を与えるような方向に進む傾向を持っていることの重要性のなかに，会社設立法の規制を一貫して緩めてきた州をみてとることも，興味ぶかい問題である。上述の純粋持株会社92社のうち，44社はデラウェア州法のもとで，すべて1910年以降に組織された。同州法によって許可され今日存在している44持株会社のうち25社が1925年から1928年にかけての設立である。自由度がもっとも低いニューヨーク州法の場合，上の持株会社の13社が同州法によって組織されたが，うち6社は1910年から1920年までの間に設立許可を得ており，1920年以降の組織は4社にすぎない。メリーランド州法のもとで定款が作成されたのは10社だが，そのうち1社が1920年，残る9社が1923年から1928年にかけての設立で，これは1923年のメリーランド州会社法の緩和が大きく与えていると思われる。20世紀への転換期のころ相対的に人気のあったニュージャージー州法の場合，1910年以降そこで認可を受けた持株会社はわずか2社である。同時期にヴァージニア州法のもとでは7社が定款を作成した。

　兼営持株会社の場合も，デラウェア州法のもとでの設立が着実に伸びている。ニューヨーク証券取引所上場の573社のうち148社はデラウェア州法によっており，その大部分が相対的に近年の設立である。ニューヨーク州がそれに次ぐ121社であるが，そのほとんどは相対的に古い設立である。3番目がニュージャージー州で87社であるが，そのほとんどが1898-1910年の大合同運動期に出現した。

　最初に忠誠を誓った州を見捨ててもっと緩い会社法を持つ州——最たるものはデラウェア州——での定款に転換した会社の例も少なくない。つまりそれらの会社は会社メカニズムがより大きな範囲で存在している場所へと乗り換えたのである。

19）174頁に取り上げたWabash Railroadの例でいうと，同社の取締役会は数年にわたって収益を留保しかなりの剰余金を積み立てた。彼らが普通株への配当宣言に踏み切ったとき，非累積優先株は見捨てられることになった。

# 第4章　証券所有者の当初契約権を変更する権限

　前2章において説明したメカニズムのすべて——すなわち証券の持分によって示される参加利権を再編する権限と，会社内の一つあるいは数集団に収益分与の道筋をつける権限——は，さらにもっと広い権限によって揺るぎのないものとなる。それは資産および収益への参加度合を規制している基本契約を変更する力のことである。そのような権限は多くの場合これまで検討してきたものと違う。通例それは，株式所有者の一団，通常は議決権株およびこの変更により影響を受ける証券の少なくとも過半数(3分の2以上ということも稀ではない)を持つ一団によって，行使されなければならない。このことは，委任状機構を通じないではそれが行使できないことを意味している。その上さらに，取締役を選出し事業経営の政策を指揮することが十分にできるだけの既定の「支配権」が，まだ諸集団への契約権の変更に影響するほどの多数議決権を動員することができないこともありうる。というのは，ふつうは取締役選出に投票権を持たない等級の株式にもこの場合投票権を求めるとか，あるいはまた，投票目的が定款変更や企業合同の場合には過半数以上の多数決を求めるような制定法が，少なからずあるからである。平常の目的には十分なだけの「支配権」があっても，それが必ずしも基本契約を変更するに十分な「支配権」だということにはならない。もっともじっさいにこの二つはたいてい相携えて進行する。
　基本契約の変更は通常，財務上の出来事としては次の二つのどちらかの仕方をとる。会社設立証書の修正によるか，他の事業を行う会社との合併によるか，である。吸収合併というのは，二つの会社の資産を同一の経営陣の傘下に収めることになるいかなる手法にもあてられる，財務上の口語的表現である。

## 会社定款の修正

株式会社の定款は，主として次の三つの事項を定める。

(a) 事業の範囲

(b) 経営陣を選出する方法——議決権

(c) 参加者たちの相対的な地位と権利

(a)，(b)の二つと(c)との間には根本的な違いがある。会社がどういう活動を目指すかということとその手段——その活動に責任を持つ取締役の選出——とは，事業の運営に関連する。だが3番目は，参加者間の財産権の配分に関連している。これは運営上の諸政策と緊密につながっていることもありうるし(公益事業分野で見慣れている，事業の健全性を維持するため絶えず新たな資本の注入が求められるような事態がそれである)，あるいは経営上の必要とはまったく何もかかわりのないこと——同一の会社のなかでひとつのグループが別のグループの犠牲の上に利益を得ようというだけのこと——もありうる。この相違を，法律はけっして十分に掌握していない。おいおい明らかにするように，事業運営上の変化と参加権の変化とを，漠然と区別して扱う傾向があるだけである。

## 契約変更の権能

最初にある技術的問題をはっきりさせておかなければならない。定款を変更するには三つの異なる方法がある。(1)直接の立法によるか，(2)会社設立後に制定された法によって会社が定款変更の議決あるいは決定を行うか，(3)会社法と定款が最初から会社にたいして認めている議決あるいは決定によるか，である。憲法上の論点に触れないかぎり，この三つの方法はじっさい上，同じ次元に収まることになる。事実，いまでは多くの州でそれらがじっさい上そのように使われている。

もともと定款(charter＝特許状)は，州政府と株式会社との間の契約と解され[1]，いったんそれが成立すれば，州政府が一方の当事者ではあっても，その州政府が契約に定めた「義務を減ずる」ことは憲法上できなかった[2]。契約が

---

1) Ballantine, *Private Corporations* (1927) Sec. 270. Cook, *Corporations*, Vol. II Sec. 492 (5th Edition) *Dartmouth College case*, 4 Wheat. (U.S.) 518.

第 4 章 証券所有者の当初契約権を変更する権限　　191

はっきりと州政府に特許状の変更，修正，取消し等の権限を与えていないかぎり，この擬制的人格には制御の手が及ばなかった。解決策は特許状に「変更，修正，取消し」の権利の保持を明記することであり，ダートマス・カレッジ訴訟以来，ほとんどすべての特許状がそのことを明記して州議会で制定された。
　一見すれば，こうして州政府の手にとどめられた権限は，州政府の自由裁量権と映る。だが株式会社の特許状＝定款は，この単純な便法が考えたよりずっと複雑な文書であることが，いまでは明白になっている。州政府は株式会社に特権を付与したが，その株式会社は守るべきそれ自身の利害をも持つことになった。それらは「変更，修正，取消し」条項によって防御されている利害であった。株式所有者間に配当を分け与え，ある株主グループに固定的な優先配当，他の株主グループが下位の無制限配当を与えることを記した定款条項のごときは，明らかに私的な協定に属する事柄であって，州政府の利害はあったとしても小さなものでしかない。このことが合衆国最高裁の次のような裁定を導いた。

　　個人間の契約あるいは会社と個人間の契約は，それが特許状あるいは特許状の修正条項に記されているとか，あるいはある事態の結果がかかる法の言及しているところと関係するという事実のみによっては，立法府の訴訟対象となりえない。州は自ら行った契約を，その契約を破棄する権利を持つことをあらかじめ明記している場合に，破棄する権限を持つ。しかし州は，その州民が合法的に結んだ契約を，あるいは州によって作られた株式会社が結んだ契約さえも，減ずる権限を持つものでない。そのような契約が株式会社の権限にかんするのでなく個人の権利にかんするものであるとき，州がかかる権限を留保せんとするいかなる試みも無効となる。その目的にかんしては，州憲法の効力は制定法の上に立つものではない[3]。

　州政府が与えた何か特別の許可については，これを撤回したり変更したりする自由，免税を取り消すなどの自由は，州政府に残されていた[4]。だがそれを越える変更や修正の問題は――州政府にとどまっていたらもっと公正な結果が

---

2) U.S. Constitution, Art. I, Sec. 10.
3) *Miller v. State of New York* (1872) 15 Wall. (U.S.) 478, 484. また，以下をも参照。*Holyoke Co. v. Lyman*, (1872) 15 Wall. (U.S.) 500; *Garey v. St. Joe Mining Co.*, 32 Utah 497; *Zabriskie v. Hackensack & New York R.R. Co.* (1867) 18 N.J. Eq. 178.
4) 例えば鉄道路線用地の付与がそれである。*Greenwood v. Union Freight Co.*, (1881) 105 U.S. 13.

得られたのかもしれないが——会社を構成する集団自身の手に委ねられた。じっさいに,直接の立法を通じて会社定款を変更することは,きわめて稀である。通常の事業会社のなかで稀にせよそんな傾向がみられる唯一の分野は,経営者の選任方法にかかわるものとすべきである。州政府は特定の実際行為に抗して守るべき必要を認めたときに,いわば治安維持のための政策としてそれを行う。そうした実験のひとつがミシガン州の制定法であって,そこではすべての株式会社が少数持株の意思表明を保証するために「累積」投票を認めなければならないとした。この立法措置は支持された[5]。思うに(ことによると,というよりたぶんというべきか)各州はいつの日か,会社にたいする治安維持的権力の見地を——おそらく証券保有者保護の点から——もっと拡大する可能性がある。その場合には直接の立法措置による修正が,もう一度会社法における活発な論議の的になるであろう。今日では立法による定款修正の重要性は,過去のものにすぎない。

　定款変更にかんする第二の権限には,もっと微妙なところがある。これは会社が設立された後に制定された法律によって,会社内のある集団(しばしば株式の多数所有者)が望んだとき投票によって定款の修正を行いうる権限が付与されているものである。冷徹な論理からすれば,そのような法律と,特許状を直接かつ手厳しく変更した法律との間に,大きな違いはなかった。例えばこれまで,定款が優先株条項を備えそこでは優先株主の満場一致の同意なしにいかなる優先性も変更できなかったとするなら,それを修正するのに,優先性の変更は議会における法令をもってなすとする法律を作るのと,株主の多数決によって定款の修正による優先性の変更の権利が生ずるとする法律を作るのとの間に,さしたる違いはない。一方の場合に州は自ら新たな状況を導入するのであり,他方の場合には州がある私的集団に新たな状況を生む権利を認めるのである。実のところ後者は前者よりも暴力的である。私的集団は私的な動機に駆られて行うのだし,政府は(理論的には)公共の福祉への考慮のもとに統治されているはずだからである。政府は株主の参加権を変更する権限を持たないのがふつうであるが[6],最近の裁定では,州政府が定款の変更権をこれまで持って

---

5) *Looker v. Maynard*, (1900) 179 U.S. 46.

いなかった株主集団に——（そしてひじょうにありえたのは）むしろ変更権を持たないように特別に意図された株主集団に——与えるとした立法が，合憲性を認められた例が出てきている[7]。注7)に記した二つの訴訟はともに，事業を促進することにかんする州政府の利害が企業内のある集団に協定変更の権利の付与を認めるのだという，いささか漠然たる理屈に立って進行した。

この論理に間違いがあるかどうかはともかく，結果はおそらく経済学の理屈には合っていた。初期の特許状にはどれも，かなりの不注意が伴っていた。初歩的な変更にさえ満場一致の投票が必要だった。そのような投票がもたらした体験は，会社内の一集団による他集団の権利への攻撃を保護するということがあまりにしばしば会社のマヒ状態を生んだために，株式所有者に害を与えるものだった。企業金融と経済学との両方での理想的な結果は，権力を現存させ保持することになる結果であり，その権力をすべての関係者に最良の利益にかなうよう周到に用いさせる結果である。したがってやがて，株式所有者の定められた多数決をもって定款の修正を認める権限が，ほぼすべての会社設立法に盛り込まれるようになったのである。

定款変更の第三の方法は，定款に規定され具体的に指示されている一定の方法——すなわち定款の作成時に取り入れられたメカニズム——に従って修正を行うというものである。このことに憲法上の困難はなかった。それは定款で定めた契約の解消というより，定款契約の一部なのだと考えることができた。そこでの主要な問題は，認められた変更をなす職権の存在とともに，この権限の用法（ユース）に何らかの制限があるかどうかということだった。

## 契約権変更の合法性

会社契約の変更権限は，ひとたび設定されると，止めどなく押し広げられてきている。実のところ定款の条項は，とくに集結され円滑に機能している支配がある場合に，熟達した投資家にたいしては何ほどの重みもないほどになって

---

6) *Miller v. State of New York* (1872) 15 Wall. (U.S.) 478. *Zabriskie v. Hackensack & N. Y.R.R. Co.* (1867) 18 N.J. Eq. 178.

7) *Davis v. Louisville Gas & Elec. Co.* (1928) 142 Atl. 654 (Del. Ch.); *Somerville v. St. Louis Mining & Milling Co.* (1912) 46 Mont. 268.

いる。そうした状況のなかでの主な可能性をいくつか、ここに挙げてみよう。

## 事業の活動範囲の変更

　当初設定した路線をさらに延長すべく定款を修正しようとした鉄道会社がひとつの異議申立てによってそれを阻止された，初期の判例[8]を別として，裁判所はほとんど初めから，事業の目的や活動の種類を拡張したり変更したりする修正を許可してきた[9]。急速に発展する国土の要件，産業技術の革新，それにいかなる事業単位も移行や転換の予見が事実上不可能であるといった理由によって，事態がまかり通った。しかしながら次のように問う人がいるかもしれない。株式所有者が限定された分野の事業活動における持分をこそ，ひたすら期待して——例えば真正の「投資の信託」を期待して——契約したのに，会社が持株会社になるべく会社定款を修正しようとする「支配者」に出くわした場合，そうした事態にもこの教義は拡張されるのかどうかである。だがこれまでのところ，そのような訴訟は起こっていないようである。

## 株主に求める拠出額の変更

　全額払込みで追加払込みの義務がないとして売った株式に追加払込みの賦課にかんする修正を過半数株主がなしうるかどうかについては，判例は真っ二つに分かれている。修正のなかでもおそらくもっとも過激な修正であるこれは，商業界に及ぼすショックも大きく，めったにとられる手段ではない。ユタ州の一法廷は，それをなすこと不能と判断し，立法府は会社が組織された後までかかる修正を認可するような権限を持ってはいない状況にあることを主張して，かかる修正は契約の義務を損なうものとして禁止した[10]。ところがこれとまったく同じ事態を扱ったモンタナ州の一法廷は，修正を有効と裁定した[11]。そこでは，

---

8)　*Zabriskie v. Hackensack & N.Y.R.R. Co.* (1867) 18 N.J.. Eq. 178.
9)　*Durfee v. Old Colony & Fall River R.R. Co.* (1862) 5 Allen (Mass.) 230.
10)　*Garey v. St. Joe Mining Co.*, (1907) 32 Utah 497. なお *Enterprise Ditch Co. v. Moffitt*, (1899) 58 Neb. 642 をも参照。
11)　*Sommerville v. St Louis Mining & Milling Co.* (1912) 46 Mont. 268.

留保された権限は，州と会社実体との間に存する契約の変更のみならず，会社とその株主との間および株主相互の間に存する契約の変更にも行使しうるものであり[12]

との解釈がなされた。変更を認めるのは州にとってひとつのことであり，その権限を私的な集団に与えるのは別のことである――ここではそれがなされていた――という事実がまったく見落とされている。議論はそこで止まっている。東部の諸州はこれほど過激なことにはまだ手を付けていない。

### 企業参加者間の相対的な地位およびリスクの変更

一連の過程を通じて漸次，諸々の裁判所は，資本構成における株式所有者の相対的な地位の変更にかんする修正は合法であるとする命題を確立した。そこでこれまでの普通株に優先株を付加するという修正についても，それを不服とした原告の普通株主は敗訴した[13]。もっとも裁判所は，ある程度似た事例でかかる修正を否認した古いニューヨーク州の判例との区別をしなければならなかった[14]。後順位の持分証券は，一クラスの株式しか持たない会社の証券より利益と損失の両方の可能性が大きいのだから，相対的な危険性に変化があるのは歴然としている。これまで高次の権利を持っていた優先株よりもっと先順位の優先株をおくこともできる[15]。さらに優先株の一部を回収してそれを巨額の社債発行でおき換えるという修正も，合法として支持された[16]。この種の株式には，権利の直接の変化はない。株式保有者はいつも持っていた権利を持つ。だがそれが，新しい一連の危険の対象になるのである。

もっと権利の直接の移動に近いのが，額面株を無額面株に変更する類いの修正である。そのような修正は，株式所有者が変更以前に持っていた保護装置のひとつすなわち額面に等しい固定された最低拠出額にたいする権利を新しい株式所有者各人から排除するにもかかわらず，認められている[17]。別の言い方

---

12) *Ibid.*, p. 275.
13) *Salt Lake Auto Co. v. Keith O' Brien Co.* (1914) 45 Utah 218. *Hinckley v. Schwarzchild Sulzberger Co., Inc.* (1905) 107 N.Y.A.D. 470.
14) *Kent v. Quicksilver Mining Co.* (1879) 78 N.Y. 159.
15) *Pronick v. Spirits Distributing Co.* (1899) 58 N.J. Eq. 97.
16) *Berger v. U.S. Steel Co.* (1902) 63 N.J. Eq. 809.
17) *Randle v. Winona Coal Co.* (1921) 296 Ala. 254.

をすると，株主の参加権に何らかの削減の措置がなされたわけでないが，この変更は希薄化にたいする保護のひとつを解体したのである。

　これらの事例は，より過激な種類の修正，すなわち優先性を持った証券が発行されている事実にもかかわらず資本を減ずるような修正を権能づけるものとして，法律によって受け入れられてきた。そのような資本の減少は明らかにそうした証券がこうむるリスクをとほうもなく増大させる。額面優先株500万ドルと無額面普通株500万ドルの資本を持つ投資会社を想定しよう。その資本を1000万ドルから600万ドルに減じ，しかも優先株主に当初の地位を残すという修正をしたとすれば，じっさいにはその配当とその究極の清算との両方にたいする安全装置を減じたことになる。減資によって作られた剰余金は普通株への配当に向かうことができ，それによって優先株の後順位にある持分を減らすからである。法による権威づけがこの結論を正当化するかどうかは，いまなおけっして明らかでない。

## 参加権における変更

　資本構成における各株式の相対的な地位を変えるよう定款を修正することから，参加における絶対的な変更をするまでの距離は，五十歩百歩にすぎない。例えば7％の配当を受け取る優先株主の権利を6％に減らすごとき変更である。しかしそうした変更は株式の相対的地位の変更などより現れ方がはっきりしているので，金融の社会ではショックも大きい。したがって裁判所は，最後は圧倒的な事例で修正を容認するものの，そのような修正は認められるべきだとする結論に達するのにいささかの苦労をしているようにみえる。結論に至る差異は，法律上のことというより裁判官の心証にかんすることである。例えば現存する普通株の上に新しく優先株を発行するのが望ましいと思われれば（*Salt Lake Auto. Co. v. Keith O'Brien Co.* のようなケース），裁判所は，取締役会と株式所有者が自らの意思でこれが資本の増加にとってよい方法だと信ずるのであれば問題はそれで終わるという見解をとるほうに傾く。しかし修正がある集団の利益のために他の集団の参加権を減ずるものとしてなされるときには，裁定はこの変更の必要性を示さなければならないことがある。これは現実的というより形式的なことである。会社経営者のどのような集団であれ，彼らがそう

したいと望むならそれが必要だという状態を作ることができるからである。彼らが持っている計画を示すこともできるし，異を唱える株主より自分のほうがずっとよく察知している産業内の事業の状況に依拠することもできる。あるいはどうしても必要だとなれば，提案している株式所有者の権利変更による以外に出口がないような事業の状況を作り出すこともできるのである。

　普通株の分野でいうと，普通株クラス A と普通株クラス B を規定しているような定款がもっとも多い事例となる。例えばクラス A 株は 1 株当り 32.50 ドルで償還でき，清算にあたってはクラス B 株に優先して 25.00 ドルが支払われ，配当も優先的に 1 株当り 1.50 ドルが(非累積で)支払われる，とされていた。この配当支払いの後，クラス B 株が 1 株当り 1.50 ドルの配当を受ける。さらにその後，取締役会はクラス A とクラス B の両方の株主に 1 年 1 株当り 50 セントを超えない割合で配当を宣することが認められていた。これらの支払いをすませてなお超過の所得があるときには，それはクラス B 株がクラス A 株に与えられる額の 4 倍を受け取るように配分されなければならない，となっていた。

　スタンダード・ガス・アンド・エレクトリック・カンパニーは，単独議決権が付与されているクラス B 株の圧倒的多数を所有していた。その同社が，クラス A とクラス B がそれぞれ 1.50 ドルの配当を受け取ってしまった後のすべての配当を A，B 両方に平等に与えるようにする修正，同じくクラス A を 32.50 ドルで償還しうるとした規定を削除する修正を，提案した。明らかにそれはクラス B の参加権の削減であった。これを不服とする一人のクラス B 株主が，修正の通過を阻止すべく訴訟を起こした。裁判所はこの修正を認可し，その理由として，第一にデラウェア州会社法は提案されている類いの修正を図った会社を認めるべく制定されていること，第二に会社経営者はこれによってクラス A 株の販売により得られるべき追加資本の機会を作り，この方策が会社の最良の利益にかなうと主張しているがゆえに，さらにまたクラス B 株の(したがってまたスタンダード・ガス・アンド・エレクトリックの)圧倒的多数株主がそれを受け入れる用意があるがゆえに，その条項は不正でも不公平でもないこと，を挙げた。したがって裁判所は，取締役会が「誠実に行動して」いないことが示されないかぎり定款の修正は支持されるべきであると裁定したの

である[18]。

　これは権限の極端な使用例である。ここで会社の利益は参加者の利益の上位におかれていることに注意すべきである。事業活動はこの取引によって恩恵をこうむるかもしれないが、クラスBにとっては、何らかの恩恵に与るであろうことを示すものは――クラスBの多数の同意がこの事実を示しているのかもしれないという以外に――何もなかった。クラスBの利益が削減されてもこの持株会社の利益が違う他の方面によりよく奉仕するわけでないといいくるめることはできないのだから、裁判所の実情分析は明らかに不完全である。換言すれば「支配」という要因を無視することによって、裁判所はこの状況の基本的なところを落としてしまったのである。その結果は、参加権の変更のためのどんなことでも認めるような決定である。ある集団から権利を取り上げて別の集団にそれを移すことがいとも簡単に行われ、その唯一の言い訳は企業がそのことで追加資本を調達できるかもしれないというのだった。

　この定款修正が結果としてどんなことをしたのかしなかったのかを語るのは難しいが、金融的には結局のところ、上の方策がクラスA、クラスB両方の株主に恩恵をもたらしたとみられる。

　優先性を変更するのはもっとふつうのことである。もっともその問題ではほとんどの裁判所が、上にみたデーヴィス判例がはっきり求めたよりはるかに高いレベルで、変更の必要性を示すことを要求している。ひとつのケースでは、第1順位優先株の配当率が7％から6％に削減され、第2順位優先株への配当は定款修正によって6％から2％に削減された。この修正は、全体的にこうした事柄に厳しいニュージャージー州において、同州の一裁判所で差し止められた[19]。だがそのように厳しい法域にあってさえ、優先株の配当率を削減する定款修正は、会社が困難にある場合、そして再協議が企業の破綻を免れるかもしれない追加資本の発行を可能にするため行われる場合には、認められた[20]。連邦裁判所も、かなり似た状況にたいして同様の判決をするに至っている[21]。

---

18) *Davis v. Louisville Gas & Electric Co.* (Del. Ch. 1928) 142 Atl. 654.
19) *Pronick v. Spirits Distributing Co.* (1899) 58 N.J. Eq. 97.
20) *Windhurst v. Central Leather Company* (1930) 105 N.J. Eq. 621.
21) *Yoakum v. Providence Biltmore Hotel Co.* (1927) 34 Fed. (2nd) 533 (D.C.R.I). 諸説の

この法理に立てば，ほとんどいかなる優先性も削減できることになりそうである。固定された優先配当にたいする権利はほんらい決定的なものなのである。もしこの至上の契約権をその保有者の同意なしに変えうるというなら，より低次の権利を変更から守る余地はほとんどなくなる。事態がここまで進めば，株主の表面的には確定された契約上の諸権利の瓦解に残された階梯はもうほとんどないのである。

　裁判所がこの点での限界を画そうとする二つの場合がある。ひとつは優先株が累積配当で運用される場合で，配当の未払分が滞積していて定款修正によりその未払累積分を帳消しにするとみられるときである。もうひとつは減債基金がおかれている場合である。そのような訴訟の場合には，裁判所は一般に，定款修正を認めるに先立ってひじょうに強い実態説明を要求する。ニュージャージー州が認めたそうした修正の一例――前述の *Windhurst v. Central Leather Company*――では，企業が破産に瀕しているということだった。しかし寛容なデラウェア法廷でさえ，累積分を帳消しにするような修正を支持することはしていないし[22]，連邦裁判所も *Providence Biltmore Hotel Co.* 訴訟において同様の結果に到達していた。ニュージャージー州の裁判所は通常，そのような修正の認可を拒絶している[23]。

　会社定款を修正する権限――無制限にさえみえ裁判所が心もとない規制をするにすぎない(ニュージャージー州とそれに追随しているごく限られた州だけは別だが)――の重要性は，「株式会社金融」において，過大評価がありえないほどに大きい。その修正がいかに不当と思われようと，これに反対する株式所有者は十中八九，訴訟に持ち込むような資金的余裕がない。分散している株式所有者は，簡単には相互の防衛のために結集できない。よしんばそれを断行しても，訴訟の結果は常に不確実である。反対行動がじっさいにできそうな株式所有者はプロの「ストライカー」であって，その彼が仮差止命令を勝ちえたと

---

　　吟味は以下を参照。Kades, "Consttutional and Equitable Limitations on the Power of the Majority to Amend Charters so as to Affect Shareholders' Interest in the Corporation" -76 *Univ. of Pennsylvania Law Review* 256 (December, 1928)。
22)　*Morris v. American Public Utilities Co.* (1923) 14 Del. Ch. 136, 122 A. 696.
23)　*Lonsdale v. International Mercantile Marine Co.* (1927) 101 N.J. Eq. 554.

しても，次の段階ではふつう会社が彼あるいは催告に加担した弁護士にカネを払い，その上で差止命令は解除されて修正が予定通りに通過するのである。定款の修正によって提案される契約上の地位の変更は，ほとんどが完遂される。そして経営者，支配者は，会社が前の二つの章で述べたメカニズムを最初から十分に備えていなかった場合，あるいは新たなメカニズムの手法が登場してきている場合，あるいは当初の協定が今日の「支配」目的の便にもはや添わなくなった場合に，この権限を用いる可能性に頼るのである。この切り札を出そうというとき，経営者は通常，「事業上の緊急性」を示す。もし先見の明があるなら，ずっと前にそうした事業上の緊急性を示す局面を作ることもできる。これに反対する株式所有者は不公正を立証しなければならない重荷を課せられており，一般には彼は，会社の情報と資金の両方をほしいままに操る「支配者」と戦う上で，絶望的なまでの不利を負っている。結果として，会社定款を修正する権限は，その前に述べたメカニズムより実行がやや困難だというところはあるが，「支配者」の手に残された，しばしば顕著な効果を伴って用いられる便法となっている。

# 第5章　経営者の法的地位[1]

「経営者(マネジメント)」は法的には，会社の事業と資産とを統治(ドミネーション)する義務を正式に負った人々の本体と定義しうる。したがって経営者は，ある種の法的な資格をもとにその地位を得ている。全般的にアメリカの法律制度では，経営者は取締役会および会社の上級役員から構成されている。取締役会はふつう，株主による，あるいは会社定款のもとで議決権を与えられた株主による選挙を通じて，職務にたいする法的な資格を与えられるが，これが普遍的というのではない。いくつかの州では，社債保有者や従業員が取締役選出に加わる条項を合法的に作成しうる[2]。だがそのような許容は通常あまり現実的でない。従業員あるいは社債権者が選んだ取締役を擁する株式会社は，全然ないというのではないが，ごく稀である。

法は経営者に一定の行動標準を課している。これは所有権と経営との間の法的な関連のことである。所有権の経営からの分離が現実に大きくなり，あるいは法的手段によってより徹底して遂行されるに伴って，法が定めた両者の関連だけが，証券所有者が強権を発動でき，株式証券を持つに値すると思わせる理

---

1) 経営者にかんする法のことは，およそ株式会社の歴史の最初から，テキスト執筆者による苦心の探究の素材となっている。Morawetz, *Corporations* のとくに Section 519 を参照。また H. H. Spellman, *A Treatise on the Principles of Law Governing Corporate Directions* (New York, 1931)はこの点にかんするほとんどすべての判決を網羅した最新の業績であり，法的責任にかんするよい信頼できる労作である。なお Cook, *Corporations*, Sections 643-666; 14A Corpus Juris, pp. 49-243 のうちのとくに Sections 1887-1893 をも参照。この章は，本書が対象とする諸問題から生まれるさまざまな原則の，簡単なまとめにすぎない。

2) 例えば General Corporation Law of Delaware, Section 29 (Paragraph 2)は，会社設立証書において，担保付社債と無担保社債を問わずその所持人に株主と同じ議決権を付与してよいとしている。

由となる。かりに，経営者がじっさいに証券の持主によって選ばれず法が認めるその持主にたいする責任も法的手段によって強制される責任もないような状況が生まれるとすれば，そこでは証券保有者は資本への拠出を示す紙片を持ち，その紙片は，会社の出来事に携わっている人々の良識と誠実あるいは経済的な優位をもってそれに価値を導入したときにのみ，価値あるものとなる。したがってわれわれは，この点にかんする法律の力だけが，証券所有者が現実に持っている唯一の強制力ある保護物だという結論に導かれる。

　経営者の証券所有者にたいする義務を律する法律は，会社法制の分野ではおそらく一貫した緩和傾向をたどっていない，唯一の分野である。やがてわかるが，それはある程度までいくつかの種類の制定法や定款の条項に入り込んで規定されている。だが主としては，経営者の行動に適用される規則はコモン・ローから発展してきたものであって，制定法からではない。このことがおそらく，その発展の基本線が第三者の目に制定法によるものより健全だと映る理由でもあろう。人間味ということからして，コモン・ローはしばしば反応は鈍いが柔軟かつ現実的である。裁判官は権利の救済が必要と思われる事態に直面したとき，通常は制定法に抵触しないかぎり最後の段階でコモン・ローに解決の拠り所を見つけようとするのである。

　法が発展させてきた経営者の行動にかんする主要な三つの規則がある。(1)事業にたいする適正な注意，(2)会社の利益にたいする忠節，(3)事業にたいする最低の思慮分別，がそれである。

　これらの規則に立ち入るにあたって，昔からずっと素人をいらだたせ，近年になって初めて法学者の思考にためらいをもたらしている識別の問題を，取り上げておかなくてはならない。これは「会社」にたいする忠誠と，株主もしくは場合によって他の証券所有者にたいする忠誠との間に起こった，古くからの抽象論議である。法は上述の三つの規則を，経営者が会社にたいする「受認」(fiduciary)の機能を務める立場にいるものとしてまとめあげる。会社は株主から分離され区別された明確な法的主体であるから，取締役が特定の株主個人にたいして敵対的な立場をとりながら同時に会社全体にかんしては正直かつ誠実であることができるかどうかを，決することが必要になる場合がある。そしてこのことにかんして，今日なお何の決着にも達していない法の内部で，論争が

先行している³⁾。その論争の進み具合をここに述べよう。

　例えば，ある取締役が自分の財産を持っており，それを隠したまま財産を不当な値段で会社に売りつけたとしよう。会社はそのことによって損害をこうむる。つまり会社は財産にたいして価値以上の額を支払ったわけであり，会社の利益を推進すると想定されているまさにその一人の行為によって，そういうことになったのである。法律的にいえば，法はこの取締役の行為を不当とし，会社がこの取引を取り消し取締役が受け取った金額を取り戻した上で財産を彼に返還するか，あるいは会社がこうむった損失を彼に賠償させるかの，いずれかを認めている⁴⁾。そういうかたちで会社に損失があったこと，過大な支払いでその分会社の資産が減っていることは，疑う余地がない。

---

3) A. A. Berle の理論からすれば，この論争はおそらく求められた救済の綿密な分析によって解決できるはずである。

　ある取締役が例えば自分の個人的利益から会社に取引をさせて会社にたいする義務を犯した場合，不法行為がなされたのは会社——彼らが支払われるに値する以上の財産やサービスを支払った会社——にたいしてである。これは会社の資産や収益を削減させることによって株式所有者にも害を与える。裁判所が救済は会社にたいしてのみなされるべきであるというとき，実はそれは，損失をこうむったすべての個人の救済が会社にたいする損害賠償によってもっともよく達成されることを意味している。この賠償が会社の資金を充たし，自動的に株式所有者に利益を付加する。この観点からすれば，法が個々の株式所有者の不平を考慮するのを拒否していることは，そうした株式所有者個々人に救済される権利がないというのではなく，株主全体にたいし持分に応じた救済をなすべきものとして，こうした方法がとられているとすべきである。

　いくつかの訴訟では，それによって会社自身が損害をこうむったことは明白でないけれども，取締役が会社に危害を及ぼしたという状況が取り上げられた。悲運の合衆国銀行 (Bank of United States) が一子会社を組織したときに，その問題は発生していた。子会社の株式は合衆国銀行の証券所有者にたいして売り出されたが，そのさい取締役と役員陣が子会社株を大量に抱え込みながら，それにたいする払込みをほとんどかあるいはまったく行わなかった。この子会社は合衆国銀行に好機が到来したとき利用するために企画されたのである。好機はついに到来しなかったから，バランス・シートの項目上は銀行に明白な損害を与えたと立証するのは容易でなかった。しかしながら明らかに，同銀行はさもなければ挙げていたかもしれない利益を，そのときに実現しなかったのである。このことが，ニューヨークでいまなお清算の途上にある合衆国銀行をめぐる訴訟の，多くの局面のひとつをなしている。

4) *Aberdeen Railway Co. v. Blaikie Brothers* (House of Lords 1854) 1 Macqueen's App. Cas. 461. 法の規則はさまざまの根拠から展開されてきたが，それでもほとんど同じ結果に落ち着いている。訴訟の一団のものは，ある取締役が利益を得た場合それが公正であろうとなかろうと無効にできると判定されている。これは連邦裁判所の態度である。*Wardell v.*

しかしながら今度は，その同じ取締役が，大量の会社株式を所有していると想定しよう。彼は，会社が後ほんの一歩で千載一遇の好機に直面していること——所有する油田から石油が湧出し資産の現存価値が何倍にも跳ね上がるだろうといったこと——を知っている。彼はそんな朗報を知らない別の証券所有者を見つけて，その所有株を買い取る。ほどなく情報が伝わり，情勢の変化に応じて株価が急騰し，その取締役は上の取引でしこたま利益を手にする。ここで会社は，そのことだけでは何の損失もこうむっていない。取締役の立場はこれっぽちも変わっていない。一セットの証券の持手が変わっただけで，会社自身のバランス・シートに変化はない。資産は以前と同じく大きい。取締役は会社の出費によらず他の株主の出費によって，利益をわがものにした。以前のケースと同じように，彼は会社経営者の一人だという有利な立場を利用して，これをなしたのである。前のケースでは彼は取締役として会社に自分の財産を

---

Railroad Co. (1880) 103 U.S. 651; Cleveland-Cliffs Iron Co. v. Artic Iron Co., 261 Federal 15. これと同じ結果になっているのが，Robotham v. Prudential Insurance Co. (1903) 64 N.J. Eq. 673 であり，ニューヨークでの Jacobson v. Brooklyn Lumber Co. (1906) 184 N.Y. 152，カリフォルニアでの San Diego Railway Co. v. Pacific Beach Co. (1896) 112 Cal.53 などである。これと別の訴訟の一団は，取引が会社にとって不公正だった場合に取り消すことができるとする判定を得ている。この場合は裁判所が取締役会に代わって不公正かどうかの判定を下すことになる。Smith v. Wells Manufacturing Co., 148 Indiana 333 (1807); General Investment Co. v. Bethlehem Steel Corporation, 87 N.J. Eq.234. ニューヨーク州ではようやく最終的に，取引が不公正だったときにそれを取り消しうるが，そうでないかぎり取り消せないという理論に，はっきりたどり着いたようである。Globe Woolen Co. v. Utica Gas & Electric Co., 224 N.Y. 483 (1918)を参照。その公判のために書いたカルドーゾ判事の表現では，「受託者〔trustee〕は，その条件が公正かつ適正でない場合，取り結んだ契約に拘束されるものでない」。この訴訟は別の観点からしても興味深い。というのは，そこに支配株主が含まれており，そこで「支配」の意味が問われたからである。裁判所が下した「他にたいする支配的な影響は投票による以外の諸手段によっても行使されうる」という提要は見事である。

兼任重役の問題は，多大の困難を惹起している。ここではもちろん一人の取締役が二重の忠誠を約している。もしその二つの会社が協定を結ぶとすれば(これが上に挙げた Globe Woolen Co. v. Utica Gas & Electric Co. 訴訟 および Cleveland-Cliffs Iron Co. v. Arctic Iron Co. 訴訟の実態だった)原則はその協約がじっさいに不公正だった場合にのみ無効になりうるということである。この点にかんして Canfield and Wormser, Cases on Private Corporations, pp. 464-465 に興味深い評注がある。引き出しうる唯一の結論は，どの裁判所もじっさいに，取引が明らかに不公正だった場合にこれを取り消し公正な状態に戻すのを認めるように，事態を判断しようと試みているということである。

買うように仕向け，後のケースでは取締役会のメンバーであったがゆえに得た情報を自分の利益のために利用した。ところが第二のケースで判決の多数は，取締役は会社のためにのみ受認しているとの理論に基づいてなされている。つまり彼は株主にたいする義務を受認しているのでない。彼は株主を外部者にたいすると同じように扱う。そして彼は自分の利益を守る資格がある[5]。換言す

---

5) *Carpenter v. Danforth, 52 Barbour* (N.Y.) 581; *Board of Commissioners v. Reynolds* (1873) 44 Indiana 509; *Strong v. Repide*, 213 U.S. 419 (1908). だがこの最後の訴訟では，株主が彼らに背いた取締役を実際に自分たちの個人的代理人(individual agent)として指名していたために，株主が救済される資格を与えられたという，特別の事情があった。*Oliver v. Oliver*, 118 Georgia 362 (1903)と対照せよ。ここでは取締役が株式の売買にさいして株主に事前に重要な情報を伝達していなかった場合，取締役は株主にたいして責任があると，はっきり判示している。
　ここには大きな思考の混乱状態がある。株主が個々人の損失を理由として取締役を告訴するのを裁判所が認めない傾向があるのは，おそらく，それを認めたら止めどなく訴訟が行われるだろうという恐れと，そういうことの救済は会社を通じて解決さるべきだという観念からきている。そこで次のような判例が生じた。ニューヨーク・セントラル鉄道はニューヨーク・アンド・ノーザン鉄道の取締役会を支配し，後者の貨物をニューヨーク・セントラル路線に移すことによって，その経営を破綻に追い込んだうえ(*Farmers' Loan & Trust Co. v. New York & Northern Railway Co.* 150 N.Y. 410-1896 をみよ)，そうした指揮に異議を唱える意見があったにもかかわらず，その目的で購入していた第二抵当社債を抵当流れ(foreclosing)に付すことによって鉄道支配を手に入れることに成功した。ある株主が，彼の個人的な損失の弁済を求めて訴訟を起こしたが，裁判所は，救済は会社を通じて行われるべきものと断じて，株主に弁済受取りを認めることを否定した。*Niles v. New York Central Railroad Co.*, 176 N.Y. 119 (1903). その際，裁判所は以下のようにいっている。「原告がこの不当行為の結果として所有する株式の価値減少による損害をこうむったことは事実である。この点にかんして加害行為は株式所有者個々人に与えられたものである。しかしながらすべての株主がこの同じ不当行為の被害をこうむったのであり，もし原告の受けた損害の回復を求める訴えが支持されるとすれば，すべての株主が同じ権利を認められるものとしなければならない。しかしながら不当な行為から結果した損傷は，すでにみたように会社にたいする損傷なのである」。
　他方，会社の損害と関係なく株主にたいしてなされる——したがって会社は訴えの原因にもならないし補償の必要もない——ものと解しうる一連の損傷がある。会計を偽装し，おかげで株主が株式の実際の価値以上の価格で払い込んだといった例がそれである。*Ottinger v. Bennett*, 144 N.Y. 再審部 525, 棄却 203 N.Y. 554 (1911); *Walsham v. Stainton*, 1 De Gex J. & S. 678 (1863). ただしこれは非公開株式会社であった。
　しかしこの種の訴訟における多数意見は，取締役が，その詐欺行為にかんしては他の個々人と同様に責任を問われるけれども，彼の会社の証券所有者にたいして何かそれ以上の責務を負ってはいないとするのである。*Connolly v. Shannon*, 105 N.J. Eq. 155 (1929)を参照。

れば，取締役は会社という機構にプールされた利権の集合体だけを代表する。彼はそこに参加する誰にたいしても義務を負うのでない。

　普通人にとってこの区別は，とくに明快でも健全でもない[6]。かの取締役は，すべての者の利害を代表するために，そして彼らの利益を促進し保護するために選ばれたのではないか。その取締役は会社の事業を管理するのに諸個人のなかでもっとも有能であるかもしれないが，いくら有能でもその能力を，株主個々人から経営の果実を奪い取るために使うようでは，証券所有者のためにならない。合衆国における裁判所の少数意見が，取締役は自分の優位な地位を，いかなる株主であろうとその株主の利益に反するように行使することができないとの見解をとっている。取締役がもし株主たちにかかわる提案をするのなら，彼は自分の知っていることをすべて開示せねばならず，株主たちが少なくとも取締役と同程度の理解力をもって対応できるようにしなければならない[7]。こ

---

　　株主個々人にたいしての結果は，いかなる他の個人にも課せられない義務は，取締役にも課されないということである。もし彼が会社を害するのなら，おそらく会社は損失を弁済させることができる。そして会社は，一人の少数持株主による損失の回復に対処することができる。

6) 取締役は，彼の権力に加えて，ときに特別に価値があるかもしれない大量の情報を手に入れると思われる。この情報を，彼は会社経営者としての地位にあるからこそ，手に入れるのである。倫理的には，情報とそれから生ずるいかなる優位性もすべて，ほんらい取締役個人に帰属するものでなく，株主に帰属すると考えるのがわかりやすいだろう。
　　一部の会社では，誰であれ会社の株式に投機を行うため機関と関係を持とうとするのを厳格に拒み，そこでこの情報が気づかれずに利用されるということがない。これと正反対の会社の事例では，特定の個人のリストを持っていて，重要な情報が行動を起こすに十分な時間差で彼らにだけ伝達される。
　　Newton D. Baker 氏はかつて，取締役なる者は彼が差配する会社の株式を持つことを許されてはならないと言明したことがあるといわれる。誘惑が余りにも大きかったからである。おそらく真の困難は，会社取締役に支払いをなす適切な仕組みが欠如しているところにあるだろう。取締役が受け取る報酬は，その経営の成功度や誠実性に対応するにほど遠い。取締役が自分だって利潤の収穫に与る権利があるはずだと感ずることは，不自然でない。もし利潤に与るもっとも簡単な方法が情報に基づく資本作りだとすれば，それを行使しないことを期待するのは人間の本性を越えるものである。最終的な解決は，正直にして全面的に開示された利潤分配計画ということになるのではないだろうか。これは近年，ニュージャージー・スタンダード・オイルが適用していることである。

7) *Oliver v. Oliver*, 118 Georgia 362. 矛盾しあう規則をめぐっての議論として，14A Corpus Juris, p. 128 (1896)を参照。Fletcher's Encyclopedia of Corporations, Volume 4, Section 2464.

の理論は，取締役が行動するさいの情報は彼の私的な財産でなく，すべての人がその恩恵に浴するために取締役に与えられているというものである。一言でいうと，取締役は会社全体という架空の法主体にたいする受認者であるとともに，関与する諸個人にたいする受認者だとするのである。この見解を本書の著者たちは支持するが，だがこれは一般に受け入れられていない。連邦裁判所および一部の州裁判所がとる妥協的な見解の大意は，事情が特別で，何か特定の事実が，株主の犠牲において取締役が行動することを不公正とする場合に，取締役の責任が問われるというのである。このような見解がこの問題にかんして古い法にとって代わりそうにみえる[8]。だがいまのところは，法の正義を標榜する言説はすべて，取締役の受認義務は会社にたいするものに限られ，そしてもし取締役がその地位からして，詐欺的にでなくしかし同時に開示することもない仕方で会社資産を損ねず他の株主を利用できるならばそうしてよい，とする理論の上に構築されなければならないことになっている。

　実業に携わる人々はこの区別をそれほどはっきりつけているわけでない。経営陣が，とくに株式の売買に際して会社の出来事にかんする受認者としての知識に基づいて指図し，個人的に株主の優位を利用するということは，おそらく一般的な真実である[9]。

　こうした取引の倫理については，格段の意見の相違はない。この種のビジネスに従事した経営者は，それが暴露されるのを喜ばない。そして実業家が自分のやり口を事後にさえ公表されるのを好まないときには，通常それは，実業家本人の判断に照らしても反倫理的なものだと結論づけてかまわない。

　これまでこの倫理的な感触は（上述した少数の州を除いて）そのものとして法

---

8) *Strong v. Repide*, 213 U.S. 419 (1908); *Stewart v. Harris*, 69 Kansas 498.
9) 本書の著者のうちのひとりは，社長が当時約 60 ドルで売られていた会社優先株を償還する計画を提出した会議に出席した。償還の価格は 110 ドルだった。著者はこれをただちに取締役会に提議すべきではないのかと質問した。社長がいうには，この償還計画を取締役会に出すと同時に公にも告示できる条件が整うまでは，自分の意思でそうするのがよいとは，思っていない。それをやれば，取締役の誰かが早速市場に行って，高い償還価格で儲けようと低い価格でできるかぎり株を買いあさる，と懸念するからである。これはおそらく法律家 Gary が U. S. スチール社の社長としてとった有名な政策につながるものである。Gary 社長は，配当についての告知を，その配当が議題となった取締役会が休憩に入る前に相場のチッカーに送らなければならないと主張した。

文に注入されてはいない。そして目下のところ，個人としての株主は会社経営者と争う場合，経営者の良心に訴えなければならないのである。

　こうして経営者の受認義務が会社にたいするものに限られる，すなわち企業の資産や収益を損ねないような指揮の標準を守るべく任務づけられているという命題から出発すると，法がひとつの明確な標準の確保——経営陣に忠節と勤勉とビジネスの感覚を求めるという標準——に向けて，長い道程を歩んできたことが明らかとなろう。この主題をめぐる古典的な判例のなかでも，ニューヨーク州のアレン判事による，「いかなる原理も，他人のために行動する義務を有する人物が同じ事柄のなかでそれを自分の利益のためになすことはできない原理以上のものとはなりえない」とした（*Abbot v. American Hard Rubber Co.*, 33 Barbour 578），1861年に下されたこの規則が，いまなお有効なものとして継承されている。だから取締役は，自分自身の利益を図る行為が会社の利益と衝突すると気づいたときには，その取引で会社に影響を及ぼさないように実行するのが義務となる。彼がそのように行うとすれば，彼はほとんどの人物がおいそれと引き受ける気にならないほどの，吹きさらしの場に身をおいたことになる。

　同様に，通常のビジネスの感覚にかんする尺度も経営者には適用される。その感覚のない，あるいはあっても行使しない取締役や役員は，結果として生じた損失に個人的な責任を負う。コモン・ローにおけるもうひとつの規則が，別の古い判例のなかに設けられた。「自らの意思で取締役の地位に就きかかる関係において信任を求める者は，彼が代表する人々のあるいは彼がそれらの人々のために行為するひとりの受任者にふさわしく，彼が少なくとも平常の知識と技能を保持していること，そしてその知識と技能を彼の義務遂行に活用するであろうということを，請け負っている。」（*Hun v. Cary*, 82 N.Y. 65, 1880におけるアール判事）この規則もまた，今日まで積極的な力を保っている[10]。法律が

---

10) 1742年，ひとりのイギリス大法官が，会社取締役に向けて次のように述べた。「人は，この種の信託を受けることによって，忠誠と十分な精励とをもってそれを遂行する義務を負う。取締役たちがそこから利益を得ずそれが単なる名誉職だという言い分は，何の釈明にもならない……」。

　「もし主事（Master）による取調べにさいして，取締役たち全体のなかに怠慢な不注意が看取され，それによって総体として雑多な損失が生じたことが明らかであれば，私が彼ら

次のような理念に達するのには，多少の期間を要した。すなわち，人はもし誠実に行動し自ら会社を欺こうとしたのでないかぎり，その人の義務にたいする「はなはだしい」過失や怠慢があった場合を除いて，彼に責任を負わせることができない，ということである。だがそのハードルは優に半世紀前には越されて，今日この規則に異を唱える者はいない[11]。しかしながら，彼は正直な人物だとしても，なおかつ相応に注意深く有能であらねばならないのである。法律は事業に携わる能力に明確な基準を見出すことができない（この資質は未だ正確な測定の対象になっていない）のだから，なしうる最上のことが，経営者として不適格だという非難の妥当性の判断を訴訟のつど陪審に委ねることだというのは，本当である。だが事態が発生してそれが破局的な結果だった場合に，経営者への攻撃を扱う陪審が，寛大すぎる判定をとる危険より，厳しすぎる判

---

全員を無罪と決することはけっしてない」(*The Charitable Corporation v. Sutton*, 2 Atk. 400)。*Briggs v. Spaulding*, 141 U.S. 132 (1890)における Fuller 主席裁判官の次の言を参照。「取締役がその義務の遂行にあたって行わなければならない注意や慎重さの程度を厳密に規定しようとすることは，おそらく不必要である。求められる注意の程度は，それが適用されるべき対象のいかんにかかっており，したがって各々の事例の状況全体を斟酌して決しなければならない。取締役は，彼らが任命した行為者(agent)の忠誠を保証する者ではない。その行為者は取締役の代理人(agent)なのではなく会社の代理人なのである。取締役は他の取締役や行為者の不注意や怠慢から生じた損失にたいして，その損失が当該取締役自身の義務違反——事業を注意深く監督できなかったとか，あるいは行為者の任命にさいして適切な注意を払うことを怠ったといった——の結果でないかぎり，責任を負うものではない」。また *Gibbons v. Anderson* (1897) 80 Fed. 345 を参照。さらにまた *Columbia Law Review* 8 pp. 18-26 "Liability of the Inactive Corporate Director" をも参照。

11)「はなはだしい過失」(gross negligence)のときだけで「わずかの過失」には責任を負わなくてよいとする理論は，*Railroad Co. v. Lockwood*, 17 Wall. 357, 382(合衆国最高裁)における裁判官 Bradley 氏によって覆された。裁判官 Bradley 氏は，「過失」とは単に「状況が求める注意と技能を行使するのに失敗」したことを意味するという結論に達した。Fuller 主席裁判官はこれを敷衍して，取締役が，ふつうに思慮と勤勉性を備えた人物が同様の状況のもとで遂行するであろう程度の，注意義務を負っていると述べた。
　その当時でさえ，裁判所が寛大であるべきとする理由として，取締役に勤勉性を求めることは「有産階級の紳士」が取締役職を引き受けるのを阻害するという議論が持ち出された。もちろんそれへの答えは，もし有産階級の紳士が事業を注意深く運用することを求めないなら，彼らは取締役職をも引き受けないということだった。上述の Fuller 主席裁判官の意見は，そうした判定によっている。
　この規則には，随伴するひとつの命題がある。もし損失が，自己の職務に十分取り組まなかった取締役によって償われるべきだとするときには，「原告は，被告の義務行為がな

定に向かう危険のほうがずっとありそうである[12]。

　同様に，おそらく上に述べた能力論からの変種として，われらの経営者は彼の職務に精励しなければならない。これは端的に，経営のじっさい面には手を出さないとの了解づくで取締役会に名前を貸した休眠の紳士の扱いにかかわる。ジョージ・ジェイ・グールド氏は1902年，コモンウェルス・トラスト・カンパニー取締役の職務を，取締役会に出席せず会社運営に積極的役割も果たさなくてよいという明確な了解のもとに引き受けたことで，自分がまことに不幸な立場におかれたのを思い知らされた。数カ月後，実際活動の指揮にあたっていた人々の無謀な経営がこの銀行を破産に導き，そして株主の一人が会社の損失を弁済させるべくグールド氏を訴えたのである。法廷は，一人の取締役が彼の持つ権限を正当に行使するために何を求められたかは事実の問題であると認定し，事実審（第一審）裁判所にたいして，グールド氏の銀行事業への参加がじっさい問題としてさまざまな特定の状況のもとで「リーズナブル・ケア」に相当するものであったかどうかを，確認するよう指示した。これは明らかに，グールド氏が分別ある銀行取締役として行動してきたことを証明する責務を，グー

---

　　されていれば損失はなかったはずであり，どれだけの損失が避けられたはずであるかを，立証する責務を負わなければならない」（*Barnes v. Andrews*, 298 Fed. 614 (1924)におけるHand判事）。この問題にかんする有益な史料の収集が，Canfield and Wormser, *Cases on Private Corporations* (2nd Edition, Indianapolis, 1925, pp. 449-451)に含まれている。

12) これにかかわる訴訟は常に，じっさいの困難が発生する予見からよりも，起こってしまった結果への洞察として判定される。もちろん，経営陣がとった行為が正当だったかどうかの審理は，それがなされたときのこととして行われなければならない。事態が起こる危険性が，会社定款のなかにたぶんに取締役の救済を意図した条項を挿入する傾向を導いた。例えばプルマン会社の定款は，次の条項を備えている。

　「第13条：会社によってなされた契約ないしその他の取引は，かかる契約ないし取引が取締役会に出席した取締役の多数者あるいはかかる契約ないし取引をなす権限を持つか承認を行うかの委員会の多数者によって承認さるべきとする条件を充たし，しかもその多数者はかかる契約ないし取引にたいする当事者と利害を共有あるいは関係を有する取締役でなかった場合，会社取締役の誰かがその契約ないし取引にたいする当事者と何らかの手段をもって利害を共有するか関係を有する事実，あるいはその取締役自身がその契約ないし取引にたいする当事者であるという事実によっては，影響されない。会社あるいは取締役会あるいは会社の年次総会ないしこの目的で招集された特別総会で株主投票数の多数によって承認を得る委員会によってなされる契約，取引，あるいは活動は，あたかも会社の全株主によって承認を受けたかのごとくに有効でありかつ拘束力を持つものとされる」。

ルド氏の側に預けたのであった[13]。

 この事例は,事態の処理にかんする多くの難しい問いを提起している。天下分け目の出来事にかかわることもある取締役にとって,会社が行う取引にいっさい無関心を貫くことは,必ずしも容易ではない。近年,法律が未だ対処しようと試みたことのない状況が生起している。一個人が,事業方針で抗争する二企業の双方の取締役である自分を発見したとき,彼は選択をめぐる何らかの困難に遭遇することがありうる。倫理的観点だけからすれば,ビジネスの社会ではそれを,彼が持つ最上のビジネス感覚に従って状況を解決するのが彼の義務だと見なしている。この事態にかんしてそれだけではすまない難しさを感ずるときには,彼は二つの取締役職の一つを辞任するということになるかもしれない。だがそういう選択は,彼が関係してきた双方の会社にとっての最上の利益とならない可能性がある。というのは,競合し抗争している一企業の取締役会に,その企業と利害を異にする企業の代表者がいるということ自体が,当面する困難を双方の企業にとってもっともよいかたちで解決しうる意思伝達のチャネルを提供するかもしれないからである[14]。それに類する諸事件から法が生まれうるということになれば,彼の立場は危険なものとなりそうにみえ,じっ

---

　これはデラウェア州法のもとでの定款である。同様の条項が United Corporation の定款にもみられる。メリーランド州の株式会社 Dodge Brothers Inc. の定款ではもっと先に進んで,取締役は,他の取締役たちにたいして彼が議決に参加した取引に自らも利害を持つことを公表することを怠った場合でさえ,そこで彼がひそかに得た利益のために責任を問われるものでないとしている。こうした免責条項が実際に訴訟が生じたときに何らかの大きな影響を持つかどうかは,はなはだ疑わしい。受託者の責任を制限するような同種の条項は,裁判所において事実上,限定されるようになってきている。

13) *Kavaraugh v. Gould*, 223 N.Y. 103 (1918). 明らかにこの訴訟は後日,法廷において解決された。ここで起こった事件というのは,銀行の頭取が,やがて価値を失うことになる U.S. Ship Building Company の社債に多額の銀行資金を投じたというものだった。

14) そのような状況が,U.S. スチール会社の財務に関連して起こった。この鉄鋼企業は投資銀行 J. P. モルガンを通じて1億ドルの社債を発行した。同社の取締役会を構成する25人中15人は,モルガンがこの証券を扱うために設けた銀行シンジケート団のメンバーだった。差止命令が事実審裁判所で認められ,それが上告によって覆された。裁判所はこの取引は取り消すべき(voidable)ものではあるが法的に無効(void)ではないと認定した。この取引に十分なディスクロージャーがあったこと,双方に関係した取締役が契約を隠すのでなくむしろ公表を促進したこと,どのみち契約がすでになされてしまったこと,などが挙げられた。*United States Steel Corporation v. Hodge*, 64 N.J. Eq. 807 (1903)を参照。

さい，人々はそれを避けようとする。だがビジネスの観点からすれば，結果が最後の判定となる。もし彼のなすことが全体として双方の会社の健全な発展のためにとられるのだとすれば，彼が利益を異にする両社のために同時に行う事実が，むしろそうでない場合よりたたえられてしかるべきである[15]。その場合，誰もが合意するひとつの倫理的論点は，対立する利害があるとすれば，それを明示しなければならないということである。その事実を知らせないで対立する利害を代表するひとりの人物がいる場合には，彼はビジネス社会に許容しがたい危険な状況を創り出したと，一般には感じられると思われる。

しかしながら，ある会社の経営者がその会社に反する行動をとることなく，それでもその経営者自身が恩恵をこうむるような，一連の中立的な活動というものがある。会社資産の統御にさいして，ある経営者に，会社を害することなくその経営者の仲間の利益を図ることが認められ，かつしばしばそれが行われている。例えば会社の資金をその経営者仲間に友好的な銀行に移し替えることができる。その銀行が安全で，かつ預金勘定の設定条件が公開競争市場で支配的なものでさえあれば，会社にとって実害はなさそうである。それでも経営者たちはこの取引行為によって利益を得たはずである。彼らは仲間に向けて事業の舵をとったのであり，そのことでいつかお返しに与ると期待できるからである[16]。この種の問題は循環的である。ビジネスの社会は，純粋に現実的な基

---

15) 本書の著者両人は，取締役が取引の両方の側に利害関係を有するということの非難が，金融界においてあまりに十把一絡げに下されていると感じている。ひとりの取締役とくに金融面で重要な存在である取締役は，操業中の 1 ダースとかそれ以上の利権に一度にかかわっていることがめずらしくない。多くの事例で，彼がひとつの会社のなかでとる行為が必然的に，彼が利権を持つ別の会社の利益に多かれ少なかれ反するということになる。それでも著者たちが知る多数の事例で，取締役は慎重に自分の利益には結び付かないようにしている。真の問題は，その取締役が同時に二つの会社の「支配」における重要人物であるさいに生ずる。そこでは，票を投じたり行動を促したりする前に両方の会社に起こる可能性を考えに入れないということは，彼にとってまずありえないであろう。多くの取締役は，彼らが他の会社に利権を持っていて，それゆえに彼らの活動がこの会社の利益にプラスになると思われるからこそ，選ばれるのである。換言すれば，会社は，互いに異なる分野での事業あるいは同じ分野での事業において，双方ともに有利な条件でそれが行えることを期待している。つまり同一の取締役の利益が重複しているそのことが，双方の会社を有利な状況に転じさせるのである。

16) ほとんどの銀行は，二つの層の取締役からなっている。ひとつの層を構成するのは銀行家(bankers)である。もうひとつの層は，実業家(business men)——彼らとの事業の提携に

盤に立てば，会社に実害がなければ反対するいわれはないという観点をとると思われる。だがじっさいには，会社の証券所有者が，こうした経営者の身晶屓で不利な影響をこうむる可能性がないとはいえない。しかし株主がこうむるそのような損害は，法的規制の領域ではきわめて周辺的なものでしかない。この方向での法の発展はほとんどすべて将来にかかっている。

　経営者は通常，株式所有者のすべてあるいは一部による取締役の選挙によって生まれることが，本章の最初に考察された。しかし株主数の増大と彼らの非組織的な分散が，ほとんど不可避に，政界の「ボス」に擬することもできる媒体グループの出現を示唆する。そのようなグループはすでに姿を現しており，財界では「支配者(コントロール)」と呼ばれている。この法律を越えたグループ，あるいは少なくとも経営にかんして経営者とは別個のグループは，別個に分析するだけの価値のあるものである。

---

　よってその銀行に勘定や銀行取引を移すことができる力を持つ実業家たち——からなる。こうした提携関係はオープンに知られ，十分に理解されている。取締役自身は権力(power)を手に入れる。一方，彼の会社は，その銀行のなかに「裁判所の友」(friends at court)を持つことを通じて，後ろ盾を手に入れる。銀行のほうも事業会社との連携を通して強化される。事態は危険性を伴うが，また利点をも伴っている。そして事業の観点からすれば利点が危険をしのいでいる。

# 第6章 「支配者」の法的地位[1]

　会社経営者は，ともかくも法そのものによって作り出された制度である。それは会社の取締役と常勤役員をもって構成され，法律そのものが規定するステータスを持つ。しかしながら会社の発展が，しばしばその会社内に，取締役でも常勤役員でもない上に立つ権威——必ずしも会社組織のなかに肩書きを持たない個人や支配グループ——を擁する事態を，生み出してきた。肩書きなどなくても彼らの権力は，じっさいの目的にとって十分である。この問題にかんして，法律は，これにようやく取り組み始めたばかりで，まったく不完全である。継承すべき一連の規則があるというのでなく，むしろこれから充たすべき

---

1) 本章は，支配者がいる会社における証券所有者の諸権利に関連する，その「支配者」(control)の法的地位だけを扱うことを意図している。
　法律面ではそのほかにも多くの問題提起がある。とくに例えばアウトサイダーである者が個人的に会社の行為に責任を有する「支配者」でありうるか，といった問題がある。ひじょうに多くの事例で，ひとつの会社の事態を，個人の集団や別の会社が完全に掌握し支配力を行使し，その会社が事実上，支配集団や他企業の代理組織や手段のごとくになっているところで，債権者のようなアウトサイダーが，支配者の存在を無視して直接に会社を訴えることができるようになっている。これは「会社法人格の否認」(piercing the veil of the corporate entity)として知られる法理のもとになされる。法律のこの部門にかんする議論については，H.W.Ballantine, "Parent and Subsidiary Corporations," 14 *Cal. Law Review*, 15 (1925), およびごく最近の著作 Frederick J. Powell, *Parent and Subsidiary Corporation: Liability of a Parent Corporation for the Obligations on its Subsidiary* の，とくに事例を集めている2，3，4，5章を参照。この論点を含むいっそうの検証が現在コロンビア・ロー・スクールのスタッフになっている弁護士 Bliss Ansnes 氏によって執筆されており，1932年中の刊行が予定されている。そこでは「支配者」の諸問題のうちでもとりわけ鉄道の合併，集中，会社更生の問題に焦点がおかれている。そこで「支配者」の通常の形態として問われているのは，親会社が子会社を多数株所有によって支配する仕方である。

枠組みを作りつつあると考えるべきであろう。

　この主題をめぐる歴史の素描から，示唆が得られる。問題はまず，議決権信託(voting trust)の仕組みとともに登場した。当時の法規定のもとで，会社の帳簿に全株式の所有者として三人か四人の名前が記載され，それですべてであった[2]。会社ごとにさまざまな手法を使って，彼らはじっさいの株主たちの受託者(trustee)たる立場を作り上げたのである。じっさいの株主は会社の文書では何の資格も持っておらず，彼らは議決権受託者とだけ関係をとり結ぶ。三人か四人の議決権受託者が，取締役会を選出および再選する絶対的権力を持ち，必然的にそれによって，取締役が何をなすべきで何をなすべきでないか実質的に指示することができた。1890年の「シェポーグ議決権信託訴訟」[3]にまでさかのぼると，コネチカット裁判所は次のような事態に直面した。一人の議決権受託者が，取締役にたいして会社に一連の建設契約を結ぶよう仕向け，その議決権受託者にいかなる投票をするかを指示する委員会に名を連ねた面々が，この建設契約によって個々にかなりの利潤を手にすると考えられたのである。同委員会のメンバーは，建設会社と，建設投資のために行う輸送の分け前から利潤を引き出すであろう競合鉄道路線との両方に，利権を持っていたとみられる。裁判所は取引を無効とし，契約を撤回させ，会社を救済した。この事例は委員会メンバーの一部が会社取締役でもあったから，相対的に単純なものだった。

　これにすぐ続いて，法律は，支配がこれより完備されているのに解釈が不明瞭な事態に直面した。これは，二，三の株主が，彼らの最高の利益に合致しそうな株式議決権の行使をしようと，内々に申し合わせていたケースである[4]。

---

2) 今日の多くの州の法律では，議決権信託は会社との直接的な関係に入ることが求められている。例えばデラウェア州一般会社法の Section 18 (デラウェア州担当局に議決権信託協定の供託を求める)，ニューヨーク州株式会社法の Section 50 (同様の規定)，メリーランド州の1929年法 Chapter 581 (Code of 1924, Article 23, Title "Corporations," Section 133)などを参照。しかしながらこれは，議決権信託の法制におけるごく最近の発展を示すものである。かつては議決権信託への統制は，記録を読むかぎり名目的なものにすぎず，少なくとも会社が周知しているものではなかった。

3) *Bostwick v. Chapman; Starbuck v. Mercantile Trust Co.*, 60 Conn. 553 (1890). この訴訟に含まれる個々人は，原理的にではないが事実の問題として議決権受託者であった。すなわち信託契約書に名前を連ね，役員と取締役を彼らの選好で投票を行うよう受託者に命ずる権利を与えられた委員会を構成していた。

ここで裁判所はジレンマに遭遇した。自分の株式の絶対的所有者である株主は，自己の意のままに投票することが許される。古くから法規則は，そうした投票行為の動機を問わないことにするのが常であった。その理由はおそらく，もしすべての選挙において証券所有者各人の動機を問うなどということになったらおそるべき範囲の問いが発せられるかもしれないと，裁判所が懸念したからである。それでも投票の結果が，明瞭に支配者集団の言いなりになって会社の利益より「支配者」の利益に従うようなダミーの取締役会を作り出すことにある場合に，それにかんして何らかのことがなされなければならなかった。1893年，当時，巡回裁判官であったタフト氏の前に，企業と一株主間の協定——その株主がそれから利潤を得ることを期待した——が持ち込まれた。タフト氏はこれを次のごとくに認定した。

> かかる契約の背徳性は，その契約が当事者間の真の関係を現していないからではなく，その契約が大株主あるいはその他の立場を理由として取締役会に甚大な影響を及ぼす人物と会社との間に結ばれたこと，かかる影響によって会社と他の株式および社債の所有者の犠牲において彼だけに利益を保証するような不公平，不条理をもたらすところにある[5]。

これが「支配的株主の法理」として知られる法理の起こりである。ほどなくそれは，「支配者」の仕組みにたいする法の管轄権をさらに進展させることになる。

きっかけとなった大きな論点は，株式所有者が経営者を統御するために彼ら内部で申し合わせることができるかどうかだった。1918年，ニューヨーク州の一法廷は次のように判示した。

---

4) そのような協定はもちろん小規模会社あるいは「非公開」会社ではほとんど常に行われているし，また会社の大株主間でも行われていることである。問題は，その協定がひとつの重要な例外を除いて，めったに公開されていないことである。ある会社のために社債を発行した金融商会(banking house)が，その社債の有効期間中，ひとりあるいはそれ以上の金融商会代表者を取締役会に加えるよう求めることは，稀ではない。法律の目的からすれば，非公式の協定は公式の記録と同じ審査の対象となってしかるべきである。だがじっさいのところ，政治的な提携の場合と同じようにこの種の協定を見破ることは困難である。

5) *Central Trust Company v. Bridges*, 57 Fed. 753, 766 (U.S.C.C.A., 1893).「支配的株主」の法理をめぐるさらなる論議は，Berle, *Studies in the Law of Corporation Finance; Non-Voting Stock and Bankers' Control* を参照。

合計して株式証券の過半数を有する二人以上の株主が会社の政策や行動の方針あるいは彼らが誰を役員として選ぶかについて結束することは，不法でも公序良俗に反することでもない。特定の人物を取締役に選出することによって会社の支配を得ようとする意図のもとに，多数株を有する少数の株主間で通常なされる協定は，不法ではない。証券所有者は彼らの利害を結合する権利を有し，また当該会社の支配を確保しそれによって事業の特定の政策と方針に向けての合意を有効たらしめんとして投票権を結合する権利を有する[6]。

だが，株式所有者が，得られるなら支配を手に入れる権利があるということと，支配の行使にかんする完全な自由を彼らに与えるということは，別の問題である。この同じ判例では，取締役会と看板だけの社長の選出をもくろんだ協定を，排斥した[7]。その協定では，役員たちが「支配者」によって選出されるなら，彼らが自由かつ独立で常に会社の最上の利益のために働くものだと想定されていたのである。

明らかな難点は，一，二の証券所有者のダミーとなって彼らの意思次第で動く取締役を作るのに，協定が必要なわけでないことだった。その取締役は契約

---

[6] *Manson v. Curtis*, 223 N.Y. 313 (1918)で Collin 判事が審理にあたって法廷のために書いたもの。そこでは，意見の方向性はほぼ同じでありながらも明確な決定を下すに至っていないいくつかの判例を挙げている。*Venner v. Chicago City Railway Co.*, 258 Ill. 523; *Thompson v. Thompson Carnation Co.*, 279 Ill. 54; *Palmbaum v. Magulsky*, 217 Mass. 306, などがそれである。そしてこの協定にたいしては，それが，経営陣は「名目的」でのみあるべきものと定めた条項を含むがゆえに悪しきものと判定した。株主たちが投票をまとめるために行う協定は一般に合法である。*Zeigler v. Lake St. El. Co.*, 69 Fed. 176; *Beitman v. Steiner*, 98 Ala. 241; *Smith v. San Francisco R. Co.*, 115 Cal. 584; *Brightman v. Bates*, 175 Mass. 105; *Kreissl v. Am. Distilling Co.*, 61 N.J. Eq. 5.

[7] なされた契約の正確なくだりは以下のようである。
　「今後選出される当社のいかなる社長も，社長としてただ名目的な長にとどまるべきであり，Abel I. Culver 現社長が行ってきた以上に当社の事態にたいする積極的な指揮をなすものでない」。
　そしてその社長は，原告が差配する会社事業の経営方針を変えたり手直ししたり妨害したり干渉したりすることがなく，あるいは原告の総支配人(general manager)としての地位に干渉しないものとされていた。
　そこではさらに，この契約を締結した二つの集団がそれぞれ三人ずつの取締役を再指名し，そして双方の合意のもとでどちらにも利害関係のない七人目の取締役を選ぶべきことが，合意されていた。集団の一方は他方に所有株の少量の一部を他方に売却して，双方が等量の所有となるようにすることも合意されていた。だがその一方が売却を断り，そして取締役会の多数派を選出したのだった。

によってダミーなのでなく，彼の本性のゆえにそうなのである。第一級の人物はけっしてダミーなどにならないであろうが，第三級の人物ではじっさいに少数者集団の意思どおりに動くダミーであることが，あらかじめそうさせる協定など作っておかなくても，避けることができない。そして上と同じ年に同じ裁判所がまた別な事態に遭遇した。ある会社の取締役たちが，同社とガス・電力会社との間に後者の大きな利益につながる契約を公然と結ばせた[8]。それは前者の一人の大株主が，後者の公益企業にも多大の利権を持っていたことを明るみに出した。その大株主は自分が公益企業にどれだけの利権を持っているかを，取締役たちに明らかにしていなかった。そして彼自身も取締役であったのだが，この契約にさいして自らは投票行為に加わらなかった。それでも他の取締役たちが彼の影響範囲にあったことは疑う余地がない。カルドーゾ判事は

　　支配的な影響力は，投票以外の手段によっても行使されることがありうる，

と述べてこの契約を無効とし，これによって「支配者」権力にたいする裁判権が公式に認定されたのである。ここから引き出せる唯一の結論は，個人あるいは集団が事実として経営に権力を行使していた場合，彼らがそれに相応する肩書きを持っていなくとも，正式の経営者に適用されるのと同じ指揮権の基準をあてて規制がなされなければならないということである。ある連邦地方裁判所はその点にかんして，

　　権能(authority)は法的手続きがなくとも(in *pais*)(事実として)存在しうる[9]，

と表現し，子会社の行動の道筋を指令してきた親会社は，経営者としての責任とともに，取引の実行者としての責任をも果たさなければならないことがありうると宣した。マサチューセッツ州の一裁判所は，会社が行う事項にかんして役員あるいは他の者に賛否を投ずる株主は，その影響力を証券所有者全体にとっての最上の利益になるよう忠実に行使しなければならない，とする規則を持ち出したが，この規則は，指揮者に強要すべき標準というよりむしろ，高潔への要望というべきものである[10]。アラバマ州の一裁判所はそのことを，取

---

8) *Manson v. Curtis, supra; Globe Woolen Co. v. Utica Gas & Electric Co.* (1918) 224 N. Y. 483.
9) *New York Trust Co. v. Bermuda-Atlantic S. S. Co.* (1913) 211 Fed. 989.
10) *Guernsey v. Cook*, 120 Mass. 501. 二人の株主が所有株の一部を売りたいと望んだ。彼

締役の選出において誠実と公正な処置が求められるという言い方をもって表明した。投票は株主全体の真性の利益のためになされなければならない11)。ここでも標準は，容易に強制されうるものとはなっていない。

いくつかの法廷はこれと反対に，支配者集団の指示で取締役を拘束したり影響を及ぼしたりすることになる取決めを，禁じようと試みた。この点にかんする規則として，取締役は会社経営における彼の影響力を他人に売り渡す権限，あるいは彼の公的な行為が影響を受けたり「支配され」たりすることになるような協定に参画する権限を持たないとする，ヴィクター・モラウェッツ氏の総括は，今日ではほとんどの裁判所が同意するところとなっている12)。取締役は報酬をもらって自分の職の辞任に同意するようなことさえできない13)。反対に「支配権」を持つ証券所有者が会社における役職を売るようなことも，あってはならないのである14)。

しかしこれらの規則が，じっさいにはもっと巧妙に行われる過程の外面にしか適用できないことは，否定しようがない。「支配」は法律をもって禁ずることができないし，おそらく法律はそれを行おうとは試みないであろう。法律的に統御できるのは，支配的な行為が及ぼす結果だけである。じっさいかなりの程度，裁判所もそのことを率直に認めるようになってきている。例えば，支配的株式の売却が行われるさい新たな取締役会が選ばれることを含んで同意する

---

らが見つけた買い手は，見返りに法外な報酬で自分を取締役兼財務担当役員に選んでくれるなら買おうと持ちかけた。この協定は無効と判示された。

11) *Holkomb v. Forsythe*, 216 Ala. 486.

12) Morawetz: *Corporations*, Volume I, Section 519. この問題にかんするさらなる議論として，次を参照。"Sterilized Corporate Directors," 64 *United States Law Review*, p. 281; *Jackson v. Hooper*, 76 N.J. Eq. 592; *Singers-Bigger v. Young*, 166 Fed. 82.

だがその特定の利害を協定にどう表現するかは，多様である。以下をみよ。*McQuade v. Stoneham*, 230 N.Y. App. Div. 57; *Manson v. Curtis, supra*; *Venner v. Chicago City Railway Co.*, 258 Ill. 523.

13) *Forbes v. McDonald*, 54 Calif. 98; *Bosworth v. Allen*, 168 N.Y. 157.

14) *Jones v. Williams*, 139 Mo. 1. だが株主が自分の株式を売却するときには，その購入者の指示に従って取締役会への投票を行うよう合法的に同意でき，この協定は明らかに有効である。*Freemont v. Stone*, 42 Barbour (N.Y.) 169 はかかる協定を無効と判じたが，しかしニューヨークにおいて法は明らかに別の新しい判例——*Barnes v. Brown*, 80 N.Y. 527, ここでは株式の売却者たちが購入者を新取締役に選ぶことに同意し，その協定が支持された——を踏襲している。

こと，あるいはその新しい取締役会や代表者が取引の首謀者の意思に従うことがそれぞれのケースで明らかであっても，特定の利益が取締役会において継承されるのに同意することは，違法ではない。

さらに分析を加えると，「支配者」は三つの手法のどれか一つをとって行動するということができる。第一に，会社の持つ権力を行使する取締役にたいする影響や誘導をほどこす。第二に，「支配者」は，取締役の選出，定款の修正，取締役の過去の行為の承認といったことへの投票を通じて，特定の会社活動それ自体の遂行に自分の法的な権利を行使する。第三に，「支配者」は，名目上は会社との関係で行うのではないけれど，じっさいには企業の運命に重大な作用を及ぼすような行動をとることがある。例えば「支配権」が売り渡される。

権力行使の三つの形態のうち第一のものは，法理論によってかなりの程度，律せられている。経営者の行動を現実に誘導するような個々人は自ら経営者としての責任を負うという原則が，取締役に課されると同じ受認義務を彼らに課する[15]。この規則が持つ論理は，すべての状況に適用するに足りる。というのは，この前提によって，経営者が「支配者」と見なしうる者の指令でじっさ

---

[15] この規則は，*Southern Pacific Railway Co. v. Bogert*, 250 U.S. 483, 492 において判事 Brandeis 氏によって簡潔に設定された。そこでサザン・パシフィック鉄道会社は，同社が直接にある傘下会社の事態を統御しているのでなく過半数株を所有する別の子会社を通じて権限を行使しているにすぎないという理由で，同社は「支配者」としての責任を負うものでないと主張した。Brandeis 氏は次のごとく述べる。

「しかし会社の多数株を保持しその会社の事態を統御している者が少数株所有者たちの受託者として振る舞わなければならないとする教義は，そのような技術的な相違次第で適用が変わるものでない。受託者の義務を作り出すのは，保持され利用される財産一般の支配の結果にたいしてなのであって，その支配が行使される特定の仕方や態度にたいしてではない」。

その義務の性格について Brandeis 氏は，この判決のもっと前の部分 (p. 487) で次のように規定する。

「多数株所有者は支配への権利を有する。しかしそれがなされるときには，多数株所有者は会社そのものあるいはその役員や取締役と同じような，少数株所有者への受託関係を構成することになる」。

引用されているのは，*Menier v. Hooper's Telegraph Works*, L.R. 9 Ch. App. 350, 354; *Farmers' Loan & Trust Co. v. New York & Northern Railway Co.*, 150 N.Y. 410(これは Chauncey Depew 氏の指揮のもとニューヨーク・セントラル鉄道がニューヨーク・ノーザン鉄道を壊滅に追い込んだ有名なケース)である。

いに行動している場合は常に,「支配者」をじっさい上の経営者であるものとして扱えるからである[16]。「支配者」がとる手段方法は, 議決権信託であれ, 一株主による制御であれ, おそらくときに債権者による制御でさえあっても, 違いは大したことでないと思われる。むしろ困難は, 独立の証券所有者に与えられる救済策がはなはだしく頼りない事実に存する。ひとつの事例をもってその概要を察することにしよう[17]。ニューヨーク・セントラル鉄道がニューヨーク・ノーザン鉄道の支配を手に入れ, 加えて第二抵当社債の過半数を取得した。それからニューヨーク・ノーザンは運輸事業から撤退し, そのことで債務が支払えなくなり, 第二抵当社債が債務不履行に陥り, そして抵当流れ処分が開始された。ひとりの株主がこれに介入してこの取引行為が詐欺であることを申し立て, ニューヨーク控訴裁判所に抵当流れ処分決定の破棄を求めた。にもかかわらず[18], ニューヨーク・セントラルは, 現実に不動産の抵当流れ処分を完遂し, 抵当に入っていた財産を己がものにしたのである。その後すぐ, その株主は, 自分の持つ株式が実質的に無価値同然になったという, 今度は個人的にこうむった損害を理由としてニューヨーク・セントラルを提訴した。ニューヨーク州裁判所は, 残酷かもしれないが原告に権利の回復はないということを, 明確に伝えた。彼は個人として不正を訴えることができない。損害を受けた会社であるニューヨーク・ノーザンが訴訟を起こすのでなければならないのである。ところが当のニューヨーク・ノーザンが, そのときまでにニューヨーク・セントラルの掌中における単なる抜け殻になっていたことは, 明らか

---

16) 規則を設けるもうひとつ別の考え方として, すべての会社役員は, 彼らの役職活動が「影響ないし支配される」ことになるようないかなる協定も協調を行うことを禁じられているとする仕方がある。*Thomas v. Matthews*, 94 Ohio State 32 を参照。

17) *Farmers' Loan & Trust Company v. New York & Northern Railway*, 150 N.Y. 410 (1896)

18) 抵当流れ処分の判定にたいする上訴が行われているなかで, ニューヨーク・セントラルがいかにして不動産の抵当流れ処分を成し遂げたのかは, それにかんする記録からは詳しくはわからない。おそらく, 不満を表明した株主は, 受託者とその真の顧客であるニューヨーク・セントラルを損失から防ぐために, 数百万ドルといった保証金の提供を求められた。もちろんふつうの株主にはそんなことができない。そういうことが, 異議ある株主が対処せねばならない困難なのである。法的な権利を持ち, さらには法廷で勝つことができる場合でさえ, それはじっさいに事態を食いとめるというのと同じことにならない。

だった。もっとも、少数株主が会社を救うため会社の名によって訴訟を起こす法機構があり、それを用いて主人たるニューヨーク・セントラルを訴えるという、可能性もないわけでなかった。だがその勝利は多大の犠牲を生むばかりで、とても引き合うものとはならなかったろう。ニューヨーク・ノーザンがかりに何ほどかの損害を回復したとしても、それはただちに、多数株主であり主債権者でもあっていかなる面からも事態を制御できるニューヨーク・セントラルの、意のままに処理されただろうからである[19]。

上に挙げた二つ目の手法——「支配者」自身が例えば投票のように会社内での行為を通じて支配を行使するやり方——は、法律の論理になじまない。われわれはすでにマサチューセッツ州やアラバマ州の裁判所が掲げた高潔な要望をみる機会があった。だが会社の利益を掲げる人物の正直な意見なるものは、実は彼自身の利害から強い影響を受けていることがある。彼の意見の数々はたぶんに彼自身の財産なのだからである。法律は、株主あるいはいかなる会社の権利保有者もその権利の行使をカネで貸借できない——つまり彼の投票権を売り渡すことはできない——と定めることができたし、事実そう定めもした。だがそれ以上に裁判所は、生じた結果を攻撃することにたいする制約を受けた。おそらくそれが、裁判所がおかれうる唯一の立場だったろう。ふつう証券所有者の一集団が一つの表決をなすときには、裁判所は結果にたいして介入しない。それはその集団自身の利益が、自分にもっとも有利だとみえる政策に同意するよう彼らを導いているという、理論に立っているからである。けれども、多数株

---

19) 想定されることとして、その株主は裁判所に請求して財産保全管理人(receiver)をおくことができた。だがそうしたならば、彼の真の受難が始まることになったであろう。第一に、財産保全管理人は裁判所によって選ばれるが、そのさい政治的な影響の問題が選出のなかに入ってくることが稀ではない。明らかに司法の歴史においてこの時代は、裁判官の選出とその裁判官が下す裁定の両方に、鉄道が影響力を自由に振るった時代であった。その上、財産保全管理人は、カネがなくてはほとんど何もできない。彼は管理人としての証書(certificates)を発行して借金をすることができたかもしれないが、しかしこの告訴の対象であるニューヨーク・セントラルは財務面の後ろ盾として、当時アメリカ金融市場をほぼ制圧する地位にあったJ. P. Morgan & Co.という大立者を擁していたのである。原告の相談役であったJames Coolidge Carter氏は当時ニューヨーク法律家協会のリーダーであり、明らかに法がなしうるすべての手段を見通す立場にいた。だが彼の立場をもってしても、法的にも資金的にもわが国の金融王を敵に回すことはできない。つまり端的にそんなことができる立場でなかった。

が結束した支配集団に握られている場合，さらにとくにこの集団が生じた結果によってすぐ恩恵をこうむるように仕組んでいた場合に，この前提は消えうせる[20]。そうした結果をどう推測するかは裁判所によって異なるが，効果は同じようなものである。例えばニューヨーク州では，この規則は，株主たちが決定する義務を負う諸事項に関連させて次のように説かれている。

> 株主は彼らと会社との間のものとして信託関係を有しており，受託した諸義務によって責任と拘束を課せられている。一定数の株主が自らあるいは法に従って会社の事態や利害を管理する立場を構成した場合には，彼らは，他の株主や少数株主にたいして，取締役が一般に全株主にたいしてとるのとほとんど同じ態度，かつ法によって取締役ができうるかぎりの誠実さを求められると同じ立場にいるのである。……制定法のもとで会社の活動が行われるとき，株主はその会社と株主相互のために活動するのであって，彼らの有する権力を不誠実にあるいは彼ら個々人の利益や目的のために行使することはできない[21]。

ニュージャージー州の一法廷は，パブリック・サービス・コーポレーション・オブ・ニュージャージーが五つの子会社を吸収合併するために子会社の多数議決権を行使した（この合併は明らかに証券所有者の利益に反するもので

---

20) このことはときに，支配的な多数株主が個人的な利害や利潤を得る立場にいる会社にたいして取引行為が生じた場合，裁判所はその取引行為に特別な注意を払って精査するであろうという言い方で，法の原則とみなされた。裁量上訴の受理が棄却（denying a writ of certiorari）された *Pennsylvania Canal Co. v. Brown*, 229 Fed. 444; 235 Fed. 669, 242 U.S. 646 を参照。

21) *Kavanaugh v. Kavanaugh Knitting Company*, 226 N.Y. 185 (1919). Sanborn 巡回裁判官は連邦の規則——*Wheeler v. Abilene National Bank Building Co.*, 159 Fed. 391 を参照——を考慮しつつ，次のような所見を述べた。

> 「会社の支配的株式を保有する者は，己に追従する取締役の選出と自らの持株による投票を通じてその会社がなしうるすべてのことを行う権力を持つ。会社の活動を支配し指揮する彼の権力は，彼をしてその地位に就かしめ，彼を少数株主たちの原理上のではなくとも実質的な意味での受託者たらしめるのである。彼は自らに依って立ち，会社の全権力を行使する。じっさい，彼は，会社の財産を彼自身と少数株主たちのために管理し売却するのに少数株主たちから委託された者 (attorney) としての消すことのできない権力を有している。少数株所有者の出席，投票，抵抗などは多数株所有者の全体意思に反しては何の効力もないのであるから，取締役会および株主総会の時や場所や予告は第二義的重要性しか持たない。少数株主は会社の財産にかんして活動することも契約することも，また会社財産のなかにおける彼らの利益を守ることもできるが，それはあくまで多数株主と裁判所を通じてのみ行えることである」。

*Jones v. Missouri Edison Electric Co.*, 144 Fed. 765 の，とくに p. 771 を参照。

あった)事件を受けて,事態を次のように看取した。

　この合併は,結果において,多数株式所有者が数の力と定款の特恵を利して行った会社財産の領有である。かかる行為の根拠にたいしては何らの有効な法的な責めを課すことはできないけれども,……その協定には慎重な事実の探索が求められ,かつまた,そのような発想が正当かつ公平な考えから生まれたこと,その判断が公平性の観点からしてもし合併承認の投票が真に独立になされていたら結果が異なったであろうような多数決によって影響されるものでないことを示す責務が,多数株式所有者の上に存する[22]。

　これらの判例やそれに類した諸決定の究極の効果は,法律的には,証明の責務を変えさせることである。投票の多数をもって支持された取引は,技術的に正当な手続きを踏みさえすれば,通常は有効と認められる。多数決が明らかにひとりの「支配者」によって議決された場合,そしてその「支配者」が議決の結果として利潤を手にする可能性がある場合には,その前提が消滅する。

　ここでもまた,論理は正しいが適用はきわめて困難である。「支配者」が持つことになりうる利益の諸側面をすべて解き明かすのが,抵抗する側の証券所有者の責務となるからである。かりに「支配者」が公益持株会社だったとして,その真の利害が,事態を精査しつつある会社からずっと離れたところにあるかもしれない。その利潤が,部外者である証券所有者にはとうてい見つけ出すとのできないどこか遠くにある財産や秘密の取引によって命運が決せられるようなことかもしれない。その上さらに,見かけ上の事業の危機というものが常にあって,ほとんどどんな活動の仕方でも認めるような状況が作られる。そこで必要とされるすべては,会社の出来事を巧みに操る熟練なのである。

　権力行使の形態の最後,三つ目の手法にかんして,法律はほとんどこれを扱おうとしてこなかった。ニューヨーク州において大いに議論を呼んだひとつの訴訟(この問題にぴったりの唯一の訴訟)は,いまなお未決のままである[23]。

---

22) *Outwater v. Public Service Corporation of New Jersey*, 143 Atl. 729 (1928)
23) *Stanton v. Schenck*, 252 N.Y. Supp. 172. 本件は上訴による審理途上にある。被告人に有利な判決が下った後,本書執筆の時点では上告がなされていた。
　法律は,支配権の売買が入り込んでくる場合には,かなり敏感な対応をもってこれを禁じてきた。例えば,支配を維持するため他人を援助することに同意したひとりの役員がそのために株式を購入するのは,違法な契約をなしたものと判じられた。*Carlisle v. Smith*, 234 Fed. 159 を参照。取締役たちが自らの支配を保つ目的で子会社に親会社の株を買うよ

そこでは，ロー劇場チェーンの支配株主の小グループが，彼らの有する株式をウィリアム・フォックス氏傘下の利権に売却する段取りをとった。彼らが受け取った金額は，その証券の市場価格の2倍近いものだった。フォックス氏がこれだけ法外なプレミアムを付けた明白な理由は，この証券の持つ「支配力」にあった。つまるところ彼は，権力を買ったのであって株式を買ったのではない。ひとりの少数株主が，ロー・チェーンの「支配者」は株を売って受け取った金額のうち市場価格を超えるプレミアム部分は会社に変換すべきものだと主張して，訴訟を起こした。これにたいして，訴訟原因が定まっていないという理由をもって告訴を却下すべきであるとの申立てがなされた。ニューヨーク事実審裁判官（コティロ）は，告訴は妥当なものとしたが，その上で結論を導くのに奇抜な小細工を弄した。彼は「支配者」の一部がロー・コーポレーションの取締役でもあることを取り上げた。彼らには株式をひじょうに高い価格で売るチャンスがあった。ロー・コーポレーションはまだ発行されていない株式を発行する権利を有していた。であるから，とコティロ判事は述べる。取締役たちはロー・コーポレーションにたいして，授権されている未発行株を高い価格で売り出す——その利益を己がものにするのでなく——チャンスを与えるべく義務づけられていたと。これはもちろんまったくの詭弁である。フォックスは授権された未発行証券なんぞ買うはずがない。だから会社がそれを発行する機会はなかったのである。だが「支配」を伴う権力は会社にのみ帰属する資産であって，その権力にたいしてなされた支払いはどこかへ行くものとすれば会社の金庫に行く以外にありえないと主張したのは，ニューヨーク州の法廷にとってあまりに向こうみずな放言であった。この訴訟は，未だ最終の決着をみていない。ともあれ「支配」売却の取引は金融街ではしょっちゅう行われていることであり，それは個人や集団のみにかかわる私的なビジネスと見なされている。事実上，

---

うに操作するという計画の遂行は，違法として禁じられる可能性がある。*Robotham v. Prudential Life Insurance Company*, 64 N.J. Eq. 673 (1903). しかしながら一般には，すべての先行事例が，役員が「支配」を手に入れたり保持したりするのを助ける目的で彼らの権力や特定の地位を利用することに関連したものである。法律は，役員がひとつの機関として「支配」を扱いうるという受託した責任を負っていることに依拠してきた。だが取引の圧倒的な部分は，そのような技術的な手がかりを得られないかたち，および「支配」をその取引から切り離して考えなければならないようなかたちで，行われるのである。

「支配者」の地位はそれを保持する者にとって財産の価値ある部分であり，またそう見なされてきた。その価値は，支配を保持する者が他人に持分が属する財産をも支配しなければならない，その能力から生まれる。そして法律は，かかる事態を扱うことのできるはるか手前にいるのである。

「支配者」の仕組みのなかで本質的なものでありながら未だ裁判の裁決にかかったことのない状況が，ひとつ残っている。株式が広範に分散しているため「支配権」が取締役会の手にあり，そして取締役会が毎年のように委任状の送付をもって支配が可能になっているという場合に，この関係が実はずっと微妙なものであるのは明らかである。一方で取締役会は，株主からの受託者としてその権力を行使しなければならない。これは取締役としての彼らの資質にかかわることである。他方で，証券所有者から寄せられた委任状は，株主総会における株主の議決にさいして，証券所有者の代理人として投ぜられるのであり（つまり委任状はあくまで単に代理者の権力なのである），この過程で彼らは証券所有者のために行動するのである。委任状にせよ代理人にせよそれは法理論上は証券所有者を代表するものであるから，しかも一方，彼が取締役会の支配下にいる個人だという事実は，そこに利害の不一致が生ずることはほとんど避けがたい。法律的には，委任状の行使は証券所有者の代理であって，必然的に証券所有者の受託者である義務のもとにある。現実には，彼は経営陣のダミーであって，そこでいわれるままに行動することが期待されている。じっさい，委任状はしばしば経営陣のなかにいる職員によって執行されるのであって，おそらく会社の顧問弁護士の助けも得ている。真に動員されたときの議決というものは，取締役たちの意思を代表している。

委任状の執行あるいは証券所有者の代理をするということは，全体にとっての最良の利益のために誠意をもって投票しなければならないという点で，証券所有者が自分で投票を行うのと同じ義務を負っているとみられてしかるべきである。さらにいえば，委任状執行者が特定の利害集団，例えばある取締役の影響のもとで投票を行うなら，それが彼の利得への望みからか職を失う恐れからかを問わず，投票が無効になる可能性があるともみられうる。とくに，じっさいの場で委任状の獲得を競う別の委員会のようなものがなくて証券所有者に選択の余地がない場合には，上のような見方が妥当かもしれない。だがその点で

ずっと先まで立ち入った判例というものはない。この論題が正面から扱われるようになるまでは，裁判所がどんな結論に達するのかを予見するのは困難である。しかしながら次のことは示唆しておかなければならない。この流れのなかで法律は，未だ会社役員によっても法曹界によっても直視されていない委任状機構を通じての「支配」の扱いに，さまざまな可能性をもたらすかもしれないということである。

　「支配」の分野における発展はどうなるのだろうか。それの予言は容易なことでない。ここには，コモン・ローの改善に委ねて何とか片づけてきたのと同じような理屈の系譜が成り立たない。また「支配者」が通常頼っているきわめてデリケートな諸関係に適合させうるような司法の機構も存在しない。さらに，会社の局外にいる者が「支配」から得られる権力を得ようとしたり，自分でそれを用いるために買い取るとろうとするのを，防ぐ可能性もないのである。経済的にいえばこの問題は，株式会社の規模が次第に拡大し株式の分散が進むにつれて，「支配」がU.S.スチールやアメリカ電話電信会社のごとくそれ自身の永続性をもった取締役会の手に実質的に収まるという，そんな形態にまで変化することのようである。だがこのような支配者の階級について，今日まで公の争いはほとんどなされておらず，一般に裁判所でこの問題を立ち入って議論することもしていない。それゆえここで論じた「支配」の諸問題は，次の世代のアカデミックな問題になるとも考えられる。さらにありそうなのは，個々の手続きが行われるなかで法律は大いにまごついて個々の事態に対処するだろうということであり，そしてもっともありそうなのは，会社ほんらいの活動領域の外にいる「支配者」による取引行為は，法の通常の管轄範囲の外にとどまるだろうということである。

# 第7章　信託された権力としての会社権力

　これまでなされた諸参加権と所得をめぐる会社権力の検討は，コモン・ローのなかに事実上，新しいひとつの権力が胚胎したことを十全に示している。これは実質的に，公共の福祉や必要面からいっさいの考慮なしに，純粋に私的な手順を踏んで利潤の流れの一部を己がものにし，さらには基本的な会社資産さえ己がものにしている権力である。現状では，これらの権力には名目上，何の統制も働かない。

　資本主義体制(capitalist system)のもとで理解されてきた私有財産が急速にそのほんらいの性格を失ってきている事実を明らかにするには，それほどの分析を要しない。株式会社のメカニズムがもたらした無法地帯のギャップを法律が阻止しないならば，資本主義の体制全体が再評価されなければならなくなる。

　会社の利潤の流れが現実にもはや私有財産に添っていないこと，その利潤の流れにたいする請求が財産権にたいすると異なる何らかの考慮によって調整されなければならないことは，十分に同意できるし，この状況を扱う一部の研究者もそれを認め始めている。本書の著者たちは，この進んだ見解が社会学の論点としてもっともであっても，法の世界の出来事として確たる地位を築いているとまで，言明することはできない。それは今日の事象の秩序づけにかんする論述というより，むしろ将来に明白な形をとるだろうひとつの動きを展望したものである。さらにいえば法的な見解のなかには，いつかそれが取り上げられれば，株式会社形態を通じて私有財産の権利に生じた裂け目を埋め合わせるであろうような見解もある。この理論を明瞭にするのが本章の目的である。それは私有財産がいつの日か，裁判所による大規模企業の問題の扱いにおいて基本的な概念であることを止める可能性，そして株式会社のメカニズムがそうした

修正の手段そのものを立証することになる可能性の，十分な現実性を明らかにしようというのである。しかしながらこの修正を生み出すまでは，法律家は私有財産の概念のなかで考えることを強いられている。そして彼が身に付けた法のシステムが完成されたものならそれだけ，先の諸章に提示した諸問題に自ら立ち向かう心構えがなければならない。

　上に議論されてきたような類いの権力にかんする研究は，会社という全体集団のなかにおける個別あるいはすべての権力に適用できるような基本的命題が，会社法に必要であることを示唆する。つづめていえばその命題は，次のように表現さるべきものである。会社または会社経営陣にたいし，あるいは会社内の他の集団にたいして委ねられるすべての権力は，それが法令によるか定款によるかあるいはその両方によるかを問わず，必然的かつあらゆるときに，全証券所有者の利害が問われるさい彼らの持分に応じてのみ恩恵を与えるよう行使しうる，ということである。そのため結果として，権力が全証券所有者の利害にかんして不当に行使されたときには，権力の付与が条文でどんなに絶対的なものであろうと，またそれを実行する技術的な仕方で補正がほどこされようとも，権力の使用が公正という面から制限の対象になるということである。会社権力のある特定の使用を名目的に規制している規則の多くが，ここに書いた基本的な公正観に基づく制限から派生したことにほかならず，そしてかかる利益を分与したり利害を保護するのに必要なときに，結果として修正や廃止や強化がなされる。さらには，まったく新しい救済策が，現存する救済策に代わるか補足するものとして出てくる。その上，どんな場合でも会社の活動は二重の考査をへなければならない。第一には，権力の存在と適切な行使にかかわる原理的な規則に照らしての考査であり，第二には，信託受益者(cestui que trust)の利益にかなうように行われる規則——受託者(trustee)がその受認(fiduciary)を全うする手段のなかで彼に付与された広範な権力の行使にかんする規則——にやや類似する，公正の規則に照らしての考査である。

　問題は学問的なものではない。上に示唆した意味での問題解決は，ある面で会社経営陣により大きな柔軟性を与えることになる。つまり経営者の行動が現実に必要かつ有益だというときに，経営者がいまは原理的な規則のために極度に妨げられているような行為を行うのが，許されることになる。しかしその有

効性を示せない，会社内のひとつの集団が他の集団が受ける恩恵の犠牲になる，といったときには，その問題にかんして外見上は絶対的な権力であっても，同じく使用が制限される。この後者の見地に関連して，ここ数年にわたって会社文書や一般会社法が権力を累加させてますます絶対的なものに近づけてきていること，定款が広い範囲で免除条項や「権利」の放棄を含めるようになってきていることは，注目に値する。法人格の性格そのものからして責任は権力とともに歩むということが，定款起草者には思い浮かばなかったようにみえる。

　こう大まかにおさえた上で，この命題は，すべての会社権力を統べる法の検証によってのみ支持されうる。紙幅の制約からして本章では，明白に「絶対的な」会社権力の，主要な五つの吟味を行う。その他のすべての権力を吟味したところで，著者たちの研究が到達したものと同じ結果にたどり着くはずである。つまり五つの選択が，この分野の正当な横断面を示すと考える。

　A．株式発行にかかわる権限(パワー)は，いついかなるときも，かかる発行が現在および将来の証券所有者の比例的収益を守るように行使されなければならないという，エクイティ上の制約(equitable limitation)のもとにある。

　このことから生まれる規則(ルール)は，以下のごとくである。

　(1)新しく参入する証券所有者は，彼の証券の及ぶ範囲で参加する権利を確実に与えられるための，拠出を行わなければならないという規則。

　株式に払込みを求めるのは，アメリカ法では二つの異なる論拠を持っている。思考のひとつの系譜では，株式は債権者の保護をなしうる資金の提供のために払込みが求められる。われわれはここで，この理念にはこれ以上立ち入らない。

　もうひとつの系譜は明らかに，すべての証券所有者が，彼の持つ株式の発行にかんして他のすべての証券所有者がなす払込みのなかで利害を有するという理論に基づいていた[1]。数学的にこれは明瞭であるが，そこから必然的に法が

---

1) この規則の明確な表現は *Luther v. Luther Co.*, 118 Wis. 112, 123, 94 N.W. 69, 72 (1903) にみられる。ここで裁判所がいうには，「本件の目的からして，未発行株式を，取締役の権限がすべての会社資産に及んでいるのと同じ権限の対象になる単なるひとつの財産とは別のものだと考える必要はない。すなわち取締役は，会社と会社の全株主にとって最善と彼らが思うような相手に最善と思う価格で売ることについて，彼らに委ねられた裁量権と

数学的原理を適用したということにはならない。株式にたいして現金または他の財産での払込みを要求する制定法の条項では，立法にあたって上の二つの論拠どちらの影響によってかかる想定をなしたのか，その根拠が示されていない。そのため裁判所には，まず制定法にこの意味での解釈を下すこと，そしてその後に，制定法がない場合，さらには株式発行を正当化するのにいかなる配慮がどれだけ求められるかにかんして，会社経営陣に広範な裁量の余地を与える条項がはっきり設けられている場合でも，同じ結果を導出する任が課せられたのである。1876年までさかのぼった時期にすでに[2]，すべての株式は「誠実に」(in good faith)応募されなければならないとした法の求めが，イリノイ州の一法廷において，とるに足らぬ配慮しか行わなかった株式の発行を無効とする判定をもたらした。この訴訟において判決の眼目は，何より他の証券所有者を保護することにあった。

しかしながらほとんど同時に，問題が新しい形で持ち上がった。制定法の諸条項は一般に，株式発行を「財産受入れ」のためのものとして規定していた。「財産」とは，およそ譲渡しうるほとんど全範囲にわたる価値物を含む，大まかな用語である。これだけ広い意味を備えた条項のもとでは，株式への払込みに，応募者の約束手形(確実に人的財産である流通証券)，暖簾，後日提供される役務の約束，類似する全範囲にわたる無形の要素を，あてうることとなる。

---

信託とを誠実に執行すればよい。しかしながらそのときでさえ，その行為にかかわる取締役の義務は受認者としての義務であり，彼らは全株主にたいして最高信義(*uberrima fides*)のもとに行動しなければならない。会社の財産から挙がる利益や恩恵を，信託受益者(*cestuis que trustent*)の一方の側にだけ，他方の側の犠牲において与える目的で処分したり運用したりするのは，かかる義務への違反である。その恩恵を受ける一方の側に取締役自身が属している場合，とくにしかりである」。この判例は，マサチューセッツ州裁判所がかつて *Hayward v. Leeson*, 176 Mass. 310, 57 N.E. 656 (1900)において明確にした，受認者の義務は現在と将来の証券所有者にまで及ぶとする考え——それはさらにさかのぼって *Gray v. Portland Bank*, 3 Mass. 363 (1807)での裁判所の理由づけから必然的に由来した考えである——の流れを，先に推し進めただけのものである。

2) *People v. Sterling Mfg. Co.*, 82 Ill. 457 (1876). この訴訟における裁判所にとっての難題は，普通株に認められた議決権と優先株のそれとが平等であり，しかも普通株の発行が5万ドル，優先株が95万ドルだった事実に発した。もちろん「誠実に」という表現がとられるときには常に，その用語のなかにさらに用語それ自身で，受認者の一定の資質を含んでいる。通常の事業取引では相手方の心の状態は取引の要素にならない。欺瞞のない現実の同意があれば十分である。

通常そうした条項には，株式の額面分(無額面株式は 1912 年まで知られていなかった)が現金をもって支払われない場合，「財産」の譲渡によって支払われなければならないとする条件が付いていた。裁判所はただちに，決すべき次の問題に直面した。すべての財産をそのようなものとして受け取ってよいか。そうでないとしたら受け入れられる財産と拒絶する財産とをどう区別するか。その区別の理由は何か。現金を測る尺度は常に現金であるのにたいして財産は鑑定されなければならず，評価のさいの裁量の余地が大きいことを受けて，すぐにその幅が広がっていった。すべての財産が受け入れられるのかそうでないのかについて，裁判はそれを理由づける根本原理を，いまなお明らかにしていない。だがどちらの立場に立ったところで，これまでを振り返ってみると結果はおそろしく単純明快である。つまり裁判所は，応募者の約束手形による払込みを約因として無効(insufficient consideration)と宣し[3]，ただし適切に保証されているときを除くとした[4]。この判例を通じて保証（セキュリティ）という要素が，今日の裁判上，修正された制定法の用語のなかで手形を「財産」たらしめることになったのである。だがそこから，保証物件が価値の乏しい株式であったひとつの訴訟において，応募者の保証された約束手形さえも拒絶したことによって，さらなる定義を生んだ。ここで起こったことは，裁判所が株式会社にたいし，リスクのひとつのタイプを回避した株式の発行を認めて，リスクの他の諸タイプを回避した株式発行については認めるのに同意しなかったということである。判決にあたってのはっきりとした理由づけは，前者では債権者と株主両方の合理的な保

---

3) *Alabama Nat. Bank v. Halsey*, 109 Ala. 196, 19 So. 522 (1895); *Jones Drug Co. v. Williams*, 139 Miss. 170, 103 So. 810 (1925); *Southwestern Tank Co. v. Morrow*, 115 Okla. 97, 241 Pac. 1097 (1925); *Kanaman v. Gahagan*, 111 Tex. 170, 230 S.W. 141 (1921). また次を参照。(1926) 10 Minn. L.Rev. 536; (1930) 39 Yale L.J. 706, 712. しかしそのようなものとして受け取られた手形であれば必然的に手形振出人に反するような強制力を持ちえないということにはならない。そのため，それをめぐる訴訟の結果には混乱がもたらされた。以下を参照。*Pacific Trust Co. v. Dorsey*, 72 Cal. 55, 12 Pac. 49 (1887); *Goodrich v. Reynolds, Wilder & Co.*, 31 Ill. 490 (1863); *German Mercantile Co. v. Wanner*, 25 N.D. 479, 142 N.W. 463 (1913); *Schiller Piano Co. v. Hyde*, 39 S.D. 74, 162 N.W. 937 (1917).

4) *Sohland v. Baker*, 15 Del. Ch. 431, 141 Atl 277 (1927)における議論を参照。また事実と法令とをもって保証された約束手形も財産ではないとする決定を強いることになった事例については，*Walz v. Oser*, 93 N.J. Eq. 280, 116 Atl. 16 (1922)を参照。

護がなされ，後者ではどちらにもそれがなされないということだった。

続いて起こった問題は，特許権にかんするものである。特許は明らかに財産であるが，しかしある法廷が看取したように，

> およそ財産の範疇のなかに，特許権を与えられた事物を製造する排他的権利を特許権者に保証する開封勅許状(letters patent)ほどその価値が不確かなものはない。財産の性格ということからして，特許権が有する真の価値は，その発明品が公式に発表されかつ使用に供されて初めて決せられうるものである[5]。

したがってこの財産の特性は価値評価の問題に差し戻される。特許権に関してはこのことが一般的な規則である。だがこれがそう厳格な規則でなく，かなりの裁量の幅があり，実際にそこで受ける利益の保護を認めていることに気づくであろう。ある歴史書出版のため第三者に奉仕の援助を求めた契約は，これら制定法の解釈のなかでは「財産」でないとされた[6]。暖簾は——法の他の分野では十分に財産として認められおり，ただ有体財産と較べて明確な評価がより困難であるという違いを持つだけである——二つの仕方で取り扱われてきた。ある訴訟ではその財産性が完全に否定され[7]，他の訴訟群ではこの問題を，証明しうる評価可能性の確定度次第ということにされた[8]。

評価という分野に入ると，行動の自由にかんする裁判上の補正はより著しい

---

5) *Insurance Press Co. v. Montauk Co.*, 103 App. Div. 472, 475, 93 N.Y. Supp. 134, 136-137 (1905).
6) *Stevens v. Episcopal Church History Co.*, 140 App. Div 570, 125 N.Y. Supp. 573 (1910). しかし *Van Cott v. Van Brunt*, 82 N.Y. 535 (1880)では，なされた仕事が株式で支払われなければならず，その株式が誠実に発行されたと判ぜられた。この発行は，たとえ提供された労働が発行された株式の額面価格に相当する価値がなかったかもしれなくとも，支持された。
7) *Coleman v. Booth*, 268 Mo. 64, 186 S.W. 1021 (1916). これは状況が詐欺の可能性の主張を生んだ事実から財産性が弱まったケースである。
8) これはニューヨーク州における規則だとみてよいであろう。*Gamble v. Queens County Water Co.*, 123 N.Y. 91, 25 N.E. 201 (1890)が，近隣地区における水道管と関連施設のための株式発行の妥当性にかんする問題を生んだ。この財産形成のための費用は発行された株式額より明らかに少なかった。だがその地域の戦略的な位置からして，会社証券に実際費用以上の価値が付与されることは十分にありえた。ニューヨーク控訴裁判所は，この要因を考慮に入れるべきことを述べて再審を命じた。開発に伴う将来の収益力——用語の今日的な理解からすると実質的な暖簾——が，かくして少なくとも有体財産にかんしては認められるべきとされるようになったといえる。

ものにさえなる。この主題における二つの基本原則——株式は財産にたいしてその「絶対的価値」で発行されるとする原則と，他方でそれと対立する，株式は思慮分別を備えた実業家が状況に照らしてふさわしいと判断する価格で発行されればよいとする原則[9]——の両方が，主要な判断基準として一方は考察の対象を価値におき他方は取締役のモラルにおくという違いを持ちながら，裁判所にたいしてはただ，株式の不条理な発行をただすというかたちでの権限を与えるのである。取締役会の「誠実性」の判定を決定要因にした規則作りの試みは，訴訟のなかでは少数の支持を受けたにとどまる[10]。それでもそのような判示は必然的に，取締役会を，株式発行の公正かつ条理にかなった配慮をもって行うべしとの方向に押し戻す。

　株式発行の対象になる財産の性格の特定と，その株式発行を正当化するような財産価値の評価づけとの両方で，裁判所は明らかに一貫して，制定法が着手し会社定款が推進してきたところの，絶対的な考査基準の採用を拒絶してきた。そして(代わるものが必要だったから)会社経営陣が指針とすべき考査基準を提供した。実際にどの判例においても——「誠実性」からしていかなる集団もその行為を正当化しえないと裁判所が明らかに考えるところまで事態が進んでしまった場合を除いて——この指針のうちに「誠実性」という表現が採用されて

---

[9] Dodd, *Stock Watering* (1930)57以下，および77を参照。Dodd博士は次のような結論を導出している。複数の裁判所が明らかに反対の前提から出発しながらほとんど同じような結果に到達している事実からして，法廷において通常とられているような諸規則の間には際立った相違はないのだ，と。

[10] これを要因とした判決の事例として，*Troup v. Horbach*, 53 Neb. 795, 74 N.W. 326 (1898); *Holcombe v. Trenton White City Co.*, 80 N.J. Eq. 122, 82 Atl. 618 (1912); *Van Cott v. Van Brunt*, 82 N.Y. 535 (1880); *American Tube & Iron Co., v. Hays*, 165 Pa. 489, 30 Atl. 936 (1895); *Kelly Bros. v. Fletcher*, 94 Tenn. 1, 28 S.W. 1099 (1894)等がある。

　一方，多数派に属する規則は，株式発行によって得られる財産の価値が，非現実的あるいは投機的期待を排除し状況に見合った慎重かつ良識ある実業家によって認可されるようなものに設定されなければならないことを要求する。*Detroit-Kentucky Coal Co., v. Bickett Coal & Coke Co.*, 251, Fed. 542 (C.C.A. 6$^{th}$, 1910); *State Trust Co. v. Turner*, 111 Iowa 664, 82 N.W. 1029 (1900) (制定法の指定なし); *Ryerson & Son v. Peden*, 303 Ill. 171, 135 N.E. 423 (1922); *Jones v. Bowman*, 181 Ky. 722, 205 S.W. 923 (1918); *Van Cleve v. Berkey*, 143 Mo. 109, 44 S.W. 743 (1897) (制定法の助けを借りないで達した結果); *Gates, Adm'r v. Tippecanoe Stone Co.*, 57 Ohio St. 60, 48 N.E. 285 (1897) (制定法に基づく考査なし); *Cole v. Adams*, 92 Tex. 171, 46 S.W. 790 (1898)参照。

いる。
　しかしながら判定の構図に「誠実性」が導入されると，すぐそこから受認者原則(fiduciary principle)が生まれる。この用語は，何か以前の関係から生起した，誰かにたいする誠実を意味する。「誠実な」取締役が，人々のひとつの集団(そうしなければぜんぜん拠出しない集団)だけ，他のすべての人々に求める会社資本への拠出の3分の1しか出さないのを望ましいと信ずるであろうといった，そのような論が説得的に立てられたことはない[11]。またそのような主張が，いかなる裁判所においても多くの賛意を得られたこともない。「誠実性」という用語はただ，取締役は彼らの権力を，債権者と証券所有者とに害を及ぼさないような態度で，株式の質を考査しそこで得られる成果の価値を評価するために用いなければならないということの，短い表現にすぎないのである。
　これは大まかにいって，無額面株式が現れるまでの訴訟の結果である。この新型の株式の出現とともに，債権者保護にかんする法の関心は大幅に後退した[12]。無額面株以外の証券所有者の利益にたいする適切な保護は残っており，この面での配慮がただちに最重要のものとなった。無額面株をボーナスとして無償で発行することはできないとする判決[13]に始まり，そのような株式はすべての関係者にたいして同時にほぼ同一の価格で発行されなければならないとした判決[14]が，それに続いた。後者の判決はその後，巡回控訴裁判所によって修正され，配慮の不平等が導入された場合にはそうした差別を決した取締役

---

11) 想像だけのことなら，一群の株主集団だけが他より少なく払い込むことにすべての集団が同意する可能性がないわけでない。*Welton v. Saffery*, [1897] A.C. 299 (H. L.)における議論を参照。そこでは多数持株主と，異議を唱える法律貴族(Law Lords)の両方が，そのような協定は必ずしも不可能ではないことに同意したが，制定法の文言がそれを認めることを含んでいるかどうかでは，意見が分かれた。

12) *Johnson v. Louisville Trust Co.*, 293 Fed. 857, 862 (C.C.A. 6th. 1923)において裁判所はいう。「かかる法の目的にかんして普遍的にはともかく一般的に受け入れられている理論は，「信託基金」(trust fund)の原理と「表示すること」(holding out)の原理の両方を法が捨てようとする傾向にあるということである」。この裁判所は，額面を持たない株式にかんする理論全体が，その買い手をして警戒せしめ債権者をして警戒せしめるものであるという，Cook 氏の所見に同意した。

13) *Stone v. Young*, 210 App. Div. 303, 206 N.Y. Supp. 95 (1924). ここで裁判所は，無額面株式の規定が「無償配布を受ける購入権利証書ではない」と述べている。

14) *Hodgman v. Atlantic Refining Co.*, 300 Fed. 590 (D.Del. 1924).

会においてそれを正当化する理由が付されなければならないという規則に変わった[15]。そのさいの正当性の基準は，各人に求められた要件の結果が他の証券所有者にたいする保護として十分に作用したかしなかったか，というところにおかれた。

(2) 既存の株式の後に追加して発行される株式は，(a)既存の証券所有者の純資産を保護するような価格と条件のもとで，あるいは(b)既存の証券所有者がその持分の割合に準じて追加株式に応募できるようにして彼らの純資産を保護することを認める計画に従ってのみ，実行されうるという規則。

株式が名目あるいは額面価格を持っていない場合，議論の余地なく明白なのは，通常の直接権限が会社取締役にあり，彼らが適切と思う株式を適切と思う時期および適切と思う価格で発行することが認められる。一見これは絶対的な権力であるように映る。しかしながらじっさいには，ほぼこのような関連が顕在化して以来，裁判所がこの権力に介入してきている。額面を有する株式が，法律および定款で，最低発行価格(額面価格)を多少とも限定された形態をもって(現金，認められた資格内の財産，じっさいに供される役務等で)払い込むことを規定していることを除くと，無額面株式の発行と額面を記した株式の発行との間には，明瞭な差異はない。上の規定にかんする立法規制を別として，事態は両方の判例においてほとんど同じである。

額面株の発行に最低発行価格が法定される規制さえも，会社の立場が額面株の額面価格での発行を認めるものでないことが明らかな状況[16]のもとでは，裁判所によって廃されるようになってきている。ただし判例ではその場合，裁判所が，株主がそれに同意しているかすべての状況のもとで保護されるかということと，債権者が損害をこうむらないことの両方を，明らかにするよう求めた。明確な立法上の規制を前にしてさえ，裁判所は，状況次第でその規制を否定できることを示すところまで，エクイティ上の原理(equitable principle)を発展させたのである。

会社法の歴史の早い時代に，エクイティ上の原理は，取締役が株式を発行する権力を持つのは自明であるが，その発行はすべての株主に持分に応じた新株

---

15) *Atlantic Refining Co. v. Hodgman*, 13 F. (2nd) 781 (C.C.A. 3rd, 1926).
16) *Handley v. Stutz*, 139 U.S. 417 (1891).

への応募によって彼らの純資産を保護する機会を与えるようになされなければならないことを，導き出した。この規則は，1807 年 *Gray v. Portland Bank*[17] において持ち出されたが，おそらく法曹界にも法廷にも通例，誤解して受け取られた。この判例の中味を検討してみると，裁判所の少なくとも何人かの判事が，全株主にたいし差別なしに株式を提供することを経営者に求める法文を定めるような措置に同意しなかったことがわかる。裁判所が認定したのは，この係争の特殊な状況のなかで，ひとりの株主に応募を認めないでなされた追加的株式発行が彼の純財産を損ねたということだった[18]。スーアル判事は，銀行の法人としての設立は「特定の制約と権限を作り出したひとつの信託であって，そこでは会社が財産の管理のための受託者となり個々の株主は彼の利権と持分に応じた信託受益者（*cestui que trust*）となる」[19] と見なし，さらに言葉を続けて，会社にたいする権力は「当初の信託関係を結んだ以外の人々の恩恵のために，あるいは現存する証券によって決せられている株主各々の持分と違う割合で彼らの恩恵のために，別の利害を作ることを受託者に認めるような権力ではない」[20] とした。そこから，株式数を増加させる権力は，「それに最初に契約をなした成員がその組織のなかで取得できるかもしれない収益性ある利権と財産において，成員への保証を無効にする」ものでないとの論を導いた。結論として，原告の損失は，彼の証書を彼が要求し彼らがそれを拒絶した時点で彼が権利を有していた証券の市場価格分を彼に認めることによって償われうるとされた。この判決の主眼は，権利を見出すのに公平の原理に依拠し，裁判所が特定の原告に救済補償をもたらすのにその原理と同じ尺度を用いたことであった。

---

17) 3 Mass. 363 (1807).
18) 裁判所が救済策を作り上げることに腐心したのは注目に値する。そこで新株引受権は，裁判所が，その株式についての特別の救済あるいは回復の可能性を排除し，累積未払い配当金が第三者の手にあること，原告がその株式にまだ払込みをまったく行っていないことを指摘した後に持ち出された。その上で Sewall 判事は次のごとき結論に達したのである。「全体からみて，この訴訟において原告の損失は，彼が彼の証書を要求し彼らがそれを拒絶した時点で，彼が権利を有していた証券の市場価格分を彼に認めることによって償われるであろうというのが，私の意見である」(3 Mass. at 381)。つまりこれは，その時点で原告が公開市場でそれに等しい株数を購入できるはずだという理論に基づいた意見である。
19) 3 Mass. at 379.
20) *Ibid*.

これが発生期の新株引受権なるものだった。ここからは，新株引受権がすべての場合に随伴しなければならないということにはけっしてならない。だが19世紀の精神は特定の厳格な規則を探し求め，追加株式はすべていついかなる事情のもとで発行されようと常に新株引受権の対象になるという法理を盛り込んだ規則を作り上げた。当然ながら規則の高い厳格性それ自身が，同じくらい自由裁量度の高い例外を引き出した。いくつかの裁判所は，授権されて未だ発行されていない株式にたいする新株引受権の付与を禁じた（これは明らかに，株式に一定の持分を有する最初の応募者が即座に授権されている残り全体にたいして新株引受権を主張するだろうことを恐れてであった）[21]。またいくつかの裁判所は，この権利を金庫株にまで広げることを禁じた[22]。そしてニュージャージーのひとりの次席裁判官が，昼食時間中にあわただしく決定を下さなければならなかったことから犯した誤りが，第三の例外として，財産のための株式発行(issue of stock for property)という基準を生み出した[23]。おそらくこれらの例外のどれひとつとして，裁判所がその考えをもっともらしくみせかけるように多大の苦労をしたというものはない。上に行われたそれぞれ特殊な取引を行わしめた事情が，既存の証券所有者の利益を適切に保護するために新株

---

21) *Archer v. Hesse*, 164 App. Div. 493, 150 N.Y. Supp. 296 (1914)の訴訟においてニューヨークでなされた法解釈がそれであったが，その法理は *Dunlay v. Avenue M. Garage Co.*, 253 N.Y. 274 (1930)のなかで不意打ちに出会った。そこでは授権された未発行証券は，「当初に特定された会社の事業を越えて展開するというのでなく，従来の事業に用いられてきた資金をさらに増やすという合理的必要性」がある場合にのみ，新株引受権なしに発行されうるとされた。これは屁理屈を弄するひとりの法律家だけを満足させ，実業家を混乱に導く類いの区別づけである。私が株式を売って資金を調達しようかどうかというとき，それは私の会社の「事業」のためなのかそれとも「事業の他への展開」のためなのかと，危険覚悟で決めなければならないと，彼はいうのであろうか。

22) *Borg v. International Silver Co.*, 11F. (2$^{nd}$) 147 (C.C.A. 2$^{nd}$, 1925).

23) *Meredith v. New Jersey Zinc & Iron Co.*, 55 N.J. Eq. 211, 37 Atl. 539 (1897). これについて Berle, *Cases and Materials in the Law of Corporation Finance*, 344 におけるコメントを参照。デューク大学のA.H.Frey教授は，38 *Yale L.J.* 563 (1929)において，この例外のもとになっているはなはだいかがわしい根拠を初めて公に指摘し，そして教授は，事業者団体法のリステイトメントの最初の起草にあたって，この例外を排除するよう努めた。ところがその後の草案において，会社弁護士の集団的反対勢力が，財産目的で株式が発行される場合の新株引受権規則にたいする例外の容認を強要した。*Thom v. Baltimore Trust Co.*, 158 Md. 352, 148 Atl. 234 (1930)をも参照。

引受権なしの条件を求めたのではないことを，看取するのはやさしい。上の訴訟は最終的に，既存の証券所有者の純資産額にも彼らの比例的議決権にも何の影響も与えないですむ，優先株の追加発行という手段を生んだ。ニュージャージーの法廷は，かかる条件のもとでは規則を適用する理由はないと言明せざるをえなくなり，そしてそれゆえに規則は消滅した[24]。この事態を評釈した人々は，強調点はさまざまながら，次の二つの結論に向かうことを強いられたことではほとんど同じだった。第一に，新株引受権は，資本構成が単純な場合にだけ会社の普通株所有者におおよその保護をなしうるが，複雑な資本構成の多くの事態に適合しないし，ときには単純な資本構成のなかでも不必要なものである。第二に，いわゆる新株引受権は実のところ権利ではまったくなく，ひとつの救済策——エクイティ上の原理から派生した救済策——である。だから救済を求めるような状況が生まれず，この特定の救済策が要求されないかぎり，権利が存在すると決めてかかる必要はない[25]。

　新株引受権をめぐる紛争の歴史から引き出しうる唯一の結論は，この原理が，株式発行にかんする取締役の一見絶対的な権力にたいして公正（エクイティ）の観点からの制限を課そうという試みから生まれたということである。それは法の厳格な規則にまで高めるべきものでなく，むしろ公正に寄与でき，できるなら法的にも場所を換えた，救済策というほんらいの地位に戻すべきものである。だがそれはまた，多くの可能な救済策のひとつにすぎないことも銘記しなければならない。けっして救済策はこれひとつというのでないし，通常もっとも優れた救済策であることは認めるが，常にそうだというわけでもない。

　新株引受権の原理にたいする例外を理由としてそのような権利が存在しない場合の訴訟では，裁判所は，他のタイプや種類の公正のための救済策を適用するのに困難がなかった。かくしてウィスコンシン州の一法廷は，取締役たちが急速に失いつつあった多数持株の回復を唯一の動機として行おうとした株式の

---

24) *General Investment Co. v. Bethlehem Steel Corp.*, 88 N.J. Eq. 237, 102 Atl. 252 (1917).
25) Drinker, "Preëmptive Right of Shareholders" (1930) 43 *Harv. L. Rev.* 586; Dwight, "The Right of Stockholders to New Stock" (1908) 18 *Yale L.J.* 101; Frey, "Sharehololers' Pre-emptive Rights" (1929) 38 *Yale L.J.* 563; Morawetz, "Preëmptive Right of Shareholders" (1928) 42 *Harv. L.Rev.* 186.

発行を,差し止めた[26]。また連邦法廷は,金庫株の売出しは公募か,既存の証券所有者の持分を維持することが明白な価格かの,どちらかで行われなければならないと宣した[27]。新株引受権なしの無額面株式は,払込み価格が既存の株主持分を適切に守る性格を伴うようなものでなければならないとされた[28]。しかしながらこの点において,裁判所は実業界のありふれた状況に踏み込んだ。ひとりの有力な株主を確保するため彼に貢ぐことが公平を犠牲にしてさえ価値があるということは,そう稀でない。それが Atlantic Refining Co. v. Hodgman 訴訟であり[29],そこで明らかにされた状況だった。裁判所は,アトランティック精油会社がある会社に1株8ドルの払込みをもって参入することがその会社の既存株主が持つ1株約16ドルを犠牲にする計画であることを知りながら,アトランティック精油が発行会社にたいしてこれまで取引,厚遇,事業ノウハウなどを通じて与えた付加された力を考慮して,認められるとしたのである。同じくデラウェア州の一法廷は,無額面株式の1株25ドルでの発行を,その市場価格が40ドルでありながら,その株式が既存株主に優先的に提供され,かつまたかかる株式の低価格での提供が,事実を十分承知した第三者に会社がもっと高い価格で株式を発行するのを可能にするようなものであることが明らかだという理由をもって,認めたのであった。

　無額面株式の発行と結び付いてなされたこのデラウェア法廷の言説は,こうした種類の株式発行に関してばかりでなく,本章全体のテーマとの関連でも興味深い。取締役には彼らが適当と思ういかなる価格でもかかる株式を発行する絶対的権限があることを指摘した上で,このエクイティ裁判所判事は次のようにいう。

　　制定法は,取締役の明白に拘束されざる権力にたいしては何らの制約も課していない。エクイティが,取締役に与えられた絶対的条件のもとでの権力濫用にたいして制

---

[26] *Luther v. Luther Co.*, 118 Wiss. 112, 94 N.W. 69 (1903).

[27] *Borg v. International Silver Co.*, 2F (2$^{nd}$) 910 (S.D.N.Y. 1924). 金庫株のこの一塊の売出しを扱った歴史は,新株引受権のいわゆる技術ルールからはずれた株式の場合に証券保有者を守るための公平権の行使として,とくに興味深いものがある。

[28] *Atlantic Refining Co. v. Hodgman*, 13 F (2$^{nd}$) 781 (C.C.A. 3$^{rd}$, 1926); *Bodell v. General Gas & Electric Corp.*, 15 Del. Ch. 119, 132 Atl. 442 (1926).

[29] *Supra* note 28).

約を課すという原理に従って，絶対的権力を濫用した取締役に制約の手を及ぼすかどうかは，やがて事実をめぐる主張のなかで考慮され答えられることになるであろうところの，別の問題である。……取締役の権力が記されている文言の絶対的な性格にもかかわらず，エクイティ法廷は，訴訟においてそれに適切な範囲をおくのに無力であるわけには行かない。取締役に考慮の対象となさしめる法の条文が求められる。それを定めるのに裁判所は取締役の活動を審査できないというのは，けっしていかなる理由ともなりえない[30]。

そしてこの法廷は，取締役は受認者(fiduciaries)の状態にあると指摘し，それは「言葉の厳密な意味における受託者(trustees)」ではないけれども「便宜上(for convenience)そのようなものとして描かれてきた」という解釈を示した。

以上述べてきたのは，経営陣に付与された明らかな絶対的権力にもかかわらず，証券発行にかんして裁判所が下してきた制約の全貌というわけでは，けっしてない。しかしながら，明らかな絶対的権力をある範囲内に封じ込めているその全体像，この権力にたいする制約の基本線をつかむには，これで十分である。

**B. 配当を宣言するかあるいは差し控える権力は，全体としての会社の利益のためというにとどまらず，可能な範囲でその証券所有者全体の利益にかなうように使用されなければならない。**

ここで考えられる規則は以下のようである。

**(1) 配当は事業上の理由によってのみ差し控えられるべきで，私的あるいは個人的動機でそれを行うことはできないとする規則。**

制定法および定款はともに，配当宣言の権限を取締役に与え，取締役がそれを実行したり止めたりすることに，何の制約も課していない。ただしその配当が資本から行われない場合は（通常）別であり，あるいは資本が減損する場合も（もっとも多くの事例で）別とされる。この例外以外では，取締役の権力は少なくとも名目的に絶対である。にもかかわらず，同族会社において，明らかにその長が同族の他の構成員である株主に懲罰が必要だと決意して配当を行わなかったような場合，裁判所はその配当の支払いを命じた[31]。また別の訴訟で，配

---
30) *Bodell v. General Gas & Electric Corp.*, supra note 28), at 128-9, 132 Atl. at 446.
31) *Channon v. Channon Co.*, 218 Ill. App. 397 (1920).

当差止めの目的が株式の市場価格を抑えるところにあり，これはおそらく経営陣とその友人がその株式を低価格で買えるようにするため(「少数株主締出し」(フリージング・アウト)と通称されている策)だったと予想されたときに，裁判所はやはり介入した[32]。同じくヘンリー・フォード氏が，会社全体の一般的な利益にかなうと信じた対象にいつか使おうと，巨額の剰余金の積立てを主目的に配当抑止をしたときにも，下された裁判所の決定は配当の宣言要請だった[33]。一般的にいって，配当が「不当に実施されないでいる」場合，裁判所は権力の行使を統御すべく介入してきたのである[34]。

**(2)** 配当を，他の種類の株式の利益に反しある種類の株式の利益だけにかなうようにする目的で抑制することは，そのような行為が事業状態から求められる場合を除いて行ってはならないとする規則。

ここに述べた規則は，近年の論争の主題となっている。会社定款が，その会社の財務構成のなかに非累積的株式あるいはそれと類似する株式(類似形態の圧倒的な部分は参加的優先株である)を含む場合には，いつでも適宜，配当の宣言を調整することによって，収益を拘束しそれらをやがては後順位証券に振り向けるための剰余金積立て目的に使う，ということが可能である。ニュージャージー州の一法廷と連邦の二法廷が，配当にあてうる収益があった場合，それは配当にあてるか，あるいはこれまで年次または期間毎の配当を受けてきたその資格を有する株式への配当準備金として蓄えられなければならない，という結論に達した[35]。しかしこの法理は，最近の *Barclay v. Wabash R. R.* 訴訟における最高裁の判断によって，完全に覆されたとまでいいえないとしても，かなりぐらついているとみなければならない[36]。

この判断は，察するに広く採用されるまでには至っていない。というのは，

---

32) *Anderson v. Dyer*, 94 Minn. 30, 101 N.W. 1061 (1904).
33) *Dodge v. Ford Motor Co.*, 204 Mich. 459, 170 N.W. 668 (1919).
34) *Wilson v. American Ice Co.*, 206 Fed. 736, 745 (D.N.J. 1913)を参照。これにかんする訴訟は 1919 年 14 C.J. § 1235 に集められている。
35) *Basset v. United States Cast Iron Pipe Co.*, 75 N.J. Eq. 539, 73 Atl. 514 (1909); *Collins v. Portland Elec. Power Co.*, 12 F (2nd) 671 (C.C.A. 9th, 1926); *Barclay v. Wabash Ry.*, 30 F (2nd) 260 (C.C.A. 2nd, 1929).
36) 280 U.S. 197 (1930), これは *Barclay v. Wabash Ry.*, 30F (2nd) 260 (C.C.A. 2nd, 1929)の破棄判決。

判決理由(ratio decidendi)となっているのが，収益を挙げながら支払われなかった非累積の配当がたしかに非累積優先株主には支払われなかったけれども，しかし問題となっているこの年の非累積的配当が宣せられ実施されているということからして，普通株主には支払われるかもしれない，という問題だけだからである。この事実は一見しておく価値がある。ウォバッシュ鉄道会社は非累積優先株を発行していた。この株式にたいして数年にわたり支払われなかった配当額は，およそ1600万ドルに上っていた。毎年のように同鉄道は，取締役会がそうする気さえあれば配当を実施できるだけの収益を挙げていたのである。しかし取締役会はそうしないで，収益を剰余金勘定に振り向けていた。そしてある年ようやく非累積株への配当を支払うとともに，普通株への配当も開始することに着手したのだった。それを差し止めることを求める訴状が一優先株主から提出された。そして最高裁が差止めを認めた巡回控訴裁判所の決定を覆したというのが，事の次第である。しかしながらここで注意しておくべきは，普通株にたいする配当支払いがけっして累積優先株への配当を差し止めて蓄えた1600万ドルを蚕食したわけでないことである。だから累積優先株に配当しないで貯め込んだ剰余金の最終的処理についての問題は，未解決のままである。ウォバッシュ訴訟ではかりに清算あるいはその結果としての配当で普通株所有者に分配することを認めることになると考えたところで，上訴における最高裁と，下級審におけるハンド判事はともに，非累積配当の差止めが不当な場合に優先株主が配当命令を求めて訴訟を起こすことができるという判断を示した。そしてハンド判事は，ある種類の株式への配当を後順位証券の利益のために実行しないような計画は，そのなかにあるいはそれ自体で(そして不当を否定するものが見出せないなら)不当性を示す証拠になりうることを示唆したのであった。

　したがって，この判例はウォバッシュ訴訟の後に続いた裁判のなかでも，次の点で少なくとも傍論(ディクタム)として一定の役割を果たしているようにみえる。すなわち配当の宣言が主としてある種の株式にたいする恩恵を他の種の株式の犠牲において与えることをもくろんで操作される場合に，配当の差止めが究極において会社全体が得る恩恵につながるだろうこと，その恩恵が種類を異にする全株式にほぼ等しく及ぶであろうことが考えられるような事業状態が存在すると

きにのみ，裁量の余地が認められるという裁定をもって，公正な保護という点でのひとつの尺度となっているとみられる。

(3) 同じ等級の株式の所有者間に差別をおかず，かつ，定款に記された以外には，いかなる証券所有者間にも差別をおかないという規則。

この規則は，公平に行われたか，あるいは単なる契約条項の「推定解釈」(presumed interpretation)からなされたかが，基本的なことである[37]。ここでは，それが配当政策の不当な操作を許さない公正面での標準的保護としてあることを指摘するだけで，それ以上の議論を必要としていない。

### C. 他の会社の株式を取得する権力は，株式を取得する会社の全体としての利益にかなうよう行使されなければならず，経営者が個人的にその企業的野心を充たすためや，会社のなかあるいは外にある特定の利害を助長するために行使しうるものでない。

ここに述べた規則は，おそらく今日よく守られているというよりむしろ侵害されているがゆえに価値あるものであり，しかも法律問題としてこの規則の存在を疑う理由はないようにみえる。この規則は以下に素描する歴史を持っている。個々の特別の規制立法が多数あることを別として，株式購入にたいしては法律も定款もことごとくその権力を想定しているが，それでも裁判所は，株式会社の歴史のほとんど始原からこの権力の行使に制限を課した[38]。そしてある会社が別の会社の株式を購入する場合に，それが購入する会社の「主要な」目的に沿って図られなければならないことが，主張されてきた。例えば一法廷において次のように述べられた。

> ある会社が別の会社の株式を購入するのが権限逸脱(*ultra vires*)であるかどうかは，その購入を行う目的に依存する，さらにかかる購入が状況全体からみてこの会社を設

---

[37] 諸判例は1919年の14 C.J. §1236に収録されている。

[38] 制限の最初の流れは，ひとつの会社が存在するのは，それ自身の役員と従業員によってその権力が行使され資本が拡大されるべきことを意味しており，その会社を支配する別の会社を通じて間接的になされるべきでないということだった。*Anglo-American Land Co. v. Lombard*, 132 Fed. 721, 736 (C.C.A. 8th, 1904)また以下をも参照。*People v. Chicago Gas Trust Co.*, 130 Ill. 268, 22 N.E. 798 (1889); *Elkins v. Camden & Atlantic R. R.* 36 N. J. Eq. 5 (1882).

立した目的あるいは法律のもとで遂行するはずの目的に照らして必要かつ合理的な手段であったかに依存する，としなければならない39)。

　この判決は，会社の「目的」が会社定款の「目的条項」を単に読んだからといってそれで確認できるものだといっているわけでない。通常の状況では事態が定款に記されたよりもっと複雑であろうことが，明らかに考えられる。例えばプルーデンシャル保険会社が，すでに過半数株を所有しているフィデリティ信託会社の過半数株の購入を提案し，その計画の結果が経営陣の執行部への居座りを可能たらしめる状況であったとき，プルーデンシャルは明らかに株式を購入する権力を持っていたにもかかわらず，裁判所は，その購入が(保険会社のなしうる)投資の目的ではなくて経営者個々人が会社支配を有利に運ばんとする計画から生じた目的であると見なした40)。したがってこの取引は禁止された。このことからして，いわゆる投資信託においても，主に投資目的でなく投資信託の経営者が有利な立場を得るために他会社の支配を獲得する目的で証券購入に資金を用いたときには，同じ禁止判決を受けることになりうる41)。

　ある会社による別の会社の株式購入は，通常二つの範疇を持っている。一方の事例では，その購入は，株式が購入される会社への支配に及ばない。そのような事態のなかでふつう問題になることといえば，株式購入が明確に購入を行った会社の投資として扱われうるかどうかだけである。第二の範疇には，購入会社が被購入会社の支配的株式を買い取ることによって支配を取得する状況

---

39) *Hill v. Nisbet*, 100 Ind. 341, 349 (1884).
40) *Robotham v. Prudential Ins. Co.*, 64 N.J. Eq. 673, 53 Atl. 842 (1902).
41) これは事業全般にかかわらせるべき問題である。いわゆる「投資行為の信託」(Investment trusts)ということで，これまで何十万ドルもの資金が獲得されてきた。投資信託の経営者や役員が，彼らが持つ特別の経験や情報を武器に個別の資金所有者よりも優位に立ち，それを理由に個々人の資金の管理をわがものにできるというのが，その理論である。そのことがただちに，投資信託の経営者が一連の関係のない諸会社の実質的ないし部分的支配を購入する仕組みに転化する。ディロン・リード商会はこの手段によってロック・アイランド鉄道の取締役会に席を得たといわれる。この手段によってサイラス・イートンはヤングスタウン・シート・アンド・チューブ社の支配を得んとして糾弾された。これらは多くの事例のなかの二つにすぎない。ある会社が，法が認めている権力を使用しないことについてその株主との合意に達しない，とする理由はない。同様にまた，そのような合意が，株式が売り買いされる状況から見分けられないとする理由もない。これがいわゆる「投資信託」株式の多くの事例なのである。

が含まれる。そこで自分に株式の購入権があるのだと申し立てるだけでは，正当性は保証されない。支配会社がその目的を遂行することを通じて施設や経営要素を加えるとか，それでも基本的に前と同一の事業に従事していること，あるいはその会社にとってその購入が事業の推進を助けるものだという論拠を持ち出して，株式購入を正当化できるのでなければ，その取引はまずもって禁止される[42]。そのような正当化に失敗した購入が，頻繁に禁止命令を受けている。

　禁止の根拠は通常，「権限逸脱」と呼ばれる。一見しただけでは，これは公正原理による制限から遠く隔たっているように映る。だがもっと仔細に検討してみると，ここで「権限逸脱」という言葉は，通常の慣用語であてられるのとはひじょうに違う意味で用いられているのがわかる。裁判所は株式購入をなす「権力」を否定するのではない。裁判所がいうのは，目的によってはその権力を十分に行使しえないということである。引き出しうる唯一の結論は，裁判所が状況に照らして権力にウェイトの差をつけ，一定の事例でその使用の認可を否定してきたということなのであって，この立場は権力が存在しないという主張とはまったく異なる。株式を購入する会社が他会社の支配を手に入れるという事例に適合される基準は，二つの会社の目的の比較とか，両社の関係の吟味や，株式の購入がなされる動機の評価といった，それぞれの事例に現実に伴う経営上の問題とかかわっている。購入を行う目的と，二つの事業を結び付けることが会社にもたらす優越性と，購入の動機が全体として会社に恩恵をほどこすといったことの間に合理的なつながりが見出されないとすれば，いかに紙上

---

42) 挙げうる多くの判例のなかには次のごときものがある。*Edwards v. International Pavement Co.*, 227 Mass. 206, 116 N.E. 266 (1917); *Fernald v. Ridlon Co.*, 246 Mass. 65, 140 N. E. 421 (1923); *Dittman v. Distilling Co. of America*, 54 Atl. 570 (N.J. Ch. 1903); *State v. Missouri Pa. Ry.* 237 Mo. 338, 141 S.W. 643 (1911); *Ellerman v. Chicago Junction Ry.* 49 N.J. Eq. 217, 23 Atl. 287 (1891). また他方に以下の判例がある。*Sumner v. Marcy,* Fed. Cas. No. 13, 609 (D. Me. 1847); *Pauly v. Coronado Beach Co.*, 56 Fed. 428 (S. D. Cal. 1893); *Savings Bank v. Meriden Agency*, 24 Conn. 159 (1855); *Hunt v. Hauser Malting Co.*, 90 Minn. 282, 96 N.W. 85 (1903); *Bank of Commerce v. Hart*, 37 Neb. 197, 55 N.W. 631 (1893); *Nebraska Shirt Co. v. Horton*, 93 N.W. 225 (Neb. 1903). この後者の判例群では，会社による他会社株式の購入は禁止されたが，その論拠は，かかる購入の目的が購入会社の主要な目的を充たすとか発展させることになるとは見なされないということであった。

の権威が一見無制限に設定されていても，その購入が無効とされる大いなる機会が存在しているのである[43]。

明らかなのは，われわれがまだこの点にかんする法の黎明を迎えたにすぎないということである。近年，資本の大量が，意のままに世界を徘徊し自由奔放に振る舞う紙上の権力を持った会社における，株式の公衆向け販売から集められてきている。それらの会社は建前上，「投資」会社だとか「商事」会社だとかいうことになっているが，しかしほどなく，そうした資金はそのような投資会社や商事会社を差配している銀行家たちに，一つあるいはそれ以上の企業の支配をもたらすようなかたちで投ぜられていくのである。換言すれば，会社の目的は投資となっているが，株式を購入する権力は投資目的でなくさまざまな分野の管理集団の支配を推し進めるために用いられるようになってきている。「投資信託」は突然に持株会社および管理会社となった。これが株式会社のたどる「方向(オブジェクト)」なのかと，疑義（quaere）を呈しないではおられない。

D. 会社が保持する定款修正の権力は，修正の結果が全体としての会社に恩恵をもたらすような仕方で行使されなければならない。かつまた会社のすべての集団の間に，彼らの利益がみえるようなかたちで，その恩恵あるいは場合によって犠牲を公平に分配するような仕方で行使されなければならない。

基本定款および付属定款を修正する権力は通常，多数証券の所有者に授けら

---

[43] 会社がその主要な目的としてその資金を「運用一任ファンド」(blind pool)に類比する装いで用いることを掲げうるかどうかという問題が，いまなお残っている。古い会社法令はそのような方針を掲げることを容易には認めないが，今日の会社形態はこれを明確に認めている。会社経営陣によって明言される方針が，株式発行にかんする刊行物で公衆に向けて告示するときとくにそうであるが，これらの判例で求められる「主要な目的」をよく示すものとなるのは，ありうることである。

どの判例においても，他会社株の購入を容認する自由化への意図的な趨勢があることは，注目に値する。こうなることのひとつの理由には，どんな事業分野といえども一般的な状況のもとで他の分野と関連性がないというようなものはない，ということがあるだろう。ある事業に従事している取締役に向かって，裁判所が，別の事業分野を，これはあなたたちの事業と合理的かつ利益面で関連する範囲に入るものでないと告げるのは，勇気を要することに違いない。

れているものであるから，われわれは疑いなくいま，これまで考察してきたのとはやや異なる集団と向き合っている。しかしながら原理的に，これはそれほど大きな差異だということにならないだろう。ある事態において取締役が行使した権力が，ここでは多数株所有者によって行使される。ひとつの点に違いがある。証券所有者の議決権は，その行為が彼ら証券所有者の全体に恩恵を及ぼすという想定を，少なくとも作り出す方向をとる[44]。だがこの想定は明らかに，証拠——多数株所有者は会社全体あるいは他の証券所有者とは相容れない利害を有する小集団にすぎないという証拠[45]——と，事実——こちらはそれほど明確でないにしろ他の集団とは相容れない利害の事実そのもの——との両方から，論駁される。結局のところ裁判所は，ほとんどの株主の議決権が「めくら判」的性格を持つことを確知(judicial notice)することになりそうである。

それでも一般には，多数株所有者に認められた権力は，経営陣に認められた権力と同一の立脚点に立つものと見なされなければならない。個々の証券所有者はふつうには受託者の資格において彼の議決権の行使を求められるものでないが[46]，にもかかわらず多数株所有者の権力は，一定の公正面からの制限——それはさまざまな事実に即して違った仕方をとる——の対象になる。例えば分散的な証券所有者の集まりからなる多数株所有者は統一的な利害によって動機

[44] Berle, *Studies in the Law of Corporation Finance* (1928) ("Non-voting Stock and Bankers' Control")を参照。そしてこの想定は投票を行わない証券にかんしては明らかに存在しない。例えば，減資を行いそれによって優先株の背後にある「クッション」あるいは保証を減じようとする普通株所有者の投票の事例において，優先株はその減資にたいする投票を行っていなかった。

[45] *Davis v. Louisville Gas & Elec. Co.*, 142 Atl. 654 (Del. 1928)における裁判所の表明がこれを示唆すると思われる。ここで裁判所は，株式のきわめて大量を所有する者がある変更を認める投票を行った場合，そこに誠実性が想定されることに留意した上で，どの株式がこの修正によってもっとも害を受けたかを検討し，この修正によってもっとも被害をこうむったのは経営者自身であったのだから，誠実性の想定は反証しがたいと指摘した。しかし推測するに，この想定は明らかに反証可能である。この Davis 判例において，裁判所による事実の検証が適切だったとはいいがたい。公益事業持株会社(この訴訟における多数株所有者)は，ひとつの企業における自分自身と少数株所有者との両方の利益を犠牲にして，まったく違うある会社の利益を促進しようとしたことが，十分にありうるのである。

[46] *North-West Trans. Co. v. Beatty*, [1887] 12 A.C. (P.C.) 589; *Camden & Atlantic R. R. v. Elkins*, 37 N.J. Eq. 273 (1883)(だがこの事例が今日でも同じ態度で判定されるかどうかには問題がある)。

づけられているわけでないが，それでも少数株所有者たちの権利を「剝奪」するようにも，あるいは彼らを不当に圧迫するようにも，その権力を行使してはならないのである[47]。だが他方，その権力が単純に親会社や経営陣自体の手に集中している場合には，取締役会に適用されるとほとんどまったく同じ規則によって，判定がなされることになる。多数持株の権力が事実として経営陣や支配者によって，あるいは彼らの意を汲んで行使されるときに，裁判所はその事実を確知するのである[48]。

会社設立証書を修正する権力を公正に統御する原理にたいして，アメリカのどの法域にも単一の例外はないようにみえる。統御の厳重の度がさまざまである。実質的にすべての州が，設立証書のいかなる修正もある特定の権利を妨害することができない，という態度をとっている。これの主な例は，累積優先株のすでに発生した未払い累積配当に害を及ぼすようないかなる修正からも保護されるという，累積優先株主の権利である[49]。これはおなじみの用語では「既得権」(vested right)として——この語は主張というよりむしろ結論を示すものであるが——語られる。厳密な語の解釈からすると，会社の正味財産にたいする優先権として請求される未払いの累積配当を手にする権利は，清算にさいして額面までを優先的に受け取る権利と，異なる種類のものでないように思われる。そのようなものとして，後者が「優先権」を変更する留保された権限(リザーブド・パワー)のもとにあるのと同じく，前者も修正の対象になりうるものと見なされる。にもかかわらず実際には，前者にかんするすべての判例が，修正は優先株主への職

---

47) *New Haven & Darby R. R. v. Chapman*, 38 Conn. 56 (1871); *Perkins v. Coffin*, 84 Conn. 275, 79 Atl. 1070 (1911); *Lonsdale Corp. v. International Mercantile Marine Co.*, 101 N.J. Eq. 554, 139 Atl. 50 (1927); *Kent v. Quicksilver Mining Co.*, 78 N.Y. 159 (1879).

48) *Central Trust Co., v. Bridges*, 57 Fed. 753 (C.C.A. 6th, 1893); *Kavanaugh v. Kavanaugh Knitting Co.*, 226, N.Y. 185, 123 N.E. 148 (1919). 同じ規則が異なる形態で *Farmers' Loan & Trust Co. v. New York & Northern Ry.*, 150 N.Y. 410, 44 N.E. 1043 (1896)に現れている。なお *Outwater v. Public Serv. Corp.* of New Jersey, note 56 以下も参照。

49) *Yoakum v. Providence Boltimore Hotel Co.*, 34F. (2nd) 533 (D.R.I. 1929); *Morris v. American Pub. Util. Co.*, 14 Del. Ch. 136, 122 Atl. 696 (1923); *Lonsdale v. International Mercantile Marine Co.*, 101 N.J. Eq. 554, 139 Atl. 50 (1927). しかしこの権利も，*Windhurst v. Central Leather Co.*, 101 N.J. Eq. 543, 138 Atl. 772 (1927)では問題とされた。その事例では，会社がその権利の修正に失敗すれば破滅に陥りかねないという状態のもとにあった。

権濫用だとの理論に基づき，発生した累積配当を軽減する修正を実質的に禁じている。

　ニュージャージー州を始めとするいくつかの州が，この「既得権」の領域を拡大してきている[50]。会社の事業上の利害からして——優先権が犯される株式の種類を含め——変更を必要とすることが立証されると，修正を認めるのが裁判権行使の多数派となっている。裁判所権限がもっとも厳格性を欠くデラウェア州においてさえ，次のことを付随（*obiter*）として示唆する。もし多数株所有者が主として自分自身が少数株所有者を犠牲にして受ける恩恵のために少数株所有者に敵対的に行動していることを示しうる，しかもそのことによって事業の強化その他をもってすべての利害関係者に相応の埋合せをしないことを立証できるならば，差止命令を発するであろう，というのである[51]。他の集団の犠牲においてある集団が利益を得るこの過程は，通常，正確性を欠き若干誤解を招く「詐欺」(fraud)という言葉で表現されるが，しかしその意味内容ははっきりしていると思われる。

　修正は，確定配当率にたいする権利，資産にたいする確定された優先の権利，公式の参加にかんする権利といった，特定の契約された権利を切り下げるような場合でさえ，ふつう大部分が承認されている。だがその承認を，修正による「実質的利益を伴わない権限」(naked power)論に基づいて下した裁判所はないといってよい。すべての判例で，持分権が検証され，事業状態が考慮され，修正を支持する理由づけは特定の事情のもとですべての利害関係者に公正である，との理論に照らして行われている。事実にかんしては見解の対立がありうる。例えば全体としての集団の事業上の利害が実際どこにあるかを決する抗争において，一部の株主が異議を唱え経営陣（ふつうは多数株所有者を代表する）と対峙するような局面が，十分に考えられる。けれども，明確な権力が法令によって認められ，会社設立証書の該当条項で運用されてきたにもかかわらず，これまで定款を修正する絶対的な権利が承認されてきたとする申立てにたいして，結果がそれに真実味を添えているとはとうていいえない。

---

50) *Lonsdale v. International Mercantile Marine Co.*, *supra* note 49).
51) *Davis v. Louisville Gas & Elec. Co.*, 142 Atl. 654 (Del. Ch. 1928).

E. 会社の事業を，企業合同，株式交換，資産の売却その他の方法を通じて他の事業に移転する権力は，すべての種類の証券保有者に相応する利害がそれ相応に認められ，実質的に保護される仕方でのみ行使することができる。

今日，実質的にすべての会社法規が，制定法のもとで作られた会社にたいして，他の事業との合体ないし会社活動の他会社への移転を行う権力を容認している。この目的のために多様な手段が用意されている。歴史的には合併，吸収といった仕方がもっとも古い。全資産をリースに供する権力がそれに続いた。今日では，同じ結果が，全債務の引受けや一まとまりの株式との引換え──その株式が移転する会社の株主に配分される──で取得する事業体にたいしての，資産の売却から得られることがもっと多い。これと別に，当該会社の株主が取得会社の株式あるいは持株会社の株式との交換で個人的に移転する仕方がある。この過程は，支配的な多数株所有者がそのような交換をなし遂げたときに完全なものになる。金融界の仲間同士では，これらすべての過程を，もっと複雑難解な手法まで一からげにして「企業合同」(merger)なる広義の呼び方をしている。

この権力は株式会社が生まれながらに備えていたものではない。歴史的にそれは，満場一致の合意があって初めて行使されえた権力だった[52]。初期の判決では，例えば資産を売るという権力は，その代償に別の会社の株式を受け取るとか，その株式を旧株主に押し付けるとかいった権力を含まなかった。判決の基礎になったのは権力がないということであって権力の誤用ではなかったのである[53]。しかしながら現代の制定法には，そのような権限が含まれており，現代の会社定款はその権限を行使する会社行動を予定して相応の条文を挿入することによって，権限を推進している。

初期の局面においては，合併の有効性は権力のみによって測られると考えられた。つまり本章の定立とまったく逆の判定である。連邦裁判所はあるとき，資産の売却がなされかつその手続きが基本法に適合している場合には，「多数株所有者の行為が合法的であるかぎり，その行為がけっして高潔でなくときに

---

52) Ballantine, *Corporations* (1928) 594-95 参照。
53) *International & Great Northern R. R. v. Bremond*, 53 Tex. 96 (1880).

悪徳の動機に駆られて行われた場合でさえ」そのことが問題にはならない，「持分権においては法におけると同様，詐欺的な意図はじっさいに不正な行為として行われないかぎり裁判権の対象となるものでない」と評言した[54]。しかしながらそれに続いた諸判決がこの法理を覆した。*Windhurst v. Central Leather Co.* 判決で[55] 法廷は「いかなる事例も，ある程度まで，エクイティの原則と法理とによって影響をこうむるものとして，それ自身の事実に立脚しなければならない」と述べたが，これが実質的に現代の判例の法理を宣したものとなっている。だからある会社がその所有する財産を公益事業会社にリースして[56]，リース料から会社の所得を得ようとし，その後に借り手(lessee)の会社が貸し手の会社の多数株を取得し，そして借り手会社の優先株を報酬として貸し手会社に資産の売却を迫った行為にたいして，その取引は差し止められた。理由は，その取引によって実質上，貸し手会社の株主の権利が，貸借という仕方によりリース財産への第一次請求権から，優先株配当という形態での後順位の請求権へと，後退させられたということであった。裁判所は加えて，その優先株が三年のうちに償還できるものとされており，だからこの取引は借り手会社が貸し手会社を買収する選択権を得たに等しい事実をも指摘した。この訴訟では，裁判所は詐欺行為の立証を求めず，そしてこの合併協定が「合法的形態でなされた」ことを認めた上で，次のように評言したのである。「協定には慎重なる法的考慮が求められる。多数株所有者はその事柄が公正かつ公平であることを示す責務を有する。そして裁定は公正にかんしてどれだけ多数の承認の議決が得られたかに影響されるべきものでない。そのような議決はもし投票が拘束なしに行われていたら違った結果になっていたはずだからである」[57]。この最後の論点はむろん，この取引に賛成投票した多数株が，それによって恩恵を受ける借り手会社によって所有されていた事実から生まれたものである。

---

54) *Ervin v. Oregon Ry. & Nav. Co.*, 20 Fed. 577, 580 (C.C.S.D.N.Y. 1844), 上訴審 27 Fed. 625 (C.C.S.D.N.Y. 1886). 上の引用は実際になされた判決と矛盾する。裁判所は最終的にこの取引を不公正と認定し，告発した者たちに新しい会社資産にたいする先取特権(リーエン)を与えた。
55) 101 N.J. Eq. 543, 138 Atl. 772 (1927).
56) *Outwater v. Public Service Corp. of New Jersey*, 103 N.J. Eq. 461, 143 Atl. 729 (1928).
57) *Ibid.*, 464, 143 Atl. 730.

やはり初期の判例である *Jones v. Missouri Edison Elec. Co.* 裁判では[58]，合併が同様に法の要請するところに従って慎重に行われたことを認めつつも，合併に参加した会社のひとつで株主の公正がいちじるしく損なわれたと解された。だがこの場合は合併の事実が完了しており，煎り卵をもとの卵に戻すことはできなかった。そこで上訴裁判所は，取締役が実質的に証券所有者にたいする受託者であること，支配権を有する多数株所有者は多くの場合それと同じ立場にいること，少数所有者が公平性を失うことは信託の不履行であることを指摘するとともに，適切な救済をすべしとの指示を付して訴訟を下級審に差し戻した。そのさいに裁判所は関連して次のようにもいっている。「信認関係にあり同時に法的権力を行使する資格を持つ者の詐欺や信託の不履行は，結果的行為あるいは契約にたいする公正性にとって，権力の欠如と同じくらい致命的である」[59]。

ニューヨーク州における訴訟では，*Colby v. Equitable Trust Co.* がある[60]。ここで裁判所は，合併した会社のひとつに起こった株式の希薄化という事態を受け取った。だが調査の結果，その会社の事業状況が業界でずっと競り負けており，将来の希望もないことがわかった。裁判所はかかる事実を考慮に入れて，合併は「それほど不正かつ不合理なものでなく——エクイティの法廷が介入してその達成を阻止すべきほどのものでない」との結論に達した。これに類似する多くの判例がある。追加的な株式が発行されたときには比例的な支配権を守るためにエクイティ上の制約が課せられるにもかかわらず，支配権の割合が合併という過程を通じて希薄化される事実は，納得できるものでないようにもみえる[61]。これは，今日の裁判所がより現実的な見方を比例的な支配にそれほど価値をおかずに考えるようになったからなのか，あるいはそこで損なわれるものが関連する事業の利害のバランスを覆すほど重要な考慮事項ではないからなのか，はっきりしていない。だが上の結論に異を唱える会社問題の研究者は，そう多くないであろう。

---

58) 135 Fed. 153 (E.D. Mo. 1905), 上訴審 144 Fed. 765 (C.C.A. 8th, 1906).
59) 144 Fed. 771
60) 124 App. Div. 262, 108 N.Y. Supp. 978 (1908).
61) *Mayfield v. Alton Ry., Gas & Elec. Co.*, 198 Ill. 528, 65 N.E. 100 (1902).

以上のことは，合併を遂行する権力にかんして裁判所がどんな位置にいるかを，完全ではないにしろ実質中心に総括したものである。ペンシルヴェニア州が持つ古風な規則の求めでは，証券所有者に現金で支払うオプションを与えなければ合併は達成できないとされているが[62]，一般には，公正面からする制限に議論の余地がない。ペンシルヴェニア流の規則のもとでさえ，この問題に関与した裁判所が，合併によって株主の地位が損なわれたのを補償する自動的な権利のために苦闘してきた跡がみられる。それはマサチューセッツ州の法廷が *Gray v. Portland Bank* 訴訟においてそのような権利を与えるべく苦闘したのと，多くにおいて同じであった。

　立法と定款がともにはっきりと明確な権力行為を認めてきたのに，事態全体に及ぶ公平な支配についての，理論の一般化が図られなかったのは，奇妙といえば奇妙である。それでもそのような一般論を見出すのは困難でない。証券所有者たちは契約によって，権利と参加を相互間で分配することができる。彼らは仲間のひとりに高次の優先的地位を与え，別のひとりに低次の地位を与えることができる。彼らは同意によって資産のなかにおける権利を，あるいは収益への直接の参加を，分割し制限することができる。それらは証券所有者内の個々の協定をもってすればよいことである。しかし権力が，経営者ないし会社全体のために行動すべき集団に与えられている場合には，暗黙ではあっても明確な前提とされるのは，それらの権力が会社全体のためにのみ用いられるという志向である。一方の参加者が他方の参加者に対立して恩恵をこうむるような目的を容認することは，けっして志向されない。そんなことをすれば，会社全体がおかれた状態の，すべての志向をぶち壊すことになる。個々の参加あるいは種類別の参加のなかにあるさまざまなバリエーションは，権力の行使の違いにもかかわってくるとはいえ，権力それ自体は，全体の目的を遂行するために企図されるのであって，一部の目的遂行や，他の一部の目的破壊のために企図されるものではない。

　この点にかんして会社法は，実質的に，エクイティなるものが，受託者が彼の信託証書に明確な絶対的権力を認められた状態に直面しているときであるよ

---

62) *Laumann v. Lebanon Valley R. R.* 30 Pa. St. 42 (1858); *Petry v. Harwood Elec. Co.*, 280 Pa. 142, 124 Atl. 302 (1924).

うな，そういう段階にある。法律と文言にかんするかぎり，その権力はかつて絶対的であった。受託者は意のままに振る舞うことができた。おそらくは対立する利害のことなど考えずに彼自身と取引することもできたし，信託された資産をおよそ不正な低価格で売却することもできた。だがそうした権力を何の拘束もなしに行使させることは，信託制度の全概念の根底を覆すことになりかねない。昔の融通性を欠いた会社法のもとでは，法の条文が会社行動の行程を注意深く規定しており，権力が行使さるべきでないときはいつでも法令によってその行使能力の認可を取り消すことになっていると，主張することが可能であった。現代の制定法と定款は，そのような解釈を許さない。法律は実質的に受託者にたいして，彼が選ぶいかなる権力の行使をも，最小限の制約のなかで容認している。まさにこの自由が，次のごとき想定を否定する。それは，国家はその制定法を通じてすべての権力がいかに行使されようとも適切に行使されたと考えなければならないということに同意するというものである。したがって裁判所は，実質的にここに述べた結論にたどり着かざるをえなかった。

　すなわち，文言上はいかに絶対的でも，事実としていかなる権力も絶対的でない。すべての権力は不可避的にエクイティ上の制約の対象となるということである。

　この概念のなかでは，会社法は実質的に信託法の一部門になっている。事業の状態は信託状態よりもっと柔軟性を要するものだから，それを適用する諸規則はそれほど厳格なものでない。おそらく権力を行使する人々にたいする動機と高潔の要求も，本質的に同様であろう。相違の程度や評価の配分にかんする正確性の要求も，それぞれの事業が引き起こす必要な見通しに，譲歩しなければならない。だが基本的な要求は，みな同じ線上を歩むものである。

　結論となるのは，必然的に以下のごときである。

　**第一に**，会社権力が行使されるときにはいつでも，その権力の存在が確認され，専門的な細部に及ぶその使用の正しさが確かめられなければならない。だがその使用はまた，あらゆる状態のもとで証券所有者の利益を真に守る結果となるかどうかを見きわめんとする観点をもって，現存する事実に関して判定されるものでもなければならない。

　**第二に**，例えば新株引受権のごとく，明らかに証券所有者の保護に主眼をお

いた規則の多くは，現実には「権利(ライト)」ではなくてエクイティ上の救済(equitable remedy)である。それはその事例の公正(エクイティ)の要請に応じて，用いられ，練り上げられ，また退けられるべきものである。

**第三に**，新たな救済は，裁判所が各訴訟の場で状況に応じて生み出し適用するものでありうる。例えば，事業の目的からすれば配当差止めもやむをえないが公平な処遇の目的からすれば配当が存続されるべきだと考えられる非累積優先株主の権利を保護するために，裁判所が株券ないし代用証券(スクリップ)による配当宣言を要請することもありうる。この点にかんするエクイティ法廷の権力は，さまざまな等級の証券所有者が持つ相対的な参加権を調整し維持するに必要なだけの広がりを有する。

**第四に**，会社の定款に挿入されるいかなる書式も，この基本的な公正面からの統御を否定ないし無効にはできない。そのような行いは，会社自体の方針や性格を否定することになる。

この理論が現存する諸事例から理にかなったものとして導出されたこと，裁判所が会社にかんする訴訟を扱うさいの主要な前提をなすとするのが妥当であることは，疑いのないところである。しかし単なる理論が現実の状況に対応するのではない。困難は理論よりも適応のほうに多くある。この理論を，訴訟にまで至ったほとんどの会社問題に適用することが，専門家と勇気ある裁判所に求められている。この理由のゆえに，上の理論が問題の主要な困難の解決になると楽観することはできない。しかしながらこれは，コモン・ローがその十分に資格能力のある掌中に，事態に対応できるだけの指揮の手段を持っていることを示唆している。その適用の不特定性，および訴訟の巨額の出費と困難とが，株主を依然としてじっさい上の救いのない状況に放置しているのである。法律上はさておき事実においていまのところわれわれは，株主の権利が，一連の関連する法規の効力を強めて得られる可能性よりも，公正(フェア)な取扱いへの期待に多くかかっているという，明白な結論に先祖返りしたのである。

# 第8章　結果としての株主の地位

　以上にみてきたすべてから，現代株式会社の状況下における証券所有者は，一連の当てにならない期待のために，一連の明確な権利を放棄したことが，導き出される。取締役と「支配者」の権力が増大したその結果のすべてとして，ひとりの証券所有者が考慮することができることの数，いい換えれば充たされるべき保証を用意しうる要求の数が，次々に減らされてしまった。
　それゆえ，法律上，株主に残されているのはほとんど，彼と彼のような者たちの利益のために事業を運営する名義上の責務を持った一握りの人間が，実際にこの義務を遵守するであろうという漠たる期待をかける以上のことでない。一握りの人間に何かをせよとかするなとか要求する，そういう特別な地位に，株主はほとんどいないのである。極端な事例にだけ，一握りの彼らの判断が株主たる彼の利益にかなうかどうかにかんする意見の表明をするにすぎない。彼らは——事業全体の利益になるかならないかはともかく——とても彼の利益になりそうもない多くのことをなす権力を，会社定款に基づいて取得してしまったのである。
　結果としてわれわれは，事業を行うための資本がおよそ何万もの個人からの拠出を集めて成り立っていながら，証券を所有する個々人の利益が経営者の支配グループの意思にはっきり従属するという，そんな事態に到達している。取締役会の判断は事業の最良の利益にかなうようになされなければならないとする法の理論は，実のところ，ある特定の場合に個々人の利益が事業全体の経済的な緊急事態のために犠牲にされうるといっているに等しい。どういう状態が緊急事態なのかは，取締役会の判断が事実上すべてだからである。
　この法理は意味深長である。それはかつて，主として政治的な事態との関連

で取り沙汰されてきた。すなわち国を統治する者は，自身の目的に個々人の利害を従属させることができ，そのように行う。彼がそれを行う権力は，アメリカ憲法の権利章典に含まれているような何人も犯すことのできない権利の規定による制約を受けるにせよ，法理はそうなのである。株式会社形態の特質は，それがかつて財産権として知られた経済的な権利を，特有かつ徹底的な度合いでかつまたはるかに限定された目的のために，そのような緊急事態に服せしめているところにある。

　個々人の経済利害を特定集団に服従させる似た例として，本書の著者が比較に値すると考えるのはただひとつ，共産主義の体制に含まれているそれである。共産主義の場合，イデオロギーは違うし共産主義者がやろうとするのはもっと苛烈なことであるけれども，原理は同様と映る。英米法で私有財産として知られてきたものに課する制約として，株式会社のこの発展は，われわれの社会制度のほかの場所に現れている何よりも，共産主義的な様態への大いなる接近を示している。会社の取締役会と共産主義社会の人民委員会が通常の論旨においてかくまで似ているというのは，奇妙なパラドックスである。共産主義者は社会を国家という単位で考える。会社取締役会はそれを企業という単位で考える。この二つの違いが結果における根本的な違いにつながるのだとしても，それでもなお，会社取締役が彼らの集団の利害に個々の株主の利害を従属せしめることは，彼らが私有財産の擁護者として振る舞うのよりずっと共産主義者の発想に近いと，いわざるをえない。

　個人的利害から集団的利害への移行と結び付いた個々人から支配的経営者への権力の移行が，株主たちの地位を大きく変えたために，株主にかんする今日の概念を根底的に見直さなければならなくなった。もともと企業で用いられる財産のなかと財産にたいしてとに明確な権利を有し，かつ企業が挙げる利益にも明確な権利を有していたところの，準パートナーであり経営者であり企業家でもあった株主が，いまではまったく違った身分の者となっている。株主が一連の法的権利を持つことは事実であるが，それは株主が拘束される契約の条文によって，さまざまな程度で(その程度は，株式会社の構造に現代的な装置をどれだけ組み込んでいるかの完成度にかかっている)弱められている。株主の経営への参加権は大幅に奪い取られ「支配者」に帰属するに至った。株主は資

本の単なる提供者となり，しかもその条件は，社債保有者によって習慣的に与えられたり要求されたりしてきたものよりも不明瞭である。株主の地位について考えるときには，彼がもはや社債保有者や貨幣の貸し手と異なる種類のものでない——高度の加除をほどこした意味においてであるが——という現実感覚をもって向き合わなければならない。典型的な社債権者が，企業が行う活動の成否に依存する度を強め企業の財産項目（社債の抵当に設定されているかどうかを問わず）に依存する度を弱めてきている——もはや企業財産は企業が存続しなくなれば無価値同然になりうるし，通常そうなるのである——ことで，社債権者と株主の類似性は強まる。多くの新しい社債契約の形態が変化してきたのと，破産管理，会社更生の実務が発展したこととの両方から，多くの社債保有者はもはや——それでも法的な地位にかんしては株主よりいくぶん強くはあるが——彼の社債の記載条項や原因関係上の債務証書に含まれる約款からうかがえるような絶対的権利を有効に行使できなくなっている。

　法律上の概念ではいまなお，社債保有者を資本の貸し手，株主を企業の準パートナーと認定して間に太い線を引いているが，経済的には両者の地位はひとつのものとして描かれる。その結果，およそ証券を保有する者は誰もが，企業に資金を提供しそこからの見返りを期待している個々人のヒエラルキーと見なされる。彼らのそうした期待は，一応は彼らの法的権利に基づいており，いい換えれば契約上の文言に基づいている。社債保有者は利札による定期的な支払いと，満期になったときの元本の支払いを期待している。優先株主は累積あるいは非累積の配当を期待している。もっともその配当はときに無配や削除に遭遇するが，無配の場合も理論的にはいつか利潤から支払われることになっている。普通株主は会社の利潤のすべてにたいして参加することを期待している。だがそれは，利潤が分配されることが決まり実際に分配されたとき，そして先順位証券への必要な処遇がすんだ後の参加である。

　現実には，社債保有者は，彼の法律上の権利のどれをとっても，利子と元本を実際に手にすることを可能にする法的な機構を持っているわけでない。彼が持っているのは，社債保有者の委員会の機構を通じてできるかぎり期待を充たしてくれるよう経営陣に働きかけうるメカニズムである。だが彼が迫る改組は，めったに社債の建前を実現させることにならない。優先株主はもっと弱い地位

にいるが，彼の場合は契約条件によるか一定の法規則があるかのどちらかで，経営者がやりたがっている何事かを阻止すること——例えば彼がウンというまで普通株配当をやらせないようなこと——ができる。普通株主はもっとも弱い立場である。彼の期待は，普通株主の誰かが配当で何かの優遇を受けるようなことがあるなら彼を含めて全員がその恩恵に与らなければならないという事実，そしてもし経営陣が彼の信認にたいしてあまりに不誠実なときには決起して経営者を更迭するとか法的手続きを踏んで状況を実質的に覆すこともありうるという事実に，細々と頼っている。

　積極的に決起する力以外で，残っている唯一の一般的保護といえるものは，各種の証券所有者にたいする公平な取扱いの妥当な尺度を保証することである。企業は新たな資本を必要とする。それゆえ経営者は，追加資本がすぐに得られる状態を保っていなければならない。われわれはすでに，成長しつつある半ば公的な株式会社がいかに新たな資本に依拠しているかをみてきた。本書の第Ⅰ編において，大株式会社のほうが他の株式会社よりも収益のかなり大きな割合を再投資に向ける傾向があることを検証したが，そうした大企業の再投資部分といえども，彼らの成長の4分の1を供給しえたにすぎない。事業の拡張の大部分はほとんど新しい株式か他の証券の発行をもってまかなわれた。新資本にたいするこの必要性は，支配に携わる者が資本の提供者をたぶらかすことのできる範囲に，きわめてはっきりとした制約を課す。事業を成長させるには，社債保有者，優先株主，普通株主すべての期待をある程度まで満足させなければならない。しかしながらこれがどれだけ適切な保護であるかは，まったく投資家の支配力の及ばない諸要因，すなわち産業の状態やその企業固有の地位や経営者の態度などに，依存している。

　株主から会社内におけるほぼすべての権力を取り去って最後に出てくる結果は，その株主を会社自体の外部にある機関，すなわち公開市場に放り込むことである。ほとんどの証券所有者が，保有する証券への期待の値踏みと，奇妙な矛盾した方法でそれを実現する機会の両方とを，この市場で得ようとする。もともと大きな配当支払いを期待して普通株を持つ株主が，実際に配当支払いがさっぱりないのに，その株価が着実に上がり公開市場の機構を通じての株式の売却で期待にふさわしい現金を手に入れることができるとなれば，彼の期待は

合理的に充たされると見なされる。

　じっさい上，すべての証券保有者が二つの主要な期待を抱いている。一方で彼らは，証券保有期間中，彼らが提供した資本への収益が生じたさいの分配を受け取る——それが市場価値の上昇と結び付いている——ことを期待し望んでいる。もう一方で彼らは，ある時点で資本の提供から個人的に身を引いてその資本を回収できること——会社からの払戻しによるか所持する証券を他人に転売するか（通常は後者）によって——を期待している。回収する資本はそのときどきの事情で増えたり減ったりする。換言すれば，彼らは若干修正された意味だとはいえ，社債保有者がかつて持っていたのと同じような期待を抱いているのである。つまりかつての社債保有者は，債権を有する期間中の利子と満期のさいの元本の支払いを受けることになっていた。だが会社内に先順位から後順位の証券までが出揃って階層化が進むと，見返りを受け取る確実性と時期の明確さが次第にぼやけてくる。資本の解除に伴う払戻しの期日は，会社のいかなる活動にも見あたらなくなり，再販売の手続きに含まれるようになってしまう。

　さらにまた，資本にたいするいわゆる「報酬(リターン)」が，みたところもはや現時点のものであることを要しない。投資家はしばしば，現在の現金配当率が自分の提供した資本額にとても見合うものでなくても，たぶん収益が配当されない分市場価値が高まるだろうと考えて，その辺で満足するのである。現在の報酬に随伴するこの価値上昇は，投下資本への延期された報酬と受け取られる。このことが，後順位証券の所有者をいっそう経営者の意のままの存在にさせる。経営者は蓄積された利潤をこのように企業内に留めおくことができ，後順位証券の所有者にたいしては，価値上昇を実現したければ公開市場に赴くしかないように仕向けるのである。

　市場の必要性は，その大きな部分が，企業によって資本が必要になる時点と投資家が彼の富をそこに向けて投じたいと望む期間とのずれから生ずる。今日では投資の期間が長期的か不確定かあるいはおそらく永続的なものになっていて，したがって大衆投資家は払戻しによる資本の回収を勘定に入れることができない。これと反対に近い将来に企業が清算されるだろうといった期待から株を買うような投資家は，通常の状態のもとではごくわずかしかいない。資本が提供されるという操作は，二つの側面を持っている。企業にたいして資本は，

ある一定の時期にまたおそらくは永久に拠出されなければならない。しかし投資家が必要とするのは，彼の提供した資本への報酬あるいは少なくとも返還——いまはおそらく彼も予見できない時期であろうが——を求めうることである。このギャップは公開市場によって埋められなければならない。この理由のゆえに，現金に転換する期待を即座にかなえる機構のもとでさまざまな期待を値踏みすることが，今日の会社制度の焦点となっているのである。

　現代の金融で認められた機能のひとつは，さもなければ固定化されたはずの富を可動性のものにしたことである。換言すれば，他の方法をもってしては，すぐに交換のために用いるとか，財産を貸し付ける保証として受け取るとかいう目的にかなわないのである。例えば，人はアラスカに数千万ドルの価値がある金鉱を所有していても，彼の財産を貸付の抵当として用いるとか現金や商品と交換するとかいった手段を考えつかなければ，シカゴの路上で飢え死にするかもしれない。金融の全歴史を通じて，どこかにある価値物をどこでも価値物たらしめるように事態を変えようとする，不断の苦闘がみられる。この苦闘は二つの方向を持つ。第一は，財産に対して公認された価値を付与する手法にかかわり，第二は，かかる財産における利益を代表する参加権を作りそれを多少とも広い範囲で売ることができるようにした手段の考案にかかわる。古代ローマの商人がエジプト‐テベレ川間を往来するガレー船に積んだ小麦に割引手形を用いて，航行中の小麦がローマで換金できるようにした時代から，株式証券が金融界にある多くの地点のどこででも現金に換えられる現在に至るまで，価値物の流動化あるいは可動化への需要は，絶えることなく顕現している。

　一般に，流動性を求める財産の単位規模が大きくなるにしたがって，その可動性は減退する。安いか低いかの価格単位は，速やかに簡単に移動できる。単位が高価格になるほど移動の困難が増す。その結果，移動性を確保しようという最初の問題が，価値物を小単位に分割する問題になる。もし財産が不可分な全体でしかなければ，それを物理的に分割することはできない。小麦や砂糖のような商品なら意のままに小単位に区分して少量ずつ販売ができ，世界中どこにでも流れていくが，工場や鉱山のような財産は切り刻むことができず，めったに販売されない。工場や鉱山のような財産を参加権のなかで分割するには，ひとつのメカニズムの創設を要する。つまりそれの管理と全体の内実を小分け

しないまま，それへの参加権が相対的に低い価格で人々の手から手へと移動されるメカニズムである。これが，株式会社という装置のおかげで実現されたのであり，それが「蓄えの持分＝株式証券(share of stock)」の普及を，少なくとも部分的に説明するものである。

　この流動性の増大とともに，これに伴う財産関係全体の変化が生まれた。その変化は二つの特質に起因する。ひとつに，財産にたいするいわゆる所有者(オーナー)の関係が，おのずから移動する。もうひとつには，流動性を作り出す機構——この場合，公開市場——それ自体が価値に影響を与える一連の諸要素を導出する。

　非流動的財産の所有者は，あたかも結婚と同じく，その財産と切っても切れない関係にある。財産が彼の生活の要素となって，行動とその環境の全景に入り込む。もしそれが小さな商店や農場や作業場であるなら，彼はそこに住まい，そこで働き，少なくとも部分的にその周辺で彼の生活を築く。それとともに彼が留守のときに財産を運用してくれる代理人や何らかの人的な機構が考え出される。そうした事々が，社会集団と利害関係，願望，野心，恐れ，懸念等々の基礎になっている。と同時に，責任の資質が常に問われている。無責任，放蕩者，無能力な者でなければ，決定事項を果たさないですますのはけっして容易でない。ある金融業者がいみじくもいったように，「馬が生きていれば飼い主は餌を与えなければならない。馬が死ねば少なくとも土に埋めてやらなければならない」。物理的に所有者はまったく不在であることができない。現場にいるか，あるいは（どんなに遠く離れていても）現場の部下との通信によって意思疎通できるようにしておかなければならない。ある程度まで，非流動財産は，それ自身の不動性によって持主を不動化するのである。

　同時にそのような財産は，その有用性を持続するのに不可欠な所有者の配慮に富んだ活動が必要だという意味で，さらに不動化される。馬に飼料を与え農場を耕す所有者のエネルギーと資力があって初めて，財産が所有者に役立ちうるものとなる。だから財産は，それを役立てようとする所有者による貢献を必要とするかぎりで，不動性を持つ傾向がある。財産が簡単に人の手から手へと移るものなら，財産と所有者との個人的な関係が大した役割を演じるはずがないからである。そんな財産は価値を持続するのに所有者の活動に頼ることができない。したがって，財産を流動的な形態に転じようとするとき第一に求めら

れるのは，その財産をできるだけ所有者に必要でなくすることである。例えばもっとも流動的な形態であるところの現金は，安全に保持するという最少の必要を除いて，何者をも必要としない。かくして財産が流動物になるときには，それは責任から分離されなければならず，かつまた非人格的なものにならなければならない。イアーゴがいうように，財布のごときは「私の所有だったものが，いまはそいつの所有に帰したというだけのことでして，所詮，金は天下の廻り持ち」（シェイクスピア『オセロー』〔福田恆存訳〕）なのである。

　株式会社制度における所有権の経営および支配からの分離は，流動性を確保するためのこの不可避の山越えを成し遂げた。いまでは物的財産に結び付いているのは経営者と「支配者」である。所有者はそれと直接の関係を持たず，それにたいする責任もない。経営陣が多かれ少なかれ永続的な存在となってまるごとの状態にある物的財産を取り仕切る一方，所有権に付随するさまざまな参加の権利は無数の部分──「蓄えの持分」──に分けられ，それが何の責任もなく非人格的な株券として人々の手から手へと移り変わっていく。

　しかしながら，その上に必要なことがある。財産を真に流動化するためには，財産を分割と移動が可能で非人格的なものにするだけでは足りず，分割された財産に納得のいく価値を割り当てる機構が存在しなければならない。蓄えの持分＝株券にはどれだけの「値打ち」があるか。いかに財産の各部分が流動的かつ非人格的であっても，それぞれに価値を割り振る仕組みがなければ，財産は交換されないし信用の基礎として役立つことにもならない。かくして財産の流動性は，市場価格の決定如何となる。そしてそうした価格決定の機構が公開市場なのである。奇妙にみえるかもしれないが，少なくとも株式会社制度のもとでは，じっさいには流動化された財産が市場での価格として表現される一連の交換価値を獲得する。その交換価値なるものは財産それ自身に内在する価値に直接には依存しない，たかだか間接的にしか関係しないものとして現れる。ここに財産の二つの形態が顕現し，一方が他方の上にあり，関連はするが同じにはならない。基底をなすのは物的財産そのもので，それは依然として移動性を持たずにそこに実在し，人間，管理者，運転者の役務を必要としている。これに関連するものとして一揃いの標章（トークン）がある。それは一様に流動化され，人間の手助けがほとんどかまったく必要なく，手から手へと移動し，財産に内在する

価値には部分的にしか依存しない交換のなかでの実際価値あるいは市場価格をまとっている。常態では財産に内在する価値分と認められないような要素が，この標章の価値要因のなかに入ってくる。例えばこの標章には，財産と所有者との間に介在する特定経営者の能力にたいする評価が織り込まれるかもしれない。第一級の経営者は，財産を売ることになったとしてもそれの価値を増大させることなしに，その財産を代表する標章の価値の増加を引き起こすだろう。非力の経営者はそれと反対の結果を招来するだろう。投機的な活動が，この標章に一時的に異常な市場価格を持たせることもある。あるいはその価格が，単に人為的な操作の結果であることもありうる。

　もっともわれわれの目を引くのは，流動性を持つ標章が，純粋かつ単純にその流動性のゆえに価値を獲得するということである。非流動的な形態の財産はひとつの価値を持った富であるが，流動的な標章に代表される財産には，もうひとつ別の価格が付く。その価格は社会の大勢がその財産に流動的な質を求めるのか求めないのかによって，高くもなるし低くもなる。その財産を使って即時にカネを借りられる権利があるか，24時間以内の告示で現金に換えられる能力があるか，そういったこと自体が標章の富の評価につながり，標章の価値を高める。あるいは，大衆の無秩序な動揺や混乱に流動的財産の価値が敏感に反応するそのことで，価値が下落することもある。

　最後に，経営者と彼らが身に付けた法的権力——物的資産にまでたどることのできる権力——の介在を通じ，価値標章が物的な財産から刻々分離されるにつれて，物的財産にたいする「処分権限」(*jus disponendi*)は標章の所有者のものであることをやめる。彼が処分の裁量を許される真の権利は，標章そのものの処分の権利，その標章のゆえに彼に分配される収益にたいする権利，およびそれを売った売上金にたいする権利にほかならない。実のところ彼は，支配権を流動性と交換したのである。かくして蓄えの持分＝株式証券の概念はいま，根底的に変えられなければならないことが明らかである。もはやそれは，投資家の観点からは，何よりも会社が資産として有する基金への比例的な持分，あるいはその結果として会社収益への比例的な参加権だというふうには，みることができない。法律的には，現実資産(少ない程度で)と収益にたいする参加権(はるかに大きな程度で)の両方が，証券所有者の法的権利の尺度だと想定され

ており，その両方から現行の価値にたいする影響が行使されると想定されているのはほんとうである。だが事実を踏まえた概念では，そのような法的な参加や権利が何であるかを説くのであってはならない。証券所有者が配分という形式で充たされることを待っている期待，そうした期待に添うために公開市場がいかなることをなすのか，について説かなければならない。簡単にいうと，証券所有者は公開市場で価値を有するところの紙片を持っているのであり，この紙片の所有者としてそのときどきに，経営者の意のもとで定期的な配分を受け取るのである。彼はその参加権を資産にかんしてではなく，市場の相場のなかで計ることを強いられる。この市場相場が，配分への期待を「無視」もすれば考慮もしてくれるのである。

　この考え方は，通念に添ったものでも，証券所有者の法的概念に添ったものでもない。しかしながら経済的には，この考えを回避することはできないと思われる。もはやほとんど執行されがたい一連の法的権利が，数々のバリヤーがあって個々の証券所有者はとても入っていけない経済活動上の諸要請を設けさせて，投資家個々人には実際上の重要性をほとんど持たすことなしに，企業にとっての適切な法的関係という表象を提供している。ここから派生するさまざまな権利——本書で検討した議決権，新株への優先的引受権のごとき——はすべて，公開市場の評価に影響し，評価のなかに入り込む。そうした権利が公開市場に反映されることを除けば，権利そのものは投資家の利害にさして関係しない。経済的には，さまざまないわゆる「法的権利」や，株主として経営者を思うように導く経済的圧力のごときは，もともとそのなかでもそれ自身としても，個々人が手にしている単なる不確実な期待権にすぎない。公開市場に動員されそこで市民権を与えられ，証券の交換によって秤量されたときに，その不確定の期待権は初めて完全なる価値，測定可能な価値を持つのである。証券所有者が身を入れなければならないこと，またじっさい彼が身を入れるのは，この公開市場における価値に向けてである。彼の思考はそこで色合いが決まってくるし，株式会社の証券制度というものも，大部分がその上に構築される。

# 第Ⅲ編　株式市場における財産
――評価および換金のための証券取引――

## 第1章　公開市場の機能

　公開の証券市場は，今日の制度のなかで，経済的に正体がつかめていないもののひとつである。他の市場もそうであるが，証券市場はようやく最近になって立ち入った経済的考察の焦点をなすようになった。だが純粋に経済的な分析の多くは，いまわれわれが問題にしていることとあまり関係がないし，そのほとんどが明確な結論といえるほどの地点に到達していない。法律も同じように，まだ中心問題にほとんど触れていない。ここでなしうることのすべては，会社の経営者と支配者が将来または現在の証券保有者の経済的な地位にたいして持つ権力をめぐる問題全体に関連させて，重要と思われる論点の大筋の経路を築くことである。だがこの点に関しては，どうしても理論の領域のなかでしょっちゅう脇道に分け入らなければならない。ごくわずかしかない法律上の材料さえ，ほとんど例外なく公開市場の中心的な機能を——その市場が証券の換金を可能にする場所として存在するという認識を除いて——無視しているゆえに，引用するにふさわしい意味を持つことにならないからである[1]。

---

　1) 株式市場にかんする法律は，(仲買業務関連を別として)極端に乏しい。簡単にまとめると以下のようになる。
　　1. 英国においては(またおそらく合衆国でも)その市場は公衆にたいして表示(representation)を行うことのできる媒体である。かくしてイギリスの一判例で，ロンドン証券取引所に証券を上場した一企業が，上場のための申請書に虚偽の表示を行ったものがあった。その後に株式を買ったひとりが，自分は申請書に記載された事実に従ったのだと主張し，その結果，賠償が認められた。財務府裁判所の C. B. Pollock は次のように指摘している。「株式取引所で証券を購入する人々のすべてが，表示がなされる対象となる人々だと考えられなければならない」。*Bedford v. Bagshaw* (Court of Exchequer, 1859, 4H. & M. 538, 29 L. J. Ex/59, 157 English reprint 951)を参照。
　　アメリカの判例ではそこまで行っていない。ただしあるアメリカの株式会社が配当を正

証券市場とは，すべての階梯の総称であるが，根底にある理念はみな同じで，買い手と売り手の出会う場所である。しかしながらじっさいには，そこはそれ以上の場所である。それは常に，ある価格で買おうと思っている買い手とある価格で売ろうと思っている売り手がいる地点なのである。いい換えれば証券市場は，どんなときでも株式がある価格で売りに出され，買い手が提供される株

---

当とするだけの剰余がないのに配当支払いを宣したさい，公開市場での一購入者が，公開市場という媒体を通じて虚偽の表示が流通したということを根拠として取締役に賠償を求めたのにたいして，その主張が認められたことがある。問題になったのはアメリカン・アイス・カンパニーの株式であり，活発に売買されてきたもののようである。以下を参照。*Ottinger v. Bennett*, 144 New York App. Div. 525 (1911)および上訴裁判所 203 New York 554 (1911)における原判決維持。

2. ある種の目的のために，株式取引所は，株式所有者の権利を容易に現金に換えることができる一方法だと認識されている。このことが，他の方法をもってしては不公正だと判ぜられるかもしれない政策を，裁判所に認めさせることを可能にする。

一例として，ある株式会社が財産を売って対価として株式を受け取ったとき，その会社は財産を現金で売却すべきであった，そうでなければ会社財産を会社役員の支配の及ばない所に移したにすぎないという論拠をもって，この取引を無効とすべく訴訟が行われたことがある。裁判所はこの訴訟を却下したが，それは次のような理由に基づく。その財産の代価として受け取った株式は株式取引所で活発に取引されているものであり，したがってそれらはたぶん現金と同じものだと解してかまわない，というのであった。次いで合衆国最高裁判所が，株式会社は別の株式会社に己の財産を手渡すことはできないとの原則を踏まえながらも，以下のように述べた。

「だがこの原則はまた，設定された市場価値を有する株式が会社財産と交換されるときに，その株式を現金にほぼ準ずるものとして扱うべきこと，他の点において妥当である販売は支持されるべきであるという例外を，排除するものではない。これに関して Noyes, *Incorporate Relations*, Sec. 120 および諸判例を挙げうる。われわれはかかる例外の健全性を支持する。他の点において妥当である販売に，現金でなく株式だからという理由で——それを受け取った株主がニューヨークあるいは他の公開市場で彼の会社財産への持分にふさわしい現金とすぐに交換することができるのに——法的効力を認めないことは，法の不作為である」。*Geddes v. Anaconda Copper Mining Co.*, 254 U.S. 590-598 (1921)を参照。

この訴訟における財産売却会社は「アリス・カンパニー」として知られ，それがアナコンダ銅山会社の株と交換したのだった。最高裁はこの訴訟に関連して次のようにいっている。「アナコンダ株に広範な公開の市場があることはもちろん誰もが知っていることである」。つまりこうした言辞は，株式取引所における同株の相場の実態を踏まえてのものだといえる。

サザン・パシフィック鉄道が所有する石油財産を自社から分離しなければならなくなったとき，同社は株主にたいして株券配当を宣してそれを行った。株主たちがその石油財産を引き継いで新設された石油会社の株に払い込む仕方で，それは遂行された。しかしなが

第 1 章 公開市場の機能　271

式をある価格で買う用意があることを想定している。その要件のどちらがなくなっても，市場は存在しない。その過程は持続的でなければならない。つまり買い手がいるけれど売り手がいないとか，売り手がいるけれど買い手がいないとかいう緊急事態が起こることは許されない。

諸階梯の最底辺にあるのは，いわゆる「私 募(プライベート)」市場ないし「メイド」市場

---

らその株を取得するのに株主は 1 株 15 ドルを支払う義務があり，それは事実上，新石油会社の株式への応募権というかたちをとった配当であった。Venner がその差止めを求めて訴訟を起こしたが，その主張するところは，分離された石油財産がサザン・パシフィック鉄道の株主に帰属している以上，その財産を手に入れるのに払込みを義務づけられるいわれはないというのであった。裁判所はこの取引行為を是認し，さらにその見解は巡回控訴裁判所における控訴においても——そこにいかなる加害性も含まれていないという理由で——支持された。もしサザン・パシフィック鉄道の証券所有者が新石油会社の株式を入手するための払込みができないとしても，払い込めば入手できるというその権利がニューヨーク証券取引所で活発に取り引きされているのであるから，払込みをしない株主たちが彼らの財産を失ったことにはならない。そして証券所有者は売却によって何の傷も受けないですむ。裁判所がこれに関連して行った論評は以下のごとくである。

「裁判所は，広く知られた諸事実とまたよく知られている財務状況を，裁判所に顕著なものと認めるにやぶさかでない。われわれは，特定の株式の市場性，それを現金化するさいの相当価値にかんして，裁判所として確知をなす資格を有している。そしてサザン・パシフィック経営陣がとった行動——その株主に彼が所有するサザン株 1 株ごとに 15 ドルを払い込んで新株を 1 株取得するか，あるいは彼が選好するならばその購入権を他人に譲ることのできる権利を与えた行動——の後に，公衆に周知されたそうした権利がニューヨーク証券取引所およびニューヨーク・カーブ取引所において扱われ，広範かつ活発な市場を得ている。もしある株主が，新株を取得する彼の権利を享受することを望まなければ，彼には彼の権利を実現することのできる市場があり，事実上，石油会社に移された資産にたいする彼の比例的な持分を受け取ることができるのである」。*Venner v. Southern Pacific Company*, 279 Federal 832, U.S.C.C. A. 2nd Circuit, 1922.

これとひじょうによく似た状況が，レディング鉄道がその石炭資源の分離命令を受けたさいにも生じた。この事例でも，石炭鉱山の財産を継承する新会社の株式を，レディング鉄道株主に 1 株 2 ドルの払込みによって提供する計画が作成された。主席裁判官 Taft は，これを実質的にレディング鉄道資産の流動化であるとみて，この判例に次のような言を付加する機会を持とうと決した。

「われわれはいまや，こうした上訴がここに持ち込まれている論点にさしかかっている。それはレディング社の資産にたいする普通株主と優先株主それぞれの権利にかかわるものである。この計画のもとでは，彼らのすべてが，与えられた新たな石炭会社の株式に参加する配分の証書を処分する特権が持つ実質価値と，彼らが保有するレディング社株式の 1 株当り 2 ドルあるいはその程度の定められた額を払い込む金額との差額から，利益を得るであろう。かかる差額の存在は，すでにニューヨークの市場

である。これはコンスタントに買い手と売り手を呼び込む単独の投資銀行商会によって維持されている市場である。通常それは，単一種類の証券にかんして存在しており，かくかくの商会「によって証券の市場が「作られる」」というおなじみの言い回しがある。証券は取引所に上場されているのでないが，頻繁に売られ一定の流動性が約束されている。通常は発行のスポンサーである投資銀行商会が，少なくとも一定期間，その販売の責任を引き受ける。

そのような状態の多数が結び付いて「店　頭」（オーバー・ザ・カウンター）市場として知られるものの勃興を促す。

そうして，取引所の出現となる。取引所にも，金融中心地ではない町にできる地方取引所から，合衆国でいえばニューヨーク・カーブ取引所，ニューヨーク証券取引所のごとき巨大市場までの，あらゆる種類がある。こうした取引所の機構はよく理解されており，ここでその機構に入り込んでも，何かの目的に役立つということにはならない。取引所はしっかりした仕組みのものであるほど，そのなかに「自由な」市場がある状態——すなわちある価格での自発的な買い手とある価格での自発的な売り手がおり，また買い手と売り手双方の通常の要求を充たすに足る浮動的な証券の提供がある状態——を確保するために，

---

で売買と相場の対象となっており，11ドルから20ドルの幅で変動している。こうした差額のもとになっている期待は，レディング石炭会社株の額面価格とそれよりはるかに大きい同社財産の実質価値との違いから生じているのかもしれない。この違いは，新石炭会社の利益証書の移転をひとつの販売と呼んだところで，実はそれはレディング社の剰余あるいは資産を同社の株主に分配するのにすぎないことを示している」。

3. 付随的かつ異なる観点からの取り上げられ方も，これまでにあった。例えば，無額面株式が取引所である定まった価格で販売されている事実は，一見して，株式会社が類似する株式をそれより低い価格で売ってはならないという，ひとつの論拠である。*Bodell v. General Gas & Electric Company*, 15 Del. Ch. 119 (Court of Chancery, Delaware 1926)を参照。この訴訟の場合，市場価格が45ドルしていた株式が25ドルで売り出された。しかしながら裁判所は，市場価格は部分的に証券所有者が新株に25ドルで応募しうる「権利」を手に入れた事実から直接生じたものだからという理由で，この行為を支持した。裁判所は，これを銀行家が行う熟達したマーケティング・オペレーションの結果だと看取し，それを会社がある程度まで他の助けなしに自前でやり遂げたことだと解した。

同じく，*Continental Insurance Company v. United States*, 259 U.S. 156 においては，会社がニューヨーク証券取引所に優先株を上場するにあたって，それは定款(certificate of incorporation)に盛られたことに物的解釈を与える強い証拠として行使するのだという，会社の行った声明を了承した。

多くの配慮と努力を怠らない。

　いわゆる「上場要件」あるいは投資銀行家と証券を上場する会社とが請け合う義務とされる事々は，もともと主としてこの目的のために設計されたのである。それが生まれたてのころは，株式に上場資格を与えるに先立ち定められた最低数以上の証券所有者がいることを求めたにすぎなかった。そこから出発して，大規模な取引所における完全なオープン・マーケットのなかでの精巧な安全装置にまで成長してきたのである。その上場要件は，まだ不完全でもっと弱い証券市場で扱われると同じように，積極的により緩やかなものにされていく傾向を持つ。

　これら市場の第一義的な機能のひとつは，最初から，証券を現金に転換する容易性——金融家がいうところの「流動性」——の確保だった。買い手と売り手双方のコンスタントな提供という要件は，ここからきている。この目的はついぞ捨てられたことがなく，いまなお機構全体の支配的動機であり続けている。だが流動性は，それ自体では相対的な用語でしかない。例えばある証券がその富の10分の1の値段であれば[2]，誰でもその値段で買いたくなるという意味で，きわめて流動的でありうる。逆にその富の10倍の値段であれば，誰もその値段で買おうとしないという意味で，まったく非流動的でありうる。あるいはその証券の所有者が——「買占め」などで——売ろうとしない場合も，人為的な理由で非流動的でありうる。

　「流動性」とは，単に価格が理屈を超えて落ち込んだときに誰かが買う気になるようなことではないという，それなりの理論化がなされねばならなかった。一言でいってそれは，自発的な買い手と自発的な売り手の間の意見の妥結をもととする正常な公開市場という評価が，現実に求められるものだということであった。

　評価は必然的に情報のいかんにかかっている。公開市場の観察が価値の判定に向かうときには，そうした判定をなす何らかの材料の用意が不可欠である。私募市場はこれを，非組織的なやり方で，銀行家の市場「メイキング」による証券の内実のさまざまなディスクロージャーを通じて，吟味した。証券取引所

---

　[2] そういうことは例えば現行の配当や利子の資本化に基づいて生じ，そうした配当や利子が増加，減少，停止される可能性とともに適正に修正される。

はそれよりずっと先に進んだ。すべての取引所が，証券の上場にあたっては一定の事実にかんする記載報告を求める。名声度の高い取引所であれば，少なくとも近年は会社による一定量の継続的な開示を要求しており，そうした材料で評価ができるようになっている。非公式に，市場は情報の収集と普及のための巨大な機構を周りに配している。それらが標準的な定期刊行物(プアーズ，ムーディーズ，スタンダード・スタティスティクス)や，より短期の間隔で標準的な金融誌(コマーシャル・アンド・フィナンシャル・クロニクル，アナリスト，ダンズ・レビューなど)，そしてもっと短期の日刊紙の金融欄や金融関連の専門新聞(ウォール・ストリート・ジャーナル，ニューヨーク・コマーシャル)を通じて，さらにまた時々刻々のさまざまなチッカー・サービスを通じても，入手されるのである。それらおよびさらにその他の追加物が，あらゆる種類の事実，統計，物量，意見，情報にかんするホットな言辞を市場に絶え間なく注入し，そのことが取り引きされる証券の価値にかかわってくるし，またかかわると考えられている。当然ながら開示されることの多くが，必ずしも真実と決まっていないし，真実であることの多くが市場にまで到達しない。価値にかかわる最新の全情報がコンスタントに開示されるという理想的状態は，もちろん決して達成できないものである。しかしながら，そこに近づくことはできる。そして情報メカニズムがひじょうに発展して，価値にかかわるいかなる事実もほとんど即座に共通の市場財産になることができるというのは，たしかな真実なのである。

　すべての公開市場で等しく力説され，そして私募市場でもある程度まで看取できるはっきりした命題に，買い手と売り手の間で合意された価格が記録され公衆に知らされるべきだということがある。流動性が求められるならば，昨日の，1時間前の，あるいは10秒前の販売価格がすべて重要なことになる。じっさい，これら記録された価格のそれぞれが，特定証券の特定時における公開市場現金相当量の表明である。もちろんそのような記録が富の評価として正確性を欠くと主張するのは容易である。それは単に難儀に陥った売り手と掘り出し物狙いの買い手との交渉結果であるかもしれないし，あるいは空売りをし買占め連合の相場師によって締め上げられている買い手を反映していることもありうる。しかしながら理論的には，一定期間をへるとそうした状態は自ずか

ら是正され，現在あるところの結果は，この証券をいくらで売るべきかにかんする市場予測のコンセンサスを現しているものと想定されている。であるから，取引所が統御のもとにいる人々による報告されなかった取引を厳重に罰するのをみること，あるいは同様に，何らかの人為的な動きによって証券価格の極度の値下がりや値上がりが生じたとき取引所が大いにかき乱される傾向があるのをみることは，驚くにあたらない。しかしながら取引所は，もはや「自由な」市場ではないというのでないかぎり——すなわち一方に証券を喜んで手放そうという売り手がたくさんおり，他方に信義誠実な応募がなされる状態がなくなったのでないかぎり——現存する倫理のシステムに介入を求められているとは感じないのである。自由な市場がなくなった状態に対処する機構を，株式取引所は備えていない。理論的には，何ほどかの富を帯びた証券が，十分に広く分散し十分に知られているなら，誰かがそれを買う用意をしているはずだということに尽きる。最近の歴史では，誰一人として証券に応募する気配のない状態がじっさいに生じた場合(1929年11月のパニック市場，1930年12月と1932年1月の社債市場)にのみ，非公式の「銀行家コンソーシアム」が乗り出して買い注文を提供した。それと同時に，一時的に買い手が現れない類いの一定の証券に人々の買いの意欲を促すよう，説得を企てた。

これと逆の状況——例えば空売りをした者が契約履行のため証券を購入しようとしてもこの不運の者が相手にする人物か団体がすべての株を押さえているような状況——にたいしては，取引所の機構は公式の扱いを開発してきている。その第一の段階は，取引所会員すべて——とくにブローカー——に，問題となっている証券にかんする彼ら自身と彼らの顧客とのかかわり具合を開示する要請である。これは誰が買持ち(ロング)で誰が品不足(ショート)か，それがどれほどの量か，誰が株の供給を抑えているか，等を示すことになる。そのような情報から，「自由市場」を維持するに足る証券の供給があるのかないのかが，はっきりする。自由市場の存在がたしかであれば，取引所当局はそれ以上に口を出さない。たとえ株式の所有者が相手に不当なまで高い値を要求するとしても，取引の結果が売り手が与えた証券価値の評価と買い手たらんとする者の評価との真実の相違を示していることが彼らに十分明らかであるかぎり，問題にはされない。だが実際に「自由市場」がないという見解，株式保有者の吹きかけた価格がたしかに不運

の「品不足」者にたいする恐喝のごときものだという見解を当局が持てば，彼らはその株式を取引所の上場リストから外し，自ら状況に照らして公正と考える価格をもってすべての売買契約を遂行するよう，命ずることがありうる。

　上に挙げた状況はどちらも異常かつ例外的なもので，相対的に長い間隔をおいて発生するにすぎない。前者の事例はパニックに類するような状況，後者は「買占め」に相当する。しかしながらこの両者の中間帯に，たしかにどちらかにぶれる趨勢の余地がある。人為的な操作で証券価格が暴落したり暴騰したりすることは，両方とも完全にありうるし，じっさい頻繁に起こっていることである。だが理論上それらは，相場操り師による状況の創造に向けさせ，その状況のなかでかなりの数の人々がじっさい，彼らの行動と別にあるべき真性の評価よりもかなり高いか，ないし低いかの値がついていると信じているということなのである。そして証券市場を統御している人々は，そういう気持をもって取引している人々の心の状態まで規制しようとは，けっして考えない。結果が自由な動きのなかで生じたものなら，それで彼らの役割は果たされたとみるのである。

　パニックと買占めのどちらにも帰属しない市場操作で，取引所が認定しうる，そしてとくにニューヨーク証券取引所が扱おうとしつつあるところの，もうひとつの型がある。それは会社自身の行動によって，証券の真の評価を曖昧にしたり阻害したりさせるような操作である。ニューヨーク取引所の活動が，そうした状況にあらゆる注意を払ってきたということはできない。そこに出てくる問題を扱うことのはなはだしい困難に照らして，取引所にそれを全部やれというのはほとんど不可能である。株式取引価格のように敏感な反応性を持った分野では，最大級の警戒が持続されなければならず，そのことで取引所が達成した成果は，わが国の金融制度全体のなかでももっとも前途有望なものに属する。年毎に取引所はさまざまな規則を生み出し，常にその視野を広げてきており，そのすべてが，真実の市場評価が得られない事態を克服せんと志向している。

　かくして，取引所は，資本構成に変化を起こす際の即座の報告を，強く要請している。配当が決せられたときには，ただちにその報告がなされなければならない。株式の分割あるいは株式による配当が宣せられるときにも，公式の決定と同時にすぐそれが報告されなければならない。もっとみえにくいが明らか

に重要であるその他の面にも，取引所は立ち入る。会社が定期の配当(例えば4半期2％といった)を宣した場合でも，その配当が収益をじっさいに資本勘定に移して行うものでなければ，当局が会社にそれを認めることを拒絶する。これは明らかに，収益がとうていつり合わないような配当を株式にたいして行うのを防ぐという論拠からである。1916年以降，今後証券の上場を続ける会社には，4半期ごとの収益報告書と貸借対照表が求められることになった。投資信託の場合はそれにとどまらず，保有する有価証券一覧表(ポートフォリオ)の開示が求められる。この趨勢はコンスタントに幅を広げつつあり，いっそう全面的かつ速やかな情報開示への道が開けてきている。公開市場が事実を十分に知って株式の評価を行える方向に導き，そうした目的のために市場が適切だと考える評価の標準的な手法が適用されるようになってきている。

　もともとは証券の流動性を確保するために考案され，そこから買い手と売り手の行為および自由な市場を通じて公開市場の評価を可能にする装置となった証券市場のメカニズムから，まったく異なる機能が展開してきている。証券市場は，ただ市場を浮動する証券の提供にかんしてその価値の物差しになるだけでなく，全土に及ぶとほうもなく多くの不動的な保有物にかんしての物差しとしても働く。この価値の尺度機能が，流動性と相まって，証券を信用または交換の基礎に仕立て上げ，同時に信用，交換目的の貨幣価値を測定するのである。オハイオ州アクロンに住むひとりの株式所有者が，ニューヨークで時価110ドルしている株式を抵当にして，彼も貸し手も(アクシデントがあれば別だが)その株式を売却する気などはまったくないまま，1株当り80ドル借りるといったことができる。もしニューヨークでその株式の相場が110ドルから50ドルに下落すると，銀行家は自分の貸付が安全でなくなったと感じ，貸付の返済かあるいは追加的担保による保証を求める。イリノイ州ピオリアの小事業主が，ニューヨーク取引所で時価250の株式500株を有し，自分でもそこそこ裕福だと感じながら，肉屋，パン屋，燭台メーカー，地元の百貨店などからツケで買物をしている。理論上は彼がうまくいっていることになる。だがその株価が100にまで落ちると，彼はもはやそれを続けうるとは考えない。彼は自分の生活の標準を変え，前と同じほどの信用買いをしようとしないし，またできもしない。

このような状況の正確な発生範囲を確かめられそうな方法というものは，現存していない。たかだかたしかな見込みとしていえそうなのは，それがときどきに想定されるほどまでには及ばないということ，しかし1929年11月の騒動まで信じられたよりは広がりがあるということである。市場の相場を信頼して証券に付けられた価値がしょせんは「紙片」にすぎず，おそらくそれに何かたいへんな重要性を持たせて投資さるべきものでないというのは真実であるが，にもかかわらずそれらの紙片は直接，間接に多くの人々の計算に入り込み，結果として社会の経済常態に広範な影響を及ぼしている。社会は証券市場が提供する物差しで測ること，そしてそこで示された価格かそれに近い現金とその証券が交換できると想定することを，学びとってきたのである。
　結果は，信用拡大の基礎がそこに構築され，あるいはその基礎が，多かれ少なかれ市場機構への信頼を増強したことである。市場の機構が順調に働き，真の公開市場評価を提供するかぎり，おそらくこの機構は十分に安全である。もちろん事業の状況は変化しており，その変化はときに急速であるが，しかし通常は証券の市場価格の変化の速度よりは小さい。証券価格の変動は，もし厳密に正しい評価が下されれば，根本にある会社業績の変化に応じた実質的な変化はあるにせよ，相対的にもっと緩やかになっているはずである。1929年10月30日から1929年11月15日までに，この間起こった証券価格の大変動に匹敵する事業内容の突然の変動があったと主張する者はいない。そんな変動はもっと前から起こっていたのかもしれないし，あるいは証券価格の暴落自体が事業内容の変化を招来したということもあるだろう。押さえるべきは，この両方の変化が必ずしも同時的，同程度でなかったことである。最初の時点で公開市場での評価が高すぎたということもありうる。そして証券価格の変動は，産業の状態のじっさい的な変化に対応したじっさい的な評価というよりも，その間における証券市場での不確実な評価の揺れを現していた。それでもその効果は，信用あるいは交換の基礎としての特定証券価値をいちじるしく減額させた。結果はひとつの貯蓄銀行が破綻するとき起こるのに似たようなものとなった。
　以上から，証券市場は三つの機能を獲得したと総括することができる。
　第一は，買い手と売り手の絶え間ない流れを一カ所に集めて，彼らが集い交換を行う場所と便宜を維持する機能である。これは「自由市場」の維持という

ことにかかわる。

　第二は，証券市場が富の継続的な尺度機能を提供し，取引所で成立した市場価格を大まかに基礎とする数値で，全国いかなる場所でもその証券を信用と交換の基礎たらしめるということである。これは評価の基礎となる適切な情報の提供という効用を含んでいる。

　第三に，これらの市場は，投資家が他に資本を転用するか自分の個人的出費に充てるかの目的で彼の資本を引き揚げることができる唯一の現実の手段をもたらす。市場は支払い係の窓口である。支払いうる額は日々変わるであろうが，ほかには実質的にいかなる金額をも保証してくれる窓口はない。あるいは少なくとも他のすべての窓口はこの市場の存在を前提にして成り立っている。つまり証券市場が，証券に流動性を付与する機能を果たしているのである。

　これら諸要因が結び合ってわが国の経済に深く浸透しているのであるから，その重要性はいくら高く評価しても高すぎることにならない。資産流動性(リクイディティ)にかんする経済法(もしあるとして)は，さらにまたこの分野における経験でさえも，これまで十分に考究されたことがない。今日の経済にはそのことが，重大かつ緊切の問題として残っているのである。

# 第2章　新規証券の募集と銀行家の情報開示

　新規証券の募集(flotation)とは，証券が公開市場に導入される過程を指す。
　この過程は，銀行家あるいは会社自身(通常は銀行家である)が提供する証券についての概略を記した，一般に「仲買人案内状」(brokers' circular)と呼ばれる文書を発行するところから始まる。この呼び名は，文書が一般に証券の仲買人(ブローカー)と外交員(セールスマン)の間に広く配布される折り広告やチラシに載る事実からきている。同時にふつう，この案内文やそこからの抜粋が主要な金融雑誌にも掲載される。
　名目上，新規証券の募集には特定された期日がある。その日に案内文が紙に印刷して公表される。じっさいにはあらかじめ，大口の買い手になりそうな人々や販売の後ろ盾になってくれそうな人々に，発起銀行家から準備段階のデッサンや事前の印刷物が渡されている公算が大きい。それらは理論上，機密文書である。
　案内状は，現存している証券およびいまもう売る段取りに入った証券について作成されることもあるが，ふだんかつ頻繁には，これから発行されようという証券に関連している。その場合には「いつ，どのように，どんな条件で」売り出されるかが記され，注文はいまできるが払込みは証券の提供と引換えに行われることを伝えるだけである。だがときに，証券はまだ存在していないが「仮受証」(interim receipt)が交付されるということがある。これは本証券がまだ作成中なのに公開市場に出て本証券と同じように取り引きされることをもくろんで発行される(とくに社債発行にさいしてそういう目的で用いられる)。仮受証は実際上も法律上の効力も本証券とまったく違うが，通常は比較的短期間で証券そのものに取り替えられるので，仮受証の効果は本証券が作成されある

いは買い手にそれが手渡されるまで待たなくても取引ができる仕組みにすぎない。市場の目的からすれば，それらは証券そのものと見なしてよい[1]。

　仲買人案内状は，証券市場の初期の歴史のなかでは，もっとも重要な文書と見なされる。それは二重の機能を果たす。それは証券の買い手を惹きつけるために書かれた趣意書である。と同時に，市場が証券の評価をなすことを予期して銀行家が行う情報の開示でもある。徐々にわかるように，公開市場における証券の全行程を通じて価値評価とそれの修正が繰り返されて行くもとになる，情報資料の長い列の真っ先に出てくるものである。そしておそらく，続いて市場に出される情報群の各々に比しても重要度が高い。なぜならそれが，証券の正確な評価をなしうる諸事実を，当該企業と銀行家あるいは発起人集団だけが握っている時点に出てくるからである。

　それゆえ，市場における証券の経歴にとってはまだ暫定的であるこの局面を，二つの面から考える必要がある。一つは，銀行家の情報開示と，そこに書かれた説明を信用して証券を購入することになる買い手との関係である。二つ目は，銀行家の情報開示と，仲買人案内状そのものに直接頼るのでなく市場での評価をもとに公開市場で買うのだが，その市場評価が銀行家の情報開示に依拠している，そういう人々との関係である。

　一つ目の，**銀行家の情報開示と証券購入者の関係**。仲買人案内状は通常，銀行家と証券を発行しようという会社の役員とで共同制作される。そして銀行家とその法律顧問団が立案に指導的役割を果たすのがふつうである。慣行的に銀行家とその弁護士の事務所で起草され，補訂のために会社の役員室に回される。できるだけよい印象を与える，市場での適切な効果を演出する，売出しに関係するすべての人の責任をできるだけ軽減する，といったことを配慮しながら，的確さの見地から何度も書き直される。仲買人案内状には多くのタイプがあるが，大まかには三つに区分することができる。

　第一のタイプは，全面情報開示（フル）と呼びうるものである。そこには，会社名，新しく提供される証券の特定，会社組織の資本構成等を含む全般的な財務計画，

---

1) Berle, *Cases and Materials in the Law of Corporation Finance* (Chicago 1930) pp. 737-750 を参照。

会社資産，会社の収益にかんする多少とも総合的な歴史，などが盛り込まれている。さらにその証券発行から得られる資金の使用目的（それは通常「かくかくの財産の購入とその他の会社目的に充てるため」といったごく曖昧なものであるが），おそらく経営陣や取締役会まで含めての事業会社の範囲，証券の価格，そしてもっとも重要なこととして引受銀行の署名が付される。もちろん情報の完璧度はさまざまであるが，ともあれこのタイプで真に目指しているのは，会社の活動と全般計画におけるこの発行の位置づけとの全容を示すことである。

第二のタイプは，第一に似ているが第一ほどに会社の全史を与えるのでなく，情報開示を，提供される証券の位置に限定して行おうとするものである。これは優先特権付証券によくみられるもので，目的はただ，その証券が会社資産と収益の両方によって十分に保護されているのを示すことにある。理論的には明らかにここで，後順位の証券は買い手に関心が薄いことが前提されているのであるが，この想定にはそれなりの真実性があるとはいえ，おそらく一般に信じられているほど真実であるわけではない。このタイプの使用は，鉄道金融とりわけその優先特権付抵当債券，設備信託証券その他類似する証券に関連して，もっとも頻繁に用いられているようである。

第三のタイプでは，提供される証券に付される特定の権利以外にはほとんど何も開示されない。公益事業会社が複合的な証券発行を行うさいに，この簡略形式の手法がしばしば用いられている。それは説得性のあるものでないから，すでに市場でよく知られている会社だけが採りうる手法である。

これから株式を公開して市場に乗り出そうという会社の最初の発行の場合には，第一のタイプがほとんど不可避である。それにたいして第二のタイプは，会社の実績がよく知られるようになるにつれ，発行の成功度合の高まりとともに用いられるようになる。

証券購入者にたいする銀行の情報開示に影響を及ぼしている法的規則は，おのずから二つの主要な範疇に分かれる。ひとつは銀行家がそこで果たすべき責任の問題である。もうひとつは会社の責任に関連する。素人にはとても容認しがたくみえるある種の複雑さが，法にまつわりついている。技術的にみえようとも，その複雑さについてここで考えてみなくてはならない。それは不実表示（false representation）の責任にかんする法の扉を開けることを通じて，もっと

も容易に入って行けそうである。

　法律では，ある人が，虚偽が事実である表示をなし，それが虚偽であることを彼が知っており，相手方にそれに基づいた行動をさせようと意図し，相手方がそのように行動して損害をこうむった場合，そこから生じた損害にたいして責任を負う。これはしばしば「詐欺」(deceit)の行為として知られる。銀行家の案内状が世に出て証券を購入するひとりの買い手の手に渡るとき，その案内状が買い手の行動を誘発しようとして作成されていること，そして買い手が証券を購入するときに案内状を信用してそれを行っていることは，疑う余地がない。ところがその後に株価が下がって，損害が明白かつ確証しうるものとなったとしよう。そこで先に挙げた詐欺の第一次的な三要素――その表示が彼によってなされたか，それは虚偽であったか，それが虚偽であることを彼が知っていたか――に基づいて，銀行の責任が問われる。この三要素の問いのどれもが，一見して答えられるほど単純でない。この問いには，この表示が「事実」のこととしてなされたのかどうかという問題もある。というのは，もしそれが「意見」の表示であったり，あるいは将来になされる何事かにかんしての表示であったなら，法律は通常そのようなことでの責任を問わないからである。そうした問いにたいする答えは，「詐欺」にたいする法律上の責任をきわめて制約的なものにする。有能な法律家はふつう，この種の活動を詐欺の法的責任の問題として取り上げない。代わりに彼は，後に述べる「合意解除」(rescission)を持ち出すのであるが，とりあえずここでは，「詐欺」からの技術的な救済に限定して話を進めていこう。

　最初の問いは，この表示がすべて銀行家によってなされたのかどうかである。銀行はだんだんと，自分が先頭に立って文書を作成するような立場を避けようとするようになってきている。仲買人案内状のなかに「同社社長であるジョン・スミス氏がわれわれに宛てた文書は大要次のごとくである」といった表現がふつうにみられるのは，この理由からにほかならない。案内状を会社による銀行家への表示という形態に変えようとする意向の表れなのである。このことが認められれば，銀行家の責任は取り除かれ，すべての責任が会社自身に課せられることになる。リーガル・マインドを持たざる者が案内状作成時に銀行のオフィスで行われている内部作業をちらりとでもみていれば，ただちにこれを

技術的な遮蔽として退けたであろう。案内状に要記されている会社社長から銀行に宛てた文書なるものが，銀行が行った調査に基づく確信の上に銀行家によって書かれ，銀行の法律顧問が形をまとめあげ，社長の署名を求めて送り付けられるということは，けっして稀でないのである。さらには，銀行の会社にたいする緊密な関係からして，責任ということでは両者をほぼ連帯させることができる事実も，指摘するに困難でない。そのことが法律家にはそう簡単でないのだが，それでも不実の記載の責任を単に誰かほかの者の権限のせいだとして免れることができないという，十分に容認されている法理がある。しかしながら銀行家は，通常，この案内状に記されていることはすべて信頼するに足る証拠から作成したものであるとはいえ銀行が保証するものではないとか，あるいは銀行による表示ととられないことを期待した趣旨の表現を付して，この案内状を閉じることで，自己の責任を限定しようと試みる。この分野での老舗であるJ. P. モルガン商会は，次第にそうした策を弄することをやめ，作成された文書に全面的な責任をとる姿勢を示すようになっている。これは金融上の最善の実務であるにとどまらず，他の銀行家が用いている留保や「免責」文言(hedge clause)の効力を失わせる可能性が高いことは，疑いえない。会社が文書を作成した場合でも，銀行がそれを復唱して人に伝えれば責任が発生する。そこからさらに，今日の裁判所はおそらく，銀行家は会社の過去と実務への十分に慎重な吟味を求める，案内状が通常そうした銀行の調査の結果を示す，情報はいずれにせよ銀行がもたらすものだと想定される，といった事実を，裁判所に顕著なものと認める(take judicial notice)であろう。

　法律家の観点から生まれる次の問題は，表示が不実であることを銀行家が知っていたかどうかである。それは銀行家の心の状態を解明することになるから，常に証明するに困難な問題である。しかしながら法律はこの過酷な要件を，不注意になされた見解は不実を知ってなされた見解と同等である，あるいはまた，知らないのに知っているかのごとくに断言したのは銀行家が自ら話したこと——ほんらい誤れる表示——を知っていた表示となる，と扱うことで，いくぶんなりとも緩和している。一番はっきりしない境界領域は，仲買人案内状に設定されていることで，銀行家がそれを真実だと信じていたとしてもほんとうに慎重に注意を払えば不実性が見抜けたはずだという場合である。ニューヨーク

州における法理では，案内状の発行者は表示についてそれが不実であることをじっさいに知っていたはずであるとし，単に不注意だったとしての責任を問うてはいない[2]。これは法律上もそうであろう。もっとも，初期のいくつかの訴訟で一時期，別の理論が持ち出されたこともある。現在のところ，詐欺の解釈にかんするかぎり，銀行家は知らなかったという理由で責任を免れることになると思われるし，証券購買者が，銀行家さえちゃんと注意を払えば案内状に間違った表示があることを知りえたはずだという事実を指摘することはできないようになっていると思われる。

なお問いが残る。事実の表示とは何であろうか。この点にかんして裁判所は，案内状における専門的表現を拡張してとらえる傾向にある。「同証券はニューヨーク証券取引所への上場申請を予定している」といった表示は，将来に起こりうる出来事にかんしてのことであって，現在の事実を表示したものとはいえない。それでも，会社が取引所に証券を上場しようという意思があったこと，状況はそれが可能だと思わせるものだったことの両方から[3]，十分な表示として受け取られる。だから実は会社は上場の意思などなかったこと，いかんせん上場などできるはずがなかったことの両方が明らかになったとき，証券購買者は虚偽が語られたという専門的な解釈に基づいて回復が認められた。この規則はたぶん，他の表示にまで拡張される。例えば「この資金調達によって当社の財務構造がかくかくになるであろう」といったおなじみの表示は，事態がすでにそのように整っており，証券発行が完了したら会社の構造は与えられた記述の通りになるという表示として，受け取られる可能性が十分にある。

だがこの分野では，価格にかんする重大な問いを発しなければならない。ある意味ではどんな開示も，完全なものあるいは正確なものでありえない。というのは予想できることとできないことがすべてひとつの画像に結び合わされ，全体を正確な表現でまとめることができないからである。重要なことと重要でないこと，明白なことと曖昧なこと，立証できることとできないこと等々，すべての事実にたいする推定が，銀行が自分で行った証券価値の評価に合体しており，もちろんそれが，銀行の提示する証券価格として具現している。その価

---

[2] *Reno v. Bull*, 226 N.Y. 546 (1919).
[3] *Seneca Wire & Mfg. Co. v. A. B. Leach & Co.*, 247 N.Y. 1 (1928).

格を価値の表示といいうるであろうか。もし銀行家が株式を1株100ドルで提供したとして，それがじっさいはその日の市場標準で評価した場合にもっと価値の低いものだったとすれば，銀行家は人を欺く意図をもって嘘をいったのであろうか。このことにかんして法は未だ形成過程である。それでもできあがった暁には，この点で銀行家に一定の責務を負わせるものとなるだろうと信ずるに足る若干の理由がある。法は常に，売られた品物の価値にかんする専門家と見なされる者による販売と，単なる門外漢による販売とを区別してきた。だからひとりの通行人が宝石を拾いそれをダイヤモンドだとして1000ドルで売ったとしても，彼が宝石について特別の知識のない男だとすれば，それの価値を知ってそれだけの値段を表示したとは見なされない。だがティファニーが同じことをやったら，おそらく違う規則のもとで裁定されることになる。宝石店を営み宝石の専門家であるティファニーがそれをダイヤモンドとして1000ドルで売ったということは，少なくとも彼がそれはダイヤモンドであるかどうか，その価値が提示した値に近いものであるかどうかを知っての上で表示したと，想定されるのである。銀行家は証券の専門家でありおそらく提供する証券にかんしても専門家のはずである。その点では宝石の門外漢よりもティファニーのほうにずっと近い。最近の少なくともひとつの訴訟において，この価格ならば十分よい投資になると勧めたある証券シンジケートが，その証券が価格に相応すると表示した事実，そしてそれが虚偽であったとわかった事実をもって，購買者からの訴えを引き起こしているのである。

　この種のトラブルはむろん，「相応する富」の規定の困難に起因する。市場が激しく動いているときには，証券はもっと平穏な時期に下される健全な判定よりずっと高い値打ちで公衆に評価されるかもしれない。銀行家は，投機的な狂乱市場での標準に誘導され，それに相応した評価をなすのであろうか。それとも銀行内部の専門スタッフが行ったもっとまともな経済判断に，あくまでとどまらなければならないのか。もし前者であれば，銀行家はこの一時的な馬鹿騒ぎを意識的に活用できる可能性がある。後者であれば，銀行家によって100ドルで提供された証券が翌日150ドルで取り引きされて，銀行家の倫理観が自分で受け取ることを許さなかった利益が，ほかの者の懐に入ることになる。これはやさしい問題でない。そして裁判所がいかなる訴訟においても，銀行がそ

のときの市場の評価で世間一般より高度な判断水準に立っているとみるとは，とても考えられない。金融的な観点だけからすれば，銀行家の判断で市場が証券の値を過度に高く支払っているときそれを売り出せば，そこに銀行家の優位が実現される。だがその後の市場価格の下落が，銀行の顧客に損害を与えるとともに銀行自身の名声を傷つけるとすれば，そちらのリスクのほうが上の取引で得た利潤より大きくなる可能性もある。法が決着をつけられないギャップを埋めるのに，銀行家の利己心は頼りとなりえないのである。

　われわれは，詐欺の訴訟を扱ってきた。不幸にしてこの訴訟は，原告にとって，銀行側はこれが虚偽だと知っていたことを証明せよと要求されることで，ひじょうに難しいものとなる。そこで法は「合意解除」(rescission)として知られる，より容易な救済策を編み出した。これは証券の買い手が売り手に証券を戻して，代金の返還を請求するという法理である。エクイティ裁判の訴訟手続きを継承したこの訴訟は，もともとかなり広範な許容範囲を持っている。そのことがそこに重要なひとつの制約を設けさせている。この手段による救済を求める者は，その証券についての虚偽の言辞で案内を行った当の本人からじっさいに購入したのでなければならない。この点は，詐欺の訴訟であれば第二，第三，第四の買い手によっても訴えを起こせるのと違っている。買い手は，事実の誤れる表示に基づいて証券を買った者でなければならない。それが誤れる表示であることを発見した彼は，売買契約を取り消して両者が契約以前の状態に復帰することを要求せねばならない。悪意でなされたものでなくても，表示が虚偽であればそれで十分である。さらにまた重要な事実の隠蔽あるいは非開示も，この訴訟を許す。そして買い手が誤れる表示を信用したことだけで十分であり，その表示が彼の買った相手以外の誰かによってなされたかどうかは問題でない。

　ここには，銀行家が誠実に真実だと信じた事実が結局は真実でないとわかったような場合の保護はない。このことは，銀行家が合理的な配慮をすればその虚偽性を見破れたかもしれないような場合，とくにそうである。同じく，事態にかんする事実資料の開示の不履行という，もっとはるかに難しい状況が，救済の根拠を与える。銀行による顧客の販売にだけ合意解除ができて，銀行が当初の証券の処分が終わった後の公開市場での販売ではそれができないというふ

うに，この責任の強制力には制限があるが，にもかかわらず制限がありつつも，じっさいの誤報にたいしては──隠蔽にたいしてではないが──かなり有効な抑制力にはなっている。著者たちの見解は，一般的にいって仲買人案内状に盛られた供述は総じて真実だということである。それは必ずしもすべての事実が明らかにされているという意味ではない。記載されていない事柄が記載されていることよりずっと重要だということもありうるのである。

境界領域というべきいくつかの困難な分野がある。裁判にまでは行き着かなかったひとつの事例では，ある会社の株式が売りに出され，そして過去の収益の推移が与えられた。その収益はたしかに過去数年は良好だったし，株が提供された年の前半6カ月も良好だった。だがその年の後半6カ月に収益が激減していた事実は開示されなかった。年はまだ終わっていないのだから，ふつう購買者はこの事実の開示を期待していなかっただろう。しかし発起人集団は案内状に盛られた構図がまったくの虚偽であることを認識していたはずである。たしかに真実が書かれていた。だが状況にかんする決定的な要因が抜け落ちていた。これは合意解除を認めるに足る非開示だといえるであろうか。

さらにまた，「平均」の使い方も，第一級の重要性を持つ潜在的な背徳行為の隠蔽に役立つ。例えば「過去5年間の平均所得は」かくかくの陳述が，所得の一貫した減退の事実を隠すことがありうる。最上級の会計士ならそういう陳述にお墨付きを与えるのを拒絶するし，名声を重んじる銀行家も一般にそういう表現を是認しない。こういう手法を用いることが近年ずっと減ってきたのは，会計士の影響によるところが大きい。それでもこのやり方は，法がこの事態の確知をしなくてよいのかという問いを十分生ぜしめるほどには，用いられているのである。

合意解除の権利をこの種の改ざんがあった場合にまで広げるのは，今後かなりありそうなことである。多くの事態が，はっきりした詐欺行為を立証するに足るほどの虚偽の表示を形成するかどうかは明らかでない。だが常に忘れてはならないのは，合意解除の扱いにおいて原告は，売り手が買い手の購入物の性格にかんし買い手の心中に誤信を生ぜしむるに足る画像を供したことを指摘して初めて，訴訟が成立するということである。合意解除権を取り扱う裁判所の許容度が次第に広がってきていることは，情報開示にあたって銀行家に精度に

たいする気配りをさせる法律的な面からの主要な刺激となっている。

　会計士の業務はこの点で——むろん他の点でもそうだが——市場における証券の経歴に大きな役割を演ずる。銀行家が記載にあたって会計士の報告書に頼るのは通常のことであり、会計士の誠実性とその手法の健全性は投資大衆と市場全体にたいする最大の単一保護手段である。しかし会計の諸規則はいまのところまだ——会社の財務にかんする法の発展がほとんど不可避的に、よい会計実務というものにたいする法の是認を作ってきていることは明らかではあるけれども——この分野で十分に認められた法の規則ではない。実のところ、法が会計基準を認めることができないでいるのは、たぶんに会計士の間における合意形成の欠如に由来する。それでも年とともに一定の教義が練り上げられつつあり、やがてそれらが会計実務の基準の大系に結実し、究極には法となるであろう道がみえてきている[4]。一般的に問題は、事態をできるだけ正確に描出する会計の手法を確定することを中心に展開している。

　ひとつの見取り図を挙げよう。異常な利潤の見せかけを作る目的で行う会計操作の可能性を、われわれは以下のような方法のうちにみている。

　　(1)在庫商品価値の操作。証券発行日まで在庫価値の見積もりをじりじり上げていく(これは長年かけて人を欺く計画であることを含意する)か、発行の時点だけ価値を吊り上げるかの操作である。後者がふつうであるが、こちらのほうが隠すのが難しい。利潤率の突然の上昇は、警戒して検討する者を生むだろうからである。上記のことはよく知られている。

　　(2)会社再建に際しての財産の再評価で、減価償却の対象にする機械や建物を大幅に増やした場合、前年までの利潤が再建以前の低価格評価に基づいた低い減価償却に向けられたことを指摘されるのは——再建後は高く価値表示した資産にたいして減価償却の引当てをしなければならない——けっして稀でない。

　　州認可の公共会計士が行っている最良の実務は、もし修正された資産価値が基礎になっていたら課したはずであった減価償却額を示すように前年までの会計を修正するか、あるいはもし依頼した顧客がそれを拒むならば、前年までの利潤が以前の資産価値評価に基づいて減価償却に振り向けられたことを、明示することである。不幸にしてこれは常になされてはおらず、低い償却率が何のコメントもなしに再掲されている。

　　(3)社債が株式または株式購入権証書(ワラント)と一緒に発行されることで、社債には低い利率を付しながら、株式やワラントが売り手に社債の消化を助けるのに用いられる。最

---

[4] Berle and Fisher (F. S., Jr.), "Elements of the Law of Business Accounting" (1932) 32 *Columbia Law Review* 573 を参照。

近の事例でいうと，ある会社がごく安く普通株を買えるワラント付で $4\frac{1}{2}$%利付の社債を発行した。通常は $6\frac{1}{2}$%はするはずの利率が損益勘定に $4\frac{1}{2}$%と記載された。株式が当然，安すぎる価格で売られることになり，会社はこの株式にたいする責任をじっさいに受け取った額だけ引き受けるのである。これはまったくふつうのことであるが，ここに挙げた例ほどいつでも徹底してひどいわけではない。社債と交換に何が受け取られるか，権利や株式はどうなるか等について，常に議論の余地を持っている。

(4)他の諸資産の過大評価。利潤の過大表示に用いられる計画のひとつが——どこでも行われる原理の適用例だとはいえ——特別に映画配給会社にみられるものである。

映画のネガは例えば「Aネガ社」によって製作される。だがこの会社は金がないので「A配給社」から借り入れる。その際，映画が完成した暁にA配給社は出費をカバーするために賃貸物件の40%を保有し，残る60%は「A製作社」の負債に備えた貸方としてとっておくという契約を結ぶ。この60%部分が配給会社に返済するのに十分でなければ，配給会社にはそれ以上の頼みの綱がない。

さてこの映画の成績が，あまり大したものではなかったとしよう。上の60%の負債は半分を返却するのもやっとである。そしてこれから挙がる収益も，残る半分を埋めるほどになりそうもない。つまり「製作者への前貸し」の一部は回収不能の形勢である。その場合でも，将来に見込まれる収入等のかたちで残額を資産に記入し，会計検査官がこの過大評価を消そうと躍起になるのが，ごくふつうにみられる実務である。これは，何の努力もせず，ただ事態の混乱に正面から対処できないという理由だけで，賢明な監査あるいはほかの理由による停止がないかぎり何年にもわたって少しずつ利潤表示をかさ上げする結果をもたらすことが，容易にみてとれる。一瞥したところ，映画配給会社の貸借対照表には，この「製作者への前貸し」が巨大な割合を占めることになるだろう。

(5)利益勘定(profit account)に計上すべきものを直接，剰余金項目(surplus items)に算入する。

会社によっては，前の会計年度に計上されるはずの支出を，剰余金の支出項目に直接賦課することが，よく行われる。そこで，おそらく公認済みの以前の諸年度の会計を持ち出して，前の諸年度の数字をそれらが初めて生まれたものであるかのように用いる可能性が出てくる。これがじっさいに行われてきた。一部の会計士は，これにかんして会計検査官が採るべき最善の処理を，ほんらい損益勘定に属せしむることになっている特性を持つものはすべて，まず利益勘定を経由してからでなければ剰余金項目に入れるのを認めないとすることだといっている。

(6)いわゆる「特別費用」(non-recurring expenses)の除外。

多くの企業が非経常的な支出を抱えている。同時にどんな期でも，何らかの非経常的な出費が生ずることがありうる。ストライキによる出費，火災による損失，洪水の被害，契約に基づく特別の値引き等々が，しばしば臨時的なものに属している。これらがときに，それを利益勘定から除外したほうが将来の収益性を正しく描き出すこと

になるのだという理由をもって，利益の計算から除外されるのである。

(7)販売を今期に集中して計上。多くの種類の事業が，「春渡し」「秋渡し」などで販売を行っているが，売り手の選択で，売掛けの期間を長くとってそれ以前に品物を引き渡すことがありうる。売上げをこうして早めに行ってしまう場合，その効果は三重である。商品が売れてそれゆえに利潤が増大する。貸借対照表は在庫が減り受取勘定に変わることによって改善される。売上げの趨勢が上昇線をもって示される。

(8)さまざまな記録類の単純な偽装。

廉潔にしてかつ有能な会計士は，上のような事態が生ずるとすぐそれをキャッチして，仲買人案内状に自分の名前が使われるのを許す以前に必要な是正をするのがふつうである。だからといってそこから，法律が，上に述べてきたような種類の操作を事実の不当表示だとか事実の本質的要素を隠蔽するものとして，取り上げるということにはなっていない。だが著者たちのみるところ，裁判所は明らかに，会計実務のよりよき規則を折に触れてひとつずつ適用する趨勢をたどっている。それらがやがて——会計士自身がそれらを広く認められる会計標準にまとめ上げるのと並んで——法制度のなかに場所を見つけるだろうことは，十分に期待できる。

以上を，次のように総括することができる。

(1)銀行家の案内状に盛られたすべての記述は正確でなければならない。もしそのなかの記述に虚偽があることがわかった場合，銀行家は，どんな保護条項や言い逃れの手立てがほどこされていようと，詐欺行為にかんする専門家としての責任を有する。不正確性が不明であれば，銀行家が証券の返還に応じ，合意解除に従って資金を返還しなければならないという，公正の機会が生ずる。

(2)将来にかくかくのことが生ずるであろうという表現は，そのことがある妥当な期間内に起こることを銀行家がじっさいに保証できるのでないかぎり，記載できない。銀行家の記述は，そのことがなされるという志向性と，それはなすことができるしなされるであろうという納得できる展望との，両方を意味すると受け取られる。

(3)銀行家が証券を発行するさい買い手に向けて推奨する価格は，その時点の市場標準に基づき，証券にそれだけの価値があると銀行が直接に表示したものと見なされる。もしその証券にそれだけの価値がなかったことがわかれば，詐欺(銀行がそれを知っていた場合)あるいは合意解除(銀行が誤って過大評価

した場合)の訴訟の原因となりうる。これが法の新しい趨勢である。まだ十分な定義を得てはいないが、その方向をたどっていることは明らかである。

(4)提出された財務資料が真実か虚偽かを判定するのに、金融界は銀行家に、ある適正な財務標準を求めている。そうした標準は未だ法に取り入れられてはいないが、究極において法制度にその場所が与えられるであろうと信ずるに足る理由がある。

二つ目に、**銀行の情報開示と証券市場の関係**。これまでわれわれが扱ってきたのは、銀行家と銀行家から証券を購入する顧客との関係であった。だが情報開示はより大きな標的に向けられている。その開示内容を信じて取引を採用した市場——店頭、ニューヨーク・カーブ、場合によってニューヨーク証券取引所——で行われる。市場取引は銀行家の案内状に記載されている事態の評価に大きく依存している。その時点での市場には、関係者たちの推測、銀行商会の能力、そしておそらく証券発行会社が属する産業の状態などを除いて、頼りにすべき資料というものがほかにないのである。

株式がニューヨーク証券取引所のような権威のある取引所にも同時に登場する場合には、開示された情報が種々の資料と照合確認される。上場委員会が当該会社に関係する事実のもっとも精緻かつ丹念な開示を要求し、それが株式取引の認可に先立つ委員会の分析検討の対象にされる。そうした情報は「上場申請書」(application to list)と呼ばれる公式文書としても作成されるけれども、取引所は、開示は率直に「市場向け」の用語で作成されなければならないとの理論を採用しているようである。結果として、上場の申請は銀行家の案内状をさらに精緻にしたものであり、かつまた両者は一致した内容でなければならない。だがほとんど決まって、上場申請書にはかなりの関心を呼ぶ追加的な事実が含まれることになる。

ニューヨーク証券取引所はとくに、ある種の専門的なデータを独自に要求する。とりわけ、組織、授権、発行、証券の効力等の適法性をめぐっての独立の法律顧問の意見とか、現今の財産の物理的状況に言及した高等エンジニアの報告などの必要を説き、今日では、会計士やエンジニアの責任において追加提出される独自の会計報告やエンジニア報告を求めることについて、議論が進行中である。加えて、株式には「自由な市場」を創出するに十分な分散が保証され

ていることも要求される。一言でいうと，市場が証券の評価をなすに十分な情報を提供できること，株式の評価が毎日の市場価格に自由に反映されることがわかるほどに買い手と売り手の数が十分に多い状態を確保すること，これが顕著な目的となっている。

　法が証券発行会社および銀行家と公開市場との関係にかんして何の管轄権(cognizance)をも持つものでないことは，一般に想定されている。このことはたぶんに真実である。だがときとともにそのことに疑問が提示されて，そこから，法的な関係を徐々に作り出すとか，裁判所が必要と認めたときに相互の格付けと監査を強要するとか，この両方の態度を伴った扱いが生まれつつある。1859年にさかのぼってイギリスの裁判所は(*Bedford v. Bagshaw* において)5)，公開市場で株式を買った購入者がこうむった損失を会社取締役から取り戻すことを認めた。これはその購入者が，公開市場において株式を買ったことと，ロンドン証券取引所への上場申請書に記載された情報に虚偽のあることが立証された結果であった。この購入者が申請書の情報に基づいて行動したのではなく，情報をもとに行動したのは市場のほうである。彼はそれを市場で——つまり証券発行者による虚偽の表示に基づく評価を行った所で——買ったにすぎない。この規則が今日のイギリス法でも踏襲されていないと信ずるに足る理由はない。さらにいえばアメリカでも，発行される証券が「ニューヨーク証券取引所に上場」の申請を行う旨の声明がなされた場合，それはその声明が証券の特別の性質を示したことを意味し，じっさいにその性質を有していなかった場合には購入者が購入にさいして信用したことが充たされておらず，したがって取引を取り消すことができるという判定がなされている6)。これよりもっと進んだ関係が作られるようになる可能性もある。その証券を上場するのに申請を行うのは，銀行家ではなくて会社である。にもかかわらず，それは頻繁に銀行家が後ろ盾になって行われる。会社が公開市場で株式に虚偽の価格を付加するような状態を作り出す場合(次章で検討するテーマである)には，法はさまざまな状況をみながら責任の所在を追求することになる。

　証券の市場価格は大部分がその証券の市場における状態の反映であって，個

---

5) 財務府裁判所，1859年，29 L. J. Ex. 59.
6) *Seneca Wire Co. v. A. B. Leach & Co.*, 247 N.Y. 1 (1928).

人が持っている知識はそのことにたいしてほとんど何もできないというのが，本当のところだと思われる。市場が全体として評価を行う。この市場における評価を受け入れることで，売り手も買い手も実質的にその情報の結果に従うのである。会社あるいは銀行家が自ら市場評価の前提を作り出しそれをもとに虚偽の評価がなされた場合，究極において法律が合意解除と詐欺の両方に相当する救済策を考慮するであろうということは，不可能ではけっしてない。じっさい，仲買人案内状における表示は，もちろん発行銀行から証券を直接買う購入者を勧誘するという当面の動機を持つにせよ，その後の通常の市場のなかで投資大衆を惹きつけようという意図が大いにあるのである。そのような案内状を信用して公開市場でなされた購入は，将来の法律では会社および銀行家の直接の働きかけでなされた行為と同じに見なされる――したがってその内容に応じて合意解除や詐欺に相当するものとして法的に救済を認める――ようになる可能性が十分にある。

　買い手と銀行家が株式会社にたいして持つ直接の関係にかかわる法，あるいは公開市場の取引で情報に依存する買い手間の関係を念頭においた法は，そのどちらもが満足できる状態にあるといえない。だが一方，ニューヨーク市場で求められる事業標準は，少なくとも過去のかなり長い期間行きわたっていたものよりずっと健全な状態に向かって進行しつつある。名声を重んじる銀行は情報開示にあたって高度の正確性に注意を払い，それにかんして彼らが糾弾される罪状は虚偽を指揮したことより虚偽を見抜けなかったことに向けられる傾向が生まれている。

　大衆投資家は法律上の専門的な事柄に自分から大きな関心を持つということがない。彼が求めるのは専門家としての銀行家のサービスであり，彼が期待するのは誠実かつ有能な銀行家の意見によってどれだけの金を払えばよいかという保証が得られることである。彼の判断は，自分が何年かにわたって得をするか損をするかというプラグマチックな問いに基づいてなされるであろう。大胆な言い方をすれば，彼は実は銀行家に，すべての事柄を熟慮して公正な価格，騰貴しないまでも少なくとも下落しない価格で，証券を売ることにただ責任を負わせているのである。部分的には彼は，証券が発行される時点に開示された事実に基づいて判断する。だが彼は，それよりはるかに投資銀行家の能力に依

存している。銀行家はそれだけ頼られていることを知ってはいるが，しかし自分を，投資家の代表というよりむしろ商人とみているのである。法はこうした頼みの綱を，法的な権利と責任に従わせる，いかなる定式も見つけ出していない。詐欺および合意解除の規則や同様の救済策を通じて問題に応えようとする努力のなかで，当然ながら商品の売り主と買い主の間の権利と責任をめぐる歴史的な類推に引き返すことも行われている。銀行家をある特定種類の商品にかんする専門家として扱うことによって，いくぶんかの進歩が得られた。それでも，銀行家および証券発行会社の公開市場全般にたいする関係によって広く開かれた分野を，法が何らかの仕方で満たすまでは，そのギャップは埋められないままである。

# 第3章　市場にたいする会社の情報開示

　新規証券の募集のさいに銀行が行う情報開示は，市場にたいして，すぐそこで証券への評価ができるように作成された資料を提供する。だがこれは，会社が公開取引の機構を利用するかぎりその後もずっと行う情報開示の流れの，最初の段階にすぎない。この段階を終えると銀行家は表面から退いて，特別な事情がなければその後の開示は会社自身の責任においてなされることになる。

　会社による情報開示はさまざまの形態をとる。重要性の順に挙げれば次のようである。(1)経営状態についての定期報告書(貸借対照表およびとくに損益諸勘定)。(2)新たな資金調達，企業の合併，改組といった会社のかなり重要な出来事の提案に通常関連するような，会社の事態にかんする臨時的な報告と告知。(3)特別な事態に通常，会社役員が行うやはり臨時的な報告。これは例えば，株式の「買占め」とか，投機家の売崩しによる株価暴落の気配など，異常事態に会社役員が証券所有者を保護する必要を感じて行うような報告である。(4)証券会社や銀行商会の利用に供する情報。そうした機関が市場で証券を扱うさいに用いることを意図して会社が作成したものである。(5)標準的な金融関係の出版物や便覧に掲載されることを予定した情報。(6)金融関連の定期刊行物に執筆者を明示せず出されるような折々の情報。

　これらすべては，会社自身が持っていて，会社の提供なしには市場で容易かつ的確なものとして見つけることができないであろう，情報に関連する。もちろんこれらの情報は，同じ時期の産業全般にかんするもっと広い情報とも突き合わせなければならない。また相互関係のうちには，ふつう投機的活動に関係して市場の内や周辺で活動する多数の人々による，正確と不正確との度がさまざまな情報との関係もある。

これら多様な情報開示が，法律によって要求される情報開示といかに関係が薄いかという，そのことに目を向けるのは，なかなか興味深い。さまざまな州がそれぞれ異なる要求を持っているが，しかし正常な状況にある公開市場での通例と考えるような事実の開示を求めている州は，ひとつもない。

法律面では，その正常な状況なるものは，大まかにいって次のごとくである。

(a) 会社にかんする記録(corporate documents)は，会社設立州の州務長官のオフィスにおける公文書を構成する。したがってこれは開示ではない。しかしながら利害関係を有する集団に情報を提供するということはできる。また一定程度，定款が財務提要の類いに要約されている。全体的に，その種の要約には高度の正確性が認められる。もっとも，会社の構造が複雑であると，そうした要約を有効に活用することは難しい。

(b) 実質的にすべての州が会社にたいして，株主のリストと持株状況を本店において保存し，閲覧の要請があればそれを提示することを義務づけている。このリストは株主だけが閲覧できるもので，通常その情報が市場で自由に流れるということにはならない。

(c) 実質的にすべての州が，年次株主総会が持たれること，その際に年次報告に相当する報告が慣例とされることを，想定している。小規模会社あるいは私的所有会社は，重い処罰なしにそうした会議を省くことがありうる。公式に認可されている半ば公的な株式会社は，この必要行事を常に守っている。株主総会にほんの一握りの株主しか出席せず，しかもその出席者が通常，経営陣が指名した個々人である代理人によって代表されているような場合，年次総会での情報開示は一般株主にまで行き渡らないし，またそれが印刷配布される公式の報告に入れられないかぎり，市場にも到達しないこともありうる。そのような配布や公刊を，ほとんどの州は求めていないようである。例外としてオハイオ州ほかいくつかの法域が，かかる報告の送付を求めている。

(d) いくつかの法域において，年次貸借対照表の公式の提出(ファイリング)が要件とされている。マサチューセッツ州がその代表例である。州務長官のオフィスに提出される公式の貸借対照表が，そこで公文書となって，それが市場で知れ渡っている会社であるときには，ほぼ常に情報が新聞の統計欄等々の媒体を通じて公衆に届くことになる。

(e) かなり多くの州が，会社の取締役会と役員の名簿を毎年提出するよう求めている。

会社情報を扱うにあたって，次のことが基本的な想定であることに気づかされる。すなわち，かかる情報はあくまで同社株主の利害だけにかかわる私的な事柄のみだと考えられなければならず，そしてその面でさえ，会社経営者は同社株主にたいして提供しなければならない情報を極端に制限するということで

ある。

　社債保有者のような債権者にたいして情報の開示をせまる法的な根拠は存在しない。そうした債権者は，会社が任意に出した公開情報からか，株式所有者向けの情報の又聞きのかたちで事態を知るしかない。他方，社債や手形の発行に携わった銀行家は，会社とのやりとりで通常，情報の持続的な入手の権利を独自に確保している。そして声名ある銀行家はその情報を，少なくともある程度まで市場で利用できるようにするだろう。

　ニューヨーク証券取引所は，会社法よりもずっとプラグマチックな政策を追求しており，定期的な事業報告の必要性を強調する。そのような要請が，上に述べたじっさいに市場に到達する持続的な情報の流れの，大きな源泉となっている。加えてこの取引所は，特定の種類の会社のなかに，それ以上に効力の強い要請を発してきた。顕著な例として「投資信託」は，それぞれのポートフォリオあるいは保有する証券のリストを公表させられる。ニューヨーク・カーブ取引所の要請はそれに較べるとずっと緩いが，それでさえ，いかなる法律の要請よりかなり手の込んだものである。店頭市場で売買される非上場証券は，何の要請の対象にもなっていないが，そこでの開示の実態は，大きな幅をもってさまざまな経営の標準を作らせている。

　株式会社の特定のクラスのものは，事業の性格を理由に法的要請の対象となっている。鉄道は，(1)20大株主の株式保有状況，(2)月別の収入報告，(3)年次の貸借対照表を公表するように，義務づけられている。そして鉄道はじっさいに，短い間隔で，車両の積載量や旅客輸送を始めとする事業情報も公開している。公益事業の営業会社は，州によって内容の異なる雑多な要請の対象となっている。だがその規則は公益事業持株会社には適用されず，したがって公益事業持株会社は，問題のなかでいかなる義務からも解放されているのである。

　一般的にいって，市場が証券の評価を行えるようそれに必要な質の情報開示を求めているのはニューヨーク証券取引所と，鉄道にかんして州際通商委員会による請求のみであって，ほかのところでは開示は随意的なものでしかない。

　請求される類いの情報開示が，正確な評価のために必要な，情報のすべてを与えてくれるということはない。そのような要請を網羅して系統づけることは，おそらく不可能である。ある特定の産業や企業にかんして求められる重要な

データが，ほかの産業や企業に求められるのと違うことがありうるし，何が重要かということ自体，刻々変化するかもしれない。交渉最中の合併問題は市場における株式や社債の評価にとってもっとも重要な要素であろうが，しかしその情報を公開すべきではないとする，もっともな理由もありうる。さらに市場というところは，ある事実に到達したときその事実がどんな結果を生むかを予測する日常の取組みのなかに，起こりうる可能性ということを基礎にして評価を下す傾向がある。そしてじっさいに起こったこと以外の何事かを開示するというのは，やろうとすればまったく可能なのだとしても，容易ではない。大きな重要性を持つ新たな開発でさえ取締役の気持次第で変わることがありうるとすれば，それにかんする報告の作成が危険なことは明らかである。

　株式発行の後に市場にたいしてなされる情報開示は，前章で示唆したように多くの問題を惹起する。しかしながら発行時と発行後とでは，ひとつの顕著な違いがある。発行時になされる銀行家の開示は，銀行ないし販売グループに加わった仲間組織から，顧客が証券を買うように仕向けるのが，主たる目的である。これが証券購入を誘導せんとしていることに疑いの余地はない。だがその後に市場にたいしてなされる開示は，理論的には単なる情報である。もし何らかの行動を誘導せんとしてなされるなら，そういう開示は，特別な事情の場合は別として，厳格な倫理的観点から容易に不適切とみられる可能性がある。市場の動きを作り出すことは，けっして経営者の仕事でないからである。しかし経営者がある特定の時期に，それに反する政策を指示する立場にいると自覚することは，考えられる。例えば自社の株価が理由もなく急落し，経営陣がこれは市場操作の結果に違いないと気づいたとき，株主たちにたいしてその持株の不当に低い価格での売却を防ぐ意図を持った事実の報告を行うのを，経営者の倫理的な義務と考えることがありうる。さらにはまた，経営者からみて市場での株価の評価が高すぎるか低すぎるか，とにかく公正でないと感じられたとき，経営者が市場評価をより実態を反映した株価に近づける目的で声明を発するのが適当だと考えるのは，想像できないことでない。マンハッタン電力供給会社の経営陣は数年前，買占め屋が同社株に買い向かったさい，株価のこれ以上の高騰を防ぐ目的で声明を発した。コンチネンタル・ベーキング社とアナコンダ・カパー社の経営陣は，実態からみてまったく故なく自社の株価が市場で惨

憺たる崩落に遭遇したと考えたとき，株の売りを防ぐ意図で作成された声明を発した。しかし正常な事態では，経営者は市場が行うセルフ・コントロール機能に委ねてただ状況の事実だけを開示するものと想定されており，何か明確な市場操作のごときが進行しているときだけ介入に乗り出すのである。

　提供された情報にかんして，証券の保有者と経営者との間に権利と責任を生み出す，何か法的な関係というものがあるだろうか。この問題は，裁判所において未だ回答が出されておらず，いまのところ学界での議論にとどまらざるをえない。ただし，法がこの点にかんしてこれ以上，沈黙を守ることはできないと信じさせるだけの兆候がみられる。

　株券なるものは基本的に会社とその会社が所属する産業の現状にたいする公開市場の評価によって価値が付けられる期待の資本化であるという経済理論を受け入れ，かつまたその評価は与えられる情報次第で変化すると考えて不自然でない(じっさい，いまもそうだ)ことを認めると，会社の経営陣に以下のような責任があると想定するのは困難でない。すなわち，(a)証券市場で売買を行う者の活動を誘導するためになされた事実の意図的な誤報にたいする責任，(b)おそらくこれに加えて，市場活動を誘導する意図でなくても結果として重要な変動に帰着した事実の過失による誤報にたいする責任，(c)またおそらく，重要な事実の開示を行わなかったために誤った評価に導いたことへの責任，がそれである。「事実の告示」とは何かという難問を当面は脇において，以下の議論は，経営者によってなされる告示が公開市場の評価に必然，明白にして予測しうる影響を持つという理論，会社は公開市場を利用し，そうした情報の上での行動を意図してきているのだという理論，もし故意あるいは過失による重要な事実の誤報や隠蔽があってそのために投資家の行動に故意あるいは過失による損失が生じた場合，経営者はその損失にたいして責任を負うという理論，これらの理論をめぐって進行するであろう。たしかに金融界は，損失にたいする責任を強制することはできないにしろ，そのような事態が生じたときには，経営陣にたいしかなりはっきりした表現で判定を下しているのである。

　困難は多々ある。意図的な誤報の場合は，その誤報が評価に影響することを事実をもって示せるかぎり，困難はそれほどでない。例えばある会社が意図的に所得を過大に見せかけて株価の上昇を招来したときに，高い評価を信用して

株を買った者が，*Bedford v. Bagshaw* で宣せられた英法理論のもとで財産回復ができるというのに，さしたる困難はないであろう。過失による誤報の場合は，困難はもっと大きくなる。けれども，取締役は自分の会社に関連する諸事実を知っていると見なされている，だからどんなことについても自分が提供した情報の真実性を知っていると見なされるという，法的な擬制をおくことによって，困難の解決に向かう可能性がある。換言すれば，取締役は彼らが情報の単独の所有者であるような事柄を扱うときに，知らなかったという主張は成り立たないのである。

　しかしながら非開示(non-disclosure)は極度の困難を惹起する。最初の困難は時間の問題である。会社は市場にたいして，会社活動すべてについて緩慢な映像を提示しているわけにいかない。じっさいの変化は一日刻みで起こるであろう。会社経営者がそれぞれの出来事をどうまとめるか，それを広報や市場向けにどう発表するかにかんして，適切な規則のごときは存在しない。他方で，ある種の主要な事実はただちに報ずることができる。例えば会社が配当を二倍に増やす決定をしたとすれば，どんな期間であれこの情報を隠しておくことを正当化できる口実はほとんどない。情報が隠されている間に株式の売り手は，彼に開示されていなかった事実を知らぬままに行動しており，そしてその事実をもし知らされていれば彼と市場の評価とのどちらも具体的に変わっていたはずのものである。最近起こった事例を挙げると，ある会社がその会社株式を別の第二の会社株式と交換することで合意した。第一の会社は数日後に第二会社の全株主に株式を提供することとされた。当時第二会社の株は約 96 で売られており，他方，交換に提供される株は 160 前後で取り引きされていた。上の合意の存在が知られれば，市場の評価はただちに第一会社と第二会社の株価を同じ水準に揃えたはずである。じっさいにはこの交換のことは特定の人々だけにまず伝えられた。彼らは第二会社の株式を不自然な手段に訴えることなしに買えるだけ買い込み，それを第一会社株との交換に差し出して，巨額の鞘取り利益を手にした。すべての人々に交換が知らされた数日後の時点で，特定の人々だけが成果を挙げたわけである。ここで第二会社の経営陣は，明らかに重要な事実の開示にかんして怠慢を犯した。この事実を知らないでなされた市場評価をもとに株式を売ってしまった人々は，賠償の請求をしてしかるべきではない

だろうか。

　前章において論じた「事実(ファクト)」とは何かということにかんしては，まだ問題が残っている。だが上で行った検討に付け加えうることは，あまり多くない。哲学的な意味では「事実」なるものは存在しない。貸借対照表や損益計算書の類いでさえ，それを発表する人の心理状態を反映している。ここでもまた，そうした会計の諸規則が究極において，関連する法の規則にならなければならないのかどうかという問題が生ずるのである。

　いずれにせよ，その場合の規則は会社に固有の事実に限定されなければならないように思われる。例えばヨーロッパで戦争が勃発すれば，ただちにそれはアメリカの製鋼会社の様相を一変させるかもしれず，そして製鋼会社はその事実にかんする事前の知識を持つかもしれない。だがヨーロッパでの戦争は鉄鋼会社そのものの出来事でなく，現在のところ経営者にその事件の開示を求めることは倫理的だとも望ましいとも考えられていない。他方で，来年たしかに大きな利潤につながる膨大な注文があるだろうことは，企業の知識のなかで特別なひとつの事実となっているのである。

　事実が開示を要請するに十分な具体性を持つとき，そこにまた別の難しい問題が湧き起こる。上にみた膨大な注文は，会社事業を見舞う一連の偶発事のひとつにすぎず，たしかに会社の立場を強めるとしても，公開市場の評価まで大きく変えてしまうほどのものでないのかもしれない。あるいは反対に，全局面を変えるようなものかもしれない。もっとも単純で明快な事態を除いて，法律はこれに介入しようとしないし，また介入できないといってよいであろう。そんなことをやったら，事業の全指揮権が不断に裁判所に委ねられることになりかねないのである。

　著者たちが要約しうるところでは，そこに接近さるべき標準化とは，次のような特定の事実を即座に開示の対象とすべきであるということである。(1)これまで不可欠であった資産の売却，(2)種類と等級を問わず，すべての配当の宣言，(3)資本構成の変化，(4)既発行証券の取得あるいは交換のための確定申込み(ファーム・オファー)，等がそれである。ただしこの四つは，即座の開示を求めるに足るほかの特別な事態がないということを示すものではない。他面において，いかなる法の発展も，経営者がすべての関係者の最良の利益にかなうと誠実に判断

したときに情報を抑えることを許す法的特権の，少なくとも可能性があることを考慮に入れなければならない。この場合は，経営者の公正と誠実が決め手である。現実にはその公正と誠実は，経営者あるいはその友人，関係者などが，情報の開示あるいは非開示によって利益を得るような手はずをとったかどうかを確かめるかたちで，しばしば試される。経営者がそれで利益を得たことが見出されうるような場合に，経営者の誠実性が確証されることは難しいであろう。逆にそのような利益がなかった事実にたいして，経営者の不誠実を立証することも，おそらく困難である。

　これが，法と事業の標準との両方が進むあるべき趨勢であるように，著者たちには思われる。これの的確な適用は必然的に，じっさいに起こる事例ごとの事実と，事業の性格の特質に添ってなされなければならない。例えば，「投資信託」や，資産の市場価格の正確な集計ができる商社の場合には，事業活動の内容が測定不能な要素をずっと多く持つ製造工業の企業に可能であり望まれるような開示の水準よりも，もっと事業情報関連の厳しい開示規則を課されるのが正当である。しかしながら，公開市場の機構を用いるということは，経営者にたいして，定期的な情報開示と特別な事実が生じたときにそのつどそれを開示することの両方を，義務とすることを含意すると解するのが正しいと思われる。

　われわれは，市場活動を誘導するためにさまざまな特定の状況に立ち入る経営者にたいして，いかなる法的な義務づけがなされるべきかを，未だ発見するに至っていない。市場活動を誘導する直接の目的をもって情報開示をなすことは，経営者にとっていちじるしい危険性がある。そうすることは，経営者の最高度の倫理的な志向か，もっとも貪欲な個人的利得の動機かの，いずれかでありうる。そして誘導された市場活動は，経営者がけっして統御することを期待できないさまざまな状況のもとで，個々の証券所有者や事業全般にとっての利益になったり損失になったりすることになりそうである。そこで求めることができるのは誠実性であって，おそらくそれ以外にはない。会社の出来事を管轄する立場にいる者の叡智と忠節が，その政策を決めるのでなければならない。法律では，とてもそのようなことができなかった。また会社あるいはその取締役個々人にたいして，評価を上げたり下げたりさせる修正の責任があるとせま

るのは，彼らに不可能な重荷を課すだけのことである。もし取締役たちがその重荷を背負う道を選び，十分な誠実性をもって事を行うなら，彼らは保護されるというのが今日の法の見解である。もし取締役たちがその道を選ばないなら，法はそこに介入しない。第一級の経営者にとって，そのような問題を解決するのに困難はあっても，克服する道がないというものではない。だが法はいまのところ，彼らが安心して準拠しうる標準を提供できる立場にはいない。したがって，経営者たちが関係者すべてにもっともよかれと思って公正な裁量をもって行動したときに，法が彼らに何か義務を課すということは難しいのである。

# 第4章　市場における経営者

　公開市場の運営にかんする問題は，会社役員が自ら取引を行うとき，あるいは会社ないしそれの子会社が自ら売買を行うときに，もっとも深刻な局面に遭遇する。

　取締役あるいは会社の経営陣に名を連ねる者は，必然的に自分の会社の証券に投機を行うことについてのきわめて大きな優位性を持っている。彼らは市場でまだ利用できない情報にアクセスでき，公開市場の評価が低すぎるか高すぎるかを知りうる理由が十分にある。時宜にかなった売買で自分の富を増やすことができる。このことが必然的に，こうした人物を会社の証券所有者たちと直接に対立する位置に就かせる。彼は売るべきでなかった株主から株を買うことになるかもしれない。あるいは彼が証券所有者たちに支払うよう求める価格が実はそれだけの価値を持っていない場合に，彼は株を売ることになるかもしれない。それを彼は自分が得た情報に基づいて行うのであるが，それは個人的に得た情報ではなく会社経営者としての資格において得た情報であり，したがって権利としては全体としての証券所有者に帰属している情報に基づいてこれを行うのである。

　同様の状況は，会社が自社証券を売買するときにも生ずる。会社は法律上，少なくとも剰余金の限度まで自社株を買う権限を有している。未だ多くの訴訟によって判示されているわけでないが，払込剰余金が自社株の購入に充てられうると思われる。これは二様の効果を発揮する。まず公開市場での株価あるいは全体としての株式相場に影響を及ぼす。さらに会社にたいする利益(場合によっては損失)に寄与し，それが結局，既発行の株式の背後にある価値に影響する。最悪の場合でも，会社は株価の「釘付け」(pegged)あるいは人為的価格

を保つことができる。

　売り手と買い手が自由な交渉を行って価格を決めるというのが，証券所有者の想定でありかつまた公開市場の理論なのであるから，特別の情報を持つ経営陣や会社資産の一部を用いて株の売買をなしうる会社そのものがそこにまぎれ込むことは，公開市場の評価の正確性と証券に想定されている流動性の両方を，いちじるしく損ねる。この両方の事態について考察しなければならない。

## 株式の買い手および売り手としての取締役および会社役員

　会社役員が取引活動に自分が属する会社の株式をどの程度含めているかについては，利用できる数字もなく，当然のこととして情報を得るのは難しい。会社によっては——強力な個人の支配下にある会社にままみられる——取締役，従業員の誰であれ事業に関係するすべての者に，その会社の株式への投機的な行為を行うのを禁じていることが，知られている。だが他面，これが一般的な慣行でないこと，そして多くの取締役が売買は完全に自由だと考えていることもたしかである。もっとも彼らはそのさいの行為を明らかにすることについて，そう潔癖なわけでない。

　法はかかる事態を扱う機会に出合ってきたが，判例ははっきり分かれた。ここでもまた法律上の形而上学が発動されている。一方の側——ニューヨーク州が先導し他の多くの州が従っている——は，取締役は彼の会社の証券を他のいかなる個人ともまったく同様に市場で売買をなしうるし，そのさいに彼が持っているかもしれない特別の情報を開示する義務を持つものではないという，見解を採っている。だからもし彼が一般の証券所有者に先立って何か特別に有利な発展の情報を得ているなら，それを開示することなく株を買うかもしれない。逆に望ましくない傾向にあるのを知ったら，理由を公けにせず株を売るかもしれない。このことは建前として株主の利益を代表する取締役を，必然的に株主と対立する立場におくわけだから，結果を正当化するための論理的な理由づけが必要である。昔からある「会社」と個々の証券所有者との相違論が，この目的で持ち出された。発端をなすニューヨーク州の訴訟で[1]，裁判所は，取締役

---

1) *Carpenter v. Danforth*, 52 Barbour, 581 (New York 1868).

は会社だけの受託者，受認者であるという見解を採用した。会社は株主から分離されたひとつの法主体であるから，取締役は個人としての株主にたいして何ら義務を有するものでない。取締役が株主との間で株式を買ったり売ったりするのは個人間の取引であって，そのさいに取締役は自分の情報を相手に開示する義務，相手と明らかに対立する立場に立つのを避ける義務のごときは，持たないとしたのである。

その際，サザーランド判事は，次のような簡明な表現をもってそのことを述べた。

> ひとつの会社の証券所有者と取締役との間にはある種の信託関係が……ある。だが取締役に向けられた信託は，通常拡大していく。私が思うところ，本件において，経営者への信託は，配当や利潤にかんする会社の一般的事項の経営にたいしてのみ拡大したのであって，したがって原告とダンフォース被告との間の信託関係もそれ以上に及ぶものではない……。原告の株式は両者間の信託の対象ではないし，会社の一般的事項にたいする経営者の経営の良し悪しが間接的に会社の株価に影響を及ぼすこと以外に，両者間の信託関係は原告の株式と何の関係を持つものでもない。

アメリカで法源としての権威が高い一連の判例は，この規則に従っている。

これが証券市場の機能を否定していること，とくにまた，今日の投資家が彼の資本を究極的に取り戻す手段として証券市場をみなければならない経済的な事実を無視していることは，指摘するに難くない。会社は，明確な償還の約束の代わり，あるいは換金を行う時点の代わりに，市場機構を用いるのである。この事実は，上の規則が持ち出された1868年には重要度がずっと低かったが，今日ではこの上ない重要性を持つ。つまり取締役が市場の価値に関係がないというのは，ただの論点回避にすぎない。

少数の法域が，これと明白に反対の規則に及んでいる。一部の南部，西部諸州とりわけジョージア州，カンザス州などで，裁判所は，証券市場で取引を行う取締役は彼が知っている重要な事実を開示しなければならず，さもなければ他の証券所有者がその取締役との証券の売買でこうむった損失の責任を取締役に負わせることができるという，はっきりとした規則を編み出した。この理論の基になっているのは，取締役が持ついかなる情報も，彼自身を含め証券の売買を行うすべての証券所有者の受託者としてもっぱら彼が保持している，証券所有者は売買にあたってかかる情報を活用する権利を有する，そして取締役は

かかる情報を彼自身の個人的な利益のために用いることができない，ということである。ラマー判事は，上に挙げた古いニューヨークの規則に正面から異議を唱えて，明快に次のように述べる。

> 証券の市場価値が上下動するのは，ただその有形資産が増減したからだけでなく会社経営にあたる者の実際的あるいは意図的行動——配当の宣言や見送り，会社に有利あるいは不利な契約，係争となる財産の喪失や取得，販売や賃貸における収益あるいは損失等々——をも原因としていることは，一般的な常識である。すなわち自己の裁量で株式の価値を上げたり下げたりする余地を持った立場，あるいはそのような結果を生む事実を最初に知りえ，それによって得た優位をもって彼が直接に代表している者とその事実を全面開示せず株主に同等の知識を与えることなく証券の売買をする地位にいる取締役は，不誠実な沈黙への対価を支払うことになり，真実隠蔽への応報を与えられることになるのである……。

これによって，取締役は個人としての株主に信託関係を持たないとする形而上的な論点は否定された。

　両方の見解への中間的な規則づけが，連邦裁判所および若干の州の裁判所にある。合衆国最高裁は，ニューヨーク州のサザーランド判事の裁定の論拠を採用したが，しかしこの規則を適用できない特別な事実もありうることを述べて，そこに制限を課した。その特別な事実として想定されているのは，取締役や役員が，会社の財産を売却したりあるいは資産その他の売出しを保証するための代理人に仕立てられたような場合である。この規則の基をなす理由づけは特段に明快なものではない。実質的に，取締役の責任は設定されたものでないけれども，あまりに大きな困難を伴った事例にたいしては裁判所が介入に乗り出す余地があるというのが，結果として生じたことである。

　どんな規則が望ましいかをめぐる論争は，おそらくあまり生産的でない。実業家たちの間でも意見はまちまちのようである。自社株式を売買してたまさかの利潤を得るのは取締役が報酬を得るひとつの手段だという主張が一方にあり，特別な事情でなければそんなことは許されるべきでないとする主張が他方にある。問題の真の解決は取締役の取引の禁止などということではなくて，公開市場の評価を変えるようなすべての重要な事実を，会社が一般に公開するよう求める規則の強化にあると思われる。法律家ゲイリーが会長であった時代のU.S.スチール会社における実務では，取締役会で配当の決定を行うと，その

公表前にいかなる取締役も会議室から出ることを許されなかった。決定の開示がきわめて迅速に行われたので，その情報で個人的な優位に立ちうる者はいなかった。もちろんそのように完全かつ迅速な開示がいつの場合でも可能なわけではない。それでもじっさいにしばしばなされているよりはるかに大きな度合いで，情報が株主全体や市場全体に供されうるはずであることは，たしかである。情報がひとたび市場に出されれば，それが個人的に伝えられたか否かに関係なく，すべての者に共有される。株式取引所を通じて株主と取引を行う取締役は，その株主と対面して挨拶するわけでも情報を彼に伝えるわけでもなく，また会社が株主名簿にある全員に日報を送る期待などほとんどないまま，株式相場チッカーとニュース・チッカーの機構や市場を通じて情報を流し，ほとんど即座に市場の評価を割り引いたり修正したりできる地点まで，今日達しているのである。会社の事態を開示する標準が的確度を増すにつれて，市場における取締役や経営者の問題は重要度を減じていくであろう。

　ごく稀な特定の事態を除き法律で十分に考察されていない「支配（コントロール）」は，未だ公開市場の運営のなかで法的な認知に達していない。取締役が開示なしに自由に取り引きするのを裁判所が認めないという範囲内で，会社役員が彼の特別の職務から得る恩恵に，さまざまな注文が課される。だがいまのところ，役員のような肩書きを持たずそれでもある種の「支配」機構を通じて会社の上にいる人物の場合，いかなる規制からも自由であることは，どこからみても明らかといえよう。

　公開証券市場の問題のどんな検討からも出てくるのは，経済理論と法理論の両方に大きな空白があるということである。それは証券市場が今日のように際立って重要な地位についたのがほんの最近であるからとも，問題がむやみに複雑だからともいえようが，ともあれどちらの理論分野もこの問題に全面的には立ち向かっていない。この点ではおそらく法のほうが，多少とも申しわけが立つ。法はもともと，社会が生み出した結果を有効なものとする以上のことができないからである。さまざまな徴候は，公開市場問題における関心事の中心部分にいま近づきつつあるのをみるに事欠かない。われわれは次の十年に，この問題を扱う取組みが真に充実することを期待すべきであろう。現存する金融機構のもとで，すでに達成されているよりも多くのことがなされうるのは，疑う

余地がない。ニューヨーク証券取引所は，誰でも利用できる証券評価のための一連の基盤作りで，ゆっくりではあるが着実な進歩を続けている。成文法は，さまざまな叡智の度を持って不断に提案されている。真の困難のひとつは，商品市場の場合と同様，証券市場における経済分析が未発達な事実のうちにある。そこには銀行界における連邦準備銀行のごとき集中的な制御の機構がなく，また法も，特定の非倫理的な行為が発せられたそのときどきにだけ出番があるにすぎない。

　ともあれ，今日の社会制度の未来像に，証券市場の十全によく発揮された機能が切り離せない要素となっていることは明らかである。株式市場が提供するまぎれのない流動性の機能が後退するようでは，産業資本主義の歴史は新しい方向をたどるほかはないであろう。証券に投下された資本が潜在的にせよ「凍結」されるようなことが現実となれば，資金調達はいまよりずっと困難になるし，産業の連結の規模も大きく制約されることになるかもしれない。それに応じて，銀行信用，生活水準，社会の諸慣行に至るまでが，変更を余儀なくされる。現状から察するかぎり，思考の行手は，流動性を維持する，株式市場を支える，責任ある金融機構の一環として株式市場の重要度をもっと高める，といったほうに向かっているようにみえる。

# 第Ⅳ編　事業体の新しい方向づけ
――株式会社制度が基本的な経済概念に及ぼす影響――

# 第1章　財産の伝統的な論理

　第Ⅳ編の表題に掲げた，アメリカ産業における財産と事業との関係の移動は，今日われわれが正面から向き合わなければならない特定の法的，経済的，社会的な問いの数々を際立たせている。なかでも最大の問いは，巨大な半ば公的な株式会社というもの（いまや産業の富のこれほどまでに大きな割合を占める）が，誰の利益のために運営されなければならないかということである。この問題はまた，産業の利益を受け取るべきは誰かという，異なる問いのかたちでも質されている。

　株式会社はその所有者たる株主の利益のために運営されなければならず，分配される利潤はすべて彼らに向けられなければならないとするのが，伝統的な考えである[1]。しかしながら今日われわれは，支配集団が利潤を自分の懐に入れてしまう権力を持ちうることを知っている。株式会社が現実に株主の利益を第一に運営されるという，たしかな見込みはどこにもない[2]。所有と支配の広範な分離および支配権力の強化が，株式会社の経営をあくまで「所有者」第一に行わせるよう社会的，法的な圧力をそこに向けるべきなのか，それとも，そうした圧力はもっと別のより広い集団の利益につながるような方向をとるべきなのか，そのどちらかを決しなければならない新しい状況を生んでいる。

　法律家はこの問いに，伝統的な財産の論理を半ば公的な株式会社にも適用す

---

1) ボーナス株の企画は通常，内部留保するのと配当として分配に向けうる利潤を増加させる目的で立てられる。この理由のゆえに，それは一般に，利潤の分け前あるいは分配というよりも，株主へのコストと見なされなければならない。

2) このほかにも会社の経営に利害関係を持つはずの集団として，従業員，顧客等々があるが，彼らにかんする議論ほど遅れているものはない。

ることによって，よどみなく答える。コモン・ローがこの新たな事態に応えるべく拡張され，論理的に，利潤のすべてを証券の所有者とりわけ株主に授与することを求める。この論理に従えば，株式会社は何より株主の利益のために運営さるべきものである。

　法的な立論は多く歴史的である。だがそれは，この結論を必然たらしめるような一連の局面を通じて構築されてきたものである。そのもっとも初期から，財産の所有者は彼の財産の使用あるいは処分に全権を与えられ[3]，所有者はその権利のなかで法によって保護されてきた。産業の財産を使用するということはその価値を増加させる——利潤を生む——取組みに主眼があるのだから，かかる財産の所有者はその使用の全権を持つ以上，その価値に付加されるすべて，つまり稼ぎ出すことのできた全利潤を，手に入れる権利を有する。その価値の増加を達成するため彼が他人の役務や他の財産に支払わなければならなかったときに，その支払いは控除分として扱われる。彼の手元に残る利潤は，価値の付加分からそうした必要な役務に支払った費用を差し引いた差額である。しかしながらこの差額にたいしては，所有者が伝統的に全権を認められてきた。国家も法も，彼のこの権利を守る方途を追求してきた。

　同じくもっとも初期の段階から，株式会社における株主は，会社と会社資産の両方の所有者たる地位につけられた。もっとも彼は資産にたいする法的な「権原(タイトル)」を持たない——それは会社に帰属する——という意味で，資産の法的所有権からやや遠ざけられていた。しかし集団としての株主は，その参加権を通じて，会社資産の全体とその資産が産む利潤の全体に権利を持っていた。会社は株主のものであり，株主の利益のために運営さるべきものであった。

　会社の発展とともに，事業体の管理にかんする権力が不断に拡大し，会社内の諸集団に委嘱されるようになってきた。最初そうした権力は，主に事業の技術的な（利潤創出の）活動にかかわった。だが次第に，証券所有者間に利潤と利子を分配しなければならないことにも，権力が委嘱された。所有権と支配の分離とともに，そうした権力は，会社の支配に携わる者が所有者の利益に反して支配を行使するのを許すような段階にまで発展した。支配と管理の権力は法に

---

[3] 国家による警察権能の行使によってそれが侵害された場合を除く。

よって創出されたのであるから，上の発展はある程度まで，利潤を支配者集団の手に分け与えることを合法とするような見かけを呈した。

　しかしながら財産の伝統的な論理に従えば，そうした権力が絶対的でないことは明らかである。それらはむしろ，信託された権力というべきものである。支配集団は少なくとも形式上，所有者の利益のために会社を運営し統御している。会社にかんする制定法や会社定款に権力が所有者の利益に反して行使されうることを明示している場合でも，それはコモン・ローに照らして支配者集団への権力の譲与にすぎず，所有者の利益に添って会社を運営するのにそのほうがよいからなのである。絶対的権力がいや増したそのことが，会社の資産と利潤への利害を証券保有者から支配者に移す権力をそこに含みつつ，すべてのそうした権力は会社全体の利益のために企図されたのであって経営者や支配者の私利のためではないという暗黙の（だが決して虚構でない）想定を，はっきり前面に押し出した。法律はこの原理の適用を模索し，ときに不整合なそしてしばしば適用性が判然としない一連の規則を生みつつ発展したが，記録に残された事例のどれひとつとして，支配者集団が究極において受託者だということを否定したり，あるいは支配者集団がその権力を私的な利益のために用いてよいと多少とも示唆しているようなものはない。実態としては，支配者集団が会社全体の利益と見せかけながら自己の利益を図る「不正操作」はできる。支配者の優位性はまた，非常事態のかたちをとって，「支配者」に利潤を認めるかそれとも会社を破綻に導くかという二者択一を，経営者および支配者から証券保有者の集団に突き付けることもありうる。裁判所はときに，「全体としての会社」優先の建前を掲げることで，法人格の虚構に与えられた明らかな利益が会社実体から分離された所有者の大いなる損失を意味する事実，会社内のどの集団が究極の恩恵に浴するかを追跡する必要が頻繁に生じている事実を，見落としてきた。そうした状況ではあるけれども，支配者集団が，第一に会社利潤の大きな部分を掌中にすることができるような，第二に法的な攻撃に抗してその利潤を手放さないような，多くの事例で法の理論は明確であると思われる。経営者と支配者に授与された権力のすべては，信託された権力なのである。

　この法理を，それを生んだエクイティの発端までさかのぼってみるとき，根本的な考えが明らかになる。ある人物または集団が別の人物または集団に財産

の管理を委託(entrust)したとき，後者は受認者(fiduciary)となる。そのようなものとして彼らは公正に行動する義務を負う。それは彼らが取り扱うべく富を託した人々の利益に忠誠を尽くす意味にほかならない。この点にかんしては，会社はコモン・ローにおける信託(トラスト)とまったく同じ場所に立っている。ただ信託と結び付く事業上の問題は比較的に制約されているので，エクイティ裁判所が受託者にたいして特定の行動基準を強いることによって，一連のもっと厳正な規制を作り出したのである。だが会社は，多様かつあらゆる種類の事業を行う過程で，法が考えた多様性をはるかに上回る行動上の問題群を生み，裁判所が準備していなかった専門的な事業の判定を求めた。それゆえに，固定された行動基準というものが会社の状況の発展とともに適用不能になった。練り上げられた厳格な基準(例えば新株は既存株主に優先的に提供されるのでなければ発行しえないといった基準)が，今日の複雑化した会社機構のもとでは専横あるいは適用性を欠くものとなった。だが明確な規則の設定はできないとなっても，裁判所は監督的な意味での裁判権を維持してきた。正義にかなう統御の基本原理は無傷で残っている。そしてこれをそれぞれの事例にいかに適用すべきかが，唯一の問題なのである。そうした問いに答える能力を欠いたことが，支配者に，会社利潤の分け前を吸い上げる広範な余地を与えてしまった。とはいえこれは，法が支配者にそうした吸上げの権利を認めたという意味ではない。単に法の機構が救済を達成するほど十分に発達していなかったらしいことを意味するにすぎない。

　すべての根底にあるのは，財産権ということにたいするコモン・ローの大昔からの先入観である。元来コモン・ローは，政府の理想的な構想というようなものに荷担せず，人を自分たちのうちで守ることを目指した。財産をめぐる利害が何かひじょうに明確な公共の政策との摩擦を引き起こしたときにのみ，法が介入したのである。その法の主たる企図は，個々人が個人的に身に付けているもの——財産の権利，行動と移動の自由，また彼らの間に展開される人間関係の保持等——を守ることであった。この点からすれば会社は単に，個々人の財産が他の個々人によって管理される機構のひとつにすぎない。会社経営者は，代理人，受託者，船長，パートナー，ジョイント・ベンチャー，その他の受認者と並べて描かれる存在だった。その会社経営者の権力が次第に増し，他方で

第1章　財産の伝統的な論理　　317

個々人の統御が社会の後景に退くにつれて，法は次第に，証券所有者の権利の確保を強化する方向をとるようになった。だがその強化に含めることのできなかったのが，会社経営者による事業指揮にたいする規制である。この手抜かりは論理的根拠に起因するのでなく，そこに含まれる諸問題を扱う能力の欠如からきていた。事業体の管理運営は本来的に裁判所が想定することのできない仕事である。経営者と支配者に利潤の流れの一部を吸い取らせるさまざまな装置は，企業における事業の指揮と密接にかかわっているので，裁判所はそれに干渉することに気乗りしないだけでなく，おそらくそうすることを恐れてもいたように思われる。

　そこから生まれた結果は，法にかんするかぎり，企業の利潤は全体としての証券保有者に帰属するということである。その利潤を証券保有者のさまざまな集団別に分割するのは私的な契約にかかわる事項であるが，いずれにせよ証券保有者は会社が挙げた利潤のすべてにたいする完全な権利を彼らの間で有している。それだけでない。彼らは経営者がその権力をうまく合理的に行使して生み出した利潤にたいしても，己がものとする権利を有する。さらに彼らは，会社資産にたいする適当な拠出をなすのでなければ証券の保有者となれないとする権利，すなわち証券を保有する集団は現実の財産を会社の経営者と支配者の統括に委ねた人々の集団であるとする，権利を有している。

　法律が，財産にかんする伝統的な論理を新しい事態に広げて作り出したのが，このような見解であった。支配者集団はこの論理に表立って闘える立場にいない。会社が資本を求めて市場に赴くさい，上のイデオロギーとその法的な基盤の両方に，絶え間なく訴えがなされている。終始一貫した利潤への期待は，会社企業への投資をその気にさせる何よりの誘因である。そのような状況の可能性は投資銀行家によって常に強調されるが，その投資銀行家は次に，会社の経営者と支配者が投資家大衆の蓄えを勧誘するときに，彼らのために行動する。さまざまな会社内にいる支配集団は，自分たちの私的な見解や現行の実務がどうあれ，それ以外の見解を抱くことを自らに禁じている。今日の金融構造の基礎には，あまりに多くの法的な仮説が存在し続けている。

　この結論は，財産の伝統的な論理を新しい事態に適用すれば必然的に出てくるものであろうが，しかしこの論理の適用をもってよしとすることが許される

であろうか。過去には，ここで取り上げている財産の唯一の形態である企業という事業体の所有者は常に，少なくとも理論上，二つの属性を伴っていた。ひとつは利潤を求める企業に集められた富に随伴するリスク，もうひとつはその事業体の究極の管理と責任，を背負っていることである。だが現代の株式会社においては，所有者のこの二つの属性は，もはや同じ個人や集団に帰属していない。株主は彼の富にたいする支配権を譲り渡してしまった。彼は資本の提供者，純粋かつ単純なリスク引受人になってしまい，他方で究極の責任や権限が取締役と「支配者」によって行使される。所有権にかんする伝統的な属性のひとつが株式所有者に付随し，もうひとつが会社支配者に付随している。したがって古い感覚をもって財産を扱うことは，もはや許されないのではないだろうか。財産にかんする伝統的な論理の適用を，なお続けてよいものだろうか。自分の富にたいする支配を行使する所有者がその富から生まれる恩恵をすべて享受すべく保護されているからといって，そのことから必然的に，自分の富の支配を他人に譲渡してしまった所有者にも同じく全面的な保護を与えるべきだということになるだろうか。この譲渡は，所有者の富の利害にかんして適用される論理が変化したことに応じて，必然的に富にたいする彼の関係をも変化させたのではないのか。この問いにたいする答えを，法律自体のなかに見出すことはできない。法の経済的，社会的背景のなかで探し出さなければならない。

# 第2章　利潤の伝統的な論理

　経済学を学ぶ者は，われわれが検討してきた財産と企業の関係の移動から生ずる諸問題に手をつけるのに，法律家とは異なる背景と本質的に異なる一連の関心をもって，出発しなければならない。つまりその主たる関心は，彼自身を含む人間の保護にではなく，人間が欲求するものの生産と分配の保護にある。経済学徒の心を奪うのは，財産にたいする権利の問題ではなく，富の生産と所得の分配の問題である。彼にとって財産権は，社会が富に付与する属性にすぎず，彼は財産権とそれの保護を，奪うことのできない個人の権利だとかそのこと自体が目的だとか考えないで，社会的に望ましい目的[1]すなわち人々に「豊かな収入と生活の糧」をもたらす手段と見なすのである。

　財産の保護が招来する社会に有益な結果は，富そのものからでなく，富を得ようとする努力から生ずると想定されている。経済学者の長い系譜が，利潤の伝統的な論理と呼びうるものを展開させてきた。彼らは，人が富を得よう，つまり利潤を獲得しようと努めるとき，おそらく非自覚的にであろうが，他人の欲望を充たすことにもなると考えた。事業を推進することによって，人はそのエネルギーと富をより多くの富を獲得するような仕方で用いようとする[2]。彼はこの努力のうちで，利潤のために，もっとも需要があるものを作ろうとする。

---

[1]　アダム・スミスは，財産を（ロックの教えに従って）「自然権」とし，その保護を「自然法」として扱った。同時に彼は，現実の状態をこの「自然法」に順応させることつまり財産を保護することから招来されると期待される，社会がこうむる恩恵を分析した。19世紀はかかる「自然法」観念が衰退して財産保護の有益性に強調点が移った時代とみられる。Adam Smith, *Wealth of Nations*, Book I, Chap. X, Pt. II を参照。

[2]　本研究は生産手段のなかにおける財産権を問題にしているから，ここで賃金，俸給の形態や利子の形態での富の獲得過程を考察することを必要としていない。

無数の生産者たちの間での競争が，一般に，ある合理的な範囲内で利潤の獲得ができる仕組みを生む。どこかの生産部門で一時的に超過の利潤が得られれば，その部門での活動が増加して，結果として利潤をより相応な水準に引き下げる。同時に，実業に携わる者が利潤を増大させようとして行う努力は，それぞれの事業体が利用可能な経済資源の獲得をめぐって他と競合する結果，一般に，生産諸要素のより経済的な使用に結果すると想定された。それゆえ，自分の富を持ちその富の活用によって利潤を得ようとする各人を保護することで，社会は事業の活発な活動を促し，それによって労働と資本と事業体の経済的な使用を通じ適正な価格で社会が求める財の生産と分配を可能にするということが，説かれた。かくして生産手段の財産権の保護によって，人が何かを得ようとする関心が，より効果的に社会全体の利益と結び付くことができるというのである。

ここに述べたような状態のもとでは，利潤は二つの別々の機能を遂行する見返りとして働く。第一に，それは個人が事業のなかで自分の富をあえて危険にさらす誘因として働く。第二には，その事業で利潤を得るために自己の技能を最大限に発揮しようとする衝動として働く[3]。私的な事業の場合には，この二つの機能の区別はさして重要と考えられない。個人事業主はすべての利潤を受け取るのであり，危険を請け負う機能と最高度の経営を行う機能の両方を実践する[4]。産業が主に小規模な私的企業群によって成り立っていた過去の時代には，社会が財産の保護を通じて，産業における大量の危険請負と活発な指揮活動とを，そこから得られる利潤との引換えに誘引したのである。

現代の株式会社においては，所有と支配の分離に伴い，危険請負と指揮活動の二つの機能が概して二つの異なる人々の集団によって遂行される。そのような分離が完成しているところでは，証券の保有者なかんずく株式所有者である

---

[3] この二つの機能は，利潤にかんする近年の文献にも認められている。論者によっては，利潤はあくまで危険請負にたいする報酬であるといい続ける者，反対に事業にかんする判断と実業を遂行する報酬だといい続けている者もいる。S. H. Nerlove, "Recent Writings on Profits," *The Journal of Business of the University of Chicago*, Vol. II (1929), p. 363 を参照。

[4] 彼が事業の直接の活動を行うのに管理者を雇った場合でも，利潤にたいする彼の期待が，その利潤を生むのにもっとも有効な管理者を選ぶように仕向け，管理者にたいしその意味での高い達成水準を要求するであろう。

個々人の一集団が危険請負と資本提供者の機能を演じ，これと分離された集団が支配と高度な経営を実行する。そのような場合，もし利潤が財産の伝統的な論理が説くのに従い証券所有者だけによって受け取られるなら，彼らは伝統的な経済的役割の両方を，どうやって達成できるのであろうか。支配を遂行し事業の効率的な運営を究極において担っているような人々に，利潤は行かなくてよいのだろうか。

　資本提供と危険請負の機能が実践されなければならないこと，そしてもし事業というものが新たに資本を生みその活動を拡大することであるならば，証券の保有者に補償がなされなければならないことは——それは労働者が持続的な労働の提供をなすのと，労働およびそれによって行う生計のなかに含まれる危険を負担するのとに，十分な支払いを保証しなければならないのと同じである——明白である。だがもし利潤が証券所有者の満足を維持するより多く，企業に新たな資本を誘引できるより多かったとするなら，どうだろうか5)。持続的な資本の提供と危険請負を確保するに十分な以上の量の利潤を，証券所有者のためにとっておくことのうちに，社会にとっての利点はあるのだろうか。追加的利潤の見通しは，証券所有者にたいして，社会の要求に奉仕する仕方でもっと精力的に企業を・運・営・さ・せ・よ・うという動力となることはできない。彼はもはや経営を統御していないからである。そのような超過利潤が証券所有者に与えられることが，有効な経済的機能を発揮させることになろうとは考えられない。

　さらにまた，もしすべての利潤が証券所有者のためにとっておかれるのだとするなら，企業を能率的に運営するためそれを統御している人々にとっての誘因は，どこにあるだろうか。そうした人々が利潤をいっさい受け取らないときに，株主集団をほどほど満足させ続けるに必要な程度を超えて，彼らが奮闘し・な・ければならない理由はあるだろうか。もし，利潤動機がよくいわれるように行動への強力な刺激となるのであるなら，そしても・し，それぞれの企業が利潤

---

5)「証券所有者の満足を維持するに十分な利潤」等々は，曖昧な表現であり，また簡単には規定できない。しかしながらじっさいには，必ずしもそう曖昧でもないのである。思うに株主のうちにある不満は，それ自身で知られるものにならないかぎり，重要ではない。そして新たな資本を簡単に調達することの難しさは，支配者集団が常に身につまされていることと思われる。

極大化を目指して運営されるときもっともよく社会の目的にかなうのだとすれば，資本提供者に満足な報酬を与えるに必要な以上の利潤を，企業の支配者が己がものとするよう鼓舞されることは，社会の大きな利点ではないだろうか。この余剰の利潤への見通しが，支配に携わる者のうちで，より有効な経営への動機として働かないだろうか。たしかに誰もが，次のような結論を避けることができない。もし利潤が動機への影響力を持つならば，投資家が納得する報酬を超えて得られた剰余は，支配を放棄した「所有者」の手に渡すよりも，支配者の活動への刺激づけに用いるほうが，ずっと有益な使い方となるはずだということである。

　この結論は，所有と支配が未だ完全なものになっていない事実から，若干の修正がほどこされる。たしかに株主の大部分は会社の出来事にどんな程度であれ支配を行使する立場にいないけれども[6]，それでも実際の支配に携わっている人々はそれなりの株主である——多くの場合その持分は株式全体のごくごく小さな部分ではあるが——のがふつうである。いま支配者集団に属する人々がもっとも効率的な運営を生み出そうとするさいの大きな誘因として，自分たちがもっと精力的に活動すればそこから生まれる追加的利潤の1％か2％をもらえるという期待が働くのは，ありうることである。それでもなお，その他の株主の満足をつなぎとめるだけの利潤を上回る利潤，新資本の調達を可能にするだけの利潤を上回る利潤が，経済的見地から無駄な処置になってしまうというのは，相変わらず事実である。支配者集団の手に入るわずか1％か2％の利潤だけが，利潤によって伝統的に果たされてきた二つの役割を遂行するということになる。

　利潤の伝統的な論理を現代の株式会社に当てはめるときには，もし利潤を所有者と支配者の双方に分け与えなければならないとすれば，「所有者」には資本にたいする適正な報酬のみが分配さるべきであり，残りは支配者にたいし，もっとも効率的かつ卓越した経営をなさしめる誘因として与えらるべきだということが示唆される。株式会社はかくして，金銭的に支配者の利害のもとで運営されるものとなり，株主は単に資本にたいする給与の受取人になっていくと

---

6) 委任状獲得合戦のようなきわめて異常な状況の場合を除く。この場合には，王宮の革命を支持するか拒絶するかにかかわる大衆の役割を，株主の大群が演ずることになる。

される。

　この結論は，まったく同じ事態に財産の伝統的な論理を適用して得られる結論と，真っ向から対立する。そして同じように疑わしい。

# 第3章　伝統的な理論の不備

　財産と利潤という二つの主要な社会的秩序の論理を近年の新しい状況に適用して前述のような相異なる結果が得られることから，われわれは，そうした秩序の想定と概念に立ち戻って，さらに考究を加えなければならない。

　過去1世紀半にわたって経済学者，法律家，実業家の考えの基になっていたのは，アダム・スミスによってかくも巧みに描かれた経済生活の像である。『国富論』における彼の所論には，近代思想の大部分に共通する根本的な概念が含まれている。のちの論者たちは新しい状況に応じてスミスの像に調整を加えてきたとはいえ，その全体はスミスが描いた基調を踏襲してきた。私有財産，私的企業，個人的創意，利潤動機，富，競争といったこれらの概念は，彼が彼の時代の経済を描出するのに用いたもので，それによって彼は，個々人の金銭的な利己心がもし自由に活用できれば人間の欲求の最高満足に導くだろうことを示さんとしたのである。19世紀のほとんどの論者がこの論理の基盤に立って著作を世に出したのであって，近年の経済文献もまたこの用語によって多くを論じている。

　だがこれらの用語は今日その的確性を失った。それゆえに大株式会社によって運営される現代の事業体を描写するさい，誤った方向に導く可能性が出てきている。用語と概念の両方とも存続はしているが，それらはアメリカの経済組織の支配的部分に適用できない。変化した諸関係を内包する新たな用語が必要になってきている。

　アダム・スミスが「企業」(enterprise)について語ったとき，彼は小規模な個人の事業を典型的な単位として念頭においた。そこでは事業の所有者が，おそらく少数の徒弟や労働者の助けをかりて市場に出す商品を生産するか商品の取

引を行うために働いた。スミスは強い意志を持って事業機構としての株式会社を拒絶した。所有権の分散は事業の効果的な運営を不可能にするというのであった。彼は述べる。「こういう会社の取締役は、自分の金というより、むしろ他人の金の管理人であるわけだから、合名会社の社員が、自分自身の金を見張る時にしばしば見せるのと同じ鵜の目鷹の目でひとの金を見張るとは、とても期待できない。金満家の執事よろしく、些事に注意を払うと、かえって御主人の沽券にかかわるなどと考えがちで、いともあっさりと自分で自分の注意義務を免除してしまう。だから、こういう会社の業務運営には、多かれ少なかれ怠慢と浪費がつねにはびこること必定である。外国貿易を営む合本会社が、（スミスがこれを書いていた時代には、銀行、保険、水運あるいは運河会社以外で、外国貿易会社が株式会社であることを唱えた唯一の重要な業種だった）個人の冒険的な事業家との競争にほとんど耐えてゆけなかったのは、まさにこのためである。したがって、こういう会社は、排他的特権なしでは、ほとんど成功したためしがなく、特権をもっていてさえ成功しなかったこともしばしばあった。排他的特権がなければ、たいてい貿易をしくじっている。排他的特権をもてば、貿易をしくじったうえに、その特権に閉じこもった」[1]。

　だが今日われわれが事業体を語るときには、アダム・スミスが経済活動を解き明かすために設定した諸原理に適合しないと思われる、こうした事業単位そのものを考察の中心におかなければならない。では現代経済を論ずるのに、アダム・スミスの概念はいかなる適用が可能なのであろうか。

　その点を以下に順次考察してみたい。

## 私有財産(Private Property)

　アダム・スミスとその追随者にとって、私有財産は占有(possession)との同一性を含意した。彼は所有権と支配とを結び付けて考えた。今日、現代株式会社においてその同一性は損なわれている。消極的財産(passive property)——とくに株式、社債などの証券——は、その占有者に事業体のなかでの利権を持た

---

1) Adam Smith, *The Wealth of Nations*, Everyman's Library edition, Vol. II, p. 229〔上の訳文は大河内一男監訳『国富論』中公文庫、III、83-84頁によるが、本書の論旨に合わせて若干の修正をほどこした〕。

せるが，だが実質的にそれにたいする支配は付与せず，また何の責任をも含んでいない。積極的財産(active property)——設備，暖簾，組織等々，じっさいの事業体を作り上げているもの——は，ほとんどの場合，それにたいするごくわずかの所有権しか持たない個々人によって支配される。関係ということからすると，今日の状況は次のように表現しうる。(1)「消極的財産」は，事業体にたいする個人の権利が事業体にほとんど何の有効な支配をも及ぼさない内実をもって，個人と事業体との間の一連の関係を構成する。一方，(2)「積極的財産」が構成する一連の関係は，その関係のもとで個人あるいは個人の集まりが事業体にたいする権力を保持するが，効果的に強要されうるその事業体にかんしてほとんど何の義務(duties)も負っていない。消極的財産関係と積極的財産関係が同一の個人または集団に帰属するとき，われわれはかつて経済学者が説いたような私有財産を持っている。両者が別々の個人に帰属するとき，生産手段のなかにおける私有財産は消滅する。株式証券のなかにおける私有財産はなお存続している。その所有者は証券を占有しそれを処分する権力をも持っているからである。だがその株式証券なるものは，不完全に保護された権利と期待との紙束からなる標章にすぎない。転々売買されうるのはこの標章の占有権であり，その売買が現実の生産手段に及ぼす影響は，あるにしてもごくわずかでしかない。積極的財産の占有——事業体をその所有権から離れて支配する権力——が，それを占有する者に属するといえる私有財産とみられるのか，その占有者によって処分されることになるかは，将来の問題であって，それにかんする予測をなすことはできない[2]。答えはどうあれ，いまわれわれが現代株式会社を扱うことが，旧式の私有財産を扱うのと同じでないことは明らかなのである。現代の経済を描出するにあたっては，半ば公的な株式会社を扱うかぎりにおいて，われわれは財産についての二つの形態つまり積極的財産と消極的財産とのほとんどの部分が，異なる手の内にあるものとして論を進めなければならないのである。

---

[2] そのようなケースとして，習慣的に取締役の地位が相続されるようになり，この習慣に法が承認を与えるといった例が考えられる。

## 富（Wealth）

　同様に「富」の概念も変化し分化してきている。アダム・スミスにとって富は有形の物体――小麦，土地や建物，船や商品――からなるものであり，今日でもほとんどの人が富をそうした物的な意味で考えている。しかし現代株式会社にかかわらせていうと，そこには根本的に異なる富の二つのタイプが存在する。消極的財産の保有者である株主にとって，富は工場，駅，機械といった有形財ではなく市場価値を有する一束の期待――それを保有していれば所得をもたらしそれを売却すれば富の他の形態を手に入れる権力を得るであろう期待――にほかならない。積極的財産の保有者である「支配者」にとって，富は彼が統治する巨大な事業体――その価値の大部分が有形の財産，労働者の機能的組織の存在，消費者の機能的主体の存在，を組み合わせた関係であるところの事業体――を意味する[3]。大株式会社の支配集団は，容易に市場価値を確かめうるこの有形の富の本体を支配するというのではなく，その機能を発揮し続ける以外に価値があまりなくそれのための出来合いの市場など存在しないところの，ひとつの有機体にまたがっている。かくして二つの富の形態が相並んで存在する。一方に消極的富――流動的，非人格的で，何の責任も伴わず，人々の手から手へと移り，常に市場において価値が秤量される――と，他方に積極的富――巨大な機能的な有機体。その生命は証券所有者，労働者，消費者に依存するが，だがもっとも強いその推進力は「支配者」である――がある。富の二つの形態は同じ物を二つの面からみたというのではない。本質的，機能的に別のものなのである。

## 私企業（Private Enterprise）

　再びアダム・スミスに戻ると，彼における私企業とは，個人または数人の

---

[3] 巨大な事業体の機能的な部分に消費者という概念を入れるのは，最初は理解するのにやや困難かもしれない。しかしクラブの存続にとって会員という主体が不可欠なのとまったく同じく，事業体の存続にとって消費者という主体が不可欠である。どちらの場合も会員もしくは消費者は協会あるいは企業の欠くべからざる部分なのである。どちらの場合も会員資格を得るには費用をかけ，何か恩恵を得る目的でその資格を得る。「ペプソデント〔歯磨き〕ファミリーに加わって」という広告標語は，おそらくこの事実の意図せざる認識なのである。

パートナーが能動的に事業に向き合い，大部分を自分自身の労働と彼らの直接の指揮に依拠して行っているという，そんな個人やパートナーを意味した。今日われわれは，単一の企業に結び合わされた無数の所有者，労働者，消費者を前にしている。この巨大な集合体は，私企業という概念を分析手段として不都合にするほどに，過去の小規模で私的に所有された企業とは違っている。これを会社企業の概念におき換えなければならない。会社企業は，「支配者」という産業の専制者の指導下における，個々人，労働者，消費者，資本提供者の膨大な集合体の組織化された活動の概念である。

### 個人的主体性(Individual Initiative)

規模の拡大とともに，私企業が姿を消すと同じく，個人的主体性も消えうせていく。軍隊が「厳格な個人主義」の基礎の上に運営されていると考えるのはこっけいであろう。現代株式会社についても，それは同じである。大規模企業における集団的活動，生産の異なる諸段階の調整，極端な労働の分業などは，必然的に，個人主義ではなく協同を，また独裁主義にさえ近い権威の受容を意味する。労働者がみなひとつの組織内で昇進を追い求めているというかぎりで，そこには個人的主体性の余地がある。その主体性は彼が達成を求められている，その狭い機能の範囲内でのみ発揮される主体性である。そして巨大株式会社の組織ヒエラルキーの頂点で，そこでだけ，個人主体性は適度の自由な行動を許容される。だがそこにおいてさえ，下に仕える者たちが上位者の意向を遂行するその意志と能力によって課せられた制約があるのである。現代の産業においては，個々人の自由は抑制されざるをえない。

### 利潤動機(The Profit Motive)

個人が活動する動機さえも，その様相は変わっている。アダム・スミスとその追随者たちにとって，人間を行動に駆り立てるすべての動機のなかから私的利潤への欲望というひとつの動機を抽出し，それを人間の経済活動の鍵とすることが可能だった。だから，真正の私企業が存在すれば，私的利潤が有効かつ社会的な益にもつながる動機の力になると結論づけることができた。だがわれわれはすでに，現代株式会社では利潤動機なるものがいかに変形されたかをみ

てきた。利潤が投資家にたいし資本の持つリスクに挑ませるかぎりで，それは昔からの役割を演ずる。しかしもし裁判所が，財産の伝統的な論理に従って，全利潤は証券所有者に及ぶあるいはそのためにとっておかれるべきことを求めるならば，それは企業の有効な指揮にもっとも重要な活動をなす人々の集団そのものに利潤が及ぶのを阻止することである。利潤が支配者の懐にも分与されるようになって初めて，利潤はいくぶんかであれその第二の機能を果たす。

　かりに剰余利潤の実現ということが支配者にたいする刺激となっているとしても，それはかつての利潤の論理が想定したほど効果的な手段となっていることを，明らかにしてはいない。おそらく，現代株式会社が生み出せるかもしれない巨額の剰余利潤にとっての動機というものは，収穫逓減の法則に従う。第二の100万ドルの所得を得る見込み（剰余利潤はしばしばそれ以上にさえなるかもしれない）が，100万ドルであれ10万ドルであれ第一の所得の見込みが駆り立てると同じほどの活動を引き起こすと考えるのは，たしかにおかしい。このような場合の利潤は，昔の論者たちが心に描いた利潤とあまり関係がないものである。

　支配者のことについて何が今日，彼らの効果的な動機をなしているかという問題は，憶測の域を出ない。だがそれにかんしては，アダム・スミスの時代の小商人の動機を吟味するより，新世界の征服をもくろむアレキサンダー大王の動機を研究したほうが，多くのヒントが得られそうである。

**競争**(Competition)

　最後に，アダム・スミスが産業の偉大な調整役として競争を擁護したとき，彼の念頭にあったその競争単位は，ごく小規模で，固定資本も間接費用も重要な役割を演ずることなく，費用は大いに明確であり，またその単位があまりに多数であるためどれひとつとして市場で重要な位置を占めていないようなものだった。少数の大企業によって支配された市場における今日の競争は，よりしばしば，激烈かつ破壊的であるか，あるいは独占または寡占の状態を定常化するほどに不活発であるかの，どちらかになっている。それぞれに複雑で費用が不確定化している組織が繰り広げる少数単位間の競争は，昔の経済学者が想定した条件を充たすものではないし，彼らが想定したような産業および利潤の有

効な調整役になれそうにもない。

　以上の基本的な諸概念にかかわる状況の各々において，現代株式会社はそうした概念をもはや適用不能とする変化を生み出した[4]。新たな概念が彫琢されねばならず，新たな経済的関係の像が描出されねばならない。本書の冒頭においてわれわれが，現代株式会社をひとつの主要な社会制度として設定し，その発展が革命というにふさわしいとまで表現したのは，この感懐によるものであった。

---

4) 今日の状況下で経済活動が昔よりはるかに複雑化したことは誰でも指摘するが，産業のきわめて大きな部分が少数の大規模な単位に集中したのに，それが経済の過程を単純化するよりむしろ複雑化したというのは，奇妙である。複雑化とみえることの一部が，もはや適用できない概念を使って事態の進行を分析しようとすることから生じていると指摘するのは，意味があると思われる。

# 第4章　株式会社の新概念

　経済生活を新たに描く全体像の根幹は，会社組織に集中化された事業体の新概念でなければならない。ある程度まで，ひとつの概念がすでに浮揚しつつある。10年以上前，ウォルター・ラテナウは，ドイツに登場した巨大株式会社にかんして次のように書いた。

　「永久の所有者はいない。事業の頂点に君臨する何千もが入り組んだ構成体は，絶えざる流動状態にある……。物事のかかる状態は所有権の非人格化を意味する……。所有権の非人格化は同時に，所有された物の客体化である。所有にたいする権利はそのような様相のなかで分割されており，かつまた可動的なので，企業はあたかも誰にも属していない独自の生命を持つかのごとくである。それはかつて国家や教会，自治都市，ギルドや宗教団体のみに体現されていた客観的存在となる……。所有権の非人格化，企業の客体化，財産の占有者からの離脱，これらは企業をして，本性において国家にもまごう一社会制度に変容させる地点にまで導く」[1]。

　ここで考量するこの制度は，実業の単位としてでなく社会組織という観点から，分析対象とされるのでなければならない。一面においてそれは，中世の教会に集められた宗教的な権力，国家に集められた政治権力とも対比しうる，経済分野での権力の集中をうちに含んでいる。他面において経済的利害の広範な分化——資本を提供する「所有者」の利害，「創造」する労働者の利害，企業の製品に価値を与える消費者の利害，なかんずく権力を振るう支配者の利害——の相互関係を内包する。

---

1) Walther Rathenau, *Von Kommenden Dingen*, Berlin, 1918. 英訳はE. & C. Paul, (*In Days to Come*), London, 1921, pp. 120, 121.

これほどの権力の集中とこれほどの利害の多様化が，権力とその規制——利益とその保護——をめぐる長い紛争を引き起こす。どんな形態であれ，権力を振るう個々人と，その権力行使の対象となる者の間には，戦闘状態の絶えることがなかった。権力を得たい不断の熱望があるのと同じく，かかる権力を，その影響を受ける個々人の大部分の奉仕者に変えようという，不断の熱望もある。カトリック教会を改革する長い闘争，国家の憲法の進歩をめぐる長い闘争は，みなこの現れにほかならない。絶対的な権力は，組織を構築するのに有効である。だがそれより歩みは遅いが同じくたしかなのは，権力を，すべての関係者が恩恵を享受するように用いるべきだと求める，社会の圧力の増大である。教会の歴史と政治の歴史に常に随伴するこの圧力は，すでに経済分野においても多くの場面でみられるようになってきている。

深度はさまざまであれいま世界中で看取しうることは，経済組織のなかにおける権力を，他の分野に存在した権力に適用されてきたと同じ公共の利益という尺度をもって考査の対象とすべしという，主張の強まりである。その見地のもっとも極端な現れは，共産主義の運動のなかにおけるものである。そこには財産にかんする・すべての・権力と特典を共同の利益にのみ用いるべしとする主張の，もっとも純粋な形態がある。それほどに極端な形態でない社会主義的信条のもとで，公衆への奉仕のために経済権力を国家に移管することが求められている。資本主義体制を堅持する国々のなかでは，とくに不況時にそうであるが，巨大な経済組織を統御する者は労働者たると投資家たると消費者たるとを問わず組織を構成する人々の幸福に責任を持つべしとの要求が，絶えず押し出される。ある意味でそうした要求すべてにおける違いは，程度の問題にすぎない。経済組織が強固さを増しその支配が少数者の手に集中されるに比例して，権力を持つ者の居場所が容易に確かめられるようになり，権力の責任にかんする要求が直接的なものになってきている。

この要求は，今後いかにして有効性を高めていくか。この問いにたいする答えは，次の世紀の歴史の予見である。われわれがここでなしうるのは，今後ありうる発展のなかで重要と思われるいくつかの流れを考え，評価する程度のことでしかない。

伝統理論では，株式会社は，その株主あるいはもっと広義での証券所有者に

「属する」。彼らの利益が，会社活動の目的として認められるべき唯一の利益である。この伝統を踏襲し，そして所有の性格の変化をとくだん重視しないなら，前出の「信託された権力としての会社権力」の章(第II編7章)で分析したように，厳格な財産権の法理を消極的財産所有者に適用することが可能である。この法理を適用すれば，会社の支配を担う集団は，証券所有者だけに恩恵を与える——証券所有者はもはや彼らの利益の源泉である積極的財産に権力を持つことをやめ，あるいはそれに何の責任をも持とうとしない事実にもかかわらず——ため会社運営を行い準備することを求められる受託者の立場におかれる。この理屈を押し進めれば，早晩アメリカ産業の大きな部分が，非活動的で責任も持たない証券所有者の単独利益のために働く受託者によって運営されることになるかもしれない。

　厳格な財産権というこうした法理と正反対の見解を持つ者が，明らかに大会社の法律担当者やこの分野の研究者のなかにいる。すなわち株式会社の発展が，支配に携わる集団に，絶対的でかつその行使にいかなる義務による制約もない権力を与え，新しい関係の組合せを作り出したとするのである。この思考は他方の極端な結論に導く。例えばもし会社支配の座にいる者がこの新しい関係を理由として，自分の利益のために会社を引き回し，会社所得の流れが生む資産のある部分を自分で用いるよう取り分けることができるなら，それが彼らの特権だとするものである。この見解では，新しい権力はいわば準契約的な根拠で取得されたものとみるから，証券所有者がそのことから受けるかもしれない損失も事前に了解ずみだということになる。結果はつまるところ，そうした新しい権力の台頭をもたらした法的，経済的関係の存在を，私有財産の原理の修正として率直に認めなければならないことになる。

　もし上の二つが二者択一でしかないとすれば，前者の方が多少とも害悪が少なくてすむことになりそうである。会社における諸関係の変化が財産の性格の変更を不可避に含んでいることは，疑う余地がない。だがその点での修正は，これまでのところでは大部分，正当としてよさそうな原理を基にしてなされてきた。それゆえ，消極的財産所有者の権利を強化するほうを選ぶか，それとも支配者に何の拘束もない一連の権力を委ねるほうを選ぶかの選択は，おのずから，違う結果のどちらを採るかという純粋に現実的な判断にかかっている。わ

れわれは，事業に手出しすることを軽減するよう会社内の特定集団を受託者に仕立て，信託関係が持つ相対的な確実性と安全性を選ぶかもしれない。あるいはまた，支配者集団にもっと自由な手綱を与えて，それによって会社略奪時代を招来する可能性を伴った寡頭支配の危険を甘受することもできる。

　しかしながら，第三の可能性も存在する。一方で消極的財産の所有者たちは，積極的財産に対する統御や責任を放棄することによって，会社は自分たちだけの利益のために運営すべきだと主張する権利をも放棄した。彼らは自分たちの構成するコミュニティが，厳格な財産権の法理に従って全面的に構成員を保護する義務があるということから，そのコミュニティを解放した。同時に支配者集団は，会社権力の拡大を通じて，会社は消極的財産所有者に恩恵をほどこすためにだけ操業されることを求める伝統の壁を，自分自身の利益のなかで打ち破った。とはいえ，消極的財産所有者の単独の利益を減殺するということは，新しい権力が今度は支配者集団の利益のために用いられるのだと主張する論拠に，必ずしもなるわけでない。支配者集団は，新しい権力がそのように用いられるべきだとする構想について，それを防御するに値するような行動も言葉もまだ提示していない。いかなる伝統もこの構想を支持しない。むしろ支配者集団は，所有者だけでも支配者だけでもない，もっとはるかに広い集団の権利に道を開いたというべきであろう。つまり現代株式会社というコミュニティを，所有者や支配者だけでなく社会全体に奉仕することが求められる位置に就けたのである。

　この第三の選択肢が，会社活動の全面的に新しい概念を提供する。所有者の主張も支配者の主張も，コミュニティの優先的な利益に反してそれをなすことができない。いま両方の集団が戦場に出て戦うさいの両者の主張は，本書が描いた発展によって双方とも弱められてきている。明瞭さとその力とにおいて前進を続けるのは，独りコミュニティの主張である。支配者による簒奪にたいする一時的な防衛策として財産権の厳格性を強めることは，そうした財産権の修正をほかの諸集団の利益のなかで行っていく方途とは相容れないであろう。コミュニティの義務をはっきり確定する制度が作り出され，それが広く受容されるとき，その瞬間から今日の消極的財産権はより大なる社会の利益に道を譲らなければならない。例えば会社のリーダーが，公正な賃金，従業員の安全，顧

客への適正なサービス，事業の安定等を盛り込んだプログラムを策定し，それのすべてを消極的財産所有者の利潤を削減してまかなおうとする，また会社というコミュニティがそのような計画を，産業の諸困難の論理的，人道的な解決策として一般的に受け入れる，そういう事態になったときには，消極的財産所有者の利益はそれに道を譲らなければならなくなる。裁判所はほとんど必然的に，この結果の容認を——そのさい多々ある法理論のどれかに依拠してそのことを正当化するにせよ——強いられるであろう。巨大株式会社の「支配者」が，純粋に中立的な技術家主義（テクノクラシー）に発展を遂げて，コミュニティにかかわるさまざまな集団の主張にバランスをとり，私欲を基にするのでなく公共の政策に添って所得の流れを各集団に配分していく——そういう選択肢が考えられるし，株式会社制度が生き延びるにはそのことが不可避ではないかと思われるのである。

　より高い観点に立って，現代株式会社を，単なる社会組織の一形態としてでなく，（未だ実現の途上にあるとはいえ）潜在的に現代世界の支配的な社会制度（インスティテューション）だとみることも可能であろう。いかなる時代にも，権力集中の根幹は，その時代の支配的な勢力のもとにあった。その時代の強い人物が，枢機卿や法王，君主や閣僚，銀行頭取やモルガン商会のパートナーたるべく奮闘してきた。中世には教会がその霊の力によってヨーロッパを制圧し，当時，政治と経済の両方で拡散していた権力をひとつにまとめる役割を果たした。近代国家の生起とともに，少数の大きな単位に集中された政治権力が，人間社会のもっとも強い紐帯として，それまでの霊的勢力に挑戦した。こうして生じた教会と国家の長い闘争をへて，国家が勝者の地位に就いた。国家主義者による政治が，西欧世界の主たる統一的組織の基盤として，宗教にとって代わったのである。経済の権力のほうは依然，拡散していた。

　現代株式会社の生起は，近代国家と対等の条件で競うことができるほどの経済的権力の集中をもたらした。経済的権力と政治的権力は，各々の自身の分野において強力である。国家はいくつかの局面で株式会社を規制する方途を模索しているが，一方，株式会社は着々と力を身に付け，そうした規制を免れるためにあらゆる努力を払っている。自分の利害にかかわる場合には，国家を支配しようと試みさえする。将来には，いま株式会社によってその典型がかたち作られた経済的な有機体が国家と対等の地平に立つだけでなく，社会組織の支配

的形態として国家にとって代わる姿をさえ，みる可能性がある。それに従い株式会社の法律は，新たな経済的国家にとっての憲法と考えてしかるべきものとなるかもしれない。一方，事業経営の遂行は，ますますこの経済的国家の行政官の識見と能力にかかってきているのである。

# 付　表

## 付表 A　株式がニューヨーク証券取引所に上場され取引されている会社の規模

独立 573 社

| 資産総額 | 企業数 | 資産総額 | 企業数 |
| --- | --- | --- | --- |
| 1000 万ドル以下 | 100 | 1-2 億ドル | 49 |
| 1000-2000 万ドル | 115 | 2-3 億ドル | 22 |
| 2000-3000 万ドル | 70 | 3-4 億ドル | 18 |
| 3000-4000 万ドル | 56 | 4-5 億ドル | 7 |
| 4000-5000 万ドル | 31 | 5-6 億ドル | 12 |
| 5000-6000 万ドル | 21 | 6-7 億ドル | 4 |
| 6000-7000 万ドル | 16 | 7-8 億ドル | 3 |
| 7000-8000 万ドル | 17 | 8-9 億ドル | 4 |
| 8000-9000 万ドル | 10 | 9-10 億ドル | |
| 9000 万-1 億ドル | 7 | 10 億ドル以上 | 11 |
| 1 億ドル以下の企業数 | 443 | 総　　計 | 573 |

*Commercial and Financial Chronicle*, vol. 128, No. 3324 (March 9, 1929), pp. 1514-1523 および *Moody's Railroad, Public Utility and Industrial Manuals for 1928, 1929* により作成。

## 付表B 大株式会社と全株式会社の企業内留保の比較

| 暦年 | 企業内留保額 非金融の全株式会社[1] (100万ドル) | 200大株式会社[2](推定) (100万ドル) | 全株式会社の総額に占める200大会社の比率(%) | 未配当で留保される利潤の割合 全株式会社(%)[3] | 200大会社に含まれる108社(%)[4] |
|---|---|---|---|---|---|
| 1922 | 1,747 | 555 | 31.8 | 33.7 | 33.8 |
| 1923 | 2,528 | 889 | 35.1 | 37.8 | 41.5 |
| 1924 | 1,575 | 839 | 53.2 | 26.6 | 37.5 |
| 1925 | 2,957 | 1,011 | 34.2 | 36.3 | 39.9 |
| 1926 | 2,335 | 1,290 | 55.3 | 28.2 | 42.2 |
| 1927 | 1,115 | 1,164 | 104.5[5] | 14.8 | 35.2 |
| 6年合計 | 12,257 | 5,748 | 46.9 | 29.4 | 38.5 |

1) *Statistics of Income* 各年版により，非金融の全株式会社の税引き後純利潤から現金による配当額を差し引いて計算。
2) この期間中に組織変更を行わず，かつ期間中のどの年かに200大企業リストに入っていた108社における未配当利潤をもとに推定した。
3) *Statistics of Income* 各年版に報じられた非金融全株式会社の税引き後純利潤にたいする未配当額の比率。
4) 1922年から1927年までの期間に一度以上，200大企業リストに入っていた108社(鉄道39社，公益31社，工業38社)。各々の情報は，Moodyの *Railroad, Public Utility, Industrial Manual* における，配当可能純所得と支払済み現金配当の統計から得た。損失の計上は，マイナスの所得として扱っていない。したがって企業内留保(Savings)は，純所得から現金配当を差し引いた額である。
5) 企業内留保は，利潤のかたちで受け取られるよりも配当のかたちで支払われる額が多いところでは，マイナスの計算になりうる。

## 付表C 新発行の会社証券のうち200大株式会社とその子会社が発行した割合[1]

| 1年のうちの4カ月 | 非金融の全株式会社の発行 (100万ドル) | 200大株式会社の発行[2] (100万ドル) | 最大200社の割合(%) |
|---|---|---|---|
| 1922 | 502.4 | 300.8 | 59.8 |
| 1923 | 735.5 | 469.5 | 63.8 |
| 1924 | 1,004.8 | 740.6 | 73.8 |
| 1925 | 867.6 | 552.0 | 63.6 |
| 1926 | 1,249.9 | 782.5 | 62.6 |
| 1927 | 1,552.0 | 1,159.6 | 74.7 |
| 合計 | 5,912.2 | 4,005.2 | 67.7 |

1) *Commercial and Financial Chronicle* 紙から，各年の3月，6月，9月，12月の数値を合計した。
2) 借換発行では90%がこれら企業による発行と想定。

## 付表 D　大企業同士の合同[1]，1922-1929 年

上記期間のいずれかの時期に 200 大会社のリストに挙げられ，そして同じ 200 大会社リストにある他企業によって取得された企業

〈その1〉

| 年 | 取得された企業名 | 取得した企業名 | 取得時点の被取得企業の資産額(100万ドル) |
|---|---|---|---|
| 1919 | なし | | |
| 1920 | Associated Oil Co. | Pacific Oil Co. | 68.1 |
| 1921 | Midwest Refining Co. | Standard Oil Co. of Ind. | 85.9 |
| 1922 | Lackawanna Steel Co. | Bethlehem Steel Corp. | 89.6 |
| 1923 | Toledo, St. Louis & West Rd. Co. | N. Y. Chi. & St. L. R. R. Co. | 59.5 |
| | Chile Copper Co. | Anaconda Copper M. Co. | 151.4 |
| | Midvale Steel & Ordnance Co. | Bethlehem Steel Corp. | 285.4 |
| | Morris & Co. | Armour & Co. | 95.0 |
| | Sheet & Tube Co. of America | Youngstown Sh. & T. Co. | 94.0 |
| | Utah Copper Co. | Kennecott Copper Corp. | 66.0 |
| 1924 | Carolina, Clinchfield & O. Ry. Co. | Atl. Coast Line R. R. Co. | 78.7 |
| | Internat. Gr. Northern Ry. Co. | Mo. Pac. R. R. Co. | 77.5 |
| | Chicago Elevated Rys. Co. | Commonwealth Ed. Co. | 97.4 |
| 1925 | Kansas City, Mex. & Or. Ry. Co. | At. To. & S. Fe. Ry. Co. | 88.0 |
| | Alabama Power Co. | Southeastern Pr. & Lt. Co. | 86.0 |
| | New Orleans Public Serv. Co. | Electric Pr. & Lt. Corp. | 69.3 |
| | Ohio Fuel Supply Co. | Columbia Gas & El. Corp. | 78.9 |
| | Utah Securities Corp. | Electric Pr. & Lt. Corp. | 100.0[2] |
| | Western Power Corp. | North American Co. | 96.4 |
| | Magnolia Petroleum Co. | Standard Oil Co. of N. Y. | 212.8 |
| | Pan Am. Pet. & Trans. Co. | Standard Oil Co. of Ind. | 179.5 |
| 1926 | Penn. Electric Co. | Ass. Gas & Elec. Co. | 88.1 |
| | Standard Power & Lt. Corp. | Ass. Gas & Elec. Co. | 300.0[2] |
| | United Rys. Investment Co. | Standard Gas & Elec. Co. | 250.0[2] |
| | Pacific Oil Co. | Standard Oil Co. of Calf. | 181.0 |
| | General Petroleum Corp. | Standard Oil Co. of N. Y. | 102.0 |
| | Pacific Petroleum Co. | Standard Oil Co. of Calif. | 95.3 |
| 1927 | Georgia Ry. & Power Co. | Southeastern Pr. & Lt. Co. | 76.5 |
| | San Joaquin Light & Power Co. | Western Power Corp. | 75.0 |
| 1928 | Northwestern Pacific Rd. Co. | At., To. & S. Fe Ry. Co. | 70.0 |
| | Pere Marquette Ry. Co. | Alleghany Corp. | 157.0 |
| | Texas & Pacific Ry. Co. | Missouri Pac. R. R. Co. | 140.0 |
| | American Light & Traction Co. | United Lt. & Pr. Co. | 128.5[2] |
| | Brooklyn Edison Co. | Cons. Gas Co. of N. Y. | 153.3 |
| | Mackay Companies | Internat. Tel. & Tel. Co. | 93.4 |
| | Montana Power Co. | American Pr. & Lt. Co. | 106.0 |
| | National Electric Power Co. | Mid. West Utilities Co. | 123.0 |
| | National Public Service Corp. | Nat. Electric Power Co. | 174.7 |
| | Philadelphia Electric Co. | United Gas Imp. Co. | 278.4 |
| | Puget Sound Power & Light Co. | Eng. Public Service Co. | 122.2 |
| | California Petroleum Corp. | Texas Corp. | 102.2 |
| | Dodge Bros. Inc. | Chrysler Corp. | 131.5 |

〈その2〉

| 年 | 取得された企業名 | 取得した企業名 | 取得時点の被取得企業の資産額(100万ドル) |
|---|---|---|---|
| 1929 | General Gas & Electric Corp. | Ass. Gas & Elec. Corp. | 175.0 |
| | Massachusetts Gas Companies | Koppers Co. | 89.6 |
| | Mohawk Hudson Power Corp. | Niagara Hudson Pr. Corp. | 190.0[2] |
| | New England Power Assoc. | Internat. Pap. & Pr. Co. | 216.8 |
| | Northeastern Power Corp. | Niagara Hudson Pr. Corp. | 131.4 |
| | Penn-Ohio Edison Co. | Com. & So. Pr. Corp. | 153.3 |
| | Southeastern Power & Lt. Co. | Com. & So. Pr. Corp. | 507.2 |
| | Greene Cananea Copper Co. | Anaconda Cop. M. Co. | 56.2 |

1) 合同(merger)を，ここでは1企業による他企業の財産の合体(consolidation)か，直接の株式による支配かのどちらかで，支配を取得(acquisition)したものとしている。
2) 推定。

### 付表E 200大企業に含まれる産業企業のうちの1社が，リストにはないが大企業である他社を合併した部分事例(1928-1929年)

| 取得された企業名 | 合併された時点の資産の概算(100万ドル) | 取得した企業名 |
|---|---|---|
| Grasselli Chemical Co. | 56.7 | E. I. DuPont de Nemours |
| Pierce-Arrow Motor Car Co. | 24.0 | Studebaker Corp. |
| Columbia Steel Corp. | 34.0 | United States Steel Corp. |
| Trumbull Steel Corp. | 51.2 | Republic Iron & Steel Co. |
| Texon Oil & Land Co. | 26.6 | Marland Oil Co. |
| Continental Oil Co. | 81.0 | Marland Oil Co. |
| Hood Rubber Co. | 35.7 | Goodrich Tire & Rubber Co. |
| Pacific Public Service Co. | 25.0 | Standard Oil Co. of Calf. |
| Chase Cos. Inc. | 29.9 | Kennecott Copper Corp. |
| Lehigh & Wilkes Barre Coal Co. | 63.1 | Glen Alden Coal Co. |
| Standard Sanitary Mfg. Co. | 55.0 | American Radiator Co. |
| Shredded Wheat Co. | 12.8 | National Biscuit Co. |
| Creole Petroleum Corp. | 50.0[1] | Standard Oil Co. of N. J. |
| Keith-Albee-Orpheum Corp. | 84.3 | Radio Corp. of America |
| Victor Talking Machine Co. | 68.3 | Radio Corp. of America |
| Hartmann Corp. | 26.4 | Montgomery Ward & Co. |

1) 推定。

付表 F   1919 年の 200 大会社リストに載りながら
         1928 年の 200 大会社リストから姿を消した企業[1]        〈その 1〉

|  | 各年末ころの総資産(100万ドル) | |
|---|---|---|
|  | 1919年 | 1928年 |
| **より大なる企業との合同(23社)** | | |
| Carolina, Clinchfield & Ohio Railway Co. | 68.2 | |
| Kansas City, Mexico & Orient Railroad Co. | 81.1 | |
| Northwestern Pacific Railway Co. | 72.6 | |
| Pere Marquette Railway Co. | 136.4 | |
| Texas & Pacific Railway Co. | 132.1 | |
| Toledo, St. Louis & Western Railroad Co. | 59.5 | |
| Chicago Elevated Railways Co. | 98.8 | |
| Mackay Companies | 93.3 | |
| Montana Power Co. | 98.8 | |
| Philadelphia Electric Co, | 92.7 | |
| Puget Sound Power & Light Co. | 89.7 | |
| United Railways Investment Co. | 247.0[2] | |
| Western Power Corp. | 57.3 | |
| Associated Oil Co. | 68.1 | |
| Chile Copper Co. | 153.5 | |
| Lackawanna Steel Co. | 95.4 | |
| Magnolia Petroleum Company | 182.0 | |
| Midvale Steel & Ordnance Co. | 280.1 | |
| Midwest Refining Company | 85.9 | |
| Morris & Company | 114.0 | |
| Pan American Petroleum & Transport Co. | 58.1 | |
| Steel & Tube Co. of America | 91.9 | |
| Utah Copper Co. | 79.3 | |
| **1928年リストからは脱落したが，1919年以降も成長を続けてきた企業(7社)** | | |
| Buffalo, Rochester & Pittsburgh Railway Co. | 63.2 | 65.8 |
| Allis-Chalmers Mfg. Co. | 61.0 | 64.0 |
| Baldwin Locomotive Works | 64.9 | 71.3 |
| Cudahy Packing Co. | 71.0 | 82.5 |
| International Nickel Co.[10] | 64.6 | 95.9 |
| Lehigh Coal & Navigation Co. | 76.0 | 79.3 |
| Packard Motor Car Co. | 63.0 | 75.1 |
| **1919年以降，資産は減少したが組織変更を受けていない企業(8社)** | | |
| Spring Valley Water Co. | 76.2 | 75.3 |
| American Agricultural Chemical Co. | 110.7 | 76.9 |
| Atlantic Gulf & West Indies S. S. Lines | 120.8 | 69.8 |
| Colorado Fuel & Iron Co. | 82.5 | 80.0 |
| Great Northern Iron Ore Properties(減耗性資産) | 98.5 | 42.9 |
| Greene Cananea Copper Co. | 61.0 | 57.5 |

付表 F

〈その2〉

| | 各年末ころの総資産(100万ドル) | |
|---|---|---|
| | 1919年 | 1928年 |
| Libby, McNeill & Libby | 67.7 | 57.5 |
| U.S. Smelting, Refining & Mining Co. | 90.9 | 78.7 |
| **会社更生されたが事業を維持している企業(4社)** | | |
| Minneapolis & St. Louis Railroad Co. | 80.1 | 94.5 |
| Calumet & Hecla Mining Co.[3] | 100.0[2] | 59.3 |
| Central Leather Co.[4] | 146.8 | 46.4 |
| Virginia-Carolina Chemical Company[5] | 114.6 | 38.6 |
| **実質的に破産(5社)** | | |
| Chicago Utilities Co.[6] | 63.7 | |
| Detroit United Ry. Co.[6] | 63.8 | 40.0以下 |
| New York Railways Co.[7] | 90.6 | 34.4以下 |
| American Cotton Oil Co.[8] | 62.8 | |
| Pierce Oil Corp.[9] | 60.3 | |

1) *Moody's Railroad, Public Utilities, and Industrial Manuals* および *Standard Corporation Records* からの抽出。
2) 推定。
3) 1923年,他の諸企業と合併して Calumet & Hecla Consolidated Copper Co. となった。
4) 1927年,United States Leather Co. に改組。
5) 1926年,Virginia-Carolina Chemical Corp. に改組。
6) 清算。
7) 一部改組されて,Omnibus Corporation 傘下の Fifth Ave. Coach Co. に取得された。
8) 財産の一部を Gold Dust Co. が取得。
9) 資産の一部を Pierce Petroleum Corp. に移転。
10) 資産は外国会社に移管されたが,ここでの目的から上のごとく類別した。

付表 G　200 大企業に含まれない 44 企業の株主数事例[1]——資産規模順（1928 年）

| 総資産<br>(100万ドル) | 企　業　名 | 株主数(人) |
|---|---|---|
| 79.0 | U.S. Smelting & Refining | 14,971 |
| 78.1 | Barnsdall Corporation | 5,982 |
| 72.9 | Willys-Overland | 18,800 |
| 70.7 | Westinghouse Air Brake | 10,000 |
| 69.0 | Continental Baking | 20,469 |
| 62.1 | Allis-Chalmers | 4,056 |
| 61.0 | Packard Motor Car | 7,000 |
| 60.4 | Maine Central Railroad | 2,411 |
| 57.6 | Quaker Oats | 5,560 |
| 56.2 | Green Cananea Copper | 8,350 |
| 55.2 | Pressed Steel Car | 6,600 |
| 51.1 | American Ice | 3,653 |
| 47.7 | General Asphalt | 1,527(1927 年) |
| 45.3 | Great Northern Iron Ore Properties | 7,456(1927 年) |
| 44.8 | Continental Can | 6,100 |
| 43.5 | Inspiration Consolidated Copper | 9,394 |
| 40.0 | South Porto Rico Sugar Co. | 2,916 |
| 37.3 | General Foods | 4,665 |
| 36.4 | Continental Motors Corporation | 11,105(1926 年) |
| 36.4 | International Business Machine Corp. | 2,880 |
| 33.5 | Reo Motor Car | 9,200 |
| 33.1 | Congoleum-Nairn | 4,200 |
| 31.5 | White Eagle Oil & Refining Co. | 3,435 |
| 29.9 | Mergenthaler Linotype | 3,887 |
| 29.7 | Atlas Powder Co. | 3,763 |
| 28.9 | American Ship Building Co. | 1,485 |
| 28.6 | Texas Gulf Sulphur | 11,500 |
| 28.4 | Worthington Pump & Machinery | 3,544 |
| 28.1 | Burns Bros. | 500(1926 年) |
| 28.0 | Stewart-Warner Corporation | 8,000 |
| 27.6 | American International Corporation | 2,610(1927 年) |
| 27.5 | Certain-Teed Products Corporation | 3,769 |
| 26.4 | Hartmann Corporation | 5,000(1927 年) |
| 23.3 | Cluett, Peabody & Co. | 2,227 |
| 23.3 | Julius Kayser | 1,300 |
| 20.1 | Union Bag & Paper Corporation | 1,278 |
| 19.4 | American Bank Note | 4,090 |
| 19.1 | Simms Petroleum | 2,075 |
| 17.1 | Mathieson Alkali Works | 974 |
| 14.2 | Lima Locomotive Works | 1,480 |
| 12.9 | Motor Wheel Corporation | 3,387 |
| 10.6 | American Bosch Magneto Corporation | 2,222 |
| 7.3 | Reynolds Spring Co. | 2,540 |
| 6.2 | Jewel Tea Co. | 1,101(1926 年) |

1) *Standard Corporation Records*, 1929 年版から得られた資料による。

## 付表 H　巨大株式会社 31 社の株主数[1]

| 企　業　名 | 株主数 1900 | 1910 | 1913 | 1917 | 1920 | 1923 | 1928 |
|---|---|---|---|---|---|---|---|
| **産業(工業)部門** | | | | | | | |
| Am. Car and Foundry | 7,747 | 9,912 | 10,402 | 9,223 | 13,229 | 16,090 | 17,152 |
| Am. Locomotive | 1,700 | 8,198 | 8,578 | 8,490 | 9,957 | 10,596 | 19,359 |
| Am. Smelting and Refining | 3,398 | 9,464 | 10,459 | 12,244 | 15,237 | 18,583 | 15,040 |
| Am. Sugar Refining | 10,816 | 19,551 | 18,149 | 19,758 | 22,311 | 26,781 | 22,276 |
| Du Pont Powder | 809 | 2,050 | 2,697 | 6,592 | 11,624 | 14,141 | 21,248 |
| General Asphalt | 2,089 | 2,294 | 2,184 | 2,112 | 1,879 | 2,383 | 1,527 |
| General Electric | 2,900 | 9,486 | 12,271 | 12,950 | 17,338 | 36,008 | 51,882 |
| Great Northern Iron Ore | 3,762 | 4,419 | 4,685 | 4,855 | 6,747 | 9,313 | 7,456 |
| International Paper | 2,245 | 4,096 | 3,929 | 4,509 | 3,903 | 4,522 | 23,767 |
| Procter and Gamble | 1,098 | 1,606 | 1,881 | 2,448 | 9,157 | 11,392 | 37,000 |
| Standard Oil of New Jersey | 3,832 | 5,847 | 6,104 | 7,351 | 8,074 | 51,070 | 62,317 |
| Swift and Co. | 3,400 | 18,000 | 20,000 | 20,000 | 35,000 | 46,000 | 47,000 |
| Union Bag and Paper | 1,950 | 2,250 | 2,800 | 1,592 | 1,856 | 2,263 | 1,278 |
| United Fruit | 971 | 6,181 | 7,641 | 9,653 | 11,849 | 20,469 | 26,219 |
| United Shoe Machinery | 4,500 | 7,400 | 8,366 | 6,547 | 8,762 | 10,935 | 18,051 |
| U.S. Rubber | 3,000 | 3,500 | 12,846 | 17,419 | 20,866 | 34,024 | 26,057 |
| U.S. Steel Corp. | 54,016 | 94,934 | 123,891 | 131,210 | 176,310 | 179,090 | 154,243 |
| 合　計 | 108,233 | 209,188 | 256,883 | 276,953 | 374,099 | 493,660 | 551,872 |
| **公益部門** | | | | | | | |
| A. T. T. Co. | 7,535 | 40,381 | 55,983 | 86,699 | 139,448 | 281,149 | 454,596 |
| Brooklyn Union Gas | 1,313 | 1,593 | 1,646 | 1,834 | 1,985 | 1,879 | 2,841 |
| Commonwealth Edison | 1,255 | 1,780 | 2,045 | 4,582 | 11,580 | 34,526 | 40,000 |
| Western Union | 9,134 | 12,731 | 12,790 | 20,434 | 23,911 | 26,276 | 26,234 |
| 合　計 | 19,237 | 56,485 | 72,464 | 113,549 | 176,924 | 343,830 | 523,671 |
| **鉄道部門** | | | | | | | |
| Atlantic Coast Line | 702 | 2,278 | 2,727 | 3,404 | 4,422 | 5,162 | 4,212 |
| Chesapeake and Ohio | 1,145 | 2,268 | 6,281 | 6,103 | 8,111 | 13,010 | 6,885 |
| Chicago and North Western | 4,907 | 8,023 | 11,111 | 13,735 | 19,383 | 21,555 | 16,948 |
| Dela., Lackawanna & West. | 1,896 | 1,699 | 1,959 | 2,615 | 3,276 | 6,650 | 7,957 |
| Great Northern | 1,690 | 16,298 | 19,540 | 26,716 | 40,195 | 44,523 | 43,741 |
| Illinois Central | 7,025 | 9,790 | 10,776 | 10,302 | 12,870 | 19,470 | 21,147 |
| N. Y., N. Haven & Hartford | 9,521 | 17,573 | 26,240 | 25,343 | 25,272 | 24,983 | 27,267 |
| Pennsylvania | 51,543 | 65,283 | 88,586 | 100,038 | 133,068 | 144,228 | 157,650 |
| Reading | 6,388 | 5,781 | 6,624 | 8,397 | 9,701 | 11,687 | 9,844 |
| Union Pacific | 14,256 | 20,282 | 26,761 | 33,875 | 47,339 | 51,022 | 47,932 |
| 合　計 | 99,073 | 149,275 | 200,605 | 230,528 | 303,637 | 342,290 | 343,583 |
| 31 企業の株主合計 | 226,543 | 414,948 | 529,952 | 621,030 | 854,660 | 1,179,780 | 1,419,126 |
| A. T. T. & Co. を除いた株主数 | 219,008 | 374,567 | 473,969 | 534,331 | 715,212 | 898,631 | 964,530 |

1) 1900-1923 年については Warshow, *op. cit.*, 1928 年は各社 *Annual Reports*, *Moody's Manuals*, *Standard Corporation Record* および新聞切抜き等から作成.

付表I　公益事業各社が顧客向けに販売した株式（1914-1929年）*

| 年 | 顧客持株制を採用した会社の追加数[1] | 売出し口数[1] | 販売株式数[1] | 販売額[2]（ドル） |
|---|---|---|---|---|
| 1914 | 7 | 4,044 | 92,310 | |
| 1915 | 3 | 4,357 | 57,130 | |
| 1916 | 4 | 3,681 | 38,183 | |
| 1917 | 8 | 8,242 | 82,007 | |
| 1918 | 7 | 5,186 | 42,388 | |
| 1919 | 12 | 19,872 | 194,021 | |
| 1920 | 34 | 53,063 | 454,139 | 43,000,000 |
| 1921 | 37 | 118,544 | 830,222 | 80,000,000 |
| 1922 | 49 | 156,725 | 1,450,707 | 130,000,000 |
| 1923 | 24 | 279,186 | 1,806,300 | 175,000,000 |
| 1924 | 23 | 294,467 | 2,478,165 | 254,000,000 |
| 1925 | 18 | 236,043 | 2,926,271 | 297,000,000 |
| 1926 | 2 | 248,867 | 2,686,187 | 236,000,000 |
| 1927 | 18 | 249,491 | 3,581,206 | 263,000,000 |
| 1928 | 5 | 227,961[3] | 2,081,071 | 181,000,000[3] |
| 1929 | | 280,600[4] | 2,432,550[4] | 153,436,000[4] |
| 1930 | | 217,000[4] | 2,030,000[4] | 135,000,000[4] |

*表は諸統計を組み合わせたものであるが，そのなかで株式の個々の購入は，追加「株主」の株式取得として多くの企業報告に記載されているものである。しかし次の三つの要因から，集計に重複の可能性がある。(a)同じ個人が同じ会社の株式を繰り返して購入したものと，(b)同じ個人が2社以上から株式を購入したものの重複，さらに，(c)売り出した会社の窓口からでなく他から顧客が株式を購入したケースも混ざることによる。

1) National Electric Light Association, *Serial Report of Customer Ownership Committee* 1928-29, p. 4.
2) Electrical World, vol. xciii[93], no. 1, p. 27.
3) *Ibid.*, vol. xcv[95], p. 67.
4) *Ibid.*, vol. xcvii[97], p. 73. 1930年の数値は10カ月の数値をもとにした推定である。

付表 J　合衆国における従業員持株制の増加

| 年 | 従業員持株制を導入した会社数[1] |
|---|---|
| 1900 年以前 | 5 |
| 1901-1905 | 13 |
| 1906-1910 | 14 |
| 1911 | 1 |
| 1912 | 7 |
| 1913 | 7 |
| 1914 | 6 |
| 1915 | 7 |
| 1916 | 10 |
| 1917 | 11 |
| 1918 | 8 |
| 1919 | 24 |
| 1920 | 46 |
| 1921 | 35 |
| 1922 | 17 |
| 1923 | 51 |
| 1924 | 29 |
| 1925 | 29 |
| 1926 | 13 |
| 1927 | 4 |
| 情報が得られなかった会社 | 49 |

1) National Industrial Board, *Employee Stock Purchase Plans in the United States*, N.Y. 1928 の Appendix から作成。

## 付表(論)K  合衆国における個人株主数の測定(1927年末)

　合衆国株式を持っている個人の数を測定した統計は，どんなに手段が尽くされていても，ごく大まかなものとみざるをえない。それが事実であるのは，主に，株式保有者数のいちじるしい増加が，会社証券の大半の所有にさしたる影響を及ぼさずに達成されえたゆえである。もし株式の所有が，1927年に個人宛に支払われる全配当の1%を一握りの個人からこれまで株を持っていなかった人々に移転させ，新株主の各人が平均して47ドルを受け取るように移転されていたとすれば[1]，100万人の新たな株式保有者が作り出されたことになる。そのような少数持株というものは，もはや決して異常でない。1924年にアメリカ電話電信会社株主の37%[2]が5株かそれ以下しか所有せず，46ドルどころでなく，おそらく平均して25ドルより少ない配当を，この会社から受け取ったのである。

　1927年に株式を所有していた個人の数にかんして，それなりの理解に達しようとするとき，三つの事実が与えられる。

　第一に，5000ドル以上の所得がある個人では51万6029人が配当の受領を報告したにすぎない。しかし彼らだけで，個人に支払われた全配当の78.9%を受け取った[3]。

　第二に，全配当の10.3%が申告所得5000ドル以下の318万7950人から報告された。ただしそこに含まれる株主の人数はわからない。

　第三に，残る10.8%に相当する配当は，外国人か，所得税の支払者名簿に記載されなかった個人によって受け取られたとみるべきものである。

　5000ドル以下の所得を申告しているなかでの株主数を高い精度で推定することは可能でないが，これ以上ではないという上限を画することはできる。5000ドル以上の所得を申告している個人で配当の受取りを報告したのは56.6%だけである。この比率が5000ドル以下の個人にも当てはまるとすれば，所得税支払者名簿にある318万7950人のうち180万人だけが[4]，配当を受け取ったことになる。しかしこの5000ドル以下のグループは，所得上位のグループのケースより，財産所有から得る所得の割合が小さく心身を駆使して得る所得の割合が高いものとして報告されている。したがって所得下位グループのなかの株主の比率は上位の個々人のなかの比率よりずっと小さいと考えるのが自然で，だから上の180万人というのは考えうる最上限の数字だ

---

1) 1927年に，会社が支払い，それが他の会社によって受け取られたのでない配当の総額は，47億6570万ドルと報告された。*Statistics of Income*, 1927, pp. 312-313.
2) American Telephone and Telegraph Company, *Annual Report*, 1925, pp. 33-34.
3) *Statistics of Income*, 1927, pp. 4, 8 and 10.
4) 3,187,950×56.6%.

といってよい。

　この下位グループの株主数の下限を統計からうかがう術はないが，とはいえ所得5000ドル以下で所得申告をしている株主である者が，平均して1000ドルの配当を受け取っていたというのは，ほとんどありえないことである。ありそうもないこの数値を最高として設定し，このグループが受け取った配当を1000ドルという平均値で割ると，下位グループの株主数の下限は50万人あたりということになろう。それゆえわれわれは，5000ドル以下の所得で納税申告をしている層の株主数を，180万人から50万人の間とみて差し支えないであろう。

　かくしてわれわれは，全配当の89.2％までの——78.9％は所得5000ドル以上の個人に，10.3％は5000ドル以下の個人に行ったということで——計算を終えた。残る10.8％，金額にして5億1000万ドルの配当の行方はまだわからない。この金額の一部は，外国人あるいは外国の会社によって受け取られたに違いない。全会社株式の8分の1に相当する4000会社の株式にたいする連邦取引委員会の調査では，1922年に，その株式の1.6％が外国の所有者のもとにあった[5]。この割合を1927年の全株式会社による配当に当てはめて計算すると[6]，金額にして1億300万ドルとなり，残る4億700万ドルが所得税申告名簿に載らない個人の受取りということになる。ここには1500ドル以下の単身者，3500ドル以下の同じかまどの共稼ぎ夫婦までが含まれる。

　この第三グループに属する株主数を推定する根拠は，はなはだ脆弱である。このグループの平均的な株主が500ドルの配当を受け取るものとすれば株主数は80万ということになり，あるいは受取りがわずか80ドル——つまり投資額の平均が1000ドルそこそこである——とすれば株主数は500万人ということになる。このグループのなかに株式，社債等への投資からの収入が所得の主要部分になっている個人が多数含まれているということはありうるし，他方，このグループの株主の平均配当収入が80ドルよりは十分上だろうというのが，著者の確信である。この二つの数値から，おそらく株主数の上下の限界が与えられる。第三グループの株主数は80万から500万の範囲にあるだろうということである。

　株主数の推定の助けとなりうる，二つの追加的な事実がある。National Industrial Conference Boardは1927年に80万6068人の従業員持株あるいはその応募者があり，その保有額が10億4515万410ドルに上ることを見出した。この数値は「ひじょうに多数の従業員が株を持っている」ことを報告するためのものと信じられたから[7]，自

---

5) Federal Trade Commission, *National Wealth & Income*, p. 150, Table 82.
6) 6,423,796,271ドル(*Statistics of Income*, 1927, p. 313)×1.6％＝103,000,000ドル.
7) National Industrial Conference Board, *op. cit.*, pp. 35-36.

分が働く企業の株式購入計画を通して株式を取得したという従業員の最高限度を100万人程度，所有されている株式の価格総額の最高限度を11億2500万ドルとみても，そうピント外れとはならないだろう。

　第二の事実——顧客持株の数——は，もっと大まかな推定とならざるをえない。1927年までに168万1768口数の販売が公益事業の顧客向けになされ，その株式総額は14億7800ドルであった〔付表Iにおける1914-27年の合計数値と異なる〕。この販売は同一人が複数回買った重複があり[8]，また1927年より前に買った株をもう手放したというのがあるから，われわれはごく大まかに，顧客株主を100万人，その株式総額を15億ドルとしておこう。この推定はごくごくの概算にすぎない。

　この2クラスだけを取り上げ，この両者に重複がまったくないと考えると，そこで株主200万人が総額27億5000万ドル〔26億2500万ドル？〕の株を持っているとすべきことになる。配当率6%とすれば，平均的な株主が83ドルの配当を受け取るわけである。しかし実際には，多数の従業員持株や顧客持株の株主が他の会社の株式をも持っているはずだから，すべてのクラスからこれら2グループに属する個人が受け取る平均の配当額は，これよりかなり高いはずである。

　もうひとつ別の事実が，株主数の推定にさいしての助けとなりうる。それは記録されている株主の数の推定である。すなわち，すべての会社の株主名簿を，さしあたり重複を無視して数え上げる。各々別のデータを基にした数字は，1927年で1800万人前後——高くは2000万人，低くは1600万人というところである——と推定される[9]。もし各株主が1社の株しか持っていないとすれば，株主の総数は1800万人前後となる。ほとんどの株主は複数会社の株を持つから，じっさいの株主数はこれよりずっと少ないはずである。平均して1人が4社の株を持つとすれば，株主総数は450万人前後となろう。

　こうした三つの事実を念頭において，株式を所有する個人数のごく大まかな見当をつけことができそうである。それを次頁の表にまとめてみる。

　所得税統計を基にしての推定では，株主の最低限が180万人，最高限が730万人である。従業員持株と顧客持株だけでも200万かそこらとみられるのだから，上の180万というのは，いかにも少なすぎると思われる。他方の極の730万人という推定を，株主名簿の単純総計と比べると，これでは平均的な個人株主が2社ないし1.5社

---

8) *Electrical World* 誌は，1929年のある公益事業による顧客向け販売の一ケースにかんし，「5344口の全体販売のうち2541口が新顧客への販売であった」と報じている。つまり販売のうち初めて買って株主名簿に加えられた顧客は48%にすぎなかった。*Electrical World*, vol. XCV〔95〕No. 1 (Jan. 4, 1930), p. 75.

9) *Diffusion of Stock Ownership in the U.S.*, loc. cit., p. 565.

|  |  | 株式を所有する個人数の推定 | |
|---|---|---|---|
|  |  | 最　高 | 最　低 |
| I | 所得 5000 ドル以上の株主 | 500,000 | 500,000 |
|  | 所得 5000 ドル以下で納税者名簿記載の株主 | 1,800,000 | 500,000 |
|  | 所得 5000 ドル以下で納税者名簿外の株主 | 5,000,000 | 800,000 |
|  | 合　計 | 7,300,000 | 1,800,000 |
| II | 従業員持株制と顧客持株制による株主 | 2,000,000 | |
| III | 株主名簿の単純総計 | 18,000,000 | |

の株式しか持たないということになってしまう。近年の証券の大いなる多様化からして，平均的な株主が 2 社，1.5 社より多くの株主だと思われるから，730 万人という推定はあまりに高い。ということで，1927 年の個人株主数は 400 万から 600 万の間というのが，ほぼ妥当と思われる。

1929 年の株主についての推定はまだない。しかし株式所有者の数が 1927 年より少ないというのは，ちょっと考えられない。おそらくもう少しは多いであろう。1929 年の持株の配分状況を示す目的からすると，最低と最高の極限は大まかに 400 万人と 700 万人といったところと考えられる。本書 58-59 頁参照。

## 付表L　財産中の会社証券の割合──遺産税(estate tax)報告に基づいた算定

1928年に納税報告された在住被相続人の8079件の財産を、3つの主要な所得源──不動産、政府証券、民間企業証券──に区分し各々の割合を示した。*Statistics of Income,* 1927, p. 48 による。

| | | |
|---|---:|---:|
| 不動産 | 610.6(100万ドル) | |
| モーゲージ、手形、現金等[1] | 385.3 | |
| 　不動産範疇　合計 | 995.9 | 33.2% |
| 政府証券 | 247.4 | 8.3 |
| 株式会社証券 | 1,516.9 | |
| その他債務証書[1] | 239.4 | |
| 　政府証券以外の証券　合計 | 1,756.3 | 58.5 |
| 　以上の合計 | 2,999.6 | 100.0 |
| 保険[2] | 103.2 | |
| 共同所有財産[3] | 60.8 | |
| 5年以内に課税された遺産[2]からの財産 | 83.1 | |
| 指定権[4] | 18.3 | |
| 死亡2年前までになされた財産移転[5] | 87.0 | |
| その他[6] | 151.0 | |
| 　以上の合計 | 503.4 | |
| 遺産税報告における資産の総計 | 3,503.0 | |

1)「モーゲージ、手形、現金等」項目でモーゲージがほぼすべて不動産に入るのはたしかだが、手形は一部にとどまり、現金はまったくそうでない。「その他債務証書」(bonds)は、会社の社債の全部を含むが、それに一部、外国政府の債券も含まれる。外国政府の現金と債券とは、ある程度相殺し合うであろうが、いずれにせよどちらも大きいとか、不動産・会社証券に関連させて算入することで最後の%が大きく違ってくるとか、を考えるべき根拠はない。「政府証券」はもちろん、ごくわずか、この措置をとったことによって縮小させられている。
2)「保険」は、これを上の3グループのどれかに配分することができないが、しかしもし保険会社の財産が3グループに区分けされたならば、疑いなく被相続人の資産の配分に近づくことになるだろう。この理由と、その総額が小さいということとから、これを計算に入れないことが大きなエラーにはならないとすべきである。「5年以内に課税された遺産からの財産」にも同じことがいえる。
3)「共同所有財産」は疑いなく資産全体のなかで不動産が大部分であるが、少額であるから考慮の外におくことができる。
4)「指定権」(power of appointment)もやはり、配分が必要なほど大きくない。とくに分類して寄与するというものでない。
5)「死亡2年前までになされた財産移転」は課税目的を除き被相続人資産の財産ではないから、考慮の外におきうる。
6)「その他」は、おそらく(商業的な意味で)所得がそこから生まれるところの財産ではない。

付表M　投資の主要分野
不動産およびその改良，会社証券，政府証券（1922年）

| | | |
|---|---|---|
| 1 | 農業用不動産およびその改良[1] | 53.0(10億ドル) |
| 2 | 住宅用不動産およびその改良[2] | 48.0 |
| 3 | 事業用不動産およびその改良[2] | 24.0 |
| 4 | 　不動産　合計 | 125.0 |
| 5 | 通商に携わる会社の不動産およびその改良[3] | 3.4 |
| 6 | 金融に携わる会社(不動産保有会社を含む)の不動産およびその改良[2] | 8.9 |
| 7 | 　会社によって保有された不動産の合計(5＋6) | 12.3 |
| 8 | 　個人が有する不動産の合計(4－7) | 112.7 |
| 9 | 諸証券のうち会社証券に代表される「富」(簿価)[4] | 102.4 |
| 10 | 非金融会社が保有する政府証券[5] | 2.7 |
| 11 | 　会社証券に代表される富の合計(9＋10) | 105.1 |
| 12 | 連邦政府の利付き証券[6] | 22.7 |
| 13 | 地方政府証券[7] | 7.2 |
| 14 | 　政府証券の合計(12＋13) | 29.9 |
| 15 | 非金融会社が保有する政府証券[8] | 2.7 |
| 16 | 　個人による政府証券への投資[9]の合計(14－15) | 27.2 |
| 17 | 　総投資機会の合計(8＋11＋16) | 245.0 |
| 18 | 　総投資機会のなかの不動産の割合(8÷17) | 46.0% |
| 19 | 　総投資機会のなかの会社証券の割合(11÷17) | 43.0% |
| 20 | 　総投資機会のなかの政府証券の割合(16÷17) | 11.0% |

1) *National Wealth and Income*, p. 29, footnote 1.
2) *National Wealth and Income*, F. T. C., pp. 28-29 にある以下の数値から推定した。
　　「富総計のおそらく4分の1以下にはならない」都市の住居および家具・個人資産
　　　富の総計　353.0(10億ドル)　a 富総計の4分の1　　88.2(10億ドル)
　　　　　　　　　　　　　　　　　b 家具・個人資産　　　39.8
　　　　　　　　　　　　　　　　　c 都市の住居(a－b)　　48.4
　　　事業用および住宅用不動産　　　　　　　　　　　　72.0
　　　事業用不動産　　　　　　　　　　　　　　　　　　24.0
3) *Statistics of Income*, 1922, p. 41. 通商と金融の両方に従事する会社の場合，社屋と別の設備はごくわずかだから，その「不動産，建造物，設備」を「不動産およびその改良」と同一視して大きな誤差とならない。
4) *National Wealth and Income*, F. T. C. p. 134.
5) 1927年に会社が保有する政府証券は総額97億8000万ドルで，そこから5億80万ドルの利子が支払われた(*Stat. of Income*, 1927, pp. 372 and 312)。この割合を1922年の非金融会社が政府証券保有から受け取った利子1億3900万ドル(*Statistics of Income*, 1922, p. 19)に当てはめると，同年の会社保有の政府証券は27億ドルということになる。
6) *Annual Report of the Secretary of Treasury*, 1929, p. 497.
7) National Bureau of Economic Research によると1920年の地方政府債務総額は62億ドルと推定されている。その債務の平均増加額は，1919年から1920年への1年で5億ドルであった(NBER, *Income in the U.S.*, Vol. II, p. 262)。この割合を2年後にまで伸ばして(6200＋2×500)，1922年の地方政府債務72億ドルを得た。
8) 〔注8)の文は注5)と同じである。表作成者(ミーンズ)の勘違いと思われる。〕
9) 直接保有か銀行等を媒介にした保有。

## 付表N 所有財産からあがった所得

### I. 全個人（1922，1927年の所得報告から）

注(1) 1922年と1927年の数値は，1922年のほうが免税点が低く低所得の割合が大きいため，厳密な比較ができない。
(2) 政府証券にかんする数値はひじょうに大まかな近似値である。

(100万ドル)

| | | 1922年 | 1927年 |
|---|---|---|---|
| 1 | 国内会社の株式からの配当 | 2,664.2 [1)] | 4,254.8 [2)] |
| 2 | 会社証券からの利子 | 760.0 [3a)] | 910.0 [3d)] |
| 3 | 会社証券から得た所得 (1+2) | 3,424.2 | 5,424.8 |
| 4 | 会社および政府証券以外からの利子および投資収入 | 978.6 [4a)] | 1,116.9 [4b)] |
| 5 | 地代および使用料 | 1,224.9 [1)] | 1,302.2 [3)] |
| 6 | 不動産等から得た所得 (4+5) | 2,203.5 | 2,419.1 |
| 7 | 連邦政府公債からの利子 | 989.5 [5)] | 787.8 [5)] |
| 8 | 地方政府債からの利子 | 327.0 [6)] | 650.0 [7)] |
| 9 | 政府証券からの利子総額 (7+8) | 1,316.5 | 1,437.8 |
| 10 | 政府証券からの利子のうち，会社の受取り分 | 394.0 [8)] | 500.8 [9)] |
| 11 | 政府証券からの所得 (9−10) | 922.5 | 937.0 |
| 12 | 所得税申告をした個人が政府証券から得た利子の概算 | 692.0 [10)] | 700.0 [10)] |
| 13 | 財産からあがった所得合計（不動産および証券の販売から得た純資本利得と信託から得た所得を除く）(3+6+12) | 6,319.7 | 8,643.9 |
| 14 | 財産からの所得中，会社証券からの所得の割合 (3÷13) | 54.2% | 62.8% |
| 15 | 財産からの所得中，不動産からの所得の割合 (6÷13) | 34.8% | 28.1% |
| 16 | 財産からの所得中，政府証券からの所得の割合 (12÷13) | 11.0% | 8.1% |

### II. 5000ドル以上の所得申告をした全個人（1922，1927年）

注(1) 1922年と1927年の数値の比較は可能である。
(2) 政府証券にかんする数値はひじょうに大まかな近似値である。

(100万ドル)

| | | 1922年 | 1927年 |
|---|---|---|---|
| 1 | 国内会社の株式からの配当 | 2,173.5 [1)] | 3,761.9 [2)] |
| 2 | 会社証券からの利子 | 380.0 [3b)] | 580.0 [3c)] |
| 3 | 会社証券から得た所得 (1+2) | 2,553.5 | 4,341.9 |
| 4 | 会社と政府以外からの利子・投資所得 | 470.0 [4c)] | 721.0 [4d)] |
| 5 | 地代および使用料 | 482.2 [1)] | 644.3 [2)] |
| 6 | 不動産等から得た所得 (4+5) | 952.2 | 1,365.3 |
| 7 | 政府証券からの利子 [11)] | 340.0 | 450.0 |
| 8 | 財産からあがった所得合計（不動産および証券の販売から得た純資本利得と信託から得た所得を除く）(3+6+7) | 3,845.7 | 6,157.2 |
| 9 | 財産からの所得中，会社証券からの所得の割合 (3÷8) | 66.4% | 70.5% |
| 10 | 財産からの所得中，不動産からの所得の割合 (6÷8) | 24.8% | 22.1% |
| 11 | 財産からの所得中，政府証券からの所得の割合 (7÷8) | 8.8% | 7.3% |

1) *Statistics of Income*, 1922, p. 9
2) *Statistics of Income*, 1927, p. 8.

3a) 1922年の全株式会社の社債およびモーゲージ債の総額は227億ドルであった(*Statistics of Income*, 1922, p. 41)。利子率を4$\frac{1}{2}$%として利子額を計算すると10億2000万ドルになる。この一部は疑いなく会社によって受け取られたが,個人が少なくともその3/4を,すなわち7億6000万ドルを受けたと考えてよいであろう(1927年に会社が支払った配当の総額の1/4が会社によって受け取られた。*Statistics of Income*, 1927, pp. 312-313)。

3b) 5000ドル以上の所得層である個人は,報告された「利子および投資所得」総額8億5090万ドルの49%を得たことになっている。この比率を当てはめて個人が会社から受け取った利子7億6000万ドルに49%をかけると,5000ドル以上の個人が受け取った利子は3億8000万ドルとなる。

3c) 1927年の全株式会社の社債・モーゲージ債の総額は347億ドルであった(*Statistics of Income*, 1927, p. 372)。これに4$\frac{1}{2}$%の利子率をかけると利子総額は15億6000万ドル,さらにそれの3/4に49%をかけて得られた5億8000万ドルを5000ドル以上の所得層の収入と考える。

3d) 所得5000ドル以上の個人が受け取った利子5億8500万ドルを会社の利子総額13億100万ドルで割ると45%となる。そこから20億2690万ドル×45%＝9億1000万ドルが会社から受け取った利子ということになる。

4a) 1922年に利子および投資から全個人が受け取った所得は,17億3860万ドルであった。上の3a)で得られた会社証券からの利子7億6000万ドルをここから差し引くと,他の源泉からの利子は9億7860万ドルということになる。

4b) 1927年に利子および投資から全個人が受け取った所得は,20億2680万ドルであった。上の3d)で得られた会社証券からの利子9億1000万ドルをここから差し引くと,他の源泉からの利子は11億1690万ドルということになる。

4c) 1922年に利子および投資から所得5000ドル以上の者が受け取った所得は,8億5000万ドルであった。上の3b)で得られた会社証券からの利子3億8000万ドルをここから差し引くと,他の源泉からの利子は4億7000万ドルということになる。

4d) 1927年に利子および投資から所得5000ドル以上の者が受け取った所得は,13億100万ドルであった。

上の3c)で得られた会社証券からの利子5億8000万ドルをここから差し引くと,他の源泉からの利子は7億2100万ドルということになる。

5) *Annual Report of the Secretary of the Treasury*, June 30, 1929, p. 407.

6) 1920年に地方政府がその債務で支払った利子総額は,National Bureau of Economic Researchによって2億8200万ドルと推定された。この債務の増加額は,1919年,1920年には年間約5億ドルであり,そのための利子の増加は2250万ドルであった。この割合が続いたと想定して1922年の利子額を算定(282+2×22$\frac{1}{2}$)すると,3億2700万ドルとなる。NBER, *Income in the U. S.*, Vol. II, p. 262.

7) 計算方法は上の6)に同じ。

8) *Statistics of Income*, 1922, p. 19.

9) *Statistics of Income*, 1927, p. 312.

10) 表作成者独自の判断で,政府証券からの全所得の3/4として計算した。

11) 報告のあった利子および投資所得のうち,1922年には49%,1927年には64%が,所得5000ドル以上の者によって受け取られた。この比率を政府証券からの所得(項目12)にあてることで,所得5000ドル以上の者の1922年所得を3億4000万ドル,1927年所得を4億5000万ドルと推定した。

※〔本表の数字には計算間違いと思われるものが複数含まれるが,原書のままとした〕

付表 O　アメリカ電話電信会社の 20 大株主[1] (1928 年)

| 株　主　名 | 1928 年の持株 | 総発行にたいする割合 | 1927 年の持株 | 1926 年の持株 |
|---|---|---|---|---|
| Sun Life Assurance Co. | 76,711 | 0.69% | 76,711 | 65,752 |
| George F. Baker (Director, 1928) | 53,522 | 0.48 | 40,022 | 34,161 |
| Northern Finance Corp. | 50,064 | 0.45 | 50,064 | 42,912 |
| A. Iselin & Co. | 46,566 | 0.42 | 40,708 | 28,261 |
| Bell Tel. Secur. Co., Inc. | 32,160 | 0.29 | 50.456 | 51,538 |
| D. Talman Waters | 31,391 | 0.28 | 31,391 | 27,621 |
| Kidder, Peabody & Co. | 22,935 | 0.21 | 25,284 | 25,400 |
| Paine, Webber & Co. | 22,723 | 0.21 | 26,022 | 18,054 |
| J. Capel & Co., London | 21,711 | 0.20 | 23,408 | 12,999 |
| Frank H. Pierson | 21,000 | 0.19 | 21,000 | 18,000 |
| F. J. Kennedy, Boston | 20,083 | 0.18 | 15,083 | 不明 |
| Hurley & Co. | 19,541 | 0.18 | 不明 | 不明 |
| Admin, Van Andeelen der A. T. & T. Co., Amstrdm. | 18,110 | 0.16 | 16,192 | 9,662 |
| Lee, Higginson & Co. | 15,591 | 0.14 | 14,698 | 14,295 |
| Est. Mrs. A. M. Harkness | 15,017 | 0.14 | 15,017 | 15,017 |
| Edward S. Harkness | 10,373 | 0.09 | 不明 | 不明 |
| Theodore E. Parker | 10,000 | 0.09 | 10,000 | 9,000 |
| The Kennedy Co., Boston | 10,000 | 0.09 | 10,000 | 8,000 |
| Eddy & Co. | 9,157 | 0.08 | 不明 | 不明 |
| U. S. Trust Co. of N. Y. | 8,833 | 0.08 | 8,783 | 8,584 |
| 20 大株主の持株総計 | 515,488 | | | |
| 総発行株数 | 11,040,284[2] | | | |
| 20 大株主の持株率 | 4.6% | | | |

1) *New York Times*, April 4, 1928.
2) *Standard Corporation Records*, 1929.

付表 P    U.S. スチール会社の 20 大株主[1] (1928 年)

| 株　主　名 | 優先株 | 普通株 | 合　計 | 総発行への割合 |
|---|---|---|---|---|
| J. W. David & Co. | 21,250 | 73,225 | 94,475 | 0.88% |
| G. F. Baker (Director, 1928) | 500 | 77,000 | 77,500 | 0.72 |
| Newborg & Co. | 1,215 | 46,892 | 48,107 | 0.45 |
| Lawrence C. Phipps | 5,000 | 42,000 | 47,000 | 0.44 |
| J. S. Bache & Co. | 44 | 44,603 | 44,647 | 0.42 |
| Hornblower & Weeks | 416 | 39,958 | 40,374 | 0.38 |
| E. F. Hutton & Co. | 413 | 39,958 | 40,371 | 0.38 |
| M. C. Taylor (Director, 1928) | 0 | 40,100 | 40,100 | 0.37 |
| Harris, Winthrop & Co. | 633 | 39,219 | 39,852 | 0.37 |
| Eddy & Co. | 19,646 | 6,915 | 26,561 | 0.25 |
| Shearson, Hammill & Co. | 2,655 | 23,087 | 25,742 | 0.24 |
| Lake H. Cutter | 0 | 24,293 | 24,293 | 0.23 |
| Louchheim, Minton & Co. | 0 | 24,242 | 24,242 | 0.23 |
| George Singer | 8,860 | 14,000 | 22,860 | 0.21 |
| Logan & Bryan | 0 | 18,682 | 18,682 | 0.17 |
| Josephthal & Co. | 48 | 18,318 | 18,366 | 0.17 |
| C. D. Halsey & Co. | 5 | 15,982 | 15,987 | 0.15 |
| Frank R. Bacon | 0 | 15,000 | 15,000 | 0.14 |
| Charles D. Barney & Co. | 155 | 14,544 | 14,699 | 0.14 |
| Laidlaw & Co. | 156 | 14,264 | 14,420 | 0.13 |
| 20 大株主の持株総計 | 60,996 | 632,282 | 693,278 | |
| 総発行株数[2] | 3,602,811 | 7,116,235 | 10,719,046 | |
| 20 大株主の持株率 | 1.7% | 8.8% | 6.4% | |

1) *New York Times*, April 17, 1928.
2) *Standard Corporation Records*, 1929.

## 訳者あとがき

　本書は Adolf A. Berle Jr. and Gardiner C. Means, *The Modern Corporation and Private Property*, 1932 の邦訳である。原著は，何度も版を重ねた後，1968 年に改訂版が出て，存命であったバーリ，ミーンズがそれぞれに書いた長い序文とミーンズの統計付論が加わり，さらに 1991 年，版権移動に伴う新版には他の研究者による解説が載って，そのつど頁数も本の体裁も——活字の書体まで——変わっているが，本文にはまったく手がつけられていない。最初の版にあった小さな計算ミスや誤記に至るまで，いっさいの修正なく改訂版・新版に継承されているのは，不思議でさえある。一方，1968 年版から新しく加わった序文は，第 2 次大戦後における著者たちの思考の展開を示してその意味で興味深いが，内容的に株式会社論の学説史に古典として遇するほどのものでないというのが，私の判断である。これを収録すると，1932 年に書かれた古典の訳出の趣意からかえって離れるようにも思われ，併載せず巻末の解説での言及にとどめることとした。したがって本書は，あくまで 1932 年の著書の全訳である。

　両大戦間期にアメリカに生まれた社会科学の名著のうちでも，本書は知名度でトップグループに入るといってよいだろう。引用件数の多さなどからの傍証もある。業績としての評価で，ガルブレイスが後年これを「ケインズの『一般理論』と並ぶ 1930 年代の最も重要な著述」と位置づけ，ドラッカーが「合衆国のビジネスの歴史を知るのに間違いなく最も強い影響を与えた書」としたが，要するにそれらは，現代の会社をめぐる諸論議の系譜がおしなべてバーリ＝ミーンズの著作を起点としているとの含意である。1983 年，同書の刊行 50 周年を記念した全国会議が開催され，そこにジョージ・スティグラー，ダグラス・ノース，ロバート・ヘッセン，ネイサン・ローゼンベルグ，オリヴァー・ウィリアムソン……と，産業組織論，新制度学派，経済史，技術史，経営組織

論等々の分野からそうそうたる研究者が参加して報告あるいはコメントにあたった。議論の多くが，古典としての評価の枠内よりむしろ現代の会社の究明に関連してなされ，それゆえに手厳しい批評も少なからず加えられていることが，かえって今日的問題への生きたつながりを感じさせる。全容が *The Journal of Law & Economics*, Vol. 26(2), June 1983 に収録されている。

かく多面的な論点に及ぶ内容を持ちながら，もう一方で本書は——多くの古典がそうだともいえるが——ただひとつのキャッチフレーズにつづめて巷間に知られている気味が強い。それは株式会社の「所有と支配(経営)の分離」ということである。そしてこの表現の語釈にもっとも多く用いられてきたのが，第Ⅰ編第5章における大会社の支配形態5段階区分で，株式の所有の分散に伴い私的所有権者によって支配される企業の割合が歴史的に低下していることを読み取った実証である。この「分離」説の是非をめぐる議論がひところ，アメリカでもわが国でも盛んになされ，その議論を通じてバーリ＝ミーンズの知名度も上がったわけであるが，それだけに著述への言及は第Ⅰ編だけに集まる傾向があった。第Ⅱ編から第Ⅳ編にかけての，会社支配の実態をめぐる議論(会社権力論や経営者論)，証券の多様化や証券市場の機能にかんする省察などについては，かなり長く，特定のごく少数の研究者によってしか取り上げられなかった印象が濃い。これをいい換えれば，学説史上の位置づけをかなり狭い系譜のなかでしか認めない「常識」がまかり通っていたということである。

本書の邦訳は，学界のそんな実態を背景に，私自身の研究で利用する必要から，十数年前に全文を少していねいに読んで仮訳をすませていた。実は本書にはすでに，公刊された邦訳(北島忠男訳『近代株式会社と私有財産』1958年，文雅堂銀行研究社)がある。株式会社にかんする日本の研究がまだいわば揺籃期であった半世紀以上前の時代に，若い研究者が独りで大著の翻訳に立ち向かった刻苦を多とするに異存はなく，その意味でもいいにくいのであるが，とくに法学者バーリが書いたと思われる(訳者解説参照)第Ⅱ～Ⅳ編の内容は，既訳によっては理解できない部分があまりに多い。そのことは学界でよく知られており，近年，翻訳者集団をもって新しい訳の計画が立てられたことも，私は(訳者の一人を通じて)わりに早くから聞いていた。その訳業はいったんは完了したようで，某出版社から近刊の予告まで出たのであるが，数年に渡った近刊

予告がいつの間にか姿を消してしまった。この著作を邦訳する作業の手強さを，改めて示した出来事といえよう。それからまた数年，思い立って拙訳を棚から下ろし再度，全文を点検して公刊の段取りに至った次第であるが，といって本訳書に瑕疵がないとは，まったく思っていない。私としてはとにかく，日本語として隅々まで意味が通る訳文にするのに意を注いだつもりだが，なお残る誤訳や不適訳について諸賢のご教示を期待している。

　本書が，現代株式会社をめぐる多方面の議論の起点となることの意味を明らかにしたいという意図から，本訳書の末尾にやや長い解説を付させていただいた。そこにおける訳者の理解や学説史の構図にも，ご意見をたまわれば幸いである。

　本書の公刊に至る行程では，前田次郎氏に，通常の編集の役を大きく越えてお世話になった。かなりの短期間で一気呵成に書き上げたと思われる原書には，細部を点検すれば小さなミスや，そのままの訳では理解困難な記述が少なくない。また，どの版も文章に違いはないものの，照合が不要というのではなかった。それらの煩瑣な作業に至るまで前田氏が手を尽くしてくださったおかげで，私は大船に乗った気分で刊行への過程を楽しむことができた。あらためて氏に深い感謝を申し上げたい。

　2014 年 3 月

森　　杲

# 株式会社研究史におけるバーリ＝ミーンズ
## ──訳者解説──

　本書は，20世紀株式会社の発展の基調を「所有と支配（経営）の分離」という視角をもってたどった書物として知られる。たしかにそれが古典としての本書を際立たせていることは間違いない。しかし訳者あとがきにも書いたように，「分離」がどう究明されているかにかんして，第Ⅰ編の話の筋だけをもって説明をすませている文献がひじょうに多い。そんな説明を手がかりにして読み進めるのでは，第Ⅰ編に続くその先の，まだ分厚い，しかも特定分野の専門家以外に取っつきにくい法律用語や判例，証券実務等が頻出する議論に付き合いながら頁を繰るのは，とてもたいへんだろう。実のところは，「所有と支配（経営）の分離」というキャッチフレーズ自体，第Ⅱ編以降の，私有財産制度の変質，経営者権力の実態，会社証券の新しい性格と機能，証券市場の動態，等々の詮索を総合して，歴史的に決定的な意義ある事象として提起されていることなのである。いい換えると，第Ⅰ～Ⅳ編の分析・理論化の全体をもって，この書物は今日の株式会社論の起点に位置づいている。そのことをおさえて読むかどうかで，各論への興味はずっと違ってくると思う。そうした全体像の把握に役立つことを念じて，以下に，本書執筆の経緯と，それが社会科学の古典として遇せられるに至る過程に少しく立ち入ってみたい。著者たちの思考と活動にかんする正伝があるわけでなく，多くは断片的な情報をつなぎ合わせたものなので，推測の域を出ない部分の混入が避けられないことをお断りしておく。

## 「共著」のなりたち

　本書は法学者バーリと経済学者ミーンズによる共同研究の成果として知られる。専門を異にする二人の協働がいかに画期的なことであったかを，バーリが序言に書いている。その意義を認めた上でのことだが，この「協働」の内実にいささかの検証が必要と思う。ひとつは，二人が同一の課題に取り組み議論したことでどの程度それぞれの思考が相手に作用し，一書に結実したのかという点での裏づけであり，もうひとつは，バーリもミーンズもアカデミズムの正道を歩んだ学者では必ずしもなく，その意味で法学者と経済学者の合作と簡単にいい切れなさそうな性格のことである。この考

証のために，まず二人の経歴と本書執筆に至る経緯をたどってみよう。

　A. A. バーリ (1895-1971) は 21 歳でハーバード・ロー・スクールを卒業し，同校の若年卒業記録を更新したという。卒業とともに陸軍に入隊，情報将校として主に西インド諸島の行政支援にあたり，第 1 次大戦後のパリ平和会議にはアメリカ代表団の一員として参加している。1919 年，ニューヨークで兄らとともに法律事務所 Berle, Berle and Brunner を開設した。実務のかたわら書いた非累積優先株の問題性を論じた論文が 1923 年，ニューヨーク・コロンビア大学のロー・レビューに掲載を認められた。1925 年からハーバード大学のビジネス・スクールで企業金融の非常勤講師を務め，1926 年に無議決権株にかんする彼の 2 本の論文が，ハーバードのビジネス・レビューとロー・レビューに各々掲載されている。こんな過程で，大学研究者との交流もそれなりに広がったろう。当時の彼の論文はみな，株式の新しい実務の普及とともに株主の権利が損なわれる問題を扱っている。のちにバーリの書いた諸断編から推測するに，彼が学界の研究状況を瞥見してそこに抱いた強い印象（これは当時の法曹界にたいする印象でもあった）は，証券実務面への理解の弱さと不備であった。折しも，該博をもって知られとくに鉄道業の分析と州際通商委員会への関与で企業実務にも詳しいハーバードの経済学者ウィリアム・リプリーが，1920 年代中ごろからウォール街批判の旗幟を鮮明にし，1926 年にはニューヨーク・タイムズが「リプリーが語るときウォール街はたじたじ」との見出しで一面全部を使った記事を掲載し，1927 年にはリプリーが一般読者を念頭において書いた著作『メインストリート・アンド・ウォールストリート』が大評判を呼んだ。世間に流布していた反トラストからの企業批判とは違う，企業経営の実態に切り込んだリプリーの批判的言説が，バーリの血を沸き立たせたのは想像に難くない（序言の最後を参照）。請われてか自ら請うてか，この 1927 年に 32 歳のバーリはコロンビア大学ロー・スクールの教職に就くが，そのときすでに『現代株式会社と私有財産』の構想はかなりでき上がっていたと推察される。この研究のプロジェクトは 1928 年に正式にスタートするのであるが，バーリは前年すでにアメリカ社会科学研究振興会の助成金支給審査に，「適当な引受け機関があれば」という条件付きで合格しており，またおそらくハーバード・ビジネス・スクールで垣間みていたミーンズ青年の研究をプロジェクトに取り込む手配をすすめ，かつまたプロジェクト執行を受け入れるというロー・スクール長の内約を得た上で，大学での新しい職に就いたようだからである。（コロンビア大学でバーリが得た職の肩書きが正式のプロフェッサーであったかには疑いが残る。後述するが，1932 年にハーバード大学のドッドとバーリが論文で意見を交わしたさい，バーリはドッドを

「プロフェッサー・ドッド」あるいは「ドクター・ドット」と呼んでいるのにたいして，他方，ドットはバーリを「ミスター・バーリ」として書いている。）

　プロジェクトが発足してすぐ始まった一方の作業は，助手と大学院生の動員を得て，州ごとに歴史も理論も法廷の判定もとりどりな関連法と膨大な判例とを渉猟し，類聚することだった。序言にあるように，これは本書より早く 1930 年，一書にまとめてバーリの単著として刊行された。同書の編別構成は 2 年後に刊行される本書の構成にほぼ対応しているというから，バーリによる本書全体への見通しがいかに早かったかを証してもいる。そしてもう一方の，このプロジェクトならではの重点が，ミーンズの役割づけにおかれたのであった。

　G. C. ミーンズ (1896-1988) は，ハーバード大学で化学を学んでいた 1918 年，大戦参加のため半年のセメスターを残して「仮」卒業，陸軍のパイロットとして従軍した。戦後の 1919-20 年にはトルコで中近東救済事業に参加し，1922 年から 29 年までは羊毛加工会社を持ち経営もする。だがこの間，大学に残したセメスターをこなして完全卒業し，さらに 1927 年に修士号 (M.A.) を取得。その研究を見込んだバーリの誘いで，ミーンズは上述のプロジェクトがまだ正式発足していない 1927 年に，コロンビア大学の「プロジェクト・ワーカー」に就任している。その後の彼は，プロジェクトの任務をこなしながら，本書の出版年と同じ 1932 年，コロンビア大学ビジネス・スクールの J. C. ボンブライトとの共著『持株会社論』を刊行，さらに翌 33 年，会社革命を扱った論文をもってハーバードの博士号を取得する。その間，2 編の論文を経済誌に掲載している。こうしてみると，1920 年代末から 1932 年ころまでに本書と併せてミーンズが書いた著述の分量は膨大ということになるが，そのすべてが大企業への富の集中と所有権の分散というひとつのテーマに向けての業績である。この種の実証の精度と包括性とでミーンズの研究が一頭地を抜いていたのは明らかであるが，経済学の他の領域にはいっさい口を出しておらず，それまでの経歴を含めて，経済学者というにはやや特異な存在であったと思われる。

　この同じ期間にバーリもかなりの本数の論文を書いており，その一部は本書にほぼそっくり収録され，他は部分的に利用されている。それらのなかでもっとも重要と思われるのは，*American Economic Review*, March 1930 に掲載された「株式会社と大衆投資家」という表題の論文である。もっとも重要という意味は次の三点である。第一に，それ以前に書かれた特定テーマの諸論文と違ってプロジェクトの狙いや構成を全体的に示すものとなっている。第二に，これは実は 1929 年 12 月の，アメリカ経済学会第 42 回年次大会における報告ペーパーである。つまり彼はこの段階で，現代株式

会社にかんする包括的な研究構想を，法学者でなく経済学の研究者に，しかも専門がもっとも多岐に及ぶ経済学者たちの集まりの場で話したいと，学会報告に応募したのであろう。第三に，同論文の筆者名はバーリであるが，その名に続けて「協力（assisted by）G. C. ミーンズ」との付記がある。ここにおいて初めて，プロジェクトのなかのミーンズの存在が明記された。同論文の注には，報告中に用いる数値は「ミーンズ氏による200大企業の個別バランス・シート」の調査資料によっており，「この資料はやがて著書の形態で印刷公表される」とある。

　以上をたどった上で，あらためて本書の全体に目をやり，バーリとミーンズの「協働」の内実を考えてみる。まず本書が，共著とはいってもバーリの圧倒的なイニシアティヴで構想され体系化されたことを，疑いえない。イニシアティヴというにとどまらず，草稿も大部分バーリが書いたであろうことは，他の論文との共通表現などからも推定できる。二人が討議を重ねながら書いたかもしれないのは，第Ⅰ編の第1章くらいか。あるいは第Ⅰ編を総括した第6章と，最終第Ⅳ編の結論に関する部分（いずれも章としてごく短い）も，少しその可能性を感じさせる。第Ⅰ編の第3章から第5章にかけての統計的な分析と総合（さらに巻末付表）だけはミーンズの独壇場であるが，統計や図表を除いて書いた文章の分量では50頁以下と，本書の数分の1に満たない。本文の4割強を占める第Ⅱ編，それに第Ⅲ編は，逆にバーリの独壇場とみえる。そしておそらくバーリが主導した本書全体の構成では，第Ⅰ編が当時の大企業の実態を提示したいわば問題提起で，第Ⅱ，Ⅲ編でその法的，社会的，歴史的意義を分析，理論展開しようということではなかったろうか。

　こうしてみると，協働といっても，執筆そのものを法学者と経済学者の合議によって進行させたという実質では，あまりなさそうである。ミーンズの行った実証は経済学者が誰も手を出していなかった独自のもので，その論旨にバーリがかなり早くから目を付け自分の仕事領域に誘い込んだ。ミーンズは，そこでバーリが書いた草稿に目を通して意見をいったであろうけれども（数箇所で合意に至らなかったことを本文に注記している），バーリがその意見を容れて文章を大幅に書き換えたというようなことは，ちょっと想像できない。豊富な知識と事例を引っさげて猛進するプロジェクト・ディレクターのバーリに，温厚かつ柔軟性に富んだミーンズは，だいたいは順応したとみるほうが，真実に近いのではなかろうか。しかしやや皮肉なことに，ミーンズが提供した数値を伴った実証こそが，ずっと後まで本書の看板になるのである。

## 出版への反響

　本書におけるバーリの文体や論の運びは，一般読者向けに配慮されたとはとても思えない。法律専門誌に載せたのを，ほぼそのまま転載した部分もある。本書はもともと 1932 年中ごろに，シカゴの小出版社(Commerce Clearing House)から企業法＝企業財務論の専門書として少部数発行され，限られた書店にだけ配本された。それがある事情から，ニューヨークの大手出版社マクミランが原版を譲り受け，2, 3 カ月で自前の著作物に作り変え，マスコミに書評の段取りもつけたうえで，1932 年 11 月，全国書店でいっせいに売り出したのである。マクミラン社の思惑通り，翌年早々から絶賛の書評が出始めた。歴史学者チャールズ・ビアードはニューヨーク・ヘラルド・トリビューン紙(2 月 19 日付)に，「本書は，ハミルトン，マジソン，ジェイらく フェデラリスト〉の不朽の著述以降 1933 年までの期間に世に出た，アメリカ国政術にかかわるもっとも重要な業績としてたたえられることになるであろう」と書き，法律専門誌でもイェール・ロー・ジャーナル(No. 42, 1933)にジェローム・フランクが，「本書は，新たな経済的画期の到来をかくまで明晰な語をもって詳述した最初の書として，おそらくアダム・スミスの国富論に比肩しうる」と評釈した。

　著作を早々に読んですっかり感心したコロンビア・ロー・スクールの同僚レイモンド・モーリーが，フランクリン・ルーズヴェルトにバーリを推し，そのことからバーリは大統領選挙戦に入るルーズヴェルトのブレーン・トラストに加わった。ルーズヴェルトの当選後は，復興金融公社の特別顧問となる。タイム誌(1933 年 4 月 24 日号)は本書を「ルーズヴェルト政権の経済のバイブル」と呼んだ。法曹界でも，1933 年の 1 月，2 月に早くも，合衆国最高裁判決における裁判官意見に，本書への言及があった。こんなことから，ルーズヴェルトが政権についてすぐ制定された証券法 (1933 年)や証券取引所法(1934 年)に，あるいは全国産業復興法(NIRA)の企業統制条項にまで，本書が影響を及ぼしただろうとする推測は，容易に出てくる(バーリ自身，本書の 1968 年改訂版の第Ⅲ編冒頭に，「証券市場における財産を扱った本書は……1933 年以降の連邦法規制の基礎〔foundation〕になった」と注記している)。それを示唆する証拠や証言もあるが，しかし他方，大恐慌下でかかる法の制定は本書の存在にかかわりなく不可避であったとする面からの論究も少なからずあって，判定には慎重を要する。

　ともあれ，このように出版当時の本書への反響は大きく，評価は賞賛一色の観を呈した。しかしながらそのことから，本書が法学・経済学の古典として遇せられる力強い一歩を踏み出したと，簡単にいえないところが，後々までの特徴につながるのであ

る。

　法学界では、上の引用例にとどまらず多くの法学専門誌に書評が載ったが、その積極評価のほとんどが、大企業において止めどなく従来の法理を越えて展開する諸事象の全体を「所有と支配（経営）の分離」の観点から見事に体系化してとらえたという、いわば総論の次元にとどまり、バーリが意図した各論点での問題性に踏み込むには至らなかった。法学界にそこまでの論評を生む地盤がまだなかったということであろう。もっとも後述するように、当時バーリが書いた論文をめぐって「論争」とおぼしきやりとりがあり、その内容は本書にも強くかかわるものだったのだが、書物そのものはそういう扱われ方をしなかった。後年に書かれた法制史の著述を読むと、少なくとも第2次大戦の開戦ころまで、おおむねそんな雰囲気が持続したようである。

　経済学界の反応は、もっと冷淡でさえあった。1930年代は、イギリスにジョーン・ロビンソン、アメリカにエドワード・チェンバリンが不完全競争と独占の理論を説き起こし、またケインズと彼に続くケインジアン学者が多かれ少なかれ寡占市場を経済理論に取り込み始めた時代であるが、大企業への所得の帰属を扱う彼らと大企業の資産の集中を扱ったミーンズ、またあくまで利潤極大化を企業の行動原理におく彼らと経営者が利潤原理を離れて行動する面に目を向けたバーリ＝ミーンズとは、同じ土俵にまみえることがなかった。また今日バーリ＝ミーンズはソースタイン・ヴェブレンらを祖とする制度派経済学の系譜にいると説かれることがよくあるが、そういう解釈が生まれるのはもっと後のことで、当時のヴェブレンは学派に無縁な孤高の学者とみられる傾向がずっと強かった。さらに経済史の研究業績という面から判ずると、経済史の記述に証券問題が入ったのは、19世紀の鉄道建設と19-20世紀交のトラスト運動くらいのもので、実証面からしても本書が経済史家にすんなり受け入れられるような内容でなかった。

　二人の著者がともに、その後アカデミズムで確固たる地歩を固めていったわけでないことも、学界での本書への位置づけと無関係でないかもしれない。バーリはニューディール政権下では復興金融公社と外交面とで主に活動し、戦後はブラジル大使に就任、その後コロンビア大学に復帰したが、それでもニューヨーク州民主党のリーダーを務めるなど、政治的活動はやまなかった。著述のエネルギーは相変わらず旺盛だが、書かれたものは昔よりずっと政治色が表に出ており、株式会社にかんする議論でもそうである。一方、ミーンズはといえば、ルーズヴェルト政権が成立するとすぐ農務長官の経済アドヴァイザーに起用され、その後さまざまな関連部局を渡り歩いて経済全般への識見を広げた。なかでも本書の論旨との関連では、1935年から39年にかけて、

全国資源委員会の産業部門ディレクターの任についたことが重要である。1935年の上院への報告書に彼が用いた「管理価格」(administered price)という新表現——アメリカ経済に，需給変動に敏感かつ伸縮的な価格と並び，大企業によって管理される下方硬直的な価格が存在するとの主意——はその後学界に徐々に浸透し，ミーンズはポスト・ケインジアン経済学者のひとりに配されることにもなるが，工業の集中度の高さと価格の非弾力性を相関させた彼の仮説には批判や反証も少なからずあって，優位の学説となるには至らなかった。大戦後のミーンズの肩書きは，しばらくは経済開発委員会のなかにあったが，かたわら芝生の造成・改良の会社を経営したり，私立の経営コンサルタント業をこなしたりもした。大学の研究職につくことは最後までなかった。

## 「所有と支配(経営)の分離」論の系譜

　ここから，本書の所論の展開を，いくつかの面からたどってみたい。まずもっとも広く知られる「所有と支配(経営)の分離」であるが，この論の行方をみるに先立って，「所有と支配の分離」と「所有と経営の分離」という二様の表現——いまでも双方が同じくらいの度数で用いられる——の発端の含意について，私の理解を述べておく。

　本書全編を通して読み取れるように，バーリの論述の主眼は，私有財産制の社会にありながら大株式会社における所有権者(株主)が刻々自己の財産支配の実効を失っている(divorce of ownership from control)事態の解明にあり，その意味で主題はあくまで「所有と支配の分離」である。とはいいながら，バーリが1920年代に学界にデビューしたときの論文の内容はおおむね，新しい証券実務によって経営者＝取締役会が株主から権利を剥奪しつつあるという事態を踏まえたもので，その論調が本書第II編に引き継がれている。第II編の後段(第6章)になって初めて，財界に君臨する〈経営者ならぬボス＝支配者〉の存在にまで筆が及び，そのような支配者を引っくるめて，所有から分離した会社支配の権力の性格を総括するという構成になっているのである。一方，ミーンズの論の運びは，それといささか異なる。所有権者(株主)が分散しながら支配から遠ざけられる過程をミーンズも「所有と支配の分離」と表現するけれども，その分離の行き着く先は「経営者支配」なのである。彼は経営陣に属さない非所有者による支配の事例も，現実にいくらもあると認めつつ，だがその態様はあまりに個別具体的で明白な定義を持ちえないから，本書の実証では非所有支配を「事業活動にかんする権力を持つ者」(すなわち経営者)に絞り込むとしている。重要なのは，第I編第6章の結語部分に述べられている，「支配は……究極的に経営そのものの担い手の手中におさま」り，「経営はそれ自体で独自の永続的な地位につく」ことである。し

たがってここでは「所有と経営の分離」と表現したほうが，ミーンズの意図に添っているようでもある。その後の学界の趨勢では，バーリ＝ミーンズの所説が，会社の支配権力を論題とする研究分野で引用されるときには「所有と支配の分離」の論として，経営者の権能や企業行動のモチベーションを扱うところでは「所有と経営の分離」として表現されるのが，一般的な状況となっている。

さて「所有と支配(経営)の分離」論の系譜に話を進めよう。この「分離」論の創始はバーリ＝ミーンズでなく，古くアルフレッド・マーシャルの『経済学原理』の1890年版に出現し同書の1920年版(第8版，第Ⅳ編第12章8)でより明確にされたものだとか，また別に，ヴェブレンの1904年の『企業の理論』(第6章)と1923年の『不在所有者制』(1964, Reprinted Edition, p. 86)に各々説かれたことだとする解釈がある。さらにまた，バーリ＝ミーンズが本書の冒頭(第Ⅰ編第1章注2))と結語部分(第Ⅳ編第4章注1))にドイツの実業家・政治家ウォルター・ラテナウの株式会社観を引用していることにも示唆があるように，第1次大戦後のドイツ再建に関連して，大株式会社に会社自体と利害関係者との「分離」あるいは経営者支配の事実があるか，株式法をもってその進行を許容するか，といった切実な課題と議論とが展開されていた。これらのことはそれぞれ十分に検討に値する問題であろうが，しかし論の性格からしてバーリ＝ミーンズから展開される系譜とは区別したほうがよい。紙幅がとてもないので，それらへの言及は行わずに先に進む。

そのことよりも，アメリカ経済界の支配にかんして，19世紀末から富裕家族(ロックフェラー，フォードのごとき)や投資銀行(モルガン，クーン＝ロープのごとき)の存在を大きく取り上げてきた，アメリカに独自な性向のほうには，留意しなければならない。この性向は巷説にとどまらず，例えば1913年，連邦下院銀行通貨委員会(通称プジョー委員会)が提出した「マネー・トラスト」にかんする報告等によって，いわば公認されてきてもいた。そのことがバーリ＝ミーンズ流の会社支配観と向き合う契機となったのが，ニューディール政権下，1935年に設置された全国資源委員会の活動である。同委員会は大恐慌のもとで国家資源(人的・物的)の有効活用の道を探るべく設置されたのであるが，本書との関連で特筆すべきこととして，委員会の産業部門の長にミーンズが任ぜられた。ミーンズはそこで産業の生産，組織，価格などの構造分析と並び支配の構造にも分析を及ぼすよう提唱し，初めて自己の指揮下でそれを進めた。提唱した時点のミーンズの構想では，彼のかつての200大企業分析と同様の手法を1930年代の大企業にあてはめ，ますます経営者に集中した支配の実態を確かめることが最重点にあったろう。じっさい1939年に出された報告書(*The Structure of American Economy*)の当該部分はそのような筆致で運ばれているが，同時に注目さるべきは，そこにエレノア・ポランドによる重役兼任制の研究，マルクス経済学者と目されたポール・M. スウィージーによる「8大利益集団」の構成表が付加され，経営者支配への道と別次元での会社支配の進展が包摂されたことである。ミーンズの柔軟かつ包容性豊かな人格を示してもいようが，同時にミーンズにとってそのような異説は，バーリほどに自説と対立するものと感じられなかった可能性がある。ポランドやスウィージーの着眼は，ミーンズの主観では例えば本書第I編第5章の「法律的手段を用いた支配」および「少数持株支配」で論じたことと折り合えるものだったかもしれないからである。

　このような政府調査の手法や視点をどう引き継いだかは定かでないが，上の報告が出た翌年の1940年，ニューディール時代の最大規模の経済調査として知られる臨時国家経済委員会（TNEC）のモノグラフ第29集『非金融最大200社における所有権の分布』が公表され，それがミーンズ調査との違いをさらに鮮明にすることになる。同モノグラフは，200大企業の所有と支配の態様の集計にあたり，いわばミーンズ流の「多数持株支配」から持株による支配が認められない段階までの区分を横軸に，そして富裕家族や会社など利益集団による会社支配を縦軸とするような構成をとった。例えば横軸の持株率が10％以下というふうに小さくても，縦軸の富裕家族等による支配がはっきり摘出できる企業であれば，支配が所有から分離されているとは見なさない。こうした集計からモノグラフが下した結論は，「200の会社のうち140ほどは，利益集団の手にある株の総数が十分に多く，経営への代表状態などを考慮に入れると，これらを大体において所有者支配というふうに分類してよい」ということであった。ミーンズが1930年時点の資料によって200大企業の65％を所有者支配から切り離したのと対照的に，1930年代末の資料に基づいたTNECの集約は，200大企業の70％を所有者支配に属せしめたわけである。

　ずっとみてきたように，1930年代のバーリとミーンズは一貫してニューディール政権を支える側で行動していた。彼らの大企業観は後期ニューディール政策の反独占志向に寄与したともみられる。彼らはまた台頭してきた左翼勢力と総じて親和的で，その勢力からの本書にたいする批判は，あってもごく単発的なものにとどまっていた。だがこのTNEC調査が世に出るや，「経営者支配論のバーリ＝ミーンズ」と「所有者支配論のTNEC」という対比の図式がまたたく間に広まって，それが第2次大戦後の新たな論議の出発を画するのである。この対比の背景には本書とTNEC調査結果だけでない，新たに生まれた会社権力にかんするさまざまな着眼が作用したと考えら

れるが，それはあとの項に譲って，ここでは数値の検証を伴った大戦後の研究の流れだけをみよう。

大戦後にバーリ＝ミーンズの手法を継承した新たな実証としてもっとも有名なのが，ロバート・J.ラーナーによる計測である。これは，1963年時点の非金融200大会社の支配の態様を，ミーンズと同じ「私的所有支配」から「経営者支配」までの5段階区分をもって集計した。それによると，1929年時点の資料を用いたミーンズの計測では明確な「経営者支配」が200大企業の44％だったのにたいして，ラーナーでは84％となっている。同時にラーナーは，趨勢が200大企業を越えてもっと順位の低い企業にも及んでいることを示した。つまりこの区分での動態にかんするかぎり，事態はかつてのミーンズの展望通りに進行してきたということである（当然ミーンズもこの計測結果に満足し，1968年の本書改訂版への序言にこれを引用している）。ラーナーがミーンズの手法を踏襲して1929年と1963年とを比較してみせたのは，TNEC流の線引きと解釈にたいする不同意——利益集団の「支配」を摘出したところでその支配を「所有」に基づくと断定できない，そして「経営者支配」への趨勢ということには利益集団の支配問題と異なる固有の意義があるという——を含んでのことであり，この検証の流れは，取締役の忠誠義務，兼任取締役，監査制度の設定・運営などの論議のなかで活用されるものとなっていく。

TNECの観点と手法からの展開は，もっと多様である。バーリ＝ミーンズの「所有と支配の分離」論を資本主義体制の本性を隠蔽するものとして糾弾する度を高めたマルクス主義の陣営からは，アメリカ社会の金融寡頭支配を掲げた著述（日本を含む諸外国の研究者によるものも多い）が続々生まれ，その多くがTNECの実証を好意的に引用した。だがアメリカのマルクス経済学者を代表すると目されていたスウィージーの場合は，大戦後のある時期まで「バーリ＝ミーンズの所論はTNEC調査によってとって代わられた」（例えば邦訳『歴史としての現代』54頁）と説いていたのが，遅くとも1950年代ころから，論述に軌道修正をほどこす。スウィージーは利益団体や巨万の富を有する家族の存在を否定するのではないが，こと巨大株式会社にかんするかぎり，「銀行業者からも，有力な株主からもますます独立するようになり，大きな程度で自己の利害にむすびつけられるようになった」（邦訳『独占資本』24頁）とし，「経営陣によって支配され，金融的に独立している巨大株式会社から，いかなる行動類型が期待できるか」（同27頁）を，時代の新しい問題提起としたのである。その発想は，大戦後のバーリ＝ミーンズと接近したともいいうる。

## 機関投資家の台頭にかんするバーリの言説

　この系譜と区別され，そして TNEC の「所有者支配」論を継ぐと通常解される新たな所論が，1966 年末から 1968 年にかけて合衆国下院銀行・通貨委員会のなかの小委員会から出された三つの調査報告(通称パットマン委員会報告)におけるものである。同報告の主題は銀行集中の実態を検証することであったが，そのなかの銀行と産業企業との関係につき，これまで指摘されたことのない，大商業銀行の信託部門の機能をクローズアップしたところに，大きな注目が集まった。アメリカの商業銀行は州別の単一銀行制度という特質から，当時でも全米に約 1 万 5000 の商業銀行があり，それだけに銀行間連携による大商業銀行への預金集中の仕組みが発達していたが，その上さらに信託部門の機能が預金集中をはるかに上回って特定の大商業銀行だけのものとなっていることを，報告は明らかにした。そしてその信託部門に，主として株式の形態をもって所有されている年金基金等が預託され，大商業銀行がその預託された株式の議決権を直接・間接の手段として企業支配を行使していることを，析出したのである。かかる事態が顕現した契機は二つある。ひとつは 1952 年に GM 社が最初の近代的企業年金制を創始して以降，1950-60 年代に年金基金が全米で驚異的な成長を遂げたこと，もうひとつは，この年金基金がそれまで各種金融機関が国債や社債を資金運用の主要対象としていたのと違って，普通株への投資に大きく踏み出したことである。年金基金の躍進と行動に惹かれて，1960 年代には保険会社，投資信託会社，相互貯蓄銀行，貯蓄貸付組合……といった金融機関がみな，証券取引所における大投資家の群れに加わった。彼らを中心とする「機関投資家」の証券市場におけるウェイトは，1970 年ころからニューヨーク証券取引所の出来高の 50% を超えていくようになる。

　ここにおいて，所有と支配の関係をめぐる問題は機関投資家を入れないでは考えられない時代に入ったが，そのことは 1932 年に本書を上梓した著者にいかなる作用を及ぼしたであろうか。その点での結論を一言でいうなら，機関投資家の台頭への着目は，とくにバーリの株式会社論に決定的というほどの影響を与えた。実はこの変化の意義を誰より早く感知したのがバーリだったともいえ，上のパットマン報告も，この問題の重要性をいち早く指摘したのがバーリの 1959 年刊行の新著『財産なき支配』(*Power Without Property*)だということで，同書からの長い引用を与えている(邦訳『銀行集中と産業支配──パットマン委員会報告』12-13, 178-79 頁)。同書でバーリは，株式会社のこれまでの発展史を，多数持株支配の時代から経営者支配の時代まで 3 段階に分けて説き，その上で「いまや第 4 段階が現れている」(邦訳『財産なき支配』104 頁)とするのである。それは，①株式資本への実質的な出資者(＝大衆)は自ら株式を

所有することなしに出資への配当に相当する利益の配分に与る，②「分散された株式が再び集中」されて機関投資家が議決権を掌握し会社支配にかかわる，③会社の経済的機能を推し進める手段（設備・資産，経営陣，従業員などからなる「組織」）が外部からの諸規制を受けつつ独自の「経営」を展開する，という内実をもって示される段階である。事態はもはや私的所有と会社支配・経営との分離という指標をもって測りうるものでなく，会社の支配権力がいかなる個人からも離れて機関・組織に帰属する歴史段階に入ったことを中心としてとらえなければならない，ということである。かくして後年のバーリの論調は，会社権力論へと大きく傾く。

## 経営者論におけるバーリ──会社の社会的責任論への道

　経営者は，自身が会社の所有者であるか否かにかかわらず会社の最大利益のために行動する者であり，その利益は所有者たる株主に帰属するというのは，長く法学と法曹，経済学に共通して疑うべからざる理論的前提であった。だが1920年代のバーリの思考を刺激したのは，経営者が証券の操作等を通じて株主ほんらいの権利を骨抜きにし，独自の裁量で行動するようになってきている現実であり不条理だった。彼は現行法がそれに対処するにはあまりに時代遅れであることを痛感した。現行法は要するに，会社と経営者の関係にしか目を向けず，経営者が会社に損害を与えた場合にだけ法の対象とするにすぎない。経営者と株主の関係の面では，会社定款に定められた株主の権利や経営者の義務の条項にほぼ委ね，事件の性格がその条項に収まらないときにはコモン・ローを適用するしかない。それを扱った裁判所の裁定も論拠も，まったく一様でなかった。1920年代半ばに展開されたリプリーのウォール街＝大企業体制批判のなかには，経営者が少数持株しかないのに議決権を自らに集約する仕組みを作り出し専横を振るっているさまが暴露されており，バーリはそれにも鼓舞されて，経営者の権力行使を拘束するにいかなる法規が必要であるかを模索し始めた。

　そこから導出した経営者論として，会社経営者をその株主にたいする「受託者」(trustee)と見なし，信託理論(fiduciary theory)の法体系のなかで経営者の権利・義務を規定すべしとする提言が生まれたのである。その考えを集約した論文が，1931年のハーバード・ロー・レビュー44巻に掲載された「信託された権力としての会社権力」であり，この論文はほぼそのまま本書第Ⅱ編第7章に収録されることになる。第7章の論旨は，それに先立つ第5，6章の分析の帰結でもあって，バーリの「経営者支配」の現実認識とともに，経営者をあくまで株主の受託者として株主の利益第一に振る舞うべきものとする観点から，法制の整備を求めていると解せられる。

しかしそう解して本書を最後の第Ⅳ編に読み進めた読者は，困惑を禁じえないのではなかろうか。第Ⅳ編ではこれと反対のことが述べられているとさえ読めそうだからである。すなわち第Ⅳ編の第1章は，巨大株式会社が「誰の利益のために運営されなければならないか」が今日の最大の問いであると書き出され，以後，その答えに株主の利益を持ってくる（すなわち大方の法律家が説く）「伝統的な考え」への批判を展開しているようなのである。第Ⅳ編第3章でそうした伝統的な理論の不備を説いた上で，最終第4章において，「いま世界中で……経済組織のなかにおける権力を……公共の利益という尺度をもって」測るべしとの主張が強まっているとし，株式会社もその観点から新しい概念が形成されつつあることを述べる。したがって経営者が受託している権力は，消極的財産の所有者にすぎない株主にたいしてだけでなく，「公正な賃金，従業員の安全，顧客への適正なサービス，事業の安定」等のために行使されなければならない権力である。記述のこの部分を引いて，本書を，経営者（会社）の社会的責任を説いたもっとも初期の著述だとしている解説もある。第Ⅱ編と第Ⅳ編との記述は契合しているのか，あるいは筆者内部の撞着を反映しているのだろうか。その答えをうかがうのに，以下の次第を知る必要がある。

　三十代に入ったばかりの気鋭のバーリが放った上の経営者＝受託者論にたいして，バーリの8歳上で会社法学界の「輝ける星」であったハーバード・ロー・スクール教授ドッド（E. Merrick Dodd, Jr.）が正面から反応した。バーリの提言がそれだけ会社問題の核心に触れていたということでもあろう。1932年5月，ハーバード・ロー・レビュー45巻7号にドッドが「会社経営者は誰の受託者か？」と題して載せた論文は，経営者を受託者として法制の整備を図るバーリの着眼を高く評価しつつも，現代株式会社が帯びている社会的性格はもはや信託者を株主だけに限定しえないものとしており，「すでに世情は……事業株式会社を利潤獲得の機能とともに社会的奉仕をなす経済制度と見なす方向に大きく歩み出しており，この観点はすでに法理論にも相応の影響を及ぼしつつある……」との見解に立つ批判論文であった。「所有と支配の分離」によって経営者が株主からの拘束を緩められたそのことが，コミュニティへの奉仕という企業の倫理感をうながす条件となったかのごとくに，ドッドは説いた。これには同誌の翌号に，バーリがただちに反論を載せた（「会社経営者は誰の受託者か：ノート」）。ドッド教授の主張は理屈であって現実ではない。今日の産業の支配者は自らをコミュニティに責任あるものと自覚しておらず，彼の銀行家は社会が何を求めているかを知ろうとせず，彼の法律家は社会的責任のごとき論をもって彼に助言しない。かかる現状のもとでドッドのように経営者の社会的責任を認め拡大することは，ただ経

営者にさらなる権力を与えるばかりであろうと，バーリは考えたようである。むしろいま必要なのは，猛烈な勢いで増えつつある，彼らの親族まで含めれば人口の半分に達しようかという，大衆投資家（大衆株主）の利益を守ることではないか。それこそ私有財産制の社会の根幹を保全するという，社会的責任に通ずるのではないか。企業を統括する者が株主にたいしてだけでなく事業投資家，労働者，顧客，ひいてはコミュニティ全体に責任を持つようになるという事態は，たしかに企業財務の学徒がみな夢みることではあるが，そのような未来への足取りには，法学とはまったく異なる動因を期待するしかないであろう。

　ドッドとバーリの「論争」の要点をこれほど簡単化するのはいささか気が咎めるところもあるが，紙幅の都合上やむをえない。ここでは最小限，経営者の社会的責任を説くドッドと株主保護の責任を説くバーリという対比を読み取ることで我慢しよう。この対比が事実としてあったことを，のちにバーリ自身が披瀝している。すなわち1954年刊行のバーリの著書『二十世紀資本主義革命』に，次の文がある。「20年前に，著者〔バーリ〕は，ハーバード・ロー・スクールの故E.M.ドッド教授と論争したことがあった。著者は，会社権力は株主のために信託されている権力であると主張したのにたいして，ドッド教授は，これらの権力は全社会のために信託されているものであると力説した。この論争は……全くドッド教授の主張に有利なように解決された」（邦訳145頁）。

　この経緯から，本書の解説として二つの私見を述べたい。ひとつは，本書のいくつかの部分の執筆時点にかかわることである。ドッドとバーリが上の論争を交わしていたときには，すでに『現代株式会社と私有財産』の原稿が出版社（Commerce Clearing House）に手渡され印刷の工程に入っていた（そのことをバーリが反論のなかに注記している）。しかしそれは今日のわれわれが手にしているのと同じ完成稿であったろうか。それとも馬力と速筆の人であるバーリは，校正あるいはマクミラン社が本書を作り直す過程でいかほどかの補正や書き換えを行ったものか。そう考えて第Ⅳ編を再読すると，私は，後者のほうに傾かざるをえないのである。前にも述べたように第Ⅱ編の第7章は第5～6章の分析と論の展開の帰結であって，批判を受けたからといって簡単に部分修正できるような性格のものでない。しかしこの第7章に収録する雑誌論文にたいするドッドからの批判は，本書の主論点にかかわるものであって，無視することもできない。おそらくそれにたいする最小限の対応を意図して，バーリはまず第7章冒頭に，収録するもとの雑誌論文にはなかった導入文を付した。翻訳で1頁余りになるその導入文でバーリは，〈経営者の，株主にたいするにとどまらない社

会的責任という考えがいつの日か有効となるにしても，それが十分に現実性を持つまでは「法律家は私有財産の概念のなかで考えることを強いられている」がゆえに，以下，経営者権力を「株主のために信託されている」ものとして論ずる〉のだと，いわば釈明を行っている。

　続く次なる対応として，本書「序言」での，「本書の最後の四つの章〔＝第Ⅳ編〕」の将来展望は，第Ⅰ～Ⅲ編までの事実データに基づく分析から区別されねばならないもので，むしろそうした事実データを相対化し主観的な推量や予言のほうを描いた，という断りを入れたのではなかったか。本書の出版準備中のドッドによるバーリ批判は，ふつう想像されそうな以上にバーリにとって重い意味を持ったように思われる。第Ⅳ編(第1章)を，会社は「誰の利益のために運営されなければならないか」こそ今日の最大の問いだと書き出し，この答えは(第Ⅱ編第7章で説いたごとく)「法にかんするかぎり，企業の利潤は全体としての証券保有者に帰属するということ」であるとしながら，「しかしこの論理の適用をもってよしとすることが許されるであろうか」と自ら反問して，伝統的理論への検討を進めたすえに，最終第Ⅳ編第4章で「こうした法理と正反対の見解を持つ者が，明らかに大会社の法律担当者やこの分野の研究者のなかにいる」と書いたとき，バーリの脳裏にあったその研究者のなかにドッドがいたことは，ほとんど疑いえない。そう解するならば，第Ⅳ編の記述全体にドッドがずっと影響を及ぼしているようでもある。第Ⅳ編がもともとどういう基調で書かれ，最終段階でバーリがどのように手を入れたかを立証するすべはないが，第Ⅰ～Ⅲ編をほぼそのままにして第Ⅳ編の記述で折り合いをつける，ぎりぎりの補正がなされたのではないかというのが，私の推測である。

　もうひとつは，経営者(会社)の社会的責任論の系譜におけるバーリの所論の位置のことである。この社会的責任論には今日まで，とくに声高に唱えられたいくつかの波があるが，その第一の波というべきは，実は1920年代であった。その波の内容は，一方で実業界に，会社人事部の創設を始め企業の福利厚生への動きの大きな進展があり，その過程で自らの責務が投資家，従業員，顧客，公衆全体に向けてあると公言する経営者が少なからず生まれたことであり，他方でビジネス・スクール等のビジネスマン育成教育に，専門職としての実業家倫理が説かれるようになったことである。1920年代後半には，リプリーのような経営者の専横批判と並び，同じハーバード大学のビジネス・スクール長W. B. ドーナムに代表される「ビジネスという専門職」に固有の職業倫理を説いた文献も世に普及した。しかしそれらを，学問の世界で経営者の社会的責任論に仕立てたのはほかの誰よりドッドの功績だと，一般にみられている。

とすれば，このドッドの所説はバーリの問題提起があってこその理論として明快に打ち出されたわけであるし，バーリもまた反論にとどまらずドッドの所説に強く惹かれて本書以降の思索を進めた，そのことを考えるなら，社会的責任論の系譜におけるバーリの位置，役割はけっして小さくはない，そして積極的なものとすべきであろう。（経営者の，株主への責任論と企業の利害関係者すべてへの責任論という対比は，20世紀末に「ストックホルダー理論」「ステークホルダー理論」の呼称を与えられて，新たに経済理論のなかで論議されている。また経営者が権力を獲得したことが企業の投資行動にどう影響するかという発問のもと，W. ボーモル，O. ウィリアムソン，R. マリス等々に代表される経済理論が生まれ展開された。あるいはR. H. コースの取引コスト論，いわゆるエージェンシー理論等を含む「内部組織の経済学」も，経済理論の一分野となって取り組まれている。これら諸理論を吟味すると，バーリ＝ミーンズの着眼や所説を引いているとも，あるいは逆に批判をもとに成り立っているとも，どちらからもいえる要素がありそうに思うが，この解題ではとてもそこにまで立ち入る余裕がない。）

## 会社権力論・新資本主義論のなかのバーリ＝ミーンズ

　本書で所有と支配の分離というときの所有は，どこまでも個人の私的所有である。だがそもそも，現代株式会社の所有問題が私有財産制の観念をストレートに適用しては解けないという意識は，株式会社を扱う研究者が世界のどこでも以前から抱いていたことであった。株式会社の資本は二重の存在を与えられている。それは一方では生産過程で機能する現実資本であり，他方では株式証券に均等細分されて，証券市場で転々売買される擬制資本である。この場合，擬制資本たる株式証券が誰の所有に属するかは明白であって，株主が近代所有権理論のいう所有者であることに，疑いをはさむ余地はない。では，現実資本のほうはどうか。株式会社の現実資本の所有者は誰なのか。これにたいする安易な回答は，個々の株主が所有する株式を現実資本にたいする各自の持分と見立てて，株主を所有者とする考えであろう。だがこの回答は，それだけなら，株式会社の資本の二重化の意義を不問にした形式論でしかない。再生産過程における現実資本が細分化できないのにそれにたいする所有権が細分化されて同時に存在しているのは，擬制資本の固有のメカニズムがあるからこそである。いい換えれば，擬制によってしか私的所有の原理に基づいた会社所有の表現ができないのが，株式会社所有なのである。ここから会社法学はさまざまな解釈の分岐を生み出した。それは例えば法形式上は会社を法人である会社自体による所有とした上で，株主の法

人にたいする関係を私的所有の範疇に属する特有の財産権の概念によって規定しようというがごとき，法解釈上の工夫であった。

　この分野の勉強をあまりしていない私が確といえることでないが，上のような問題提起と議論の系譜は主にヨーロッパにおけるもので，アメリカは総じてその理論の，あまり熱心でない受入れ国だったようである。本書の内容でその扱いをみても，所有と支配の分離を中心テーマにしていながら，株式会社特有の所有概念の詮索には向かっていない印象を受ける。第Ⅰ編の結びにあたる第6章で，所有という言葉はもともと「利害関係(インタレスト)」と「権力(パワー)」と「運用(アクティング)」との三つの機能を統合した概念だったが，それがいまや同一人に帰属せず分離したと述べるものの，分離した後の所有の意味には論を進めていない。第Ⅳ編(第3章)に至り，伝統的な私有財産は，株式会社において消極的財産(株式)と積極的財産(現実資本とその組織)とに分化したといい，消極的財産には私有が貫徹しているけれども，積極的財産のなかでは「私有財産は消滅する」，あるいはやがて積極的財産の占有者(支配者・経営者)の私有財産とみられるようになるかもしれないが，それは「将来の問題であって，それにかんする予測をなすことはできない」という記述にとどめているのである。

　アメリカは，所有理論の果実はともかく，対極におかれた(私的所有を離れての)支配論，権力論の分野は，広く開花し世界をリードした国である。今日までその領域で交わされた議論の量と多彩さは，この解説の範囲にとても収まるものでないが，本書の所論ととくにつながりが濃い——各々の著者が自説のなかで本書を肯定的に引用・活用している——作品ということだけでも，即座に数点を挙げうる。まず時期的にも論旨からももっとも本書に近い業績が，R. A. ゴードンによる「ビジネス・リーダーシップ」にかんする諸業績である。本書の主張を起点として1930年代の検証に取りかかったゴードンは，会社支配に私的所有がどの程度かかわっているかを二次的問題として背後に退け，現代株式会社を「実質的に指導」している，そのリーダーシップのありよう——経営委員会，取締役会，大株主，金融集団，政府等，各々のリーダーシップ行使とその金銭的・非金銭的誘因——を立ち入って考察するほうへと，主題を移した。そこでゴードンが看取した現代株式会社像は，それがもはや個人的な利益目的の行動体でなく集団的行動からなる「組織」として存在するということであった。ゴードンに次いで挙げるべきは，J. バーナムの『経営者革命』(1941年)で，とくに同書の第7章「経営者とはだれか」の吟味において，頻繁かつ基本的には肯定的に，本書が引用されている。周知のようにバーナムは，生産手段の私有に基づく資本主義と私有制を廃棄した社会主義という対比の図式を捨てて，ソ連，ナチス・ドイツ，

ニュー・ディールのアメリカに共通する「経営者主義〔マネジアリズム〕」——生産，会社，政府等，社会全面における管理者層の支配——を根幹におく時代論を提唱したが，そのさいのアメリカ・イメージは何よりバーリ＝ミーンズの「経営者支配」によっている。このバーナムの著作と時期を同じくして発刊された P. F. ドラッカーの『経済人の終わり』(1939 年)，『産業人の未来』(1941 年) も，結論は違うが時代をみる視点をバーナムと共有し，ソ連，ナチス・ドイツ，そしてニュー・ディールのアメリカを同一線上において論じている。ドラッカーがいう「経済人の終わり」とは，世界の商業社会の私的所有に基づく支配の終焉であり，歴史的にはそのことがソ連やナチの全体主義を生むとともに，アメリカについていえば，物質的根拠からして時代は産業社会に移ってきているのに，現実の社会の価値・信念・制度などは依然として私的所有に正統の権力をおく建前を崩していない過渡期にある。したがって現存する経営者支配は「非正統の権力」であって，それ自体として永続し確固たるものとして次の時代を担う権力とはなりえない。経営者たちがいま，株主の所有権にたいしての奉仕でなく社会的責任を果たすほうに目を向けつつある事実は，けっして偽善でも会社 PR でもなくて，彼らの権力の正当化のための取組みなのだ。このことを集中的に論じた『産業人の未来』第 4 章の前半部分は，バーリ＝ミーンズの本書およびその後の思索の展開と随所で重なるほどに近接している。

　（このほか，バーリ＝ミーンズの会社権力論に言及している著名な作として二点を追記する。ライト・ミルズの『パワー・エリート』(1956 年) は，書かれた時期からして本書よりもバーリの『二十世紀資本主義革命』における社会的責任論のほうを多く取り上げ，バーリは「会社組織の良心の抑制力に期待をかけている」，「〔会社の〕便宜的な PR 活動を「企業の魂」と取り違えている」(邦訳『パワー・エリート』上，197-98 頁) と批判する。もうひとつガルブレイスの『新しい産業国家』(1967 年) は，本書が，所有と支配の分離を論じたものの経営者支配にも批判的な目を向けたすえに，第Ⅳ編最後の部分で「バーリ教授は，国家は経営者に代わって企業を運営せねばならぬだろうと結論した」と解す (邦訳『新しい産業国家』第 10 章，145 頁)。さらにそこに注記して，バーリの若いころからの社会主義思想への傾倒と本書との関係さえ示唆している。これはガルブレイスにめずらしい誤読だと私は思う。）

　上に挙げた著述の多くは，アカデミズムの特定分野の専門研究というより，社会評論として広い読者を獲得したものであるが，その著者たちがバーリ＝ミーンズを引用したのと同じく，第 2 次大戦後のバーリ＝ミーンズのほうもこれらの著書の論旨にこだわり，関心をそちらに向けていった。「所有」がなお「支配」から遠ざけられつつ

あるかどうかの議論はもはや重要視されず，資本の集結(collection)によって巨大な権力体となった株式会社の，社会的権力としての意味を問うほうに主題が移っている。バーリ『二十世紀資本主義革命』の「革命」とは，株式会社が社会の権力中枢を掌握する資本主義の到来を指す。社会主義が国家権力のもとで行う社会全体の生産分配の機構が，(アメリカでは)会社によって担われているという意味で，私的資本主義(private capitalism)から「結合資本の資本主義」(collective capitalism)への移行だとされる。同じく『財産なき支配』にいう「支配」の内実は，個人とモノの関係としてあった「所有」が消滅した後の，「非人格的な」権力行使のことであり，そのような新しい経済権力が「いまやわれわれの研究の中心要因となった」(邦訳『財産なき支配』107頁)というのである。

　1968年に出版された本書の改訂版に，バーリとミーンズが書いた新しい長文の序言は，上のような思索からの新しい時代論である。そこでバーリは，1932年の初版当時から事態がどう展開してきたかを六つの項で論じているが，ここではそれをあえて三点にまとめて述べよう。第一は，「結合資本の資本主義」のもとで財産＝冨の概念が変わったことである。財産を消費財と生産財に二分するなら，今日の社会で消費財の私的所有は衰えるどころか反対に桁外れの増勢を保っている。だが対照的に生産財は個人の所有からすっかり離れて，事業体という「組織全体」が，社会的な財産と目されるようになった。第二は，その生産的な財産(＝組織)にたいして，さまざまな権利が作用(＝支配)を及ぼしている。労働者しかり，顧客しかりであるが，もっとも注目さるべきは国家の会社への浸透である。国家は法人税によって会社の利益の半分を吸い上げ，他方では会社の技術進歩の大半を国家の手による技術開発をもって提供し，雇用や社会保障の責務の多くも半ば会社のために国家が担っている。この社会は，会社と国家とがいわば重なり合って存在している。第三は，株主の存在意義の根本的な変化である。個人株主や機関投資家を通じて行う個人の出資は，いまなお増加の一途をたどっている。しかしこれを株式会社金融の側からみると，会社投資の60％が自己金融(内部留保と減価償却積立金)，20％が銀行借入等であり，その他のうち個人投資家からの資金は5％になるかどうかにすぎない。これをいい換えれば，個人投資家が出向く証券市場というのは，もはや生産投資のための場でなくて個々人の「資金流動化のメカニズム」なのである。したがってそのような個人を，法をもって保護することの正当性は，従来の出資者論から導出しえない。それに代わるべき保護の論拠は何か。アメリカでますます多くの個人が株式と関係を持ち，究極には「すべての家庭」が「株主」になるという展望にほかならない。つまりアメリカ人の個人生活，個

人的発達，個人的選択を社会が守る観点から，株主保護に新しい正当性を付与すべきだというのである。

　以上からも察知できるが，第2次大戦後に書いたバーリの著述には，個人から離れ非人格的な権力によって運動する「結合資本の資本主義」と，国家のもとに生産手段を集中した社会主義とを対置し，なぜ自分たちの国は後者でなく前者の道を選ぶかを論証しなければならないという問題意識が貫いている。ロシアのような後進国の社会変革はいざしらず，アメリカのごとき豊かな社会の変革は株式会社制度と大衆向け（＝マス）生産を通してしか達成できないことを，何とかして説こうとしている。だが同時に彼は，現実の株式会社とマス生産がそれぞれ多大の矛盾・欠陥を抱えていることをも，承知していた。これを乗り越えるにどうするか。この1968年版序言におけるバーリの展望は，もはやそれは経済的なリーダーシップによってでなく，社会の哲学への傾倒，すなわち「教師，芸術家，詩人，哲学者が，次の時代に分け入る先導役を果たす」ことによらねばならないとなっている。これはある意味で，悲観的な将来展望ではなかろうか。

　第2次大戦後はバーリと別の方面で活動してきたミーンズも，この1968年版序言を，期せずしてバーリと同じ体制比較論をもって結んでいる。ここでのミーンズの記述の大部分は，1932年以降の変化として，一面でかつて析出された企業集中と株式所有の分散がいっそう進んでいることの確認と，他面で新型インフレーションや国際通貨問題といった新しい要因が会社革命に入り込んだ内実の解説に充てられているが，最後はやはり，「社会制度としての自由な会社制度」の国アメリカと，共産主義国ソ連との対比である。その比較は大きく二点をもってなされる。ひとつは労働者収奪論への反論で，マルクス主義者は資本主義では新たに生み出された収益の大部分が労働者にでなく資本のほうに行くと説くけれども，現実に収益のすべてを徴収してしかるのちに事業体に資本を配分するソ連と，企業利潤の半分を法人所得税，株式配当の相当部分を個人所得税として国が徴収し，また企業利潤の一部が内部留保されて再投資されることになるアメリカとでは，結果として生産物の新たな価値の帰属は，意外なほど差がなくなってしまうという指摘である。もうひとつは権力論である。上のように社会の生産の価値配分は資本主義，社会主義とも実質的に差がほとんどないのに，社会主義はこれをすべて政府の権力によって意思決定し実行する。資本主義は「最大級の会社ではほぼ自己永続的な取締役会がそのような決定をする」ものの，社会全体としては，政府が直接介入しない分「決定は集中化されておらず，イニシアティヴと責任の両方が分散されている。合衆国における会社制度はかくして，ロシアにおける

よりはるかに，自由と弾力性と，独自のイニシアティヴへの余地を与えるものなのである」。その優位を拡大し確固たるものとするために，「巨大株式会社の経営を，公衆の利益に従って行動するよう仕向ける，その行動への流れをつくる」，やむことなき取組みが必要だ，というのである。

## 歴史研究としての本書

　この解説の筆者である私の専攻分野は，おおむねアメリカ経済史・経営史である。バーリ＝ミーンズの著述がアメリカ史研究の業績としてどれほどのものであるかについて，以前にもいろんな面から書いてきて，いいたいことは少なくないが，それだけにここでは強く自制して，ごくごくつづめた要点にとどめる。

　株式会社の歴史をたどるとき，法制史と経済史とはしばしば違う力点をもってそれを行ってきた。いいすぎとの非難を恐れずいえば，法制史で株式会社は，公開（上場）株式会社か同族だけで資産を持ち合う「法人成り」企業かの区別をあまり重視せず，「全社員有限責任制」の有無を最大の標識として企業の歴史をたどる。したがって資本主義がまだ揺籃期であった時代に国家から有限責任の特権を付与された企業を特許主義のもとでの会社と呼び，そこから自由主義時代の一般会社法＝準則主義のもとでの会社設立への展開が，歴史記述の基本線となる。アメリカの場合，その一般会社法の成立時期が，州によってはなはだしく異なる（数十年の開きさえある）ため，法制史研究では州ごとのその次第を探ることに多大なエネルギーが注がれてきた。そうした研究に，証券市場の歴史の考察が入る余地ははなはだ小さい。

　他方，（私が考える）経済史の着眼は，それと大いに異なる。経済学の株式会社論は，最初から公開株式会社を対象として論が立てられるべきものである。それは理論的にも歴史的事実としても，自由主義時代に一般会社法の成立をもって全面開花する企業形態なのではなくて，むしろ自由主義段階における産業資本の完全競争メカニズムの外に（独占を保証して）配置された「社会化された資本」（銀行・鉄道など）としてとらえられる。それら株式会社の分析は，証券市場の動態とともになされるのを当然とする。

　19世紀の末近くまで，ウォール街（ニューヨーク証券取引所）に上場されている株式は，額面総額の7割が鉄道会社という見当で，次いでいわゆる公益性を持った企業の株式，そして産業（工業）株は1割に満たない例外でしかなかった。全国にあったもっと小さい取引所のうちで産業株の上場が比較的多かったのはボストン取引所であるが，実は上場といってもそこでの株式の売買は，〈身内の持分の一部を何らかの理

由で手放すために競売にかける〉という内容のものが圧倒的に多く，合名会社か合資会社に近い性格を伴っていた。鉄道株式会社は比重において他を圧しただけでなく，19世紀の，普通株と優先株の区別や使い分け，資金調達手段として株式と異なる社債の重要性，社債の多様な種類への展開，ロンドンとニューヨークを結ぶアングロ・アメリカン証券市場の形成と展開，その市場を取り仕切る金融的支配機構としての投資銀行の台頭……といった歴史的特性の生み出し手は，ほとんどもっぱら鉄道業だったのである。したがって経済史研究者が取り上げた19世紀の株式会社および証券市場の運動の大部分は，実際上，鉄道の建設と経営にかかわるものであった（本書で取り上げられている訴訟例で，19世紀のケースはほとんどが鉄道業のものであることも，それを映している）。

　だが，19世紀末から20世紀初頭にかけての世紀転換期に，そのような事態が根底から変わる。産業企業の合同運動が大々的に展開されて，その合同した事業体（＝トラスト）が，〇〇株式会社というひとつの企業名を掲げて株式を証券市場に続々上場することになった。企業合同そのものが株式の発行と操作とをもって実践され，いまや産業企業が株式会社であることの意味が従来と大きく異なり，合同のさらなる推進や独占体制の構築に強くかかわっていった。それに対応して会社法学も経済学も，株式会社をめぐる中心論題を，産業の独占禁止法＝反トラスト法あるいは独占的企業運営へと集めるようになったのである。

　しかしながらそのことは，学界で，トラスト＝独占という側面以外の，株式会社と証券市場の動態に向けた検証が手薄なまま推移した事実と並行していたといわなければならない。そしてこの，手薄な分野にバーリ＝ミーンズが立ち入ったことが，本書を際立たせている。トラスト運動をへて産業（工業）と公益事業と鉄道という三部門の大株式会社が出揃ってからの証券と証券市場の様相は，19世紀の鉄道優位時代から大きく異なったものとなったが，本書はまさにその新しい様相を克明に描出している。株式会社の歴史をたどる記述のなかに，資本の集中を論じながらも，反トラスト法（シャーマン法，クレイトン法，連邦取引委員会法）の話がまったく出てこないことが，他の歴史書との目立った違いになっている。

　20世紀の公開株式会社の証券面（「公開」性）からの分析をこそ主題とし，したがってその内実を証券市場との関係に大きな比重を持たせて論じたことが，会社史研究における本書の大きな特徴であり功績である。第Ⅱ編と第Ⅲ編で扱われている論点とその実証――発行される多種株式の性格，収益の分配方式，会社支配の新たな仕組み，経営者の判断基準，証券流通市場の機能等――は，それらの法制と判例を収集して扱

い，法制史からみて従来の研究の空白を多々埋めているのであろうが，経済史の側からこれを読んでも，20世紀の巨大株式会社と株式市場の関連を知るのに，本書以上に詳細かつ有益な実証研究は，めったに得られない。その研究を踏まえてこそ，1929年の証券市場崩落，続く1930年代の新しい会社規制，証券行政の行き届いた解明に進むことができるに違いない。本書のそのような活用がもっとなされるべきだとの思いが，私には強いのである。

森　　　杲

## 訴訟例一覧

### A

Abbott v. American Hard Rubber Co. 125, 127, 208
Aberdeen Railway Co. v. Blaikie Brothers 203
Alabama Nat. Bank v. Halsey 232
American Macaroni Corp. v. Saumer 142
American Tube & Iron Co. v. Hays 234
Anderson v. Dyer 242
Anglo-American Land Co. v. Lombard 244
Archer v. Hesse 130, 163, 238
Atlantic Refining Co. v. Hodgman 143, 235, 240

### B

B. & C. Electrical Const. Co. v. Oeven 142
Bank of Commerce v. Hart 246
Barclay v. Wabash Ry. 174, 242-43
Barnes v. Andrews 210
Barnes v. Brown 219
Bassett v. U. S. Cast Iron Pipe Co. 174, 242
Bedford v. Bagshaw 269, 293, 301
Beitman v. Steiner 217
Bent v. Underdown 141
Berger v. U. S. Steel Co. 195
Board of Commissioners v. Reynolds 205
Bodell v. General Gas & Electric Corp. 143, 180, 240-41, 272
Borg v. International Silver Co. 158, 238, 240
Bostwick v. Chapman 215
Bosworth v. Allen 219
Bridgewater Navigation Co. case 148
Briggs v. Spaulding 209
Brightman v. Bates 217

### C

Camden v. Stewart 141
Camden & Atlantic R. R. v. Elkins 248
Carlisle v. Smith 224
Carpenter v. Danforth 205, 306
Central Trust Co. v. Bridges 216, 249
Channon v. Channon Co. 241
Cleveland-Cliffs Iron Co. v. Arctic Iron Co. 204
Coddington v. Conaday 141
Colby v. Equitable Trust Co. 253
Cole v. Adams 234
Coleman v. Booth 147, 233
Collins v. Portland Elec. Power Co. 242
Connolly v. Shannon 205
Continental Insurance Co. v. U. S. 272
Crandall v. Lincoln 147

### D

Dartmouth College case 133, 190
Davenport v. Lines 119
Davis v. Louisville Gas & Electric Co. 120, 134, 136, 144, 171, 193, 198, 248, 250
Deadwood First Nat. Bank v. Gustin Minerva Cons. Min. Co. 141
Detroit-Kentucky Coal Co. v. Bickett Coal & Coke Co. 234
Dittman v. Distilling Co. of America 246
Dodge v. Ford Motor Co. 173, 242
Dominguez Land Corp. v. Dougherty 147
Donald v. American Smelting & Refining Co. 157
Drewry-Hughes Co. v. Throckmorton 146
Dunlay v. Avenue M. Garage & Repair Co. 131, 163, 238
Durfee v. Old Colony & Fall River R. R. Co. 194

### E

Edwards v. International Pavement Co. 246
Elkins v. Camden & Atlantic R. R. 244
Ellerman v. Chicago Junction Ry. 246
Enterprise Ditch Co. v. Moffitt 194
Equitable Life Assurance Society v. Union Pacific R. R. Co. 149
Ervin v. Oregon Ry. & Nav. Co. 252
Espuela Land & Cattle Co. case 146

388　訴訟例一覧

## F

Farmers' Loan & Trust Co. v. N. Y. & Northern Ry. Co.　205, 220, 249
Farwell v. Great Western Telegraph Co.　128
Fernald v. Ridlon Co.　246
Floyd v. State　117
Forbes v. McDonald　219
Fraser & Chalmers case　146
Freeman v. Hatfield　141
Freemont v. Stone　219
Furlong v. Johnson　141

## G

Gamble v. Queens County Water Co.　140, 233
Garey et al. v. St. Joe Mining Co.　115, 134, 191, 194
Gates, Adm'r v. Tippecanoe Stone Co.　234
Geddes v. Anaconda Copper Mining Co.　270
General Investment Co. v. Bethlehem Steel Corp.　160, 204, 239
German Mercantile Co. v. Wanner　232
Gibbons v. Anderson　209
Globe Woolen Co. v. Utica Gas & Elec. Co.　204, 218
Goodrich v. Reynolds, Wilder & Co.　232
Grausman v. Porto Rican American Tobacco Co.　177
Gray v. Portland Bank　118, 130, 231, 237, 254
Greenwood v. Union Freight Co.　134, 191
Guernsey v. Cook　218

## H

Hamlin v. Continental Trust Co.　146
Handley v. Stutz　141, 236
Hayward v. Leeson　231
Herbert v. Duryea　141-42
Hill v. Nisbet　245
Hinckley v. Schwarzschild Sulzberger Co., Inc.　195
Hodgman v. Atlantic Refining Co.　235
Holcomb v. Forsythe　219
Holcombe v. Trenton White City Co.　234
Hollander v. Heaslip　141
Holyoke Co. v. Lyman　191
Hood Rubber Co. v. Commonwealth　150
Hopgoods v. Lusch　141

Hoyt v. E. I. Du Pont de Nemours Powder Co.　149
Hun v. Cary　208
Hunt v. Hauser Malting Co.　246
Hunter v. Roberts, Thorp & Co.　173

## I

Insurance Press Co. v. Montauk Co.　233
International & Great Northern R. R. v. Bremond　251

## J

Jackson v. Hooper　219
Jacobson v. Brooklyn Lumber Co.　204
Johnson v. Louisville Trust Co.　143, 235
Johnson v. Tenn. Oil Co.　141
Jones v. Bowman　234
Jones v. Concord & Montreal R. Co.　160
Jones v. Missouri Edison Electric Co.　157, 223, 253
Jones v. Williams　219
Jones Drug Co. v. Williams　232
Joslin v. Boston & Maine R. R.　174

## K

Kanaman v. Gahagan　232
Kavanaugh v. Gould　211
Kavanaugh v. Kavanaugh Knitting Co.　223, 249
Kelley v. Killian　141
Kelley Bros. v. Fletcher　234
Kent v. Quicksilver Mining Co.　195, 249
Kreissl v. Am. Distilling Co.　217

## L

Laumann v. Lebanon Valley R. R.　254
Lloyd v. Pennsylvania Electric Vehicle Co.　146
Lonsdale v. International Mercantile Marine Co.　135, 199, 249-50
Looker v. Maynard　192
Lothrop v. Goudeau　142
Luther v. Luther Co.　158, 230, 240

## M

McQuade v. Stoneham　219
Macon etc. R. R. Co. v. Mason　127

訴訟例一覧 *389*

Manson v. Curtis  217-19
Marrow v. Peterborough Water Co.  146
Mayfield v. Alton Ry. Gas & Elec. Co.  253
Menier v. Hooper's Telegraph Works  220
Merchants Insurance Co. v. Schroeder  147
Meredith v. New Jersey Zinc & Iron Co.  131, 238
Miller v. State of N. Y.  191, 193
Moran v. U. S. Cast Iron Pipe Co.  174
Morgan v. Bon Bon  142
Morris v. American Public Utilities Co.  136, 199, 249

**N**

National Telegraph Co. case  146
Nebraska Shirt Co. v. Horton  246
New Haven & Darby R. R. v. Chap man  249
N. Y. L. E. & W. R. R. Co. v. Nickals  173
New York Trust Co. v. Bermuda-Atlantic S. S. Co.  218
Niles v. N. Y. Central Rd. Co.  205
North-West Trans. Ca. v. Beatty  248
Norwich v. Southern Ry. Co.  176

**O**

Oliver v. Oliver  205, 206
Olympia Theatres v. Commonwealth  150
Orpheum Theatre & Realty Co. v. Brokerage Co.  117
Ottinger v. Bennett  205, 270
Outwater v. Public Service Corp. of N. J.  156, 224, 249, 252

**P**

Pacific Trust Co. v. Dorsey  232
Palmbaum v. Magulsky  217
Pauly v. Coronado Beach Co.  246
Pennsylvania Canal Co. v. Brown  223
People v. Ballard  127
People v. Chicago Gas Trust Co.  244
People v. New York Building-Loan Banking Co.  146
People v. Railway Comm.  141
People v. Sterling Mfg. Co.  231
People ex rel. Recess Exporting & Importing Corp. v. Hugo  146
Perkins v. Coffin  249

Petry v. Harwood Elec. Co.  254
Philips v. Wickham  124
Pronick v. Spirits Distributing Co.  195, 198

**R**

Railroad Co. v. Lockwood  209
Randle v. Winona Coal Co.  195
Reno v. Bull  285
Robotham v. Prudential Life Insurance Co.  204, 225, 245
Ryerson & Son v. Peden  234

**S**

Salt Lake Auto Co. v. Keith O'Brien Co.  195-96
San Diego Railway Co. v. Pacific Beach Co.  204
Savings Bank v. Meriden Agency  246
Schiller Piano Co. v. Hyde  232
Scoville v. Thayer  141
Seneca Wire & Mfg. Co. v. A. B. Leach & Co.  285, 293
Shepaug Voting Trust cases  215
Sherman v. S. K. D. Oil Co.  117
Singers-Bigger v. Young  219
Small v. Sullivan  149
Smith v. San Francisco R. Co.  217
Smith v. Wells Manufacturing Co.  204
Sohland v. Baker  232
Somerville v. St. Louis Mining & Milling Co.  134, 193-94
Southern Pacific Ry. Co. v. Bogert  220
Southwestern Tank Co. v. Morrow  232
Stanton v. Schenck  224
Starbuck v. Mercantile Trust Co.  215
State v. Missouri Pac. Ry.  246
State Trust Co. v. Turner  234
Stevens v. The Episcopal Church History Co.  141-42, 233
Stewart v. Harris  207
Stone v. Young  141, 235
Strong v. Repide  205, 207
Sumner v. Marcy  246

**T**

Taylor v. Hutton  125
The Charitable Corp. v. Sutton  209

390 訴訟例一覧

Thom v. Baltimore Trust Co.　131, 238
Thomas v. Matthews　221
Thomas Branch & Co. v. Riverside & Dan River Cotton Mills　160
Thompson v. Thompson Carnation Co.　217
Tomlinson v. Jessup　134
Tracy v. Yates　141
Troup v. Horbach　234
Trust Co. v. Turner　128

## U

U. S. Steel Corp. v. Hodge　211
Utica Fire Alarm Telegraph Co. v. Waggoner Watchman Co.　141

## V

Van Cleve v. Berkey　234
Van Cott v. Van Brunt　233-34
Venner v. Chicago City Ry. Co.　217, 219
Venner v. Southern Pacific Co.　271

## W

Wabash Railroad v. Barclay　174, 188
Wall v. Utah Copper Co.　131
Walsham v. Stainton　205
Walz v. Oser　232
Wardell v. Railroad Co.　203-04
Welton v. Saffery　140, 235
Wheeler v. Abilene National Bank Building Co.　223
Whittenberg v. Federal Mining and Smelting Co.　147
Williams v. Renshaw　146
Wilson v. American Ice Co.　242
Windhurst v. Central Leather Co.　198, 199, 249, 252

## Y・Z

Yoakum v. Providence Biltmore Hotel Co.　136, 198-99, 249
Zabriskie v. Hackensack & N. Y. R. R. Co.　117, 134, 191, 193-94
Zeigler v. Lake St. El. Co.　217

## 企業名一覧

### A

Alabama Power Co.　341
Alleghany Corp.　26, 70-71, 89-90, 95, 186, 341
Allied Chemical & Dye Corp.　22, 96, 100
Allis-Chalmers Manufacturing Co.　343, 345
Aluminum Company of America　7, 24, 28, 87
American & Foreign Power Co.　166
American Agricultural Chem. Co.　343
American Bank Note Co.　345
American Bosch Magneto Corp.　345
American Can Co.　24, 28, 97
American Car & Foundry Co.　24, 28, 97
American Commonwealths Power Corp.　25, 89
American Cotton Oil Co.　342
American Gas & Electric Co.　25, 90
American Ice Co.　270, 345
American International Corp.　345
American Light & Traction Co.　341
American Linseed Co.　175
American Locomotive Co.　21, 24, 97, 344
American Power & Light Co.　25, 341
American Radiator & Standard Sanitary Corp.　24, 28, 97, 341
American Rolling Mill Co.　24, 96
American Ship Building Co.　345
American Smelting & Refining Co.　24, 96, 346
American Sugar Refining Co.　23, 97, 346
American Super-power Corp.　90
American Tel. & Tel. Co.　6, 13, 25, 32, 45, 47, 52, 54-55, 81, 93, 130, 161, 182, 186, 227, 346, 349, 357
American Tobacco Co.　23, 89
American Water Works & Elec. Co.　25, 89
American Woolen Co.　27, 28, 97
Anaconda Copper Mining Co.　24, 97, 270, 299, 341-42
Appleton Co.　13
Armour & Co. of Ill.　23, 28, 97, 176, 341
Associated Gas & Elec. Co.　25, 87, 89, 170, 176, 341-42
Associated Oil Co.　341, 343
Associated Telephone Utilities Co.　25, 96
Atchison, Topeka & Santa Fe Ry. Co.　26, 48, 93, 341
Atlantic Coast Line Co.　90
Atlantic Coast Line Rd. Co.　26, 90, 341, 346
Atlantic, Gulf & West Indies S. S. Lines　343
Atlantic Refining Co.　22, 91, 240
Atlas Powder Co.　345
Auburn Automobile Co.　151

### B

Bache (J. S.) & Co.　360
Baldwin Locomotive Works　21, 24, 97, 343
Baltimore & Ohio Rd. Co.　26, 48, 90, 92, 95
Bank of United States　198
Barney (C. D.) & Co.　358
Barnsdall Corp.　345
Bell Telephone Securities Co.　357
Bethlehem Steel Corp.　24, 83, 97, 341
Blair & Co., Inc.　91
Boott Co.　13
Borden Co.　23, 97
Boston & Maine Rd. Co.　27, 92
Boston Elevated Ry. Co.　27, 48, 93
Boston Manufacturing Co.　13
Brooklyn Edison Co.　341
Brooklyn-Manhattan Transit Co.　27, 97
Brooklyn Union Gas Co.　27, 90, 346
Buffalo, Rochester & Pittsburgh Ry. Co.　343
Burns Bros. Inc.　345

### C

California Petroleum Corp.　341
Calumet & Hecla Consol. Copper Co.　344
Calumet & Hecla Mining Co.　344
Capel (J.) & Co.　80, 357
Carolina, Clinchfield & Ohio Ry. Co.　341, 343
Central Leather Co.　344
Central Public Service Co.　25, 92

*391*

Central States Elec. Corp.   91, 152
Certain-Teed Products Corp.   345
Chase Cos. Inc.   342
Chesapeake and Ohio Ry. Co.   70-71, 346
Chesapeake Corp.   70-71
Chicago & Alton Rd. Co.   26, 95, 108
Chicago & Eastern Illinois Ry. Co.   26, 90
Chicago & North Western Ry. Co.   26, 93, 346
Chicago & St. Louis Rd. Co.   95
Chicago, Burlington & Quincy Rd. Co.   26, 95
Chicago Elevated Rys. Co.   341, 343
Chicago Great Western Rd. Co.   26, 90
Chicago, Milwaukee, St. Paul & Pacific Rd. Co.   26, 48, 93, 95
Chicago Rys. Co.   27, 95
Chicago, Rock Island & Pacific Ry. Co.   26, 92, 108
Chicago Union Station Co.   26, 95
Chicago Utilities Co.   344
Childs Co.   83
Chile Copper Co.   341, 343
Chrysler Corp.   24, 28, 72, 97, 341
Cities Service Co.   25, 72, 89
Cliffs Corp.   24, 89
Cluett, Peabody & Co.   345
Colorado Fuel & Iron Co.   343
Columbia Gas & Electric Corp.   26, 90, 341
Columbia Steel Corp.   344
Commonwealth and Southern Corp.   26, 90, 342
Commonwealth Edison Co.   25, 90, 92, 341, 346
Commonwealth Trust Co.   210
Congoleum-Nairn, Inc.   345
Consolidated Gas Co. of New York   25, 48, 94, 341
Consolidated Gas, Elec. Lt. & Power Co. of Baltimore   25, 84, 97
Consolidation Coal Co.   22, 91
Continental Baking Corp.   176, 299, 345
Continental Can Co.   345
Continental Motors Corp.   345
Continental Oil Co.   22, 96, 342
Corn Products Refining Co.   22, 96
Corporation Securities Co. of Chicago   90-92
Crane Co.   24, 28, 88
Creole Petroleum Corp.   342

Crown Zellerbach Corp.   25, 28, 89
Crucible Steel Co. of America   24, 96
Cuban Cane Prod. Co.   23, 96
Cudahy Packing Co.   343
Curtis & Sanger   93

D

David (J. W.) & Co.   358
Davis (J. W.) & Co.   93
Day (R. L.) & Co.   93
Deere & Co.   24, 29, 88
Delaware & Hudson Co.   26, 48, 93
Delaware, Lackawanna & Western Rd. Co.   26, 90, 346
Denver & Rio Grande Western Rd. Co.   26, 71, 95
Detroit Edison Co.   25, 90
Detroit United Ry. Co.   344
Dillon Read & Co.   72, 88, 245
Dodge Brothers, Inc.   72, 124, 211, 341
Doherty (H. L.) & Co.   72
Drug, Inc.   23, 97
Duke Power Co.   25, 88
Du Pont de Nemours & Co.   22, 86, 91, 342
Du Pont Powder Co.   346

E

Eastern Gas & Fuel Associates   25, 88
Eastman Kodak Co.   22, 29, 97
Eddy & Co.   357-58
Edison Elec. Ill. Co. of Boston   25, 97
Electric Bond & Share Co.   25, 48-49, 90-91, 94
Electric Power & Light Corp.   25, 90, 341
Electric Securities Corp.   94
Engineers Public Service Co.   341
Equitable Office Building, Inc.   18
Erie Rd. Co.   26, 71, 90, 123, 176

F

Fahnestock & Co.   80
Fidelity Trust Co.   245
Fifth Ave. Coach Co.   344
Firestone Tire & Rubber Co.   19, 27, 97
Florida East Coast Ry. Co.   26, 49-50, 87
Ford Motor Co.   7, 21, 24, 50, 87
Fox Film Corp.   75

Fox Theatre Corp.   29, 75
French (Fred F.) Co.   153

## G

General Asphalt Co.   327, 346
General Baking Co.   176
General Electric Co.   24, 28, 48, 92, 94, 346
General Foods Corp.   345
General Gas & Electric Corp.   180, 342
General Motors Corp.   21, 24, 28, 76, 91
General Petroleum Corp.   341
General Securities Corp.   70, 71
General Theatre Equipment, Inc.   22, 89, 91
Georgia Ry. & Power Co.   341
Gillette Safety Razor Co.   186
Girard Trust Co.   80
Glen Alden Coal Co.   23, 96, 342
Gold Dust Co.   344
Goodrich (B. F.) Co.   27, 28, 97
Goodyear Tire & Rubber Co.   27, 28, 91, 342
Grasselli Chemical Co.   342
Great Atlantic & Pacific Tea Co.   23, 28, 87
Great Northern Iron Ore Properties   343, 345-47
Great Northern Ry. Co.   26, 48, 93, 95, 346
Greene Cananea Copper Co.   342, 343, 345
Gulf Oil Corp.   22, 87

## H

Halsey (C. D.) & Co.   358
Hamilton Co.   13
Harris, Upham & Co.   80
Harris, Winthrop & Co.   358
Hartmann Corp.   342, 345
Haygart Corp.   80
Hocking Valley Ry. Co.   70-71
Home Insurance Co.   80, 93
Hood Rubber Co.   342
Hornblower & Weeks   358
Hudson Manhattan Rd. Co.   27, 96
Hurley & Co.   357
Hutton (E. F.) & Co.   358

## I

Illinois Central Rd. Co.   27, 90, 346
Inland Steel Co.   24, 91
Inspiration Consolidated Copper Co.   345

Insull Utility Investments, Inc.   90-92
Interborough Rapid Transit Co.   27, 74, 89
International Business Machines Corp.   345
International Great Northern Ry. Co.   341
International Harvester Co.   24, 29, 97
International Match Corp.   22, 89
International Mercantile Marine Co.   27, 96
International Nickel Co.   343
International Paper & Power Co.   25, 97, 342
International Paper Co.   27, 346
International Shoe Co.   23, 27, 96
International Telephone & Telegraph Corp.   25, 97, 342
Iselin (A.) & Co.   357

## J

Jewel Tea Co.   345
Johnson & Co.   94
Jones & Laughlin Steel Corp.   25, 87
Josephthal & Co.   358

## K

Kansas City, Mexico & Orient Ry. Co.   341, 343
Kansas City Southern Ry. Co.   26, 90
Kayser (Julius) & Co.   345
Keith-Albee-Orpheum Corp.   342
Kennecott Copper Corp.   25, 97, 341-42
Kennedy Co.   357
Kidder, Peabody & Co.   357
Koppers Co.   22, 50, 87, 342
Kresge (S. S.) Co.   23, 96
Kuhn, Loeb & Co.   80

## L

Lackawanna Steel Co.   341, 343
Laidlaw & Co.   358
Lee, Higginson & Co.   357
Lehigh & Wilkes-Barre Coal Co.   342
Lehigh Coal & Navigation Co.   325
Lehigh Valley Rd. Co.   27, 92
Libby, McNeill & Libby   344
Liggett & Myers Tobacco Co.   23, 89
Lima Locomotive Works   345
Lodenberg, Thalman & Co.   93
Loew's, Inc.   22, 91
Logan & Bryan   358

394　企業名一覧

Lone Star Gas Corp.　25, 88
Long-Bell Lumber Corp.　23, 96
Lorillard (P.) Co.　23, 97
Louchheim, Minton & Co.　358
Lowell Co.　13

## M

Mackay Cos.　341, 343
Macy (R. H.) & Co.　23, 88
Magnolia Petroleum Co.　341, 343
Maine Central Rd. Co.　345
Manhattan Electrical Supply Co.　299
Marland Oil Co.　342, → Continental Oil Co.
Marshall Field & Co.　23, 88
Massachusetts Co.　13
Massachusetts Gas Cos.　342
Mathieson Alkali Works　345
Mergenthaler Linotype Co.　345
Merrimack Co.　13
Middlesex Co.　13
Middle West Utilities Co.　25, 91, 92, 96, 341
Midland United Co.　25, 92
Midvale Steel & Ordnance Co.　341, 343
Midwest Refining Co.　341, 343
Minneapolis & St. Louis Rd. Co.　344
Minnesota & Ontario Paper Co.　25, 87
Missouri-Kansas-Texas Rd. Co.　27, 48, 93
Missouri Pacific Rd. Co.　71, 341
Mohawk Hudson Power Corp.　341
Montana Power Co.　341, 343
Montgomery Ward & Co.　23, 97, 342
Morgan (J. P.) & Co.　211, 222, 284
Morgan, Turner & Co.　94
Morris & Co.　341, 343
Motor Wheel Corp.　347
Mountain States Telephone & Telegraph Co.　32

## N

National Biscuit Co.　23, 28, 97, 342
National City Bank　158
National City Co.　158
National Dairy Products Co. (& Corp.)　23, 97
National Electric Power Co.　341
National Lead Co.　24, 96
National Power & Light Co.　25, 91
National Public Service Corp.　341

National Steel Corp.　24, 87
Newborg & Co.　358
New England Gas & Electric Assoc.　25, 87
New England Power Assoc.　342
New England Telephone & Telegraph Co.　32
New Orleans Public Service Co.　341
New York & Northern Rd. Co.　205, 221
New York Central Rd. Co.　13, 27, 92, 93, 123, 205, 221
New York, Chicago & St. Louis Rd. Co.　27, 71, 90, 95, 341
New York Investors, Inc.　90
New York, New Haven & Hartford Rd. Co.　27, 48, 92, 108, 346
New York Railways Co.　342
Niagara Hudson Power Corp.　26, 91, 342
Norfolk & Western Ry. Co.　27, 48, 90
North American Co.　26, 91-92, 151, 341
North American Light & Power Co.　25, 92
Northeastern Power Corp.　342
Northern Pacific Ry. Co.　26, 48, 93, 95
Northwestern Pacific Ry. Co.　341, 343

## O

Ohio Fuel Supply Co.　341
Ohio Oil Co.　22, 96
Omnibus Corp.　324

## P・Q

Pacific Gas & Elec. Co.　26, 91
Pacific Lighting Corp.　26, 91
Pacific Oil Co.　341
Pacific Petroleum Co.　341
Pacific Public Service Co.　342
Pacific Telephone & Telegraph Co.　32
Packard Motor Car Co.　343, 345
Paine, Webber & Co.　357
Pan American Petroleum & Transport Co.　341, 343
Paramount Publix Corp.　22, 29, 96
Penn-Ohio Edison Co.　342
Pennroad Corp.　73, 92, 186
Pennsylvania Electric Co.　341
Pennsylvania Rd. Co.　21, 28, 47, 48, 52-54, 73, 80-81, 90, 92-93, 95, 186, 346
Pennsylvania Rd. Employees Provident & Loan Assoc.　80, 93

Peoples Gas, Light & Coke Co.   25, 91-92
Pere Marquette Ry. Co.   71, 108, 342, 343
Petroleum Corp. of America   91-92
Phelps Dodge Corp.   24, 88
Philadelphia & Reading Coal & Iron Corp.
   23, 97
Philadelphia Electric Co.   342-43
Philadelphia Rapid Transit Co.   27, 89
Phillips Petroleum Co.   22, 96
Pierce (A. E.) & Co.   92
Pierce-Arrow Motor Car Co.   342
Pierce Oil Corp.   344
Pierce Petroleum Corp.   344
Pittsburgh Coal Co.   23, 96
Pittsburgh Plate Glass Co.   23, 96
Prairie Oil & Gas Co.   22, 91
Prairie Pipe Line Co.   22, 92
Pressed Steel Car Co.   345
Procter & Gamble Co.   22, 90, 346
Prudential Insurance Co.   245
Public Service Co. of Northern Illinois   25, 91
Public Service Corp. of New Jersey   26, 92, 155, 157, 223
Public Utility Holding Co.   92
Puget Sound Power & Light Co.   341, 343
Pullman, Inc.   19, 27, 97, 210
Pure Oil Co.   22, 97
Quaker Oats Co.   345

## R

Radio Corp. of America   22, 28, 92, 342
Railway & Bus Associates   25, 87
Reading Co.   26, 92, 271, 346
Reo Motor Car Co.   347
Republic Iron & Steel Co.   24, 96, 342
Reynolds Spring Co.   345
Reynolds (R. J.) Tobacco Co.   23, 89
Richfield Oil Co. of California   22, 97
Rock Island Rd.   245
Rubber Securities Corp.   86

## S

Sagg-Harbor Wharf Co.   120
St. Louis-San Francisco Ry. Co.   27, 92, 93, 108
St. Louis Southwestern Ry. Co.   27, 90
San Joaquin Light & Power Co.   341

Seaboard Air Line Ry. Co.   27, 88
Sears, Roebuck & Co.   23, 97
Shearson, Hammill & Co.   358
Shell Union Oil Corp.   22, 89
Shenandoah Corp.   124, 151
Shredded Wheat Co.   342
Simms Petroleum Co.   345
Sinclair Consolidated Oil Corp.   22, 95, 97
Sinclair Crude Oil Purchasing Co.   22, 95
Singer Manufacturing Co.   24, 28, 88
Solvay American Investment Corp.   100
Solvay & Co. of Belgium   100
Southeastern Power & Light Co.   341-42
Southern California Edison Co.   26, 97
Southern Pacific Co.   27, 48, 93, 271
Southern Ry. Co.   27, 48, 93, 176
South Porto Rico Sugar Co.   345
Speyer & Co.   93
Spokane, Portland & Seattle Ry. Co.   26, 95
Spring Valley Water Co.   345
Standard Gas & Electric Co.   73, 197, 341
Standard Oil Co. of California   22, 96, 320, 341
Standard Oil Co. of Indiana   6, 22, 76, 78-79, 91, 95, 341
Standard Oil Co. of New Jersey   22, 91, 206, 342, 346
Standard Oil Co. of New York   22, 91, 341
Standard Power & Light Corp.   341
Standard Sanitary Mfg. Co.   342
Steel & Tube Co. of America   341, 343
Sterling Securities Corp.   80
Stewart-Warner Corp.   345
Stone & Webster, Inc.   26, 96
Studebaker Corp.   24, 28, 97, 342
Submarine Armour Co.   116
Suffolk Co.   13
Sun Life Assurance Co.   93, 94, 357
Swift & Co.   23, 28, 98, 346

## T

Texas & Pacific Ry. Co.   341, 343
Texas Corp.   22, 98, 341
Texas Gulf Sulphur Co.   345
Texon Oil & Land Co.   342
Third Avenue Ry. Co.   27, 96
Tide Water Associated Oil Co.   22, 91

Toledo, St. Louis & Western Rd. Co.   341, 343
Travelers Insurance Co.   80
Tremont Co.   13
Tri-Utilities Corp.   26, 89
Trumbull Steel Co.   342

## U

Union & United Tobacco Corp.   142
Union Bag & Paper Corp.   345-46
Union Carbide & Carbon Corp.   22, 98
Union Oil Associates   22, 89
Union Pacific Rd. Co.   27, 48, 93, 346
United Cigar Stores of America
　→ United Stores Corp.
United Corp.   90-92, 94, 142, 144, 211
United Drug Co.   28
United Fruit Co.   23, 98, 346
United Gas Improvement Co.   26, 90-92, 341
United Light & Power Co.   26, 89, 341
United Rys. & Elec. Co. of Baltimore   27, 96
United Rys. Investment Co.   341, 343
United Shoe Machinery Co.   24, 98, 346
United States Electric Power Corp.   26, 89
United States Leather Co.   344
United States Realty & Improvement Co.   27, 96
United States Rubber Co.   27, 28, 86, 91, 346
United States Ship Building Co.   211
United States Smelting, Refining & Mining Co.   344-45
United States Steel Corp.   21, 24, 47, 52-54, 81-82, 94, 207, 211, 227, 308, 342, 346, 358
United States Trust Co. of N.Y.   357

United Stores Corp.   23, 89
Utah Copper Co.   341, 343
Utah Securities Corp.   341
Utilities Power & Light Corp.   26, 89

## V

Vacuum Oil Co.   22, 91
Vaness Co.   71
Victor Talking Machine Co.   342
Virginia-Carolina Chemical Co.   344
Virginian Ry. Co.   27, 49, 87

## W・Y

Wabash Ry. Co.   27, 48, 90, 92
Ward Baking Corp.   176, 179
Warner Bros. Pictures, Inc.   22, 29, 96
Western Electric Co.   45
Western Maryland Ry. Co.   26, 48, 90
Western Pacific Rd. Corp.   27, 90, 95
Western Power Corp.   341, 343
Western Union Telegraph Co.   25, 48, 94, 346
Westinghouse Air Brake Co.   345
Westinghouse Electric & Manufacturing Co.   24, 28, 92, 98
Wheeling & Lake Erie Ry. Co.   26, 71, 95
Wheeling Steel Corp.   25, 96
White Eagle Oil & Refining Co.   345
Willys-Overland Co.   345
Wilson & Co.   23, 28, 98
Woolworth (F. W.) & Co.   24, 98
Worthington Pump & Machinery Corp.   345
Youngstown Sheet & Tube Co.   25, 83, 98, 245, 341

# 事項索引

## ア 行

アダム・スミス(Smith, Adam) 119, 319, 324-29
委任状(proxy, proxy slip) 76-78, 121, 125, 226
　委任状委員会(proxy committee) 77, 82
　委任状合戦(proxy fight, proxy battle) 76-77, 83
　委任状機構(proxy machinery) 6, 78, 103, 189, 227
　行使の義務(duty of) 226
ヴァン・スウェリンゲン兄弟(Van Sweringens) 69-71, 102
エクイティ上の原理(equitable principles) 127, 128, 236, 239, 252, 256, 315

## カ 行

会計士の業務(accountancy) 184-85, 288-91
買占め(corner) 273, 275-76, 296, 299
買占め連合(pool)と空売り(short) 274-75
会社設立証書(certificate of incorporation) 162, 169, 201, 249
会社設立の一般法(general incorporation laws) 121-23, 125-26, 131, 133, 229-30, 254-55
会社法人格の否認(piercing the veil of the corporate entity) 214
買持ち(long)と品不足(short) 275-76
額面, 額面株式(par value, par value shares) 117, 127-28, 132, 140-43, 148, 150, 236
株券配当(stock dividends) 78, 152, 180-81
株式・株式証券(stock, share of stock)
　発行の権限(power of issue) 230-41
　新規発行の募集(flotation of) 280-96
　応募・購入の権利(rights to subscribe to, purchase rights) 180-81
　現金以外(other than cash, "for property")による応募 128, 148, 231-34
　(証券種類の)再分類(reclassification of) 135
　数種類の株式の使用(device of classified shares) 139, 154

株式種類を転換する権限(power to convert a security) 170-71
追加発行(issue of additional) 42-43, 149, 180-81, 198, 236-40
追徴可能株式(assessable stock) 134
(会社による)自社証券の売買(buy and sell its own shares) 157-59, 305, 308
株式会社と国家(corporations and the state) iv, 7-8, 9, 18, 114-16, 119-20, 134-35, 139, 255, 335-36
株式購入権証書(stock purchase warrants) 136-37, 164-68, 181-84, 289
株式分割(split-ups) 142
株主(stockholders, shareholders)
　株主数の増加(increased number of) 52-58, 346, 349-52
　株主の所得階層(income groups of) 58-61
　最大会社の株主数(number of largest companies) 47-51
　株主リスト(list of shareholders) 297
　株主間の差別(discrimination between shareholders) 243-44
　株主の比例的な持分・利権(pro rata interest) 118, 130, 132, 139, 160, 230
　株主の法的地位と権利(legal position of, stockholders' rights) 81-83, 135, 160-61, 173, 201, 217, 257-66
　株主支配力の弱体化(weakening of control by stockholders) 124-27, 135-37, 144
　株主保護(stockholders' safeguard, protections to) 83, 116-19, 123, 136, 159-64, 192-93, 195-96, 202, 231-33, 236-37, 239, 244, 255, 260, 287, 289, 294, 296, 314, 321
経営者による株式所有(stockholdings by management) 50-52, 204, 306-10, 322
支配的株主の法理(the doctrine of dominant stockholder) 216
株主の反乱(revolt of) 77-78, 83
市場への依存(dependence on markets) 260-61

事項索引

責任の欠如(lack of responsibility)　64, 264
株主総会(stockholders' meeting, annual meeting)　77, 82-83, 86, 121, 124, 169, 223, 297
仮受証(interim receipt)　280
企業間取引(inter-company transaction)　186
議決権(voting, voting rights)　6, 66, 70, 73-74, 82, 124, 126, 130, 160, 169, 189-90, 197, 201, 215, 223, 239, 248, 266
　　委任状による議決権行使(voting by proxy)　81-82, 124-25
　　議決権へのウェイトづけ・複数議決権(vote-weighted stock, excessive voting)　72, 103
　　「累積」的行使("cumulative" voting)　192
議決権株(voting stock)　21, 32, 78, 101, 157
議決権信託(voting trust)　73-75, 84-85, 103, 124, 126, 215, 221
「寄生的」株式("parasitic" stock)　144-49, 157, 177-79
希薄化(dilution)
　　参加の希薄化(of participations)　139, 140-63
　　収益の希薄化(of earnings)　183
　　資産・証券の希薄化(of assets, of share)　129-31, 165, 167, 181, 196, 253
吸収合併・買収・企業合同(mergers)　43, 156-57, 172, 189, 214, 224, 251-55, 296, 299, 342-46
　　大合同運動(the great merger, 1898-1910)　188
　　トラスト運動(trust movement)　16
競争(competition)　324, 329-30
　　競争の性格変化(change in character of competition)　45
共同支配(joint control)　84-85, 101, 103
虚偽の表示・不実表示(false representation)　270, 282-85, 288, 300
虚構の市場価格(fictitious market value)　151
銀行(banks)　7, 12, 15, 19-20, 63, 67, 168, 185, 203, 210-12, 237, 280-96
銀行家(bankers)
　　株式購入者への情報開示(disclosure to a purchaser)　280-91
　　市場への情報開示(disclosure to the market)　291-95
　　銀行家の責任(bankers' responsibility)　210, 282-95
経営者(management)　6, 105, 201, 254, 257-58, 260, 264-65, 299-300, 305-10
　　定義(definition)　105, 201
　　法的地位(legal position of)　201-13
　　永代の存在(self-perpetuating)　83, 110
　　行動に適用される規則(rules of conduct)　202, 317
　　自由裁量権の拡大(growth of latitude)　124-25, 127, 133
　　責任(duty of)　121, 202, 300, 302-03
　　市場における(in the market)　305-10
　　誠実(good faith)と不誠実(bad faith)　231, 234-35, 303-04, 308
　　(経営者の)株式所有(stockholdings by)
　　　→株主
　　支配(control of)　6, 79-85
　　反乱(revolt)　77-79, 83
契約(contract)　115-16, 119-21, 124, 134-35, 139, 141, 170-71, 189-200, 216, 237, 250, 308
　　契約権変更の権限(power to alter the contract rights)　136, 189-200
兼任重役(interlocking directors)　204, 211-12
権力・権限(power)　105, 193, 228, 230-56, 332
　　経済的権力の集中(economic, concentration of)　20-46
　　取締役の(of directors)　120-21, 125, 138-71
　　州による権限の保持(reserve power of state)　190-91
　　他会社株を取得する権力(to acquire stocks of other companies)　244-47
　　定款(特許状)を変更する権力(to amend charter)　247-56
　　収益配分にかんする権限(power over earnings)　138-39
　　配当宣言の権限(to declare dividends)　132-33, 172-88, 241-44
　　株式発行の権限(to issue stock)　230-41
　　会社の事業を他の事業に転換する権力(to transfer corporate enterprise)　250-55
　　信託された権力(powers in trust)　228-56
　　「実質的利益を伴わない権限」("naked power")　250
　　「処分権限」("*jus disponendi*")　265
　　「権限逸脱」("*ultra vires*")　244, 246
合意解除(rescission)　283, 287-288, 291,

事項索引 *399*

294-95
公益事業(会社)(public utilities)　15, 19, 25-26, 28, 31, 33, 35-36, 47-49, 55-57, 70, 87-97, 100, 102-03, 132, 156, 180, 185, 218, 248, 252, 298, 351
公開市場・開かれた市場(open market, public market)　7, 8, 15, 42-43, 61, 107, 158-159, 167, 181, 212, 237, 260-263, 269-279, 280-81, 287, 293-94, 300, 303, 308-09
公衆への情報提供(publicity)　274-79, 296-98
　　法の要求(required by law)　296-98
　　情報源(sources of)　274-75
合本貿易会社(joint stock trading company)　12
子会社(subsidiaries)　21, 30-33, 39, 43, 45, 48, 67, 70, 86, 108, 125, 185-86, 188, 203, 218, 220, 223, 305
顧客持株(customer ownership)　56-58, 349, 351
後順位株式(junior share)　153, 155-56, 173, 175, 242-43, 252, 261, 282
個人的主体性(individual initiatives)　328
コネチカット州(Connecticut)　122, 215
コミュニティ(としての株式会社)(community)　45-46, 334-35
コモン・ロー(common law)　113, 118-19, 125, 127-29, 135, 137-38, 140, 144, 148, 157, 170, 172, 208, 227-28, 256, 314-16
誤報(misstatements)　288, 299-301

## サ 行

債権者(creditors)　85, 116-17, 119, 128, 140-41, 176, 188, 214, 230, 235, 298
　　債権者保護(protection of creditors)　116-17, 119, 128, 230, 232-33
財産(property)　3-10, 228-29, 232, 237, 259, 262-65, 313-19, 325-26, 329
　　積極的財産(active)と消極的財産(passive)　325-27
　　流動的財産(liquidity)と非流動的財産(non-liquidity)　262-66, 279
　　(財産価値の)評価づけ(valuation)　234-35
　　財産回復権(right of recovery)　114-15
詐欺(deceit)　250, 252, 283, 285, 287-88, 291, 294
参加・参加権(participations)　138-71, 183,

189, 196-98, 265-66
　　(参加の)「希薄化」("dilution" of)　→希薄化
　　(参加権における)変更(changes in)　139, 192, 196-200
　　(参加の)不確定化(unascertained)　163-71
産業革命(industrial revolution)　iii, 5, 105
産業(工業)会社(industrials)　12-16, 22-25, 31, 35-36, 40-41, 47-49, 87-97, 100, 102-03, 185, 187
資産の売却(sale of assets)　251
自社株の購入(purchase of own stock)　147, 157-59
市場(market)
　　公開市場　→公開市場・開かれた市場
　　株主の市場依存(dependence of stockholder on)　260-61
　　「私募」市場("private" market)　7, 271-74
　　「自由な」市場("free" market)　272, 275-78, 292
　　「店頭」市場("over the counter" market)　272
　　(市場の)評価機能(functions of appraisal)　158-59, 276-77, 292-94, 299, 306
　　(価値物の)流動化機能(liquidity)　262-65, 272-76, 279, 306
　　市場操作(manipulation)　276, 289, 300
　　市場のパニック(1929.10.30-1929.11.15)(panic of market)　77, 159, 275, 278
支配(control)　214-27, 253, 257, 264, 318
　　支配の定義(definition of control)　4-6, 66, 106-07, 213, 220, 309
　　支配の分類方法(methods of classification)　67
　　私的支配(private control)　7, 67, 87, 99, 101-02
　　多数持株支配(majority control)　6, 48, 67-69, 88, 99, 102, 126
　　法律的手段を用いた支配(control through a legal device)　69-76, 85, 89, 99, 102
　　少数持株支配(minority control)　6, 76-79, 90-92, 96, 101
　　経営者支配(management control)　6-7, 67, 79-85, 93, 97, 99, 100-03, 108, 121, 219-21
　　共同支配(joint control)　49, 84-85, 92, 95,

400　事項索引

　　　99, 101-03
　支配のピラミッド化(pyramiding of control)
　　　69-70, 74, 101-03
　支配をめぐる抗争(control fight)　77-78,
　　　83, 121
　対立する利害(adverse interests)　77, 108-
　　　09, 212, 214-16
　法的地位(legal position of control)
　　　214-27
　受託された支配(control as fiduciary)
　　　219-21, 315
　残存支配(residual control)　118, 124
　支配売却の取引(transaction for the sale of
　　　control)　225
支配的株主の法理(doctrine of dominant stock-
　　holder)　216
資本構成(capital structure)　133, 144, 155,
　　178-79, 195, 239, 276, 302
　資本構成を変更する権限(power to change)
　　　133-36, 142
資本の拠出(contributions of capital)　117-18,
　　127-29, 194-95
社債(bonds)　6, 8-9, 21, 31, 69, 85, 152-53, 162,
　　168, 182-84, 201, 211, 216, 259-61, 275, 289,
　　298-299, 325
　社債保有者の地位(position of bondholders)
　　　85, 106, 201, 259
　証券担保社債(collateral bond)　188
　収益社債(income bond)　177, 185
　転換社債(convertible bond)　140, 162,
　　　168, 182
従業員持株(employee stock ownership)
　　57-58, 350, 352
州際通商委員会(Interstate Commerce Commis-
　　sion)　298
受託者(trustees)　14, 73, 204, 215, 221, 223, 229,
　　237, 241, 248, 254-55, 307, 315-16, 333-34
受認者(fiduciaries)　202, 231, 241, 307, 316
　受認者原則(fiduciary principle)　202-13,
　　　235
　受認者としての取締役(directors as)
　　　202-13, 220
償還株(redeemable stock)　155
「上場申請書」("application to list")　292
上場要件(listing requirements)　273
消費者(consumers)　iv, 8, 45, 106, 327-28,
　　331-32

情報(information)　273, 280-295, 300, 305
　情報源(sources of)　86-95, 100, 274-75
　価格にかんする(on prices)　274-79
　法による義務づけ(required by laws)
　　　296-304
情報開示・ディスクロージャー(disclosure)
　　273-74, 281, 298-99, 302-03
　銀行家による(by bankers)　281-95, 299
　会社による(by corporations)　296-304,
　　　308-09
　誤まれる開示の行為(failure to disclose)
　　　287, 300-01
　信頼に基づく(内密の)開示(confidential)
　　　48
情報の非開示(non-disclosure)　288, 301-03
所有権(ownership)　6, 47-65, 79-81, 105-10
　受益的所有権(beneficial)　9, 10
　取締役の(by directors)　12, 52, 81
　顧客による(by customer)　56-57
　従業員による(by employee)　57-58
　複合的所有権(multiple ownership)　19
　(所有権の)分散(dispersion)　6, 47-65, 79
所有者の責任の欠如(owners' lack of responsibi-
　　lity)　64, 264-65
「白地」株式("blank" stock)　140, 164, 168-71,
　　180
人為的操作(manipulation)　276, 289-90
新株引受権・先買権(pre-emptive right)　118,
　　130-132, 140, 159-63, 237-39, 255, 266
信託(trust)　228-56, 307, 315-16
信託基金(trust fund)　235
信託受益者(cestui que trust)　237
信託証書(trust certificates)　73-74
全国電灯協会(National Electric Light
　　Association)　57
全国産業協議会(National Industrial Conference
　　Board)　34, 40, 57
先順位リーエン(prior lien)　188, 259, 261

タ　行

貯蓄が向かう投資対象(destination of savings)
　　62-63
定款・特許状(charter)　113, 115-18, 120,
　　122-25, 139, 143, 146, 163, 166, 170-71, 185,
　　189, 198, 202, 210-11, 220, 229-30, 241,
　　244-45, 247-50, 254, 256, 272, 297
　初期の概念(early conception)　115-18,

事項索引 *401*

190-91, 193
単一目的ルール(single purpose rule) 117
法律による変更(changes by direct legislation) 190-93
修正および修正の権限(amendment and power to amend) 130, 133-34, 143-44, 192, 196, 199-200
会社自身による変更(changes by corporate action) 135, 139, 150, 154, 169, 190, 193-94, 196, 198
鉄道会社(railroad) 14-15, 19, 21, 31, 33, 35-36, 47-48, 52, 55, 70, 73, 81, 87-97, 100, 102, 108, 120, 185, 194, 205, 214-15, 220, 243, 271, 298
デラウェア州(Delaware) 114, 122, 126, 131, 133, 135, 136, 143, 154, 162, 164, 166, 169-70, 188, 197, 199, 211, 215, 240, 250
「店頭」市場("over the counter") 272, 298
「投資家大衆」("investing public") 7, 8, 49, 51, 58-59, 61, 77, 116, 123, 154, 186-87, 261, 289, 294, 317
投資機会(opportunities for investment) 61-63
投資銀行(investment banks) 211, 271, 273, 294, 317
投資信託(investment trusts) 20, 36, 145, 158, 159, 194, 245, 247, 298, 303
投機(speculation) 126, 145, 234, 265, 286, 296, 305
富(wealth)
　積極的(active)富と消極的(passive)富 327
　(株式会社の)富(corporate) 30
　個々人の富の価値(value of the individual's) 64-65
　(富の)可動性(mobility of) 262
取締役・取締役会(directors, board of directors) 6, 78, 81, 138, 144, 163, 168, 201-07, 210-11, 214-15, 249, 253, 257-58, 297, 299, 308-09, 325
　取締役会の権力(powers of board of directors) 125, 133, 136, 144, 154, 158, 168-69, 172, 206, 210, 219, 241, 248
　株主にたいする義務(obligations to stockholders) 164, 203-08, 219, 226, 257, 270, 293, 307, 316
　取締役会の会社にたいする「受認」機能 ("fiduciary" capacity towards the corporation) 202, 205, 207-09

取締役の「誠実性」("good faith") 129, 202-13, 234-35
取締役間の利害対立(adverse interests of directors) 210-13
取締役の投機(speculation by directors) 206, 305-10
ダミー取締役(dummy directors) 216-18, 226

ナ　行

仲買人案内状(brokers' circular) 280-85, 288, 291, 294
半ば公的な株式会社(quasi-public corporation) 4-10, 12, 14-15, 19, 61-62, 260, 297, 313, 326
南海泡沫事件(South Sea Bubble) 116
ニュージャージー州(New Jersey) 114, 117, 122, 131, 135, 156, 166, 188, 198-99, 223, 238-39, 242, 250
ニューヨーク・カーブ取引所(New York Curb Exchange) 7, 30, 49, 72, 271-72, 292, 298
ニューヨーク証券取引所(New York Stock Exchange) 30, 49, 51, 72, 142, 152, 159, 167, 187-88, 270-72, 276-77, 285, 292-93, 298, 310, 339
　上場委員会(listing committee) 159, 292
ニューヨーク州(New York) 15, 18, 74, 114, 120, 122, 126, 129, 130, 132-33, 143, 151, 154, 163, 164, 166, 188, 195, 203-04, 215-17, 221, 224, 233, 253, 270, 284, 294, 306, 308

ハ　行

払込済資本(paid-in capital) 13
払込剰余金(paid-in surplus) 132-33, 142, 147-56, 158, 178, 305
「非上場」市場("unlisted" market) 7
「秘密積立金」("hidden reserves") 185
非開示(non-disclosure) 301-02
比例的収益(ratable interest) 230-41
普通株(common stock) 50-52, 72-73, 118, 136, 145-47, 161, 166, 174, 195-97, 231, 239, 243, 248, 259-60, 272, 290
不動産取引所(Real Estate Exchange) 18
ペンシルヴェニア州(Pennsylvania) 114, 122, 126, 151-52, 254
プロモーター(発起人)(promoter) 13, 123
法人格(corporate entity) 5, 114-15, 191, 194, 202-08, 230, 287, 307, 315

## 事項索引

閉鎖的株式会社(close, closely held)　7, 49, 205
保険会社(insurance companies)　6, 12, 15, 19-20, 63, 245

### マ 行

マサチューセッツ州(Massachusetts)　12, 114, 122, 126, 130, 134, 174, 218, 222, 231, 254, 297
満場一致の合意(株主の)(unanimous consent)　68, 125-26, 192-93, 251
無額面株(non-par stock)　55, 133, 143-44, 150-51, 154-55, 175, 180, 195-96, 232, 235-36, 240, 272
無議決権株(non-voting stock)　69-70, 72, 74, 85, 101, 103, 126
メリーランド州(Maryland)　122, 126, 166, 211, 215
持株会社(holding companies)　73, 85, 185-87, 194, 198, 247, 251
　　純粋持株会社(pure and simple)　187-88
　　兼営持株会社(holding and operating)　187-88
　　公益事業持株会社(public utility holding companies)　147, 185, 187, 224, 298
　　鉄道持株会社(railroad)　186-87
　　産業持株会社(industrial)　100, 187

### ヤ 行

有限責任(limited liability)　114-15
優先株(preferred stock)　50-51, 69, 72-73, 118, 120, 126, 136, 140, 153, 155-57, 160-61, 166, 168-69, 174, 180, 195-98, 207, 231, 239, 248, 252, 259, 260, 272

累積優先株(cumulative)　161, 199, 249
非累積優先株(non-cumulative)　173-76, 178, 185, 188, 197, 242-44, 256
優先株の参加権(participating)　145, 160-61, 169, 175-77, 185

### ラ 行

ラテナウ，ウォルター(Rathenau, Walther)　4, 331
利益剰余金(earned surplus)　149, 152, 155, 173
利潤(profit)　118, 127, 130, 132, 159, 186, 224, 228, 259, 261, 290, 302, 307-08, 313-14, 316-18, 319-23
　　利潤動機(motive of)　45, 107-08, 320-21, 324, 328-29
　　利潤の論理(logic of)　319-22
リスクの変更(changes in risk)　195-96
リース(lease)　251
流動性(価値物の)(liquidity)　262-65, 271, 273-76, 279, 306, 310
「累積」投票権("cumulative" voting)　192
連邦最高裁判所(U.S. Supreme Court)　174, 191, 209, 270, 308
連邦準備銀行(Federal Reserve Bank)　310
連邦取引委員会(Federal Trade Commission)　36, 37, 50-51, 55, 350
労働者(workers)　iii-iv, 5, 8, 105-06, 327-28, 331-32
ロックフェラー・ロックフェラー家(Rockefeller, John D.)　6, 76, 78-79
ロンドン証券取引所(London Stock Market)　269, 293

〈著者・訳者紹介〉

A. A. バーリ（Adolf Augustus Berle）1895-1971 年
G. C. ミーンズ（Gardiner Coit Means）1896-1988 年
　詳しくは「訳者解説」参照

森　　　杲（もり　たかし）
北海道大学名誉教授，経済学博士
1936 年札幌生まれ。1963 年北海道大学大学院経済学研究科修了。
1965 年から北海道大学経済学部助教授・教授。1989 年から札幌大学経営学部教授，2006 年退職
著書　『アメリカ資本主義』〈共著〉青木書店，1973 年
　　　『アメリカ資本主義史論』ミネルヴァ書房，1976 年
　　　『株式会社制度』北海道大学図書刊行会，1985 年
　　　『アメリカ職人の仕事史』中公新書，1996 年
　　　『アメリカ〈主婦〉の仕事史』ミネルヴァ書房，2013 年
訳書　S. M. ジャコービィ『雇用官僚制』[増補改訂版]〈共訳〉
　　　北海道大学出版会，2005 年
　　　S. M. ジャコービィ『会社荘園制』〈共訳〉北海道大学図書刊行会，1999 年
　　　ウォルター・リクト『工業化とアメリカ社会』ミネルヴァ書房，2000 年
　　　フィリップ・スクラントン『エンドレス・ノヴェルティ』〈共訳〉有斐閣，2004 年


現代株式会社と私有財産
2014 年 5 月 25 日　第 1 刷発行
2016 年 6 月 25 日　第 2 刷発行

　　　　著　者　　A. A. バ ー リ
　　　　　　　　　G. C. ミーンズ

　　　　訳　者　　森　　　杲

　　　　発行者　　櫻 井 義 秀

発行所　北海道大学出版会
札幌市北区北 9 条西 8 丁目 北大構内（〒060-0809）
tel. 011 (747) 2308・fax. 011 (736) 8605・http://www.hup.gr.jp/

㈱アイワード／石田製本㈱　　ⓒTakashi Mori, 2014 Printed in Japan
ISBN978-4-8329-6804-2

| | | |
|---|---|---|
| **雇用官僚制**[増補改訂版]<br>アメリカの内部労働市場と"良い仕事"の生成史 | S.ジャコービィ 著<br>荒又・木下<br>平尾・森 訳 | A5判・456頁<br>定価 6000円 |
| **会　社　荘　園　制**<br>アメリカ型ウェルフェア・キャピタリズムの軌跡 | S.ジャコービィ 著<br>内田・中本<br>鈴木・平尾・森 訳 | A5判・576頁<br>定価 7500円 |
| **ニュージャージー・スタンダード<br>石 油 会 社 の 史 的 研 究** | 伊藤　孝 著 | A5判・490頁<br>定価 9500円 |
| **アメリカ大企業と労働者**<br>1920年代労務管理史研究 | 平尾・伊藤<br>関口・森川 編著 | A5判・560頁<br>定価 7600円 |
| **日本的生産システムと企業社会** | 鈴木 良始 著 | A5判・336頁<br>定価 3800円 |
| **アメリカ銀行恐慌と預金者保護政策**<br>1930年代における商業銀行の再編 | 小林 真之 著 | A5判・408頁<br>定価 5600円 |
| **ドイツ・ユニバーサルバンキングの展開** | 大矢 繁夫 著 | A5判・270頁<br>定価 4700円 |
| **ド イ ツ 証 券 市 場 史**<br>取引所の地域特性と統合過程 | 山口 博教 著 | A5判・328頁<br>定価 6300円 |

〈価格は消費税を含まず〉

──────── 北海道大学出版会 ────────